ÉTUDES
SUR
LA RENAISSANCE

CHEZ LES MÊMES ÉDITEURS

OUVRAGES
DE
D. NISARD
DE L'ACADÉMIE FRANÇAISE

Format grand in-18

SOUVENIRS DE VOYAGES :
France. — Belgique. — Prusse Rhénane. — Angleterre. 1 vol.
ÉTUDES DE CRITIQUE LITTÉRAIRE . . . . 1 —
ÉTUDES D'HISTOIRE ET DE LITTÉRATURE. . . . . . . 1 —

POISSY. — TYP. ET STÉR. DE AUG. BOURET.

ÉTUDES

SUR

LA RENAISSANCE

RENAISSANCE ET RÉFORME

ÉRASME — THOMAS MORUS — MÉLANCHTHON

PAR

D. NISARD

DE L'ACADÉMIE FRANÇAISE

DEUXIÈME ÉDITION

PARIS

MICHEL LÉVY FRÈRES, LIBRAIRES ÉDITEURS

RUE VIVIENNE, 2 BIS, ET BOULEVARD DES ITALIENS, 15

A LA LIBRAIRIE NOUVELLE

1864

Tous droits réservés

PRÉFACE

Ces *Études* sont le premier écrit de quelque étendue que j'aie composé après mon ouvrage sur les poëtes latins de la décadence.

L'antiquité me menait à la Renaissance. J'ai voulu m'en donner le spectacle à la fois si brillant et si fortifiant. Je l'ai eu tout entier dans la vie de trois des plus illustres ouvriers de la Renaissance : Érasme, Thomas Morus, Mélanchthon.

Mais, en étudiant leurs travaux littéraires, je devais rencontrer leurs travaux de chrétiens. Ouvriers attachés à deux tâches héroïques, d'une main ils exhumaient les lettres classiques, de l'autre ils restauraient les lettres chrétiennes. Pour eux, la Renaissance a été le réveil des deux antiquités.

Comme lettrés, ces grands hommes ont eu le même enthousiasme, la même foi; comme chrétiens, la réforme en a fait trois types caractéristiques des trois grandes opinions chrétiennes qui ont partagé l'Europe au commencement du quinzième siècle. Thomas Morus représente le catholique, Mélanchthon le protestant, Érasme le philosophe chrétien.

Je les étudiais avec le dessein de les juger : peut-être les ai-je plus aimés que jugés. Je les ai aimés jusqu'à épouser toutes leurs querelles, jusqu'à me ranger avec eux contre tous leurs ennemis; j'ai cru leurs paroles; et tel a été le charme de ce commerce avec ces belles âmes, que, s'il ne m'a pas toujours empêché de voir leurs fautes, il a bien pu, par moments, me dérober leurs faiblesses.

Publiées pour la première fois, de 1836 à 1838, dans la *Revue des Deux Mondes*, ces Études ont été accueillies avec quelque faveur en France et à l'étranger. Je les réimprime aujourd'hui, revues avec un grand soin. Ce travail m'a été doux. Il me semblait retrouver, après une longue absence, des amis négligés plutôt qu'oubliés. Le plaisir que j'ai eu à les revoir m'aurait-il trompé sur l'intérêt que peuvent offrir au public des études si étrangères à ce qui l'occupe ?

Avril 1855.

ÉRASME

I

Histoire de la statue d'Érasme. — Dispute entre Rotterdam et Tergow. Naissance d'Érasme. — Jules Scaliger la lui reproche.

Au centre de Rotterdam, dans la grande place de la ville, au bord d'un canal, s'élève une statue en bronze, posée sur un piédestal orné d'inscriptions et entouré d'un balustre de fer. Cette statue a dix pieds de hauteur ; elle fut fondue en 1622, et passe pour le chef-d'œuvre d'Henri de Keiser. Le personnage qu'elle représente, revêtu du costume ecclésiastique, couvert du tricorne, tient de la main droite un livre qu'il semble lire avec attention. Son visage, quoique alourdi par les énormes proportions d'une statuaire colossale, exprime la douceur et l'esprit ; son nez relevé et pointu marque une humeur railleuse ; sa bouche, très-grande, est rieuse et prudente ; on sent que la flamme d'une pensée prompte et piquante a dû briller dans ses yeux baissés, légèrement frisés par le coin, et dont le bronze n'a pu imiter que les contours. Cette statue rappelle un portrait d'Holbein, qu'on admire au Musée : c'est bien là l'expression du personnage, son costume fourré et chaud, et cet air d'homme maladif, qui perce à travers les membres gigantesques de la statue de Keiser.

Que fait là ce docteur, un livre à la main, au centre de Rotterdam, au milieu de ces gens qui vont et viennent, la mine grave et froide, silencieux, calculant le gain et la perte, de ces bateaux pesants qui remontent le canal, de ces gens qui déchargent les marchandises d'importation et chargent les marchandises d'exportation ; non loin de ce petit temple bâtard, à portique, la Bourse de Rotterdam, qui, par ses colonnes grecques, contraste si singulièrement avec ces maisons triangulaires dont les étages, en saillie les uns sur les autres, semblent regarder, derrière le rideau d'arbres qui le bordent, ce qui se passe dans le canal? Que fait-il là dans ce bruit si peu propice à la lecture? Si encore ce livre était un livre en partie double! Mais non ; ce livre représente les dix volumes in-folio sortis de la plume du personnage, où les bonnes choses lui appartiennent en propre, et le fatras à son époque. Ce personnage, c'est Érasme, Érasme de Rotterdam, la seule gloire littéraire de cette ville, où il y a toujours eu beaucoup de libraires et très-peu de littérature.

L'effigie d'Érasme, avant d'être en bronze, fut d'abord en bois, puis en pierre. La statue de bois fut érigée en 1549, dix ans après la mort d'Érasme. Celle de pierre, qui y fut substituée en 1557, renversée par les Espagnols en 1592 et jetée dans le canal, était remplacée, un demi-siècle après, par la statue en bronze dont nous parlons. Faut-il voir dans ces trois statues successives, dont la première est en bois et la dernière en bronze, la gradation des sentiments d'estime et d'admiration de Rotterdam pour son illustre enfant, sentiments d'abord très-discrets, ensuite un peu plus vifs vers 1557, enfin portés jusqu'à l'enthousiasme en 1622? Ou bien, dans les trois cas, la ville n'a-t-elle fait que ce que ses finances lui permettaient de faire? Les admirateurs d'Érasme ont dit qu'il avait eu cela de commun avec les divinités de l'ancienne Rome, lesquelles eurent des statues d'argile avant d'avoir des temples d'or. A la bonne heure.

Lorsque Philippe II, fils de Charles-Quint, fit son entrée solennelle dans la ville de Rotterdam, en qualité de prince souverain des Pays-Bas, le sénat bourgeois, pour le recevoir plus dignement, fit planter, devant la maison où Érasme est né, un mannequin représentant ce grand homme au naturel, dans son costume d'ecclésiastique séculier, tenant une plume de la main droite, et, de la gauche, présentant au prince un rouleau dans lequel on lisait en vers latins :

AU SÉRÉNISSIME PRINCE DES ESPAGNES, DON PHILIPPE DE BOURGOGNE, DIDIER ÉRASME DE ROTTERDAM :

Moi, Érasme de Rotterdam, je ne me manquerai pas à moi-même
Jusqu'à paraître abandonner mes concitoyens ;
Inspiré par eux, illustre prince,
Je prie Dieu qu'il te fasse entrer sain et sauf dans notre ville ;
Et, de tout le zèle dont je suis capable, je recommande ce peuple,
O fils de César! à ta haute protection.
Tous te reconnaissent pour maître ; tous se réjouissent de leur prince ;
Et n'ont rien, dans le monde, qui leur soit plus cher que toi.

Il était difficile de faire débiter un compliment plus plat à un homme plus spirituel.

Philippe II et Marie, reine de Hongrie, après s'être fait traduire ces vers, entrèrent dans la maison, visitèrent la chambre du grand homme, et daignèrent se faire raconter les diverses circonstances de la naissance d'Érasme.

La statue en bronze courut un grand danger en 1672. Cette année-là, le peuple s'était soulevé dans la plupart des villes de la Hollande : Rotterdam fut pendant quelques jours à la discrétion des insurgés. Le peuple en voulait à tout ce qui sentait le papisme. La statue d'Érasme, apparemment pour son costume ecclésiastique, fut arrachée de son piédestal et portée dans la maison commune, où l'on délibéra de la faire fondre. Les magistrats de Bâle, l'ayant appris, chargèrent un marchand de leur ville, en ce moment à Rotterdam, d'acheter cette statue moyennant un certain prix. Le correspondant bâlois entra en ouvertures pour cet achat avec les autorités de l'émeute, et peu s'en fallut que le marché ne fût conclu. La difficulté portait sur le prix offert ; la commune le trouvait insuffisant. Le marchand en écrivit à ses commettants ; ils l'autorisèrent à acquérir la statue au prix qu'on en voudrait. Sur ces entrefaites, les autorités de Rotterdam se ravisèrent ; on persuada au peuple qu'Érasme, quoique clerc, n'était ni un saint ni un diseur de messes, et que sa statue ne voulait ni adorations ni prières ; on décida qu'elle ne serait point vendue, mais replacée sur son piédestal, ce qui fut exécuté quelque temps après. On verra plus tard pour quels motifs Bâle désirait posséder cette statue.

Le nom d'Érasme, il faut le dire, est bien tombé, tombé même au-dessous de ce qu'il vaut ; car Érasme fut un homme très-supérieur, lequel, à ne le regarder que comme écrivain, eut la mauvaise fortune de vivre dans un pays qui n'avait pas encore un idiome indigène arrivé à l'état de langue littéraire. Il a écrit d'admirables choses dans un langage mort ; c'est là la première cause d'un si triste retour de fortune ; la langue d'Érasme étant une langue d'érudition, Érasme n'est plus un grand écrivain que pour les érudits.

Mais, de son vivant, et plus d'un siècle après sa mort, Érasme fut un des plus grands noms de l'Europe intellectuelle. Les villes se disputaient, comme pour Homère, l'honneur de sa naissance. L'illustre Bayle, si grave, si solide, si juste appréciateur des titres littéraires, n'établit-il pas une comparaison très-sérieuse entre la destinée d'Homère, lequel ne fut connu que longtemps après sa mort, et ne put avoir dans toute la Grèce, dont il avait chanté les glorieuses origines, un lieu de naissance authentique, et celle d'Érasme, connu et admiré pendant sa vie, qui eut le privilége de naître, au vu et su de tout le monde, dans une ville « qui a compris de bonne heure ses intérêts, dit Bayle, et a tellement affermi, pendant que les choses étaient fraîches, les titres de sa possession et la gloire qui lui revient d'être la patrie de ce grand homme, qu'on ne peut plus rien lui disputer sur ce sujet? »

La dispute, en effet, ne pouvant porter sur le fait de sa naissance, à cause des preuves que donnait Rotterdam de son droit et de son privilége, on disputa, le croiroit-on? sur le fait de la conception. La petite ville de Tergow, voisine de Rotterdam, réclamait l'honneur d'être le lieu où s'était consommé ce fait, lequel, remarquait-elle, dominait celui de la naissance. Les magistrats et les légistes de Tergow, mus d'ailleurs par une louable ambition, prétendaient qu'Érasme était plus bourgeois de Tergow que de Rotterdam, parce que, selon les lois, le lieu où les enfants naissent par hasard n'est point censé leur patrie. « Si, dans le cours d'un voyage, disaient-ils, une femme accouche dans une ville où elle n'a pas l'intention de résider, où elle ne doit rester que le temps de relever de couches, l'enfant né dans cette ville en sera-t-il le citoyen, et non pas plutôt celui de la ville où sont domiciliés ses parents? La mère d'Érasme, grosse par suite d'une liaison illégitime, était allée faire ses couches à Rotterdam pour cacher sa faute; mais c'était là un pur accident : c'est à Tergow qu'elle avait conçu et porté dans son sein le glorieux enfant. Donc Érasme devait être citoyen de Tergow. » Des esprits de poids, des noms littéraires, prirent parti dans cette étrange querelle.

Érasme, comme on sait, naquit des amours d'un bourgeois de Tergow, qui depuis se fit moine, et de la fille d'un médecin, femme de mérite, et, sauf sa faute, de mœurs très-pures et d'une vie édifiante, qui pouvait, dit un écrivain du temps, se défendre comme Didon :

Huic uni forsan potui succumbere culpæ.

Cette femme mit au monde son enfant dans une maison écartée de Rotterdam, sans le touchant honneur qu'on rendait aux mères dont l'Église avait béni le mariage. Cet honneur consistait en une pièce de linge blanc et fin dont on enveloppait le marteau de la porte, pour désigner à la sympathie des passants la maison de la nouvelle accouchée. L'enfant naquit inconnu dans les bras des hôtes inconnus à qui sa mère avait acheté l'hospitalité et le secret pour huit jours. Cette naissance fut un reproche sanglant dans les mains des ennemis de l'enfant devenu homme illustre. Le fameux Jules Scaliger, entre autres, ému d'une jalousie misérable contre Érasme, ne pouvant rien contre ses écrits, s'en prit honteusement à sa naissance. Les lettres qu'il écrivit à ce sujet, les réponses d'Érasme, le scandale littéraire qui en résulta, ne furent pas un des moindres événements du seizième siècle. Les honnêtes gens prirent le parti d'Érasme, lequel avait su se faire un grand nom malgré la faute de sa mère, et rester honnête homme malgré l'influence si souvent corruptrice d'une naissance irrégulière. Jules Scaliger se donna le ridicule de dire d'épouvantables grossièretés dans un latin barbare ; et, malgré l'origine princière dont il se vantait, il est resté beaucoup plus étonnant par sa vanité diabolique que par sa confuse érudition et ses laborieux paradoxes littéraires.

II

Comment Érasme fut fait homme d'église. — Son tuteur Guardian. — Érasme entre au couvent. — On veut en faire un moine; sa résistance; il prend l'habit. — Ses deux *Colloques* sur la profession monastique.

Érasme avait un frère, dont il parle en certains endroits de ses livres, et seulement pour s'en plaindre. Tous deux héritèrent de leur père de quoi suffire à leurs études. Des parents avides avaient rogné leur petit patrimoine, et, à peine le père mort, avaient mis la main sur l'argent. Ils ne laissèrent que ce qui ne peut pas se mettre en poche, à savoir, quelque peu de bien-fonds et des créances. Les tuteurs firent ce que n'avaient pu faire les parents; ils dissipèrent, par leur mauvaise administration et leur infidélité, le patrimoine des deux orphelins, et n'imaginèrent rien de mieux, pour se dispenser de rendre des comptes à leurs pupilles, que d'en faire des moines.

Celui des deux qui s'y employa le plus fut un certain Guardian, homme d'un *sourcil austère*, d'une grande réputation de piété, un saint dans l'opinion du monde, parce qu'il n'était ni joueur, ni libertin, ni fastueux, ni adonné au vin; du reste parfait égoïste; au dehors, se mettant en règle avec les apparences, et au dedans vivant pour lui et à sa guise; homme très-peu porté pour les lettres, quoique anciennement maître d'école. Un jour qu'Érasme enfant lui avait écrit une lettre un peu travaillée : « Ne m'en écrivez pas d'autres de ce genre, lui dit sévèrement Guardian, à moins d'y joindre un commentaire. » C'était un de ces serviteurs de Dieu qui pensaient lui sacrifier une victime agréable en enrôlant quelque adolescent sans défense dans les ordres monastiques. Il comptait avec orgueil les recrues qu'il avait faites pour saint François, saint Dominique, saint Benoît, saint Augustin, sainte Brigitte, et autres chefs ou fondateurs de couvents.

Quand les deux enfants furent en état d'être envoyés aux universités, qu'ils surent passablement de grammaire et une bonne partie de la dialectique de Pierre d'Espagne, Guardian, craignant qu'ils ne prissent dans les universités des sentiments trop mondains, les fit entrer dans un couvent de frères quêteurs, sorte de moines, « qu'on voit nichés partout, » dit Érasme, et qui se faisaient quelques revenus à instruire les enfants. C'était la coutume de ces moines, s'il leur tombait entre les mains quelque enfant d'un caractère vif et d'une intelligence précoce, de l'éteindre sous les mauvais traitements, les reproches, les menaces, et de le ployer peu à peu par l'abrutissement à la vie monastique. L'ordre des frères quêteurs fournissait des néophytes à tous les autres ordres, ce qui l'avait mis en grande faveur dans le monde monacal.

Ces frères étaient d'ailleurs fort ignorants, vivant dans les ténèbres de leur institution, étrangers à toute science, passant à prier le temps qu'ils n'employaient pas à gronder et à fustiger les enfants, incapables d'enseigner ce qu'ils ne savaient pas, et remplissant le monde de moines grossiers et indoctes, ou de laïques mal élevés. Érasme et son frère vécurent deux années dans ce couvent, sous un maître illettré et d'autant plus tranchant, choisi, non par des juges compétents, mais par le général de l'ordre, qui en était souvent le moine le plus ignorant. Cet homme avait un collègue plus doux, qui aimait Érasme et se plaisait avec lui. L'entendant un jour parler de son prochain retour dans son pays, il essaya de le retenir dans le couvent et de l'y enrôler, lui faisant toutes sortes de récits de la vie heureuse qu'il y mènerait, et le prenant par des caresses, des baisers et de petits présents. Mais l'enfant fit une résistance d'homme : il dit nettement qu'il attendrait, pour prendre un parti, que sa raison fût plus avancée. Le moine, homme d'un bon naturel, n'insista pas. Il n'était pas de ceux qui joignaient aux moyens de séduction des moyens de terreur, et qui employaient les exorcismes, les apparitions, les fantômes, pour ébranler les imaginations faibles et recruter pour l'ordre, à l'insu des parents, des jeunes gens riches et bien nés en qui la crainte avait détruit la volonté ou altéré la raison.

Revenus à Tergow, Érasme et son frère trouvèrent l'un des deux tuteurs mort de la peste, sans avoir rendu ses comptes. Le second, Guardian, devenait ainsi seul maître d'eux et du peu qui leur restait. Il commença à parler très-fortement du projet de les faire entrer dans l'Église. Immoler deux victimes d'un coup, c'était, pensait-il, acquérir deux titres à la vie bienheureuse. Érasme, pour mieux lui tenir tête, concerta un plan de résistance avec son frère, son aîné de trois ans; lui-même en avait quinze. Ce frère était faible; il avait peur de Guardian, et, se voyant pauvre, il aurait volontiers souffert qu'on disposât de lui, pour échapper à la difficulté de résister et aux incertitudes d'une vie précaire. Érasme parla de vendre les lambeaux de terre qui leur restaient, d'en faire une petite somme, d'aller aux universités, d'y finir leurs études, et de s'abandonner ensuite à la grâce de Dieu. Son frère, entraîné par cette confiance, y consentit : ils s'engagèrent par serment à se soutenir l'un l'autre contre leur tuteur; mais l'aîné y mit pour condition qu'Érasme, comme le plus décidé et le plus habile, se chargerait de porter la parole. Érasme le voulut bien : « Mais, dit-il, ne va pas me manquer au moment décisif; car, si je suis seul, toute la tragédie retombera sur ma tête. » Le jeune homme prit les saints à témoin de sa fidélité à sa parole.

Quelques jours après, Guardian les fit appeler. Il le prit d'abord sur un ton doux, parlant longuement de sa tendresse paternelle pour ses pupilles, de son zèle et de sa vigilance ; après quoi il les félicita de ce qu'il venait de trouver pour eux une place chez les moines *deux fois canoniques* : c'était un des ordres du temps. Érasme répondit aux protestations par des remercîments ; puis, venant au vrai sujet de l'entretien, il dit que son frère et lui étaient trop jeunes pour prendre un parti si grave ; qu'ils ne pouvaient pas se faire moines avant que de savoir ce que c'était qu'un moine ; qu'après quelques années consacrées à l'étude des lettres ils verraient à traiter mûrement cette affaire ; qu'un peu de réflexion n'y nuirait pas. Guardian ne s'attendait pas à un refus ; il éclata en menaces, et cet homme, qui s'était fait une réputation de douceur, eut peine à retenir ses mains ; il traita Érasme de brouillon, abdiqua la tutelle, disant qu'il ne leur restait pas un florin, et qu'ils vissent à se procurer de quoi manger. Ces violences arrachèrent des larmes au jeune homme, mais n'ébranlèrent pas sa résolution. « Qu'il soit fait comme vous le désirez, » dit-il. On se sépara dans ces termes.

Les menaces ayant échoué, le tuteur changea de plan : il confia la négociation à son frère, homme doux, poli et persuasif. Celui-ci fit venir les deux pupilles dans son jardin ; on s'assit, on causa, on versa du vin aux jeunes gens. Quand les têtes furent montées, le tuteur, après quelques discours pleins d'amitié, en vint à la grande affaire. Il prodigua les promesses et les prières ; il raconta des merveilles de la vie monastique ; il fit si bien, que l'aîné oublia ses serments aux saints et se laissa faire. Trop de penchants le portaient vers la vie du cloître : il avait l'esprit lent, un corps robuste, un esprit rusé ; il aimait à boire et à faire pis ; il était déjà moine, dit Érasme, avant d'être novice.

Érasme avait alors seize ans. Délicat, fragile, languissant d'une fièvre quarte, qu'allait-il devenir, abandonné à lui seul, pauvre, malade? Le tuteur redoublait d'obsessions. Il déchaîna contre lui des personnes de toute qualité, de tout sexe, moines, demi-moines, parents, parentes, jeunes gens, vieillards, gens connus et inconnus. L'esprit du jeune homme était assiégé par toutes ces influences. L'un lui faisait un tableau aimable de la tranquillité monastique, insistant sur ses douceurs, sur ses avantages, « tout de même, dit Érasme, qu'on trouverait à louer dans la fièvre quarte. » Un autre lui peignait d'un style tragique les périls de ce monde, comme si les moines eussent été hors du monde. Celui-ci l'épouvantait du récit des maux de l'enfer, comme si le couvent ne menait pas quelquefois à l'enfer; celui-là lui citait des exemples miraculeux : « Un voyageur fatigué s'était assis sur un serpent, le prenant pour un tronc d'arbre; le serpent s'éveilla, et, tournant la tête, dévora le voyageur. Ainsi le monde dévore les siens. » — « Un homme était venu visiter un monastère; on l'invite à s'y fixer, il refuse; à peine sorti, il rencontre un lion qui le mange. » Quelques-uns lui parlaient de moines qui avaient eu l'honneur de s'entretenir avec Jésus-Christ; de sainte Catherine, qui lui avait été fiancée comme à un amant, et avait eu de longs entretiens avec lui. On mettait un grand prix à s'emparer d'Érasme; ses dispositions précoces promettaient un moine qui ferait honneur à sa robe.

Dans le temps qu'il était agité d'incertitudes cruelles, il alla voir, dans un monastère voisin de la ville, un certain Cantelius, dont il avait été le camarade d'enfance. C'était un jeune homme d'un esprit ferme et élevé, quoique ne pensant qu'à lui. Le goût du repos et de la table, et non la piété, l'avait fait entrer au couvent. Il était fort paresseux, peu curieux des lettres, où il n'avait pas réussi, mais bon chanteur ; il s'y était appliqué dès le bas âge. Après avoir vainement cherché fortune en Italie, il avait pris la robe. Cantelius s'enflamma pour Érasme ; il l'exhorta vivement à faire comme il avait fait, lui vantant le couvent comme un lieu de tranquillité, de liberté, de concorde, où les anges vivaient avec les hommes, où l'on avait le repos et des livres pour en occuper les longues heures. C'était l'appât auquel devait mordre Érasme : du repos et des livres, ce fut là le goût de toute sa vie. A entendre Cantelius, le couvent était le jardin des Muses. Érasme sortit fort ébranlé de ce premier entretien.

A peine rentré dans la ville, de nouvelles attaques l'attendaient. On lui montra ses amis irrités de son obstination, leur amitié tournant à la haine, la misère et la faim qui l'attendaient dans le monde, le désespoir de toutes choses. Il revint voir son nouvel ami. Cantelius redoubla de soins, lui demanda la faveur de devenir son élève, et enfin le décida. Érasme, de guerre lasse, se réfugia dans le couvent pour éviter les obsessions présentes, mais sans dessein de persévérer. Cantelius mit à profit la science du jeune homme ; ils passaient les nuits à lire en cachette les auteurs anciens, entre autres Térence, singulier poëte pour un couvent. La santé d'Érasme en souffrait. Du reste, son esprit était assez tranquille ; il aimait cette égalité des frères. On ne l'obligeait pas aux jeûnes ni aux offices de nuit ; on ne lui demandait rien, on ne le grondait pour rien : le plan était que tout le monde lui sourît et lui montrât de la faveur.

Plusieurs mois s'écoulèrent ainsi dans l'insouciance. Quand vint le jour de prendre l'habit, Érasme parla de nouveau de sa liberté ; on lui répondit par des menaces. Cantelius ne négligeait aucun des moyens qui lui étaient propres : il tenait à ne pas perdre un précepteur gratuit. Érasme fit vainement une dernière résistance ; à la fin, il tendit le cou, comme l'agneau du sacrifice, et on lui jeta l'habit.

Ce point obtenu, on continua les bons traitements et les caresses. Une année tout entière se passa, sans de vifs regrets de sa part. Mais peu à peu le régime changea; il s'aperçut alors que ni son corps ni son âme ne s'accommodaient de la vie du couvent. Il y voyait les études délaissées ou méprisées. Au lieu d'une vraie piété où il aurait eu du goût, c'étaient des chants et des cérémonies sans fin. Ses frères les moines étaient pour la plupart des hommes lourds, ignares, adonnés au ventre, disposés à opprimer quiconque, parmi eux, montrait un esprit délicat et plus de penchant pour l'étude que pour la table. Le plus robuste de corps y était le plus influent.

On l'avait d'abord exempté du jeûne; bientôt on l'y astreignit. Or il était d'un tempérament si exigeant sur le point de la nourriture, que si le repas était retardé d'une heure, le cœur lui manquait, et il s'évanouissait. Le froid le faisait beaucoup souffrir, ainsi que le vent, et, pour quelques nuages de plus ou de moins qui passaient dans le ciel, tout son corps était troublé. Comment avoir chaud dans un couvent malsain, aux longs corridors humides, aux cellules mal closes? Érasme y était sans cesse grelottant. Dans les jours de jeûne ou d'abstinence de viande, le repas consistait en poisson; mais l'odeur seule du poisson lui donnait la migraine, avec un mouvement de fièvre. Enfin il avait le sommeil léger, se rendormait avec peine, et seulement après quelques heures : au couvent, il fallait se lever dans la nuit, pour les offices nocturnes, dont on l'avait exempté novice. Ses nuits se passaient à tâcher de se rendormir.

Érasme recommençait à soupirer tout haut pour la liberté. Mais c'était à qui lui donnerait d'horribles scrupules. « Ruses de Satan, lui disait l'un, pour enlever un serviteur à Jésus-Christ. — J'ai eu les mêmes tentations, lui disait un autre; mais, depuis que je les ai surmontées, je suis comme en paradis. — Il y a danger de mort, lui insinuait un troisième, à quitter l'habit; on en a vu qui, pour cette offense envers saint Augustin, ont été frappés d'une maladie incurable, foudroyés par le tonnerre, ou qui sont morts de la morsure d'une vipère. Le moindre des maux qu'on risque, ajoutait-il, c'est l'infamie qui s'attache à l'apostat. » Le jeune homme craignait plus la honte que la mort : ce fut la honte qui triompha de ses répugnances, et, comme il s'était laissé mettre l'habit, il se laissa vêtir du capuchon. Se regardant dès lors comme un prisonnier, il chercha des consolations dans l'étude ; mais, les lettres étant suspectes au couvent, il fallait étudier en cachette, là où il était permis de s'enivrer publiquement. Une circonstance inespérée vint le tirer de sa prison et le rendre à la vie publique, éclatante, qui l'attendait au dehors. Je dirai bientôt quelle fut cette circonstance.

On sait l'influence des impressions de la jeunesse sur le reste de la vie. Cette entrée violente d'Érasme dans les ordres religieux en fit un ennemi prudent, mais d'autant plus redoutable, des vœux monastiques et des pratiques odieuses qu'on employait pour les arracher aux caractères faibles. Ménageant les choses, il n'en frappa que plus fort sur les personnes ; il poursuivit les moines de ses railleries, les peignant invariablement sous les traits d'ivrognes, d'illettrés et de libertins, opposant sans cesse le scandale de leurs orgies clandestines, de leur haine sauvage pour les lettres, de leur hypocrisie, aux vertus de leurs fondateurs, et, en même temps qu'il parlait avec révérence du principe, attaquant sous toutes les formes l'application.

Certes, il se souvenait de ses jeûnes au couvent et de ses défaillances de cœur, quand il se moquait de l'abstinence des viandes, et qu'il accablait les mangeurs et les apprêteurs de poisson de malédictions si plaisantes ; il se souvenait des prières de nuit dans la chapelle, sous les voûtes froides, avec le frisson d'un sommeil interrompu, quand il se raillait de la fréquence et de la monotonie des prières ; il se souvenait surtout de ces menaces entremêlées de caresses, de ces obsessions, tantôt violentes, tantôt doucereuses, à l'aide desquelles on l'avait précipité dans des vœux éternels, quand il écrivait contre les vœux monastiques ces charmants *Colloques*, si fins, si spirituels, si tempérés de prudence et de concessions, afin de ne pas effrayer les gens scrupuleux, si éloquents çà et là, qui rappellent la manière de certains dialogues de Voltaire [1].

Dans le colloque *Virgo* μισόγαμος (la vierge ennemie du mariage), si clair et si agréable, malgré son titre grec, Eubulus (εὖ βουλή), l'homme de bon conseil, fait une promenade après dîner, avec Catherine, la jeune fille qui ne veut pas se marier. On est au printemps, dans la saison des fleurs ; Catherine est triste ; la douce joie qui paraît répandue sur toute la nature n'est pas dans son cœur. Eubulus en veut savoir la cause : « Voyez cette rose, dit-il, dont les corolles se contractent à l'approche de la nuit ; tel est votre visage. » Catherine sourit. « Allez plutôt vous regarder dans cette fontaine, » continue Eubulus. Pourquoi donc Catherine est-elle triste ? Elle vient d'avoir dix-sept ans ; elle est belle, la santé brille sur son visage ; elle a une bonne réputation, de l'esprit, toutes les grâces de l'âme qui font valoir celles du corps ; ses parents sont de bonne maison, probes, riches, tendres pour leur fille ; Eubulus ne demanderait pas à Dieu une autre épouse, si *son astre* lui permettait d'y prétendre. « Et moi, dit Catherine, je ne voudrais pas d'un autre époux, si je ne haïssais pas le mariage. » D'où vient donc cette haine ? Catherine est engagée à Dieu. Dès sa plus tendre jeunesse, elle a rêvé d'être sœur dans

---

[1] *Virgo* μισόγαμος. — *Virgo pœnitens.*

un couvent de nonnes; ses parents ont d'abord résisté à son penchant; mais, à force de prières, de caresses, de larmes, elle a obtenu qu'on la laissât libre si, à dix-sept ans, elle y persistait encore. Ses dix-sept ans sont venus; mais voici que ses parents refusent de tenir leur promesse; c'est là ce qui la rend triste; elle en mourra, si on ne cède à son désir.

Eubulus s'informe d'où elle a pris ce goût pour le cloître. C'est un jour qu'on l'avait menée, toute petite fille, dans un couvent de religieuses. Ces vierges l'enchantaient par leurs visages frais et riants; il lui semblait voir des anges; l'église était toute luisante de propreté, toute parfumée d'encens; les jardins étaient grands et pleins d'arbres et de fleurs. Tout lui souriait; ses yeux ne rencontraient que des images douces; les entretiens de ces filles étaient aimables; deux d'entre elles, ses aînées de quelques années, l'avaient fait jouer sur leurs genoux quand elle était tout enfant. A ces images riantes Eubulus oppose une peinture satirique des couvents de filles; il ne cache rien de ce qu'il en sait : la liberté du temps et la liberté du latin lui ôtent tout scrupule. « Si vous tenez tant à votre virginité, dit-il à Catherine, que ne la placez-vous sous la protection de vos parents?

— Elle n'y serait pas en sûreté.

— Mieux, à ce que je pense, que chez ces moines épais, dont le ventre est toujours tendu de nourriture... On les appelle pères, et ils font souvent en sorte que ce nom leur soit bien appliqué [1]. » Et il ajoute : « Quand vous aurez vu les choses de plus près, vous n'y trouverez pas le même charme qu'autrefois. Ne sont pas vierges, croyez-moi, toutes celles qui ont le voile, à moins que plusieurs d'entre elles

---

[1] Imo, ut ego arbitror, aliquanto tutius quam apud illos crassos, semper cibo distentos monachos. *Nec enim castrati sunt, ne tu sis insciens,* etc.

ne prétendent être louées pour le même privilége que Marie la vierge mère [1]. Tout n'est pas virginal chez les vierges. » Ma traduction est chaste ; le latin l'est moins ; c'est d'ailleurs une nouvelle ressemblance avec Voltaire ; il n'osait pas beaucoup moins dans son français qu'Érasme dans son latin.

Eubulus joint à ces raisons de mœurs des raisons de dogme : on ne discutait rien alors sans s'autoriser du dogme et de la tradition. Catherine est ébranlée ; mais que peuvent de bons conseils contre des souvenirs d'imagination, contre des rêves de jeune fille exaltée ? « Vous me donnez d'excellentes raisons, dit-elle à Eubulus, mais rien ne peut m'enlever ma passion. — Si je ne puis vous persuader, répond Eubulus, souvenez-vous du moins que je vous ai avertie. Je prie Dieu, par amour pour vous, que votre passion vous réussisse mieux que mes conseils. » Ainsi finit le colloque.

La *Vierge qui se repent* [2] en est la suite. Ce sont encore nos deux personnages, Eubulus et Catherine. Eubulus trouve la jeune fille tout en larmes. Le prieur du couvent est auprès d'elle. « Quel oiseau vois-je ici ? demande Eubulus. — C'est le prieur du couvent ; mais ne vous en allez pas ; on a fini de boire ; asseyez-vous un moment ; quand il sera parti, nous causerons. » Le prieur parti, les aveux commencent. La mère de Catherine, vaincue par ses larmes, avait fini par céder ; son père s'était montré plus ferme ; mais, les machinations des moines ayant lassé sa constance, il s'était rendu. On l'avait menacé d'une mort prochaine s'il enlevait une épouse à Jésus-Christ. Son consentement obtenu, la jeune fille avait été tenue comme en prison, pendant trois jours, dans la maison paternelle. Des religieuses du couvent veillaient sur elle, empêchant que personne n'entrât dans sa chambre, et l'excitant par leurs exhortations. Pendant

---

[1] .... Ut dicantur et a partu virgines.
[2] *Virgo pœnitens.*

qu'on préparait son costume de professe et qu'on disposait tout pour le repas d'usage, elle avait souffert quelque chose qui ne se peut pas raconter. Il lui avait semblé qu'un fantôme lui apparaissait : les religieuses qui étaient là n'avaient pas vu ce fantôme; mais, pour elle, cette vue l'avait fait tomber comme morte. Revenue à elle, on lui avait expliqué sa vision : c'était, selon ces femmes, un dernier effort du démon tentateur; pareille chose leur était arrivée à toutes, disaient-elles, à ce moment décisif.

« C'étaient, dit Eubulus, les folies de ces femmes qui vous avaient troublé l'esprit. »

Le quatrième jour on l'avait revêtue de ses plus beaux habits, comme si elle avait dû se marier...

« A quelque moine grossier, » interrompt Eubulus.

Puis on l'avait amenée, au milieu du jour, de la maison de son père au couvent, où l'attendait une grande compagnie d'amis et de curieux. Elle n'y était restée que douze jours, après quoi elle avait été se jeter aux genoux de l'abbesse, la conjurant de la rendre à ses parents. Ceux-ci, tout d'abord, ne voulaient pas la reprendre; mais, voyant sa douleur, ils lui avaient ouvert leurs bras. C'est ainsi que Catherine était redevenue libre.

Qui l'avait donc fait changer de résolution? Érasme le laisse à deviner. Il aimait à désappointer son lecteur; cela donnait à ses colloques un air romanesque.

III

Érasme chez l'évêque de Cambrai. — Le collége de Montaigu. — Érasme donne des leçons. — La marquise de Wéere. — Érasme fait naufrage sur la côte de Calais. — Il est attaqué par des voleurs. — Ses flatteries, pour être payé de ses pensions. — Il va en Italie, et il y est témoin du triomphe de Jules II à Bologne. — La peste éclate dans cette ville. — Danger que court Érasme. — — Ce qu'il dit de l'Angleterre et de la France.

Ce qui fit sortir Érasme du couvent et le lança dans le monde, ce fut l'offre du seigneur de Bergues, évêque de Cambrai, qui l'invitait à venir faire partie de sa maison. Érasme y consentit avec joie; mais, ne voulant pas partir sans s'être mis en règle avec tout le monde, il sollicita l'agrément de son évêque ordinaire, du prieur particulier du couvent et du prieur général de l'ordre; et, quoiqu'il n'y fût pas tenu par son vœu, il garda l'habit, de peur de blesser les personnes trop scrupuleuses. On voit déjà l'homme timide et inquiet, qui a une peur singulière de l'opinion, lui qui devait la mener un moment, et qui en fut le maître, tout en se courbant devant elle en esclave. Il resta peu chez cet évêque, dont il n'avait guère à se louer, et vint à Paris pour y compléter son instruction. Il entra au collége de Montaigu, alors très-famé pour ses études de théologie; « les murailles mêmes, dit Érasme, étaient théologiennes. » Mais le régime en était mortel. Jean Standonée, homme d'un bon naturel, mais d'un jugement médiocre, et dur pour lui-même comme les Pères du désert, en avait alors le gouvernement. Ayant passé sa jeunesse dans une extrême pauvreté, Standonée ouvrait volontiers son collége aux jeunes gens pauvres; mais il prenait plus de soin de leur esprit que de leur corps, les nourrissant de poissons et d'œufs gâtés, jamais de viande ; les faisant coucher sur des grabats, dans des chambres humides, et, pour comble, les forçant à porter l'habit et le capuchon de moine. Plusieurs jeunes gens, contemporains d'Érasme, en étaient devenus fous, aveugles ou lépreux : quelques-uns en étaient morts. Lui-même en fut si malade, qu'il eut beaucoup de peine à se rétablir ; il en aurait perdu la vie, dit-il, sans la protection de sainte Geneviève.

Il paraît qu'encore au temps de Rabelais, lequel publia son livre après la mort d'Érasme, le collége de Montaigu n'avait rien changé à son régime, car voici ce qu'en dit Ponocrates, précepteur de Gargantua, à Grandgousier, père de son élève [1] :

« Seigneur, ne pensez que ie l'aye miz on colliege de pouillerye quon nomme Montagu : mieulx l'eusse voulu mettre entre les guenaulx [2] de Sainct Innocent pour l'enorme cruaulté et villenye que iy ay congnu ; car trop mieulx sont traictez les forcez (forçats) entre les Maures et les Tartares, les meurtriers en la prison criminelle, voyre certes les chiens en vostre maison, que ne sont ces malautruz on dict colliege. Et si i'estois roi de Paris, le diable m'emport si ie ne mettoys le feu dedans et feroys brusler et principal et regens qui endurent ceste inhumanité devant leurs yeulx estre exercee. »

L'amour des livres et de la théologie avait fait venir une première fois Érasme à Paris ; le régime du collège de Montaigu et la maladie l'en chassèrent. Il y revint bientôt pour continuer ses études : cette seconde fois ce fut la peste qui l'en fit sortir. Il erra en Flandre et en Hollande, fuyant devant le fléau, qui parcourait l'Europe en tous sens, tombant où on ne l'attendait pas, ne venant pas où on l'attendait. On était sur la fin du quinzième siècle. Érasme approchait de trente ans. Ses premiers écrits, ses lettres, l'avaient mis

---

[1] Livre I, chap. xxxvii.
[2] Gueux qui ne quittaient guère le cimetière des Innocents.

en renom ; c'était à qui le protégerait et lui offrirait des pensions, sauf à n'en payer que le premier mois. Il avait trouvé du même coup la célébrité et la pauvreté.

Il donnait des leçons çà et là, et vivait de leur produit ; mais, les leçons manquant, il fallait implorer ses protecteurs et leur demander comme une charité ce qu'il aurait pu exiger comme une dette. Les protecteurs ne répondaient pas ou répondaient qu'ils n'avaient rien, ou recommandaient Érasme à leur intendant, qui gardait les arrérages pour lui. Plus d'une fois, Érasme fut obligé de prendre le ton d'un mendiant, et d'étaler sa pauvreté comme les mendiants étalent leurs plaies, faisant avec sa rhétorique ce que ceux-ci font avec leurs membres mutilés, ou bien forçant son esprit à d'incroyables tours de flatterie, pour tirer de la vanité de ses patrons l'argent qu'il ne pouvait obtenir de leur loyauté. C'était de la rhétorique de nécessiteux, fausse, misérablement éloquente, où l'esprit mendiait pour le ventre. Ces flatteries mêmes ne réussissaient pas toujours : alors il s'irritait, il s'emportait contre des patrons qui s'étaient donné gratis le relief de protecteurs des lettres, et qui laissaient croupir leur protégé dans le besoin. Il se dédommageait, dans ses lettres à quelques amis, des humiliations où on l'obligeait de descendre, et se donnait le tort de médire par derrière de ceux qu'il adulait en face ; tristes contradictions de la pauvreté, que la postérité ne devrait pas juger après dîner.

Parmi ses bienfaiteurs d'intention, sinon d'effet, il y avait une grande dame, la marquise de Wéere, laquelle avait voulu voir Érasme et lui tenir lieu de l'évêque de Cambrai, qui l'abandonnait. Érasme se rendit à son château de Tournehens, en février 1497, par une neige que chassait un vent violent. Ce château était perché sur le haut d'une montagne, qu'il lui fallut gravir à l'aide d'un bâton ferré, non sans danger d'être précipité par le vent ; à la fin il arriva. La première vue de la marquise de Wéere fut pour lui un enchantement. Bonté, douceur, libéralité, elle avait tout en partage. « Je sais, écrit-il à milord Montjoye, que les amplifications des rhéteurs sont suspectes, principalement à ceux qui ne sont pas étrangers à leur art. Mais croyez-moi, l'amplification, loin de m'être d'aucun secours ici, est au-dessous de la réalité. La nature n'a rien produit de plus chaste, de plus sage, de plus candide, de plus bienveillant. Voulez-vous que je vous dise toute la chose en un mot? Elle a été aussi bienfaisante pour moi, à qui elle ne devait rien, que ce vieillard (l'évêque de Cambrai) a été malveillant, lui qui me devait quelque chose. Elle m'a comblé d'autant de bons offices, moi qui n'ai rien fait pour elle, que celui-ci de duretés, quoique m'étant redevable des plus grands services. »

Il écrivait cela du château de Tournehens, devant la haute cheminée de la marquise, avec cette ardeur de reconnaissance qu'un bon feu, le souvenir du voyage de la veille à travers les neiges, un accueil que la curiosité seule de la marquise eût rendu obligeant, quelques promesses peut-être, devaient inspirer à l'homme que le lecteur connaît déjà, délicat de corps, faible d'esprit, prenant volontiers les avances pour des engagements, et l'indifférence pour du mauvais vouloir.

Un an après, son langage n'était plus le même. La marquise avait promis une pension de deux cents livres, mais Érasme n'en avait rien reçu. C'est par lui que nous devions apprendre que la marquise s'était ruinée pour un beau damoiseau, elle qui aurait dû, dit sérieusement Érasme, s'attacher à quelque homme grave et imposant, comme il convenait à une femme de son âge. « Tu déplores que la marquise perde ainsi sa fortune, écrit-il à Battus, un de ses amis ; mais tu me parais malade de la maladie d'autrui. Elle dissipe sa fortune, et tu t'en affliges! Elle joue et badine avec son amant, et tu en prends du souci! Elle ne peut rien donner, dis-tu, n'ayant rien ! Mais, quand je regarde les causes qui l'empêchent de donner, j'en conclus qu'elle ne donne jamais rien, car de telles causes ne manquent jamais aux grands personnages. Elle a de quoi engraisser l'oisiveté et les débauches de ces gens à capuchon, effrontés libertins, tu sais qui je veux dire ; et elle n'a pas de quoi assurer le studieux repos d'un homme qui pourrait laisser des écrits dignes du regard de la postérité. »

Cependant la nécessité allait le faire tomber derechef aux genoux de la marquise ; depuis sa lettre à Battus, il lui était arrivé toutes sortes de malheurs. Il avait fait des pertes d'argent, lui qui en avait si peu à perdre. Dans un voyage qu'il fit en Angleterre, il avait emporté avec lui une assez bonne somme, fruit de ses ouvrages ; mais, arrivé à Douvres, on l'avait obligé de vider ses poches : les lois somptuaires du pays, ou plutôt la douane de pirates qu'on décorait de ce nom, interdisaient l'entrée en Angleterre de l'argent étranger jusqu'à concurrence d'une certaine somme. Ses amis d'Angleterre étaient venus à son secours, et, après quelque séjour parmi eux, il était parti pour s'embarquer à Douvres, et de là retourner à Paris, à son Paris *bien-aimé*, comme il l'appelle quelque part. Il portait sur lui quelques angelots d'or dans une bourse de cuir. Le temps était gros. Érasme était monté dans une barque pour gagner le vaisseau, que les bas-fonds tenaient éloigné de quelques brasses de la côte. La barque ayant chaviré, il était tombé dans la mer, et en avait été retiré plus nu et plus pauvre qu'après la visite des douaniers anglais : ses angelots d'or étaient restés au fond de l'eau.

D'autres malheurs l'attendaient sur le rivage de France. Il s'était fait prêter quelque argent pour aller de Calais à Paris. Comme il cheminait à dos de cheval, dans la compagnie d'un Anglais, sur la route d'Amiens, des voleurs lui avaient fait la conduite pendant plus d'un jour, flairant s'il était de bonne prise ; mais cette fois sa pauvreté l'avait bien servi ; les voleurs, s'étant aperçus qu'il était pauvre, n'avaient pas voulu l'assassiner gratuitement. Érasme leur avait ôté toute tentation en se laissant prendre le peu qui lui restait. Toutes ces pertes l'avaient réduit. « Tirez de la marquise tout ce que vous pourrez, écrivait-il à Battus ; arrachez, grattez ; j'en ferai autant de mon côté. Je sens combien ce conseil est honteux et répugne à mon caractère ; mais le besoin me force à essayer de tout. » Battus n'obtenait rien ; son rôle était difficile. Précepteur chez la marquise, apparemment mal payé, à cause du désordre des affaires, il avait à penser à lui avant de penser à son ami. Érasme recourut à la rhétorique ; il écrivit à la marquise de Wéere une lettre calculée pour l'effet. Il s'était frotté le front, dit-il, il avait fait taire ses scrupules, son caractère, cette pudeur jalouse qui sied à l'homme de lettres ; il avait fléchi sous la nécessité.

La flatterie intéressée l'inspirait mal. Cet homme si habile à tourner un compliment librement donné, qui savait relever les gens sans se rabaisser lui-même, est plat et prétentieux quand il les loue pour en tirer de l'argent. Est-ce la faute de celui qui demande ou de celui qui ne tient pas ce qu'il promet ? La marquise de Wéere, qui *folâtrait* tout à l'heure avec un amant, la voilà devenue vierge. Lisez le passage qui explique cette métamorphose : « Je vous ai envoyé, à vous qui vous appelez Anne, une hymne que j'ai composée en l'honneur de votre patronne sainte Anne ; ces vers sont de ma jeunesse, car, dès mes premières années, j'ai rendu un culte tendre à cette sainte. J'ai joint à ces vers quelques prières de mon invention, qui pourront vous servir comme d'enchantements magiques pour faire descendre du ciel sur la terre, non point la lune, mais celle qui a enfanté le soleil de la justice (la Vierge Marie). Il est vrai qu'elle se montre facile aux vœux qui lui sont faits par des vierges ; car je ne vous compte pas tant parmi les veuves que parmi les vierges. Quand vous vous êtes mariée toute jeune, c'était seulement pour obéir à vos parents et pour avoir des enfants : dans un mariage de ce genre, c'est moins le libre plaisir des sens qu'il faut regarder que la soumission passive. Mais qu'à l'âge où vous êtes, presque jeune fille encore, vous sachiez résister à la foule des prétendants qui aspirent à vos faveurs; qu'au sein d'une fortune si brillante, vous soyez si dure pour vous-même, c'est ce que je ne regarderai pas comme du veuvage, mais comme de la virginité. Si vous persévérez, il faudra que je vous place pieusement, non pas dans le chœur des adolescentes, dont le nombre, selon l'Écriture, ne se peut pas compter; non pas dans les cinquante concubines de Salomon, mais parmi les cinquante reines, et cela, je l'espère, avec l'approbation de saint Jérôme. »

Dans le même temps qu'il écrivait cette lettre à la marquise de Wéere, il envoyait ses recommandations confidentielles à Battus. Il lui traçait tout un plan de campagne. « Qu'il lançât contre la marquise son fils Adolphe, avec des prières arrêtées en commun ; qu'il prît soin de mettre à couvert le caractère d'Érasme en présentant sa lettre comme un cri que lui arrachait le besoin ; un homme de si délicate complexion, voulant aller en Italie pour y prendre le grade de docteur, ne pouvait faire ce voyage sans de grandes dépenses ; sa réputation, méritée ou non, ne lui permettait pas d'y aller à pied, et sans quelque espèce de train ; que Battus fît sentir à la marquise combien plus de gloire et d'honneur lui reviendrait des écrits d'Érasme que de ces théologiens qu'elle avait à sa charge ; que ces hommes débitaient des choses communes, tandis qu'il écrivait, lui, des choses durables ; que leurs indoctes sermons étaient entendus dans une ou deux églises, tandis que ses livres, à lui, seraient lus par toutes les nations ; que ces grossiers théologiens abondaient partout, tandis qu'il fallait plusieurs siècles pour trouver un homme comme lui; — « car, dit-il à Battus, vous n'êtes pas si superstitieux, à « ce que je sache, que vous ayez du scrupule à faciliter par de « petits mensonges les affaires de votre ami; » — que Battus insinuât à la marquise, avec tout l'agrément qu'il y pourrait mettre, qu'Érasme avait fatigué ses yeux et compromis sa vue par ses travaux sur saint Jérôme; que, selon Pline l'Ancien, un bon remède aux maux d'yeux, un excellent spécifique pour les raffermir, était quelque pierre précieuse, quelque saphir, ou tout autre bijou de prix; qu'au besoin, Battus fît confirmer l'opinion de Pline par son médecin particulier. »

Mais Érasme doutait de l'empressement de Battus. Celui-ci, le premier en titre dans la maison de la marquise, voulait être le premier payé. Érasme essaye de lui donner le change; mais ses raisons sont bien faibles contre l'instinct de l'intérêt personnel : « Je sais, dit-il, que vous avez grand besoin vous-même des libéralités de la marquise. Mais songez bien que les deux choses ne se peuvent pas faire à la fois. Puis donc que l'occasion est favorable, différez votre propre affaire et faites celle de votre ami; vous reprendrez la vôtre en son lieu et avec plus de certitude du succès. N'allez pas craindre que le peu que je demande épuise la marquise. D'ailleurs, soyez juste, tous les jours vous êtes en demeure de demander et d'obtenir; il n'en est pas de même pour moi. Peut-être croyez-vous bien agir avec moi, si vous ne faites que m'arracher à la mendicité; mais, mon cher Battus, les études auxquelles je me livre demandent une vie qui ne soit ni gênée ni misérable. »

Cette dernière phrase indique de quelle pauvreté Érasme avait à sortir. C'était de la pauvreté relative, pauvreté pour un homme délicat, maladif, aimant à changer de place, achetant des manuscrits, ayant à sa solde des copistes, recherché et répandu, obéré par ses déménagements fréquents, ses hautes amitiés, ses domestiques, ses messagers, ses secrétaires, et ne pouvant être Érasme qu'à ce prix; c'eût été de l'aisance pour tout autre que lui. Ses ressources étaient fort précaires; le peu qu'il parvenait à arracher de ses différentes pensions, — il en avait en Angleterre, en Allemagne, en France, — ne le soutenait pas, mais l'aidait à faire des dettes. D'ailleurs, cet argent si attendu, si demandé, en passant par les mains des intendants, des banquiers, des changeurs, des messagers, et en s'y grevant de toutes sortes de droits, n'arrivait à Érasme que diminué plus qu'à demi. Il lui fallait donner quittance du tout et ne recevoir qu'une partie. Encore cette partie pour laquelle les patrons exigeaient de lui autant de reconnaissance que pour le tout, c'est-à-dire beaucoup de complaisances, de flatteries, de lettres à montrer, et surtout de discrétion dans ses nouvelles demandes, cette moitié si péniblement obtenue courait-elle, dans la bourse d'Érasme, toutes les chances de ce qu'on appelle les événements fortuits.

Érasme n'avait vraiment à lui que ce qui allait passer de sa main dans celle de ses fournisseurs; le reste pouvait appartenir, selon l'occasion, soit aux voleurs de terre ferme, soit aux matelots et mariniers, à ces derniers surtout, qui levaient sur les passagers un tribut assez semblable à celui que lève le Bédouin, dans son désert, sur le voyageur détroussé. Ajoutez-y les vols domestiques, dont Érasme se plaint, et que ses préoccupations d'esprit, son abandon, son incurie, sa générosité, rendaient si faciles. « Croit-on donc faire beaucoup, disait-il, si Érasme ne meurt de faim? »

Il finit pourtant par réaliser le projet de toute sa vie : il partit pour l'Italie, moitié avec ses épargnes, moitié sur des promesses, à la fin de l'automne de 1506; il avait alors quarante ans. Il arriva à Bologne quelques jours avant l'entrée triomphale de Jules II, vainqueur de la Romagne. Mêlé à la foule du peuple qui battait des mains « au destructeur des tyrans, » il dut sourire à l'aspect de cette papauté bottée et éperonnée, donnant à baiser aux populations ses pieds blanchis par la poussière des champs de bataille, brandissant l'épée en guise des clefs de saint Pierre, et poussant son cheval sur les brèches des murailles renversées pour lui faire honneur. J'aime à me le représenter, dans la grande rue de Bologne, adossé contre une muraille, enveloppé dans ses fourrures, la figure légèrement ironique, regardant passer le cortége, et méditant contre la papauté belliqueuse ces prudentes critiques dont ses adversaires devaient faire plus tard des hérésies dignes du feu. Cette entrée de Jules II lui inspira de belles pages sur l'amour de la paix.

Ce fut le mardi 19 novembre 1506 que le pape entra dans Bologne. Des astrologues et des marchands voulaient l'en détourner ; il se moqua de leurs prédictions et dit : « Au nom de Dieu, avançons et entrons. » Avant d'arriver à l'église, il passa sous treize arcs de triomphe, au front desquels on lisait : *A Jules II, triomphateur des tyrans*. A chaque côté de la grande rue s'élevaient des tribunes, en forme de longues galeries, d'où les grands personnages et les dames de haute maison de Bologne agitaient leurs mouchoirs et faisaient flotter leurs devises sur la tête du triomphateur. La rue, plantée d'arbres verts, était tendue de voiles cousus bout à bout, qui formaient comme un dais immense. Des armes, des peintures, des devises, pendaient de toutes les fenêtres ; des tapis jonchaient le chemin. Cent jeunes nobles bolonais, portant des bâtons d'or à la main, la seule espèce d'arme qui convînt à des vaincus, précédaient le cortége ; puis venaient vingt-deux cardinaux, en robes rouges, avec leurs chapeaux galonnés d'or ; puis des condamnés graciés par le pape, ou des victimes du tyran de Bologne rendues à la liberté, et portant un écriteau sur leur poitrine; puis, derrière une forêt d'étendards, dans un nuage de parfums, d'encens, de cierges en cire blanche, d'hymnes et de concerts, deux baldaquins portés à bras, l'un de soie blanche brodée d'or, pour le saint sacrement, l'autre plus magnifique, de soie cramoisie et de brocart d'or, pour le pontife, lequel foulait sous ses pieds des bouquets de roses offerts par les jeunes filles de Bologne, présent rare pour la saison. Enfin vinrent les harangues, la chose la plus propre à consoler les petits de n'avoir pas les triomphes des grands, et les pacifiques de n'être pas victorieux. Il y en eut quatre des ambassadeurs de France, d'Espagne, de Venise et de Florence, quatre de deux recteurs d'université et de deux sénateurs, six d'autant de nobles de Bologne; en tout quatorze; outre des pièces de vers et un psaume chanté à la face du pontife par l'évêque de Bologne. C'en était assez pour empêcher Jules II de se croire un dieu.

Après les fêtes vint la peste, peut-être à cause des fêtes. Pendant que le pape Jules II recevait à Rome un second triomphe, dans lequel, disaient les bons chrétiens de l'époque, on pouvait voir d'un même coup d'œil l'Église militante et l'Église triomphante, le fléau décimait cette foule encore toute pâle et toute troublée des excès de la veille. Érasme courut un grand danger. Quoique dispensé de l'habit complet de moine régulier, il en avait retenu le rabat blanc, tel que le portait le bas clergé français. Or, par une circonstance singulière, on avait enjoint aux chirurgiens de Bologne qui soignaient les pestiférés de s'attacher sur l'épaule gauche une pièce de toile blanche, afin que les passants pussent éviter leur rencontre. Encore étaient-ils exposés, malgré cette précaution, à être lapidés dans les rues par la populace, « la plus pusillanime de toute l'Italie, dit Érasme, et qui a si peur de la mort, que l'odeur de l'encens la met en fureur, parce qu'on a coutume d'en brûler dans les funérailles. » Érasme sortait donc dans les rues avec son rabat blanc, ne pensant pas qu'on pût confondre un ecclésiastique avec un médecin, ni prendre un rabat pour une pièce d'épaule. Cette imprudence faillit deux fois lui coûter la vie.

La première fois, il allait voir un savant de ses amis. Comme il s'approchait de la maison, deux soldats de mauvaise mine s'élancent sur lui en poussant des cris de mort, et tirent leurs sabres pour l'en frapper. Une femme, qui passait par là, dit à ces malheureux qu'ils se méprennent; que l'homme qu'ils ont devant eux n'est pas un médecin, mais un homme d'église. Cela ne les apaise pas; ils continuaient de menacer Érasme et de brandir leurs sabres, quand fort heureusement la porte de la maison s'ouvre du dedans, reçoit le pauvre Érasme tout tremblant de terreur, et se ferme sur les deux assaillants.

La seconde fois, il allait entrer dans une auberge où logeaient quelques-uns de ses compatriotes. Tout à coup une foule s'amasse autour de lui, armée de bâtons et de pierres. Ces furieux s'excitent les uns les autres à le frapper, en criant : « Tuez ce chien ! tuez ce chien ! » En ce moment passe un prêtre, qui, au lieu de haranguer la foule, se met à rire, et dit à Érasme, à voix basse et en latin : « Ce sont des ânes. » Ces ânes auraient fini par mettre en pièces le pauvre étranger, ou tout au moins par lui faire un mauvais parti, s'il n'était survenu, d'une maison voisine, un jeune homme de noble maison, vêtu d'un riche manteau de pourpre. Érasme se sauve auprès de lui comme un fugitif à un autel; il ne savait pas la langue de ce peuple : il demande au jeune gentilhomme, en latin, ce que lui veut cette foule. « C'est à votre rabat qu'on en veut, dit le jeune homme ; tenez-vous pour sûr qu'on vous lapidera si vous ne l'ôtez pas; profitez de l'avis. » Érasme n'osa pas l'ôter, mais il le cacha sous son habit. Plus **tard,** il sollicita de Jules II d'être dispensé de l'habit, pourvu qu'il se vêtît en ecclésiastique séculier; Jules II lui accorda cette dispense, qui lui fut confirmée par Léon X.

Avant d'aller en Italie, Érasme avait fait plusieurs voyages en Angleterre. Il se louait beaucoup de ce pays, où il avait de bons amis, Colet, Linacer, Montjoye, Wentford, Fischer, Thomas Morus, tous hommes d'élite, quelques-uns amis particuliers du prince de Galles, Henri VIII, qui devait plus tard les faire mourir par la main du bourreau. Érasme s'était fait aux mœurs de l'Angleterre; il était devenu presque bon chasseur, cavalier passable, courtisan assez adroit, saluant avec grâce, et s'accoutumant au langage de cour, tout cela « malgré Minerve, » dit-il, c'est-à-dire malgré ses goûts pour la solitude studieuse et la discussion, si différente de la conversation, malgré sa gaucherie d'érudit et d'ecclésiastique s'essayant à des mœurs de laïque et d'homme à la mode. On sait ce qu'il a écrit des beautés britanniques, de ces nymphes « aux visages divins, caressantes, faciles, et que vous préféreriez à vos muses, » dit-il à un certain poëte lauréat, Faustus Andrelinus; et de « ces baisers si doux, si embaumés, » à travers lesquels il voyait l'Angleterre et la jugeait. C'est apparemment le souvenir de ces nymphes et de ces baisers qui le rendait si dur pour la France, jusqu'à dire au même Faustus, alors à Paris : « Comment un homme d'un nez si fin que vous se résignerait-il à vieillir dans les ordures de la Gaule? » Je dis ordures, qui est le nom générique; le latin désigne l'espèce [1].

Plus tard il se montra plus bienveillant, et sans doute plus juste pour la France. Il dit à Thomas Linacer : « La France me plaît tellement depuis mon retour, que je doute

---

[1] Quid te juvat hominem tam nasutum inter merdas gallicas consenescere?

si j'ai plus de goût pour l'Angleterre, quoiqu'elle m'ait donné tant et de si bons amis, que pour la France, qui m'est si douce par mes anciennes relations, par la liberté, et par la faveur qu'on m'y veut bien montrer. » Et plus loin : « La France me plaît d'autant plus qu'il y a longtemps que je suis privé de la voir. » On aime à retrouver dans les vieux livres ces hommages rendus librement au génie hospitalier de notre France, à son goût pour les grands esprits, à la liberté dont on y jouissait, même aux époques où la civilisation n'y était pas encore en harmonie avec la facilité de ses mœurs.

Le voyage d'Italie accrut la réputation d'Érasme sans le rendre plus riche. Il revint en Angleterre, toujours pauvre, toujours nécessiteux, toujours faisant servir son esprit, devenu une puissance, à parer d'humiliantes demandes d'argent et à tendre la main sans qu'il y parût. Milord Montjoye et l'archevêque de Cantorbéry lui faisaient une pension. Ses autres amis y ajoutaient des dons de temps en temps, non sans se faire beaucoup prier. Quelques-uns lui refusaient tout net : amis, comme dit le proverbe, jusqu'à la bourse ; d'autres lui reprochaient d'être si pressant, et blâmaient le ton de ses demandes, entre autres Colet, le doyen de Saint-Paul, homme fort serré sur ce point.

Ces demi-secours étaient insuffisants, la cherté de toute chose étant grande et les temps fort durs. Il n'était bruit que de préparatifs de guerre ; toutes les bourses se fermaient ; les bienfaiteurs retiraient leurs bienfaits, le pain et le vin devenaient choses de luxe. Érasme avait gagné un commencement de pierre, à boire, en guise de vin, de la mauvaise bière. L'Angleterre étant bloquée du côté de la mer, ses lettres ne pouvaient sortir, et rien ne lui arrivait de ses protecteurs du continent. Aussi se plaignait-il amèrement des malheurs de son époque. C'est un trait commun à presque tous les hommes supérieurs ; mais n'est-ce pas surtout de ce qui les a blessés et leur a fait obstacle qu'ils ont tiré leur force et leur gloire ?

IV

> État de l'Europe au commencement du seizième siècle. — Caractère d'Érasme. — Sa santé. — Les puces de Fribourg. — Érasme tombe de cheval. — Les auberges d'Allemagne. — Le moine et le soldat. — Explication que donne un certain théologien du mystère de la Trinité. — Contrastes entre Érasme et les moines de son temps. — Le repas entre amis. — Éloge du vin de Bourgogne.

Pour comprendre quelle fut la vie d'Érasme, il faut se faire une idée de la confusion et du tumulte de son temps, se représenter cette Europe de la fin du quinzième siècle et des premières années du seizième, labourée par la guerre, décimée par la peste, où toutes les nationalités de l'Europe intermédiaire s'agitent et cherchent leur assiette sous l'unité apparente de la monarchie universelle d'Espagne ; où l'on voit d'un même coup d'œil des querelles religieuses et des batailles, une mêlée inouïe des hommes et des choses, une religion naissante qui va se mesurer avec une religion usée d'abus ; l'ignorance de l'Europe occidentale se débattant contre la lumière de l'Italie ; l'antiquité qui sort de son tombeau, les langues mortes qui renaissent, la grande tradition littéraire qui vient rendre le sens des choses de l'esprit à des générations abruties par les raffinements de la dialectique religieuse ; du fracas partout, du silence nulle part ; les hommes vivant comme des pèlerins, et cherchant leur patrie çà et là, le bâton de voyage à la main ; une république littéraire et chrétienne de tous les esprits élevés, réunis par la langue latine, cette langue qui faisait encore toutes les grandes affaires de l'Europe à cette époque ; d'épouvantables barbaries à côté d'une précoce élégance de mœurs ; un monde livré aux soldats et aux beaux esprits, aux moines mendiants, ignorants et stupides, et aux artistes ; un chaos où s'enfantait la société moderne, une immense mêlée militaire, religieuse, philosophique, monacale ; enfin, — car j'ai hâte de quitter cette prétention à résumer une époque dont Dieu seul a le sens, — nulle place tranquille, nulle solitude en Europe où un homme pût se recueillir et se sentir vivre ; il faut s'imaginer tout cela, et jeter au milieu de cette confusion un homme débile, languissant, avide de repos et enchaîné à l'activité, plein de sens et partant de doute, doux, bienveillant, haïssant les querelles, détestant la guerre comme les mères d'Horace ; un petit corps, comme il s'appelle sans cesse [1], qui loge une âme souffrante toujours prête à s'échapper, qui n'a qu'une santé de verre [2], qui frissonne au moindre souffle, qui a des vapeurs comme une femme, et qui ne peut s'abandonner un jour sans se mettre en péril de mort.

Nous l'avons vu, dès l'enfance, faible, souffreteux, d'un corps délicat, et, comme disaient les médecins du temps, d'une contexture très-menue [3], affecté de tous les changements de temps, comme une pauvre plante exotique qui n'a plus le soleil et les saisons fixes de sa terre natale. Toutefois, la vigueur naturelle de la jeunesse, l'ardeur d'esprit, l'insouciance de l'avenir, le soutinrent longtemps, et ses dérangements perpétuels l'affectaient peu, parce qu'il s'en préoccupait moins. Mais, quand il eut passé la jeunesse, ces dérangements devenant plus graves et les causes de distraction moins vives, il sentit amèrement l'obstacle d'une mauvaise santé dans un temps et au milieu d'affaires pour lesquels il ne fallait pas moins que le corps robuste et la vigoureuse santé de Luther.

---

[1] Lettres, édition in-folio de Leyde, 766. A.
[2] Ibid. *Valetudo plus quam vitrea.* 1520. A. B.
[3] 1512. A.

Érasme était d'ailleurs l'homme aux accidents : soit fatalité, soit qu'on ait d'autant plus à souffrir qu'on est plus vulnérable, soit qu'un être faible attire les mauvaises aventures, il n'y en avait guère auxquelles il échappât. Survenait-il quelque averse de neige, la plus forte qu'on eût vue de mémoire de vieillard, quelque pluie furieuse, un ouragan, un froid subit, c'était pour lui. Pour lui, les chemins les plus sûrs étaient infestés de voleurs; pour lui, la mer était toujours mauvaise; toutes les barques chaviraient sous son petit corps si frêle, à peine assez lourd pour les faire pencher; pour lui, le cheval le plus sûr manquait tout à coup de jambes sur une route unie, et le plus doux prenait le mors aux dents. Il en faisait le sujet de jolies lettres à ses amis.

Une fois, c'est une nuée de puces qui s'abat sur sa maison de Fribourg, et qui l'empêche de dormir, de lire et d'écrire[1]. On disait dans le pays que ces puces étaient des démons. Une femme avait été brûlée quelques jours auparavant pour avoir, quoique mariée, entretenu pendant dix-huit ans un commerce infâme avec le diable. Elle avait confessé, entre autres crimes, que son amant lui avait donné plusieurs grands sacs pleins de puces pour les répandre dans la ville. Érasme, qui raconte ce fait à ses amis, n'est pas très-éloigné d'y croire. Il a son grain de superstition, lui aussi, quoiqu'il se moque des franciscains, lesquels disent au peuple que les moucherons qui voltigent sur le corps d'un frère mort sont des démons qui n'osent pas se poser sur la face bénie du défunt. Déjà, dans le danger de mort où l'avaient mis les œufs pourris et les chambres malsaines de Montaigu, n'avait-il pas attribué à l'intercession de sainte Geneviève son retour à la santé[2]?

---

[1] Lettres, 1476. D. E. F.
[2] Ibid., 1479. D. E. F.

Une autre fois, comme il chevauchait de Bâle à Gand, l'esprit tranquille, encore tout enchanté de l'accueil que venait de lui faire un abbé chez lequel il avait passé deux jours fort gaiement, son cheval s'emporte à la vue de quelques guenilles répandues sur le chemin[1]. Érasme, cavalier médiocre et peu brave, quoiqu'il eût fait son apprentissage en Angleterre, au lieu de retenir son cheval, tourne la tête vers son domestique pour lui demander du secours. Le cheval, voyant que son cavalier a aussi peur que lui, fait un écart, et le jette hors de la selle, les pieds pris dans les étriers et la tête en bas. Érasme pousse des cris épouvantables. Le domestique parvient à arrêter le cheval et dégage son maître. Érasme essaye en vain de faire quelques pas; la douleur paralyse ses membres. Ils étaient au milieu d'une plaine nue; nulle auberge convenable aux environs, mais de malheureuses cabanes sales et délabrées, dont sa délicatesse s'effrayait bien plus que du grand chemin. Que va-t-il faire? Il promet à saint Paul, s'il échappe à ce danger, de terminer ses commentaires sur l'*Épître aux Romains*. Ce vœu fait, il reprend courage, remonte à cheval, et arrive à Gand, non sans de vives douleurs, mais évidemment sauvé de pis par saint Paul, auquel il s'empresse de rendre grâce à son arrivée à Gand, en même temps qu'il envoie chercher le médecin et le pharmacien.

Tous les goûts d'Érasme sont en contradiction avec les habitudes et les convenances de la civilisation de son temps. Par exemple, l'Allemagne, la France, l'Angleterre, se chauffent au moyen de poêles : or l'odeur du poêle donne des vertiges à Érasme. La religion prescrit le jeûne : Érasme non-seulement ne peut pas jeûner, mais, s'il retarde son repas de quelques minutes, il a des défaillances. Le temps du carême, en défendant la viande, oblige les fidèles à se nourrir de

[1] Lettres, 160. B. C. D.

poisson : Érasme n'en peut manger impunément. Un certain jour, les magistrats d'une ville d'Allemagne lui offrent un dîner d'honneur : tous les poissons du Rhin abondent sur la table ; Érasme n'en goûte d'aucun, mais les avoir vus et sentis suffit pour le rendre malade ; en sortant de table, il se met au lit. Un de ses amis, qui sait ses dégoûts, lui donne en cachette, au lieu de poisson, du poulet ; cet ami est accusé par tous les dévots, et peu s'en faut qu'on ne le recherche pour ce crime.

La guerre, la peste, les théologiens, les exigences de la réputation, peut-être aussi le goût de la locomotion, quoiqu'il s'en défende, le font souvent voyager, surtout en Allemagne, qui est son centre. Vous connaissez l'homme : il lui faut en voyage quelque train, de l'aisance, des délicatesses, des soins particuliers ; qu'il ait une chambre sans poêle, une table sans poisson, une pièce à part pour se reposer, peut-être pour dérober des infirmités précoces à la publicité d'une chambrée commune. Or voici ce que lui offrait l'Allemagne, bien en arrière de notre France, où, dès ce temps-là, les bonnes auberges avaient, pour chaque voyageur, une chambre séparée, et un lit où dormir seul.

Qu'on se représente Érasme et son domestique, tous deux voyageant à cheval, sur un des grands chemins de l'Allemagne rhénane. Ils arrivent, à la tombée du jour, dans une petite ville. Érasme se fait indiquer l'auberge la plus fréquentée : on lui en montre une, à l'enseigne de *Saint François*, saint à grande barbe, encapuchonné et ceint d'une corde aux reins, dont le troupeau sale, superstitieux et violent, donne le cauchemar à Érasme. Ils se présentent à la porte ; personne ne les salue ; l'aubergiste allemand est fier : il ne voudrait pas avoir l'air de capter un hôte par des salutations. Le domestique d'Érasme demande du dehors, à haute voix, si l'on peut loger son maître et lui, et les deux chevaux ; point de réponse : l'aubergiste rougirait de montrer de l'empressement. Nouvelle demande du domestique, qui cette fois frappe à la fenêtre de la salle des voyageurs. A la fin, une tête sort de cette fenêtre, comme une tortue de son écaille, regarde les deux voyageurs, et si elle ne dit pas non, cela équivaut à oui. Il faut que le voyageur soit son propre palefrenier. On indique une place pour les chevaux ; c'est d'ordinaire la plus incommode ; les bonnes sont réservées pour ceux qui doivent venir, et principalement pour les nobles. Si vous vous plaignez : « Cherchez une autre auberge, » vous dit-on.

Les chevaux placés, les deux voyageurs entrent dans la salle commune, le maître et le domestique, les gens et les bagages. Chacun y vient au complet, avec ses effets, ses bottes sales, et, en cas de pluie, avec beaucoup de boue ; on se déchausse en commun, on met ses pantoufles, on ôte son vêtement de dessus, on le suspend autour du poêle pour le faire sécher. Si vous avez faim, il vous faut prendre patience : le dîner n'est servi que quand tous les voyageurs sont arrivés. L'aubergiste ne se met à ses fourneaux qu'après avoir compté tous ses convives. En attendant, on voit arriver des gens de toutes sortes ; des jeunes, des vieux, des gens de pied, des cavaliers, des négociants, des matelots, des muletiers, des domestiques, des femmes, des gens valides, des malades. L'un se peigne ; l'autre essuie son front mouillé de sueur ; l'autre nettoie ses guêtres ou ses bottes ; autant de langues que de gens ; c'est la confusion de la tour de Babel. Mais, dès qu'un étranger de distinction entre dans la salle avec le maintien et le costume de son rang, toute cette foule fait silence et semble n'avoir plus qu'un regard attaché sur ce personnage : vous diriez un animal curieux nouvellement venu d'Afrique[1].

Quand la soirée est fort avancée, et qu'on n'espère plus

---

[1] Colloques, *Diversoria*, passim.

de nouveaux arrivants, un vieux domestique, la tête chauve, le regard dur, promène ses yeux sur tous les hôtes sans dire un mot, et compte les têtes. Après quoi, il met du bois au poêle et se retire. C'est en ce moment que je vois notre Érasme, à demi suffoqué, qui se glisse près de la fenêtre et l'entr'ouvre sans bruit pour faire entrer un peu d'air extérieur : « Fermez la fenêtre ! lui crient les vieillards et les malades. — Mais j'étouffe ! dit Érasme. — Allez chercher une autre auberge ! » Érasme cède au nombre. Une heure se passe encore au milieu de cette atmosphère miasmatique, que la liberté de la langue latine lui permet d'analyser en détail [1].

Enfin le vieux Ganymède arrive ; il met des serviettes sur les tables, et quelles serviettes ! vous croiriez de la toile à voiles. Après les serviettes, il apporte un pareil nombre d'assiettes et de cuillers de bois, puis des verres à boire, puis du pain : c'est le signal de s'asseoir. Une heure s'écoule encore en attendant les plats qui cuisent. Enfin viennent d'abord des tartines de pain baignées dans du jus de viande, ou, si l'on est en carême, du jus de légumes. Ensuite ce sont des salaisons, du poisson, — le poisson poursuit Érasme partout, — et, pour boisson, du vin qui va augmenter sa gravelle. S'il se hasarde à en demander d'autre : « Nous avons reçu bien des comtes et des marquis, lui dit-on ; aucun ne s'est plaint de notre vin ; si vous n'en êtes pas content, cherchez une autre auberge. »

Au dessert, on met sur la table un fromage infect, où les vers fourmillent. C'est à ce moment que sont introduits dans la salle des bateleurs, des fous de profession, dont les grimaces mettent en train les convives. On les excite, on leur verse à boire, on les provoque par des éclats de rire :

---

[1] Colloques, *Diversoria*. « Omitto ructus alliatos, et ventris flatum, halitus putres, » etc...

ce sont alors des cris confus, des danses, un tumulte à faire crouler la salle. Érasme est forcé de s'en amuser, bon gré, mal gré, jusqu'au milieu de la nuit; car, de même qu'il y a une heure fixe pour le dîner, il y a une heure fixe pour le coucher : il n'est pas plus permis de dormir que de manger avant les autres. Enfin le vieux domestique entre gravement, portant un plat vide qu'il présente aux convives, debout, silencieux et attentif. Chacun sait ce que signifie ce plat, et y dépose son écot. Le vieux barbon compte entre ses dents la quote-part de chacun ; si la somme est exacte, il le témoigne par un signe de tête. Cela fait, tous les convives vont se coucher dans un dortoir commun, et dans des draps lavés tous les six mois.

Qu'on s'étonne qu'Érasme, invité par le pape Adrien à venir en Italie, écrive au saint-père : « Y aurait-il sûreté pour moi à voyager à travers les neiges des Alpes, et les poêles, dont l'odeur me fait mourir, et les auberges sales et incommodes, et les vins piqués, dont le goût seul met en danger ma vie ? »

Si la plupart des usages de son temps offensaient sa délicatesse physique, la plupart des institutions n'étaient pas moins ennemies de son esprit et de son caractère. Homme de paix et d'étude, doux, inquiet, tant soit peu timide, pour ne rien dire de plus, ayant rêvé toute sa vie un monde de disputeurs et de philologues inoffensifs traitant en commun de la philosophie chrétienne et de l'antiquité littéraire, il vit au milieu d'un monde qui peut se personnifier dans deux classes d'hommes, l'une représentant le désordre, et l'autre l'ignorance : le soldat et le moine.

Le soldat, c'est le brigand armé, qui pille le pays qu'il défend, et qui dépense son butin dans les mauvais lieux; d'ailleurs, fort tranquille sur les suites, pour peu qu'il porte sur lui une image en plomb de sainte Barbe, ou qu'il ait fait une prière au saint Christophe charbonné sur la toile de sa tente. Il partage avec les collecteurs des indulgences l'argent qu'il a volé, ou, s'il ne lui reste rien pour acheter ces pardons qu'on vend à la foire, avec le vin, l'huile et le blé, il va s'agenouiller devant le prêtre, qui lui impose les mains, et le renvoie pur et sans tache avec ces deux mots : Je t'absous, *absolvo te* [1].

Le moine, c'est un personnage sans père et sans enfant, sans passé et sans avenir, tout entier au présent et à ses joies matérielles, espèce de pèlerin campé en maître sur une terre étrangère, qui s'y gorge de tous les biens que les peuples apportent à ses pieds ; mélange d'ignorance intolérante, d'astuce, de cruauté, de libertinage, de superstition, d'oisiveté crasse, de piété stupide, dont le capuchon est plus fort que bien des couronnes. Le moine est ennemi des livres, parce qu'il n'y sait pas lire ; ennemi de la science, parce qu'elle tue son jargon scolastique qui pervertit le sens des peuples. Il est inquiet, furieux, au milieu de cette universelle renaissance des lettres et des arts ; il baisse sa lourde paupière devant la lumière de l'antiquité ressuscitée, comme un oiseau de nuit devant le jour. Fort différent de ce moine austère, grave, abîmé en Dieu, que nous représentent nos illusions de moyen âge et notre tolérance d'indifférents, celui que nous peint Érasme, celui dont la corruption et la saleté lui donnent des nausées, c'est ce moine violent, haineux, menacé dans ses priviléges d'ignorance et de libertinage, que vient de surprendre et de démasquer au fond de ses cloîtres, où la prostitution s'introduit par des poternes, cette formidable presse du seizième siècle récemment créée par Érasme ; c'est le moine pesant sur le monde du poids de ses mille couvents, mettant sous son capuchon la lumière apportée par le Christ, en ce temps-là personnage bien moindre que saint Christophe, saint Benoît ou saint François ;

---

[1] Colloques, *Confessio militis.*

le moine, enfin, inutile quand il est pieux et honnête, plus destructeur que la peste et la guerre quand il est intrigant, actif et habile !

Savez-vous à quoi se réduit sa science religieuse? S'il veut parler de la charité, il débutera par un exorde tiré du Nil, fleuve d'Égypte; — du mystère de la croix, il s'étendra sur Bel, le dragon de Babylone; — du jeûne, il commencera par les douze signes du zodiaque; — de la foi, il préludera par la quadrature du cercle. Leurs habiles expliquent la Trinité par la réunion des lettres et des syllabes du discours, et par l'accord du nom et du verbe, de l'adjectif et du substantif. Ecoutez ce raisonnement d'un de leurs casuistes : « Toute l'explication du mystère de la Trinité est dans le mot latin *Jesus*, lequel n'a que trois cas, le nominatif, l'accusatif et l'ablatif, premier symbole manifeste de la Trinité; en outre, le premier de ces cas se terminant par *S*, le second par *M* et le troisième par *U*, qui peut douter que ces lettres ne signifient *Summus, Medius, Ultimus*, le premier, le dernier, et celui qui est entre les deux, c'est à savoir le Père, le Fils et le Saint-Esprit[1] ? »

Quant aux dialecticiens, voici quelques-unes de leurs thèses : « Par quel moyen le monde a-t-il été fait et ordonné? — Par quels canaux le péché originel s'est-il répandu sur la postérité d'Adam? — Par quelle manière, dans quelle étendue, en combien de temps le Christ a-t-il été formé dans le sein de la Vierge? — Combien compte-t-on de filiations en Jésus-Christ? — Cette proposition est-elle possible, que Dieu le Père hait son fils? » Quels titres les moines invoqueront-ils auprès de Jésus-Christ, au jour de la rémunération éternelle? « L'un montrera, dit Érasme, sa panse tendue de toutes sortes de poissons; l'autre versera cent boisseaux de psaumes; celui-ci comptera ses mille

---

[1] Œuvres diverses, Μωρίας ἐγκώμιον.

jeûnes, interrompus par des repas où il a manqué de se
rompre le ventre ; celui-là présentera un tas de cérémonies,
de quoi remplir sept vaisseaux de charge ; un quatrième se
vantera de ses soixante années passées sans avoir touché
d'argent, si ce n'est avec ses doigts que protégeait un double
gant, pour être fidèle à la lettre de son institution ; un autre
étalera son sale capuchon, si usé et si gras, qu'un matelot
dédaignerait de s'en couvrir ; un autre, les onze lustres qu'il
a vécu cloué au même lieu, comme une éponge ; un autre,
sa voix enrouée à toujours chanter, ou la léthargie qu'il a
gagnée dans la solitude, ou sa langue engourdie par un vœu
de silence éternel [1]. »

Les idées d'Érasme, ses penchants, ses mœurs, son rôle
littéraire et religieux, sa vie tout entière, devaient en faire
l'ennemi déclaré des moines. N'ayant aucun de leurs vices,
et méprisant le peu de vertu oisive que pouvaient avoir les
meilleurs d'entre eux, son être tout entier se révoltait contre la vie monacale et contre les hommes qui, après y avoir
été entraînés par une sorte d'embauchage, se faisaient eux-
mêmes embaucheurs à leur tour, pour perpétuer l'espèce et
sa domination honteuse sur les peuples. Il regardait comme
une souillure ineffaçable, comme l'obstacle qui l'avait empêché de vivre meilleur et plus heureux, son entrée forcée
dans ce genre de vie. S'il n'avait pas renié hautement ses
vœux, ni jeté tout à fait l'habit mi-parti de clerc et de laïque que le pape lui avait permis de porter, c'était moins par
scrupule religieux que pour ne pas être une occasion de
scandale [2]. « J'ai été malheureux en beaucoup de choses,
écrit-il à un ami, mais en cela surtout, qu'on m'a poussé
dans un état pour lequel j'avais toutes sortes de répugnances
de corps et d'esprit. J'aurais pu être compté, non-seulement
parmi les gens heureux, mais encore parmi les gens de

---

[1] Μωρίας ἐγκώμιον, Éloge de la folie.
[2] Lettre à Servatius.

bien, si j'avais été libre de choisir un genre de vie à mon goût. »

Il gardait aux moines la rancune d'un homme auquel ils avaient ôté la disposition de soi, et imposé pour tout le reste de sa vie une situation fausse qui l'avait forcé de se craindre lui-même, de suspecter ses penchants les plus chers, de surveiller les plus belles qualités de son esprit, de scandaliser quelquefois, par le contraste de son habit et de ses idées, de ses liens religieux et de sa liberté philosophique, ceux qu'il aurait édifiés par la convenance d'une vie ordonnée selon son caractère et sa vocation. Cette rancune le rendit amer, ironique, quelquefois injurieux, lui dont le caractère était si doux, et qui savait garder dans ses querelles plus de mesure même que ne lui en demandaient la grossièreté du temps et le sans-façon de la langue latine. Elle fit plus, elle lui donna de l'ardeur et du courage, à lui qui s'avouait médiocrement brave, et qui écrivait à Colet, avec une candeur que j'aime bien mieux que les vanteries des faux braves, « qu'il avait l'âme honnête, mais foible » (*pusillus*), non pas pusillanime; c'est quelque chose de moins et de mieux [1].

Ces moments de courage d'Érasme ne sont peut-être pas sa moindre gloire, si l'on songe que certains moines de cette époque ne s'abstenaient guère que du mal qu'ils ne pouvaient pas faire; qu'on parlait de prélats empoisonnés pour avoir attaqué un de leurs ordres, de malheureux enterrés tout vifs dans la crypte souterraine d'un couvent, pour ensevelir le secret de quelques scandales intérieurs; que sais-je? de vertueux prêtres étouffés pour avoir voulu faire entrer la réforme et les bonnes mœurs dans les cloîtres; rumeurs populaires dont Érasme se faisait l'organe, au risque de sa sûreté personnelle [2].

---

[1] Lettre à Colet. 40. D. E.
[2] Colloques, *Exsequiæ seraphicæ*.

Les moines étaient hommes de plaisirs; ils s'y livraient avec scandale, allant porter dans la même maison la confession et l'adultère, ou cachant dans les murs de leurs couvents des débauches qui auraient épouvanté la ville. Érasme, quoiqu'il eût été souillé dans sa jeunesse par les voluptés, comme il le dit avec l'exagération de l'humilité chrétienne[1], ne s'y était jamais oublié. Ni sa frêle santé ni ses travaux ne se seraient accommodés d'une vie de plaisirs, et, s'il est vrai qu'il n'avait pas toujours été maître de ses passions, il n'en avait jamais été l'esclave. Les moines étaient de grossiers convives, vivant pour leur ventre et non pour le Christ, salissant leurs festins somptueux par des bouffonneries de carrefour ou des querelles mêlées d'injures, puis venant devant le peuple, d'un pas chancelant, vomir contre les gens de lettres et les réformateurs leur éloquence avinée. Érasme, au contraire, avait toujours eu horreur des excès de table.

Il aime ces petits repas d'amis dont il parle dans ses *Colloques*, paisibles, sans bruit, où il n'a pas besoin d'enfler sa voix et de rompre ses poumons pour faire goûter à un auditoire de trois ou quatre convives sa causerie fine et spirituelle. Au sortir de table, on va s'asseoir dans le jardin, au milieu de fleurs étiquetées, portant des inscriptions qui indiquent leurs noms et leurs qualités médicinales, au bord du ruisseau qui court à travers le jardin, et qui, après en avoir arrosé toutes les plates-bandes, va passer sous la cuisine pour en entraîner les ordures dans l'égout voisin. Tout autour, les murailles sont peintes à fresque : l'une représente des jardins et des arbres sur lesquels sont perchés, parmi les beaux fruits d'or de l'Amérique nouvellement découverte, des oiseaux de tous les plumages, étiquetés comme les fleurs du jardin ; sur l'autre est figurée la mer,

---

[1] Lettre à Servatius.

avec des poissons également étiquetés dans ses eaux verdâtres, que quelque élève d'Holbein, qu'Holbein lui-même a peut-être peintes, tant l'art était populaire alors !

C'est là qu'Érasme est à son aise ; c'est là qu'il se plaît, après un modeste dîner qui lui a laissé toute la liberté de son esprit, à s'entretenir avec ses amis, tantôt de l'antiquité littéraire, tantôt de la philosophie chrétienne, science sublime qu'il a osé le premier mettre au niveau, sinon au-dessus du dogme, et dont il parle avec tant d'abondance et d'onction, principalement devant la petite chapelle du Christ qui est au fond du jardin. Sur le soir, les amis se quittent, emportant chacun un petit présent de leur hôte, celui-ci un livre, celui-là une horloge, cet autre une lanterne, Érasme un étui rempli de plumes de Memphis — ce sont les plus renommées, — présent délicat pour lui qui fait un si bon usage de la plume, comme ne manque pas de lui dire son hôte [1].

Les moines, attaqués par Érasme dans leurs excès de table, imaginèrent de lui renvoyer le reproche, et, disons le mot sans périphrase, le traitèrent d'ivrogne. Comme il se plaignait sans cesse du mauvais vin et vantait indiscrètement le bon, il avait pu donner prise sur ce point. Mais de là à en faire un excès monacal, il y avait loin. Érasme avait sur le vin des opinions hygiéniques qui feraient sourire la médecine moderne. Il le croyait bon pour sa gravelle, et en prenait par régime ; mais, comme en fait de vin le régime touche de bien près au goût, et le goût à l'abus, peut-être lui était-il arrivé parfois de s'abandonner.

Voici un passage charmant sur les effets du vin de Bourgogne, qui aurait pu servir de pièce victorieuse aux moines, si la lettre d'où je l'extrais n'eût été en mains d'amis [2]. Pour un homme sobre, je confesse que ces phrases sont tant soit

---

[1] Colloques, *Convivium religiosum*, passim.
[2] Lettres, 756.

peu bachiques : « J'avais, écrit-il à Marc Laurin, goûté auparavant des vins de Bourgogne, mais durs et chauds; celui-là était de la couleur la plus réjouissante; vous auriez dit une escarboucle : ni trop dur, ni trop doux, mais suave; ni froid ni chaud, mais liquoreux et innocent; *si ami de l'estomac, qu'en boire beaucoup n'eût pas fait grand mal;* et, ce qui se voit rarement des vins rougeâtres, relâchant légèrement le ventre, à cause, j'imagine, du surcroît d'humidité qu'il développe dans l'estomac. O heureuse Bourgogne ! ne fût-ce qu'à ce seul titre; province bien digne d'être appelée la mère des hommes, elle qui possède un tel lait dans ses veines ! Ne nous étonnons pas si les hommes des temps anciens adoraient comme des dieux ceux dont l'industrie avait enrichi la vie humaine de quelque grande invention utile ! Celui qui nous a montré ce que c'était que le vin, qui nous l'a donné, encore que ce fût assez de nous le montrer, celui-là ne nous a-t-il pas donné la vie plutôt que le vin ? » Avant de rien conclure de cet hymne en l'honneur du vin, n'oublions pas qu'Érasme l'écrivait à cinquante ans passés, et qu'il était entré dans cet âge appauvri pour lequel on a dit que le vin est le lait.

V

Causes de la haine des moines contre Érasme. — La Renaissance en Allemagne, en France, en Angleterre. — Érasme et Voltaire. — Guillaume Budé. — Thomas Morus. — Colet. — Louis Vivès. — Alciat. — Sadolet. — Philippe Mélanchthon. — Situation d'Érasme dans l'année 1519.

Mais ce qui rend surtout Érasme odieux aux moines et aux théologastres, comme il appelle les dialecticiens de l'école de Duns Scot, ce fut son rôle littéraire, si brillant et si actif. Chose singulière, il excita peut-être plus de haines par ses paisibles travaux sur l'antiquité profane, que par ses critiques des mœurs et des institutions monacales, ses railleries contre l'étalage du culte extérieur, ses insinuations semi-hérétiques contre quelques dogmes consacrés même par les chrétiens d'une foi éclairée. A quoi cela tient-il ? Est-ce que la science fait plus peur à l'ignorance que le doute à la foi ? Est-ce que la foi des moines, extérieure, disciplinaire, pour ainsi dire, mais nullement profonde, était plus tolérante que leur ignorance ? Est-ce enfin qu'il y avait moins de péril pour eux à ce que le monde fût agité de dissensions religieuses qu'à ce qu'il fût éclairé par la lumière des lettres anciennes, et remis dans la grande voie de la tradition grecque et latine ?

Quoi qu'il en soit, Érasme les irritait surtout par sa gloire littéraire. Ils attaquaient sa latinité comme trop étudiée pour ne pas cacher des piéges à la foi, et ils en parlaient devant le peuple comme d'une langue diabolique, mettant à l'index, dans leurs chaires, ces livres qui charmaient tous les gens instruits de l'Europe, et dont il se faisait des éditions à vingt-cinq mille exemplaires. Érasme lui-même sentait bien que des deux haines qu'il inspirait aux moines, au double titre de réformateur modéré et d'homme de lettres célèbre, la plus vive s'adressait à l'homme de lettres, et que si ses ennemis se contentaient de mettre au feu ses livres de controverse religieuse, ils auraient volontiers demandé le fagot pour l'auteur des ouvrages littéraires. La vraie querelle, dit-il en mille endroits de ses ouvrages, c'est celle qu'on fait aux lettres ; les vrais ennemis, ce sont les anciens qu'on veut faire rentrer dans leurs tombes ; le fond de la guerre religieuse, c'est une guerre de l'ignorance contre la lumière de l'antiquité.

Quel beau rôle que celui d'Érasme restaurant les lettres antiques ! Que l'écrivain avait de grandeur alors ! Plus respecté des peuples que le prêtre lui-même, plus écouté, plus obéi, il avait toute l'Europe pour patrie, et il parlait à une république universelle dans une langue encore maîtresse du monde! Quand on vit à une époque où l'écrivain n'est l'organe que de soi, et n'a pas moins peur de penser comme le public que d'écrire dans la langue de tout le monde, où les peuples ne sont attirés vers l'homme de lettres que par une vaine curiosité, on est frappé d'admiration pour ce grand mouvement littéraire de l'époque d'Érasme, pour ce concours universel de tous les écrivains de tous les pays à une œuvre commune, œuvre de renaissance plutôt que de création, œuvre de débrouillement plutôt que de génie, d'où allaient sortir les trois grandes littératures de l'Europe occidentale, la littérature anglaise, l'allemande, et la plus grande des trois, la française.

Il n'y a pas de plus beau spectacle que celui de l'Allemagne, de l'Angleterre, de la France, renaissant à leur tour, comme l'Italie, et se rattachant à l'antiquité grecque et latine, comme trois membres, longtemps égarés et perdus, de la grande famille humaine, comme trois races d'hommes qui rentrent dans le sein de l'humanité. Il n'y a pas de plus grand rôle que celui des hardis écrivains qui portent le flambeau dans ces ténèbres du moyen âge, et qu'on entend crier de tous les points de l'Europe occidentale, à chaque pas qu'ils font en avant : Italie! Italie! Tous sont à tout, tous essayent de lever le voile par un coin. L'un retrouve le système monétaire des anciens, l'autre leur médecine, celui-ci leur géographie ou leur système céleste, celui-là leurs usages domestiques. Ici on réédite leurs livres, là on les commente; quelques-uns se vouent au grec, un plus grand nombre au latin, les plus ardents à ces deux langues à la fois, et encore aux langues intermédiaires, au grec et au latin du bas-empire, afin de retrouver à la fois tous les anneaux de la grande chaîne de la tradition.

La presse, cette nouvelle reine du monde, dès ce temps-là

adorée et haïe, comme la plus grande de toutes les puissances ; la presse, avec ses cent mille bras, avec des hommes supérieurs pour ouvriers, les Alde, les Froben, suffit à peine à fixer toutes ces découvertes simultanées. C'est un éclatant réveil de toutes les intelligences ; c'est le sens revenant aux hommes ; c'est le soleil se levant sur les brumes de la Germanie, de l'Angleterre et de la France ; c'est, comme ils le disaient dans leur langage alors si pittoresque, le génie de l'antiquité chassant devant lui les épaisses ténèbres de l'ignorance ! Quel moment ! quelle vie ! quel enthousiasme ! Combien j'admire Érasme, le premier de tous ces écrivains, le plus fécond, le plus infatigable, travaillant debout, sans relâche, après le repas, entre deux sommeils, corps d'argile, esprit de diamant[1], composant pour lui, pour ses amis, « qui lui extorquent çà et là quelques petits traités, » se mettant au service de tout le monde, comme un homme « qui ne peut se résoudre à rien refuser, » fournissant de la *copie* sans cesse, et sans cesse rendant des *épreuves* ; — pourquoi craindrais-je la langue de la presse ? — écrivant à la porte même de l'imprimerie de Froben pour économiser le temps, suffisant à tout, rarement découragé, même aux deux époques de l'année où se tient la foire de Francfort, au printemps et au commencement de l'automne, époques où tous les libraires attendent ses livres, « où de tous les points du monde lui arrivent par tas » des lettres de toutes sortes de correspondants, avides de montrer à leurs amis une réponse où ils seront finement loués, papes, rois, princes, prélats, hommes, femmes, abbesses de couvent, nonnes, châtelaines, correspondants si nombreux, si exigeants, que sa santé y succombe, et que, pour échapper aux réponses développées et catégoriques, il est obligé de faire à quelques-uns l'innocent mensonge qu'il a perdu

---

[1] Lettres. *Ingenium adamantinum*. 88. E.

leurs lettres, et qu'il n'y pourrait répondre de point en point!

Ce n'est pas la paisible universalité de Voltaire, riche, indépendant, pouvant faire des dons de ses livres, écrivant à qui lui plaît, à ses heures, honorant ses correspondants, sauf les souverains, de billets plutôt que de lettres, attendu plutôt que pressé, ayant beaucoup de loisirs et pas un ennemi sérieux. Érasme ne s'appartient pas : malade, mourant, il faut qu'il soit à sa tâche; il faut qu'il dicte pour se reposer d'écrire, qu'il écrive pour se reposer de dicter ; il faut qu'il use sa vie au service des autres, sans en garder une heure pour lui ; qu'il sourie dans les douleurs, qu'il tourne de jolies phrases aux princes lettrés dans les angoisses de sa gravelle, et qu'il distille des flatteries sur son lit de souffrance ; martyr à la fois des plus grandes et des plus petites choses de son époque, de la liberté de conscience et de la manie de controverse, de l'opinion et de la mode. Et tout cela parmi les incertitudes d'une vie précaire, avec les dons de quelques princes obérés pour tout fonds de fortune, et le *casuel* de ses écrits, plus admirés que payés ; entouré d'ennemis puissants qui peuvent lancer contre lui les populaces catholiques de la Flandre et de l'Allemagne ; au milieu de la guerre ; dans les sales auberges de l'Allemagne, ou dans des villes en sédition ; non avec la santé seulement délicate de Voltaire, santé choyée et surveillée par un médecin à demeure, mais avec des crises de mort une ou deux fois l'an, et, pour se traiter, des médecins de passage !

Certes, si la gloire se mesurait au labeur de l'homme, il ne devrait pas y avoir un nom plus glorieux que celui d'Érasme ! Mais la gloire n'est que la réunion de plusieurs convenances, les unes dépendant de l'homme, les autres de son pays et de son époque, quelques-unes de la langue dans laquelle il écrit. C'est l'œuvre commune du génie de l'écrivain, d'une époque capable d'entendre des vérités de tous les temps, d'un peuple arrivé par la civilisation à ce sens littéraire qui inspire les grands travaux de l'art, d'une langue qui a atteint son point de perfection. Or toutes ces convenances ont manqué à Érasme. C'était un esprit éminent, mais point un homme de génie. Son époque, inquiète et turbulente, n'avait l'oreille qu'aux débats de la polémique religieuse, où la vérité de tous les temps n'a qu'une petite place. Son public aspirait à l'intelligence littéraire, mais en était bien loin encore. Sa langue était une langue morte. Les livres qui restent sont ceux où il est parlé dans un beau langage des choses qui ne passent pas, c'est à savoir du fond même de l'homme, des motifs de ses actions, de ce qu'il y a en lui de constant et d'immuable, même dans ses changements, et la gloire ne va qu'aux livres qui restent. Mais c'est une gloire d'assez grand prix que d'avoir été l'homme d'un temps, d'un moment, d'où devait sortir une longue et majestueuse suite de temps et de moments meilleurs. C'est là la gloire d'Érasme.

Du reste, Érasme ne fut que le premier d'une cohorte d'hommes éminents, dont quelques-uns ne sont plus connus que de nom ; tous ouvriers de la même œuvre, avec des talents inégaux et dans des conditions sociales différentes ; gens de lettres qui se flattaient les uns les autres, car où trouver des gens de lettres qui ne se flattent pas entre eux ? mais qui savaient aussi se dire la vérité, et qui, après tout, n'avaient guère à se louer que de courageux travaux, vrais travaux d'Hercule, nettoyant la voie pour les belles époques de l'art moderne.

C'était Guillaume Budé, espèce de Caton littéraire très-redouté, tonnant contre les mœurs de son siècle, en même temps qu'il débrouillait le système monétaire des anciens, et qu'il commentait les *Pandectes*; homme austère, à la paupière contractée, au visage souffrant et ironique, comme nous le représente une gravure d'après Holbein, le portraitiste de tous ces hommes célèbres, et l'ami de plusieurs ; ayant autour de l'œil gauche des cicatrices de petite vérole qui lui donnent l'air dur, et la bouche légèrement détournée par des habitudes maladives ; écrivain amer, aigre-doux, esprit difficile, mais prodigieux savant, dont toutes les lettres à Érasme sont mi-parties de grec et de latin, deux langues qu'il écrivait au courant de la plume, et avec une singulière énergie ; qui se disait le mari de deux femmes, sa femme légitime d'abord, et la philologie ; qui eut trop d'amour-propre et trop l'ambition du premier rang pour être l'ami de cœur d'Érasme, mais qui fut trop honnête homme pour en être l'ennemi.

C'était Thomas Morus, caractère charmant, esprit plein de grâce ; cet homme que nous nous figurons volontiers sous les traits de l'inflexible censeur du mariage d'Henri VIII avec Anne de Boleyn, était enjoué, souriant, de manières aimables, avenant, aimant la plaisanterie, dit Érasme, comme s'il eût été né pour cela, et paraissant plus destiné à égayer un festin de doctes et de femmes aimables qu'à porter noblement sa tête à l'exécuteur des hautes œuvres de Henri VIII.

C'était Colet, le doyen de Saint-Paul, homme d'une vertu héroïque, ayant eu toutes les passions qui peuvent ruiner la conscience et souiller la vie, et, à force de lutter, les ayant vaincues ; chrétien austère, haïssant les moines et les couvents, ennemi des évêques, qui sont des loups, disait-il, et non pas des pasteurs ; ouvrant des écoles pour l'instruction religieuse et littéraire des enfants, et en confiant l'administration et l'enseignement à des hommes d'une probité éprouvée, et mariés ; méprisant la scolastique et ses puériles disputes, et s'exposant à la haine des évêques scotistes ; de mœurs douces, aimables, obligeantes, sauf en un point pourtant, je veux dire jusqu'à l'argent, dont il avait la maladie, et dont il ne se séparait que s'il était tiré par une passion plus forte ; du reste, ayant perfectionné l'art de refuser avec politesse et de payer les gens en flatteries. Érasme lui demandait de l'argent, peut-être son dû, car je lis quelque part que Colet lui commandait de petits ouvrages pour sa classe [1] : « Les plaintes que vous faites de votre fortune, répond Colet, ne sont pas d'un homme courageux. Je ne doute pas que vos commentaires sur les saintes Écritures ne vous rapportent beaucoup d'argent, pourvu que vous ayez espoir en Dieu ; c'est lui qui viendra le premier à votre aide et qui poussera les autres à vous soutenir dans une si sainte entreprise. J'admire que vous me proclamiez heureux ! Si c'est de ma fortune que vous l'entendez, ma fortune est nulle, ou si petite, qu'elle peut à peine suffire à mes dépenses. Ah ! je me croirais vraiment heureux, si, même dans la dernière pauvreté, je possédais la millième partie de votre science ! »

C'était Louis Vivès, de Valence, polyglotte, encyclopédiste, déclamant dans le style de Cicéron et de Sénèque, d'une science immense, d'une modestie sincère, disant à Érasme qui avait pris mille détours pour adoucir la sévérité d'une critique : « Vous voulez être si plein de ménagements avec vos disciples et vos amis, que vous leur en faites du chagrin ; car ils pensent que vous les traitez ou en inconnus ou en égaux. Comment Vivès n'a-t-il pas pu vous persuader encore, par tant de paroles et d'actions, que vous ne sauriez lui faire de peine ? »

Vivès se plaignait beaucoup des libraires, « gens qui mesurent et pèsent nos noms, disait-il, d'après leurs profits, » ce qui n'a pas cessé d'être vrai ; il en dénonce un, d'Anvers, qui, pour éviter certain règlement de compte, n'est jamais chez lui quand Vivès y va.

C'étaient encore, en divers pays de la république littéraire

---

[1] Lettres, 107. A. B.

et chrétienne, Alciat, la lumière du droit, un des premiers qui pensèrent à rattacher l'étude des lois à celle de l'histoire, et à éclairer l'une par l'autre; — Bilibald Pirkhemeir, homme de guerre et philologue, qui s'occupait à la fois de recueillir des notes pour l'histoire de l'Allemagne, d'éditer la cosmographie de Ptolémée et de commenter les sermons de Grégoire de Nazianze; — Sadolet, l'évêque de Carpentras, cardinal, secrétaire du pape Léon X, homme d'un esprit délicat, d'une rare douceur, païen par son amour intelligent et tendre pour l'antiquité, chrétien convaincu et tolérant, un de ces cicéroniens qui disaient, comme le cardinal Bembo et Léon X, *les dieux immortels*, au lieu de Dieu tout court, et qui terminaient leurs lettres comme l'abbé de Saint-Bertin à Jean de Médicis : « Puissent les dieux rendre ta Florence grande et florissante! » Du reste, d'une modestie noble et forte, qui rappelle celle de Vivès, et qui lui inspirait ces belles paroles adressées à Érasme, en lui envoyant un commentaire sur un psaume : « Si vous trouvez à y reprendre, mon cher Érasme, ne craignez pas d'en agir avec moi franchement et librement, et montrez-moi, surtout dans cette épreuve, cette foi de l'amitié, que je ne doute pas que vous n'ayez saintement gardée. »

C'était enfin Philippe Mélanchthon, le doux Mélanchthon, comme l'a peint Holbein, à l'œil spirituel et tendre, portant son nom, ses mœurs, sa douce intelligence, écrits sur sa figure. Homme supérieur, mais effacé, il ne semblait guère que réfléchir les qualités et les talents de ses illustres amis, Érasme et Luther; il les surpassait peut-être par ce désintéressement qui lui faisait aimer tous ceux qu'il admirait, et voir, à travers les ténèbres des passions de ses amis et les fumées de leur rôle, quelles étaient leurs qualités réelles et ce qu'ils valaient aux yeux de Dieu.

Outre ces hommes d'élite, d'autres encore, inégalement utiles à l'œuvre commune, complétaient cette armée de dialecticiens, de théologiens philosophes, de philologues, d'annotateurs, d'éditeurs, dont Érasme était le roi : royauté agitée, inquiète, comme toutes les royautés, qui avait ses ennemis et ses flatteurs, ses idolâtres et ses envieux; qui tomba, presqu'au moment même où Érasme commençait à en jouir, devant celle d'un homme plus grand que lui, Luther, dont le nom, après avoir été quelque temps l'égal du sien, devait enfin l'effacer.

Nous en sommes arrivés vers l'an 1519. Érasme est en pleine possession de sa gloire. Trois jeunes rois, les plus grands de l'Europe, montés sur le trône environ dans le même temps, François Ier, Charles-Quint, Henri VIII, se disputent à qui l'aura pour sujet volontaire. Les papes lui écrivent pour lui mander leur avénement, et lui offrir l'hospitalité publique à Rome. Les petites royautés, à l'exemple et à l'envi des grandes, les provinces et les villes à l'instar des royaumes, le convient à venir dans leur sein jouir d'un repos glorieux; tout le monde le flatte, même Luther. Toutes les presses d'Allemagne, d'Angleterre et d'Italie, reproduisent ses écrits; tout ce qui lit ne lit qu'Érasme. Une comparaison qu'il publie entre Budé et Badius, grand philologue d'alors, fait assez de bruit pour que François Ier s'en fasse rendre compte dans son conseil, comme d'une affaire d'État. Tout ce qui écrit imite sa manière, et ses adversaires mêmes ne peuvent l'attaquer qu'en lui répondant dans son propre style. Le monde, tout plein de guerres prochaines, tout ému de l'ébranlement que doivent y causer bientôt l'ambition de trois jeunes princes et les grands intérêts de civilisation universelle dont cette ambition sera l'instrument, fait un moment silence autour d'Érasme, d'Érasme qui a ressuscité l'antiquité et l'Évangile, comme disaient ses admirateurs. Il vient d'avoir cinquante ans; il n'est pas beaucoup moins nécessiteux qu'au commencement de sa vie, et toujours d'une santé chancelante, mais soutenue par la noble fièvre de la célébrité : eh bien, ce silence, ce moment unique, cette attention des peuples suspendue autour d'Érasme, tout à coup une grande voix partie de Wittemberg, une voix rude et injurieuse, la voix d'un moine la tourne d'un autre côté : Luther a détrôné Érasme !

VI

Érasme et Luther. — De la politique qui tendait à les confondre et à les supposer amis et de la même opinion. — Contrastes entre ces deux hommes. — La popularité de l'un et de l'autre. — Les hommes d'action et les spéculatifs. — La réforme dans les vœux et les écrits d'Érasme. — L'Europe chrétienne se partage entre lui et Luther. — Difficultés du rôle d'Érasme. — Première lettre de Luther à Érasme. — Réponse d'Érasme. — Sa lettre à J. Jonas à la même date.

Ces deux noms, que nous rapprochons aujourd'hui pour les opposer l'un à l'autre, ont longtemps signifié la même chose dans l'opinion des peuples contemporains d'Érasme et de Luther. Par une confusion, soit préméditée et artificieuse, soit involontaire, les moines et les théologiens embrassaient dans la même haine les lettres sacrées et les lettres profanes, la philologie et la discussion libre des matières religieuses, l'antiquité et l'Évangile, les lettrés et les docteurs. Renaissance littéraire ou tendance vers la liberté d'examen, commentaires sur Cicéron ou gloses sur saint Jérôme, étude de l'hébreu ou étude du grec, explication des apôtres ou interprétation des poëtes, tout leur était également suspect. Le mouvement religieux les troublait dans leur inviolabilité monacale et dans leur opulente ignorance de la religion même qu'ils exploitaient ; le mouvement littéraire les forçait à sortir de leur paresse, à prendre leur part des nouvelles lumières, à renouveler laborieusement, par la supériorité de l'esprit et de l'instruction, le pouvoir, de plus en plus menacé, qu'ils tenaient de l'aveugle consentement des peuples. Attaqués dans leur double privilége, surveillés tout à la fois dans leur religion de patenôtres et dans leur ignorance d'état, partout où se montrait un livre inspiré par les nouvelles idées, ils l'exorcisaient ou le faisaient brûler. C'est ainsi qu'un des pères de la philologie moderne dans l'Europe occidentale, Jean Reuchlin, après un long professorat, duquel étaient sorties plusieurs générations de philologues, avait eu à défendre la tranquillité de ses derniers jours contre les haines des théologiens de Cologne. Reuchlin, Érasme et Luther étaient confondus dans une inimitié commune; ces trois noms, entourés d'injures, fournissaient la matière de tous les sermons; c'était le même démon sous trois formes.

Mais les moines en voulaient surtout à Érasme et à Luther, et au premier plus qu'au second, apparemment parce qu'il était à la fois lettré et docteur. Les universités, foyers de toutes ces haines, où se perpétuait l'ignorance bavarde et intolérante de la scolastique, poursuivaient ces deux hommes de leurs bulles et de leurs cris. Les ordres de tous les noms, franciscains, dominicains, prêcheurs, mendiants, bicanoniques, lâchaient contre eux tous leurs prédicateurs. Les chaires retentissaient de bouffonneries haineuses, auxquelles le peuple applaudissait, et chaque sermon se terminait par une lacération publique d'un de leurs livres, à défaut de l'auteur. La Belgique surtout, ce pays de passage où une seule chose avait pu prendre racine, la superstition, la Belgique tout entière était soulevée par les harangueurs de Louvain, de Tournay, de Bruges, d'Anvers.

C'était tantôt un dominicain, tantôt un frère mineur, affligé, dit Érasme, d'une lippitude précoce par suite d'excès de vin, lequel déclamait contre les deux ennemis de l'Église, Érasme et Luther, les appelant tour à tour bêtes, ânes, grues, souches, hérétiques[1]; hérétiques surtout : car que dire de plus? Il y avait hérésie à n'être pas de l'avis de Scot, hérésie à contredire saint Thomas, hérésie à nier l'excellence de la scolastique, hérésie à écrire dans une latinité littéraire, le bon latin étant nécessairement hérétique. C'est du moins ce que répondit un jour à un magistrat qui était venu lui soumettre d'humbles doutes un de ces prêcheurs fanatiques, évêque bouffon, comme l'appelle Érasme : « Où est donc l'hérésie dans les livres d'Érasme? demandait le magistrat. — Je ne les ai pas lus, dit le prélat; j'ai seulement jeté les yeux sur ses paraphrases ; la latinité en était trop haute pour ne m'être pas suspecte. Qui peut dire qu'il n'y ait pas quelque hérésie cachée sous un latin que je n'entends point[2]? »

Ces moines et ces théologiens, tout sales, ignorants, avinés, obèses, déclamateurs, qu'Érasme nous les représente, ne manquaient pourtant pas de cet instinct de défense qui consiste à prêter les mêmes projets à des ennemis diversement intentionnés, soit pour aigrir les moins hostiles, et par suite les compromettre, soit pour amener les modérés et les violents à se voir de près, dans un rapprochement monstrueux, et à se séparer avec plus d'éclat.

C'est dans ce double dessein que les habiles d'entre les moines et les théologastres confondaient dans le même anathème Érasme et Luther, encore qu'ils eussent parfaitement apprécié en quoi différaient ces deux hommes. Érasme était avant tout philologue, et par circonstance réformateur doux et mitigé. Luther était le génie même et l'âme de la réforme; il n'avait de lettres qu'autant qu'il en fallait pour rattacher les lettrés à sa cause. Érasme s'adressait aux intelligences, Luther aux passions. Érasme ne voulait pas que la foule in-

---

[1] Lettres, 580. B. C.
[2] Ibid.

tervînt dans les débats religieux, mais que tout se passât entre les beaux esprits sur le terrain de la théologie : il voyait de grands dangers pour la foi dans cette intervention populaire ; et, pour la confession en particulier, il la jugeait gravement menacée si on touchait à de telles matières en présence de la foule, « où il n'y a que trop de gens, remarque-t-il, auxquels il déplaît de confesser leurs péchés [1]. » Luther parlait à la foule, et, comme tous les hommes de révolution, il sentait qu'on ne vide les questions de réforme qu'avec les masses populaires, et qu'il fallait avant tout se pourvoir de bras pour la défense de ses idées. Érasme demandait qu'on se bornât à des échanges d'*apologies* entre les hommes compétents, à une petite guerre de sectes et de commentaires, à un champ clos de gloses religieuses, sous la présidence honorifique des princes. Il regrettait que ces *Germains*, que Luther bouleversait par sa fougueuse éloquence, fussent sortis des bornes de « cette civilité où il les avait toujours retenus, » et qui aurait pu prévenir le désordre [2]. Luther demandait la guerre sur les champs de bataille ; il voulait qu'on repoussât les bulles papales à coups de canon ; il tâchait d'arracher les princes à ces ridicules tournois de scolastique religieuse, qu'on appelait conciles, pour les entraîner dans la lutte matérielle. Le dieu d'Érasme était le dieu de paix ; celui de Luther était le dieu des armées. Érasme faisait déjà de la polémique constitutionnelle ; il disait : « Frappez sur les conseillers, mais ménagez les princes ; respectez le pape, n'attaquez que ses ministres. » — « Mon petit pape, disait Luther, mon petit papelin, vous êtes un ânon ; » pour les princes, il les traitait comme Jésus les vendeurs du temple.

On voit combien les différences étaient profondes entre

---

[1] Lettres, 515. F.
[2] *Ibid.*, 590. G. D.

ces deux hommes. Ce fut donc une politique habile de les confondre, de les supposer amis et complices; de dire qu'Érasme revoyait les écrits de Luther, et que Luther ne faisait rien sans avoir pris l'avis d'Érasme; que, dans sa solitude de Bâle, des luthériens, espèce de courriers volontaires pour les affaires de la réforme, avaient de secrètes intrigues avec Érasme. Les rapprocher ainsi, malgré eux, malgré toutes leurs antipathies, c'était préparer le scandale de leur brouille; les placer sur le même rang, c'était les exciter à s'en faire un à part, fût-ce au prix d'une séparation éclatante; les menacer des mêmes dangers, c'était le moyen de faire lâcher pied au plus faible ou au moins courageux, et, tout en le déshonorant, de l'aigrir contre le plus ferme ou le plus hardi. Cette pratique réussit. Unis un moment dans l'opinion générale, Érasme et Luther se séparèrent avec un éclat qui rendit quelque force au parti de l'unité catholique.

Tant qu'Érasme vécut, son nom fut aussi grand que celui de Luther. Si Luther était l'homme du peuple, Érasme était l'homme des classes éclairées. L'un avait plus de retentissement dans les rues, sur les grands chemins, devant le parvis des cathédrales; l'autre dans le cabinet, dans ces savants festins du temps, où les convives suspendaient le repas pour lire une lettre d'Érasme. « Ton *psaume* m'a été remis, lui écrit Sadolet, comme j'étais à table, avec quelques personnages graves de mes amis. Je l'ai parcouru avidement; mais on me l'a bientôt arraché des mains, tant chacun était impatient de le lire [1]. » Voilà le public d'Érasme. Certes, s'il faut peser les voix et non les compter, nul doute qu'Érasme n'ait eu de son vivant plus de gloire que Luther; mais la postérité a abaissé le premier et élevé le second. Et pourtant, de qui pensez-vous qu'il soit demeuré le plus de choses, de

---

[1] Lettres, 1319. E. F.

Luther niant le libre arbitre, et remplaçant, à beaucoup d'égards, des superstitions par d'autres superstitions, ou d'Érasme revendiquant pour l'homme la liberté de la conscience, et substituant le premier au catholicisme de la scolastique le mot sublime de *philosophie chrétienne?* Qu'est-ce qui a le plus de vie aujourd'hui, de la philosophie chrétienne ou du luthéranisme; de la scolastique, soit protestante, soit catholique, ou de la morale chrétienne; des sectes, ou de cette liberté de conscience que défendait Érasme contre les catholiques et les protestants, et que Luther prétendait confisquer au profit du protestantisme?

Ce serait un sot propos que de vouloir rabaisser Luther : c'est un nom sacré dans une bonne partie de l'Europe, c'est un grand nom partout. Mais, dans l'histoire, on fait la part trop belle aux hommes de passion et d'action, et trop petite aux hommes tempérés, qui ont su voir les extrêmes, et s'en sont gardés par conviction et bonne conscience encore plus que par timidité, laissant faire aux hommes passionnés l'œuvre du jour, et se réservant, eux, pour l'œuvre de tous les temps, je veux dire le perfectionnement moral de l'humanité. Je vois beaucoup d'ardeur de sang, d'ambition, d'égoïsme, de mépris des hommes, dans la plupart de ceux qui jouent les grands rôles; je vois, au contraire, beaucoup de sens, de désintéressement, et plus de modération que de peur ou d'indifférence dans la plupart de ceux qui se tiennent à l'écart ou qui se résignent aux seconds rôles, parce qu'ils y peuvent rester vrais avec eux-mêmes et avec les autres. Que pouvait faire, au temps d'Érasme et de Luther, un homme droit, sincère, éclairé, sinon s'abstenir, ou bien ne parler que pour les lettres et la tolérance, lesquelles allaient être écrasées un moment dans la lutte des deux partis, mais pour survivre aux vainqueurs comme aux vaincus? Pourquoi le blâmeriez-vous de ne s'être point passionné et d'avoir gardé sa conscience dans l'emportement des partis? Pourquoi lui reprocher, au nom de la philosophie de l'histoire, c'est-à-dire au nom d'une loi que vous imaginez trois siècles après l'événement, de n'avoir pas compris que le mal est gros du bien, et qu'il faut que l'homme sage, pour hâter la venue de la tolérance, se mêle aux déchirements des sectes, copie leurs passions et se souille du sang qu'elles font répandre?

Quoi qu'il en soit, longtemps avant que Luther n'éclatât, que dis-je! pendant que Luther, commençant par où commencent la plupart des hommes passionnés, c'est-à-dire par adorer ce qu'il devait brûler plus tard, se signalait à l'université de Wittemberg par la fougue de son zèle pour le catholicisme d'Alexandre VI et de Jules II, Érasme avait déjà touché à tous les points de croyance où les protestants devaient se séparer de la mère-église. On a vu en quels termes il parlait des moines. Dès le commencement du seizième siècle, il donnait du monachisme cette ironique définition : « Le monachisme n'est pas la piété, mais un genre de vie utile ou inutile, selon le caractère ou le tempérament de chacun; je ne vous conseille ni ne vous dissuade de l'embrasser [1]. »

Il critiquait le culte rendu aux saints; il se moquait des prières que faisaient les simples à saint Christophe, pour éviter un accident mortel; à saint Roch, pour n'avoir pas la peste; à sainte Apolline, pour être guéris du mal de dents; à Job, contre la gale; à saint Hiéron, pour retrouver ce qu'ils avaient perdu.

S'il ne demandait pas qu'on détruisît les statues et les tableaux, « qui sont les principaux ornements de la civilisation, » il désirait qu'il n'y eût rien dans les églises qui ne fût digne du lieu. « Je ne désapprouve pas l'invocation des saints, écrit-il à Sadolet, pourvu qu'elle ne soit pas mêlée de ces superstitions que je blâme, et non sans motif.

---

[1] *Enchiridion militis christiani*, etc... C'est une sorte de manuel du chrétien.

J'appelle superstition quand des chrétiens demandent tout aux saints, comme si le Christ était mort; quand nous leur adressons nos prières, avec la pensée qu'ils sont plus exorables que Dieu; quand nous demandons à chacun en particulier des grâces toutes spéciales, comme si sainte Catherine pouvait nous donner ce que nous n'obtiendrions pas de sainte Barbe; quand nous les invoquons non à titre d'intercesseurs, mais d'auteurs de tous les biens qui nous viennent de Dieu [1]. »

Il insinuait que la confession à Dieu seul suffisait, tout en ajoutant comme correctif : « Gardons la confession au prêtre, quoiqu'on ne puisse prouver par des raisons solides que ce soit une institution de Dieu. » Le choix des mets, des vêtements, le jeûne, les prières pour pénitence, les solennités publiques des jours de fête, lui paraissaient du judaïsme. Il n'aimait pas que, durant le mystère de la consécration, les chantres et le chœur entonnassent un hymne en l'honneur de la sainte Vierge, « comme s'il était séant, remarquait-il, d'invoquer la mère en présence même du fils! » Il exaltait ces temps de la primitive Église où l'on se contentait d'un seul prêtre pour célébrer le saint sacrifice, au lieu de cette foule d'ecclésiastiques que la religion d'abord, et plus tard le lucre, avaient tant multipliés. Il mettait la chasteté conjugale au-dessus de celle des prêtres et des religieuses; il se moquait des vieilles filles, et préférait le mariage à leur virginité. Il osait défendre le divorce. Il ne voulait pas que le peuple baisât les sandales des saints, *ce qui est bien, quod bene fit,* disait la Sorbonne [2], la Sorbonne, grande ennemie d'Érasme, longtemps avant que Luther se l'eût attirée sur lui et eût irrité tous ses *frelons* [3].

---

[1] Lettres, 1270. D. E.
[2] D. Erasmi declarationes ad censuras Colloquiorum.
[3] *Crabrones.*

Quand Luther poussa son premier cri de guerre, déjà les écrits d'Érasme avaient gagné aux idées de la réforme tous les hommes éclairés, tous les prêtres honnêtes gens de l'Allemagne, de l'Angleterre et de la France. Restait la papauté, à laquelle Érasme n'avait pas voulu toucher, malgré le scandale récent des indulgences, soit qu'il prévît qu'une attaque au saint-siége changerait en schisme un simple vœu de réforme, soit que les papes, en le louant démesurément de ce qu'il écrivait en faveur des principes de l'unité religieuse, eussent lié sa langue et sa plume sur les abus qu'on en faisait dans l'application. Quoi qu'il en soit, sauf quelques allusions sévères à la manie belliqueuse de Jules II, Érasme avait toujours tenu la papauté en dehors de la discussion.

L'œuvre des hommes de plume et d'étude était accomplie. C'était aux hommes d'action à engager la bataille et à jeter les masses populaires dans un débat qu'Érasme avait voulu circonscrire aux hommes éclairés et compétents. Était-ce lâcheté, hypocrisie, jalousie de réformateur timide contre des réformateurs emportés et violents? Était-ce inconséquence, comme le lui reprochèrent amèrement les protestants? Je ne veux pas faire d'Érasme un brave; mais l'homme qui tenait tête à tous les moines de l'Allemagne et de la France; l'homme qui, après la bataille de Pavie, osait demander à Charles-Quint, empereur de trente ans, victorieux, flatté dans toutes les langues, la liberté de son prisonnier le roi de France; cet homme-là n'était pas un lâche. Seulement il n'était pas courageux comme le sont les hommes de passion, c'est-à-dire aveuglément, par l'effet du sang plutôt que de la raison, et souvent à la suite, par la contagion de l'exemple. La plus belle sorte de courage, c'est celui où il n'entre que de la raison, si différent de cet emportement du corps qu'on excite chez le commun des hommes avec des liqueurs fortes, de la musique ou des harangues. C'est ce courage-là que j'admire dans Érasme : ce qui ne veut point dire d'ailleurs qu'on ne le pût trouver à un plus haut degré dans d'autres hommes qui voulaient aller plus loin que lui.

Naturellement, l'attention de la république chrétienne fut tout d'abord partagée entre Érasme et Luther. Les hommes ardents se précipitaient sur les pas de Luther; les hommes modérés restaient autour d'Érasme, ne quittant pas le terrain du blâme prudent et des vœux pacifiques. Les plus sincères, dans les deux camps, désiraient que ces deux hommes s'entendissent, afin de se modifier et de se compléter l'un par l'autre, Luther par un peu de la modération habile d'Érasme, Érasme par un peu de l'audace de Luther. Les alarmistes, effrayés tout d'abord de l'impétuosité de Luther, et assez bons juges, comme l'est quelquefois la peur, de la portée de ses attaques, assiégèrent Érasme de scrupules sur cette apparence de concert entre Luther et lui. Les moines, et tout ce qui vivait d'abus, exagérèrent ce concert, le supposant plus complet et plus durable qu'il ne pouvait être; quelques-uns faisaient naître Luther d'Érasme, et représentaient le premier comme un instrument vulgaire soufflé par le second. Érasme sut résister à tout ce qu'on voulait comme à tout ce qu'on pensait de lui. Il resta dans son vrai rôle, approuvant Luther quand il attaquait les abus au nom de l'unité catholique, mais faisant des réserves sur sa manière tumultueuse et sur ses avances à la foule, qu'Érasme voulait éloigner des débats.

Ce rôle était plein de difficultés au milieu de toutes ces persécutions, de toutes ces amitiés également exigeantes, qui n'y trouvaient point leur compte, et que fatiguait l'opiniâtre indépendance d'Érasme. J'appelle cela encore du courage, non du plus brillant sans doute, ni de celui qui reçoit le plus d'éloges dans les histoires, mais de celui qui honore l'homme, et qui lui sera compté devant Dieu au jour où les œuvres de chacun seront jugées. Il y avait d'autant plus de mérite à un tel homme de résister à tous ces tiraillements et de rester vrai avec lui-même, que, de l'aveu de tous les partis, Érasme pouvait faire pencher la balance du côté où il se rangerait, et emporter d'emblée la réforme s'il lui prêtait l'aide de sa plume si populaire et le crédit de son nom.

C'est ce que sentit tout le premier Luther. Avant même qu'il connût la portée de ses propres desseins, et qu'il eût rompu avec le chef visible de l'unité catholique, il songea tout à la fois à s'aider et à s'honorer d'un si puissant auxiliaire, et il écrivit à Érasme la lettre qu'on va lire. Quoique le fond en soit sincère, on ne peut s'empêcher de croire que Luther cédait moins à un penchant qu'à une nécessité de position. Le tour embarrassé de cette lettre, que j'ai cru devoir reproduire, aux dépens de l'élégance, ne tient pas seulement au défaut d'habitude littéraire du moine de Wittemberg, défaut dont il était d'ailleurs plus vain que honteux; ses arrière-pensées auraient rendu la clarté difficile même pour une meilleure rhétorique que la sienne. Voici cette lettre :

« Je m'entretiens sans cesse avec toi, Érasme, ô toi, notre honneur et notre espérance, et pourtant nous ne nous connaissons pas encore. Cela ne tient-il pas du prodige, ou plutôt ce n'est pas un prodige, mais un fait de tous les jours. Car quel est l'homme dont Érasme n'occupe l'âme tout entière, que n'instruise Érasme, sur qui ne règne Érasme? Je parle ici de ceux qui ont le bon goût d'aimer les lettres. Du reste, je suis heureux qu'entre autres dons du Christ, il te faille compter l'honneur que tu as eu de déplaire à plusieurs. C'est par ce point que j'ai coutume de distinguer les dons d'un Dieu clément de ceux d'un Dieu irrité. Je te félicite donc de ce que, plaisant souverainement à tous les gens de bien, tu n'en déplais pas moins à ceux qui veulent être les souverains de tous, et plaire souverainement à tous[1]. Mais je suis bien mal appris de m'adresser à un homme tel que toi comme à un ami familier, inconnu à un inconnu, et de t'aborder les mains sales[2], sans préambule de respect ni d'honneur. Ta bonté pardonnera cette liberté, soit à mon affection, soit à mon peu d'habitude. Car, après avoir passé ma vie au milieu des sophistes, je n'en ai pas appris assez pour pouvoir saluer par lettre un savant personnage. Autrement, de combien de lettres ne t'aurais-je pas fatigué depuis longtemps, plutôt que de souffrir que tu fusses seul à me parler tous les jours dans ma chambre !

« Maintenant que j'ai appris de l'excellent Fabricius Capiton que mon nom t'est connu depuis cette bagatelle des indulgences, et que j'ai pu voir, par ta nouvelle préface de l'*Enchiridion*, que non-seulement tu as lu, mais agréé mes bavardages, je suis forcé de reconnaître, même dans une lettre barbare, cet excellent esprit dont s'est enrichi le mien et celui de tous les autres. Je sais bien que tu tiendras pour peu de chose que je témoigne dans une lettre mon affection et ma reconnaissance, assuré comme tu dois l'être que mon cœur brûle pour toi de ce double sentiment en secret et en présence de Dieu ; je sais aussi que je n'aurais pas besoin de tes lettres, ni de ta conversation corporelle pour être certain de ton esprit et des services que tu rends aux belles-lettres ; cependant mon honneur et ma conscience ne me permettent pas de ne pas te remercier en paroles, surtout après que

---

[1] Il faut me passer ce français barbare, qui seul peut rendre le tour bizarre de la phrase de Luther, et ce jeu de mots de *placere displicere, summe summi*, etc. Cette manière était tout à la fois dans le goût du temps et dans la tournure d'esprit de Luther. Voici la phrase latine : *Itaque tibi gratulor quod dum summe omnibus places, non minus displices iis, qui soli omnium summi esse et summe placere volunt.* Je n'ai pas besoin de remarquer que cette phrase s'applique aux hommes du haut clergé, ennemis communs d'Érasme et de Luther.

[2] *Illotis manibus.*

mon nom a cessé de t'être inconnu. Je craindrais qu'on ne trouvât quelque malice et quelque arrière-pensée coupable dans mon silence. Ainsi donc, mon cher Érasme, homme aimable, si tu le juges bon, reconnais en moi un de tes frères en Jésus-Christ, plein de goût et d'amitié pour toi, du reste n'ayant guère mérité par son ignorance que d'être enseveli dans un coin inconnu, sous le ciel et le soleil qui appartiennent à tous; destinée que j'ai toujours souhaitée, et non point médiocrement, en homme sachant trop bien à quoi se réduit son bagage. Et pourtant je ne sais par quelle fatalité les choses ont pris un train si opposé, que je me vois forcé, non-seulement à rougir de mes ignominies et de ma malheureuse ignorance, mais encore de me voir lancé et ballotté devant les doctes.

« Philippe Mélanchthon va bien, sauf que nous pouvons à peine obtenir de lui que sa fièvre pour les lettres ne ruine sa santé. Que Notre-Seigneur Jésus-Christ te conserve pour l'éternité, exellent Érasme; ainsi soit-il. J'ai été verbeux; mais tu penseras qu'il n'est pas nécessaire que tu lises toujours des lettres savantes, et qu'il faut te rapetisser avec les petits.

« MARTIN LUTHER.

« Wittemberg, 28 mars, an 1519. »

Érasme était à Louvain, aux prises avec tous les théologiens de cette ville, quand la lettre de Luther lui fut apportée. Il y répondit avec sincérité. Il avoue à Luther qu'il a du goût pour ses écrits; mais il lui déclare qu'il a dû se défendre de l'accusation d'y avoir pris part, manière indirecte et délicate de dire à Luther qu'il n'en approuve pas tous les points. Sous la forme de conseils généraux adressés à tous les partisans de la réforme, il parle de précautions à prendre, d'hommes et de choses à ménager, de tolérance, d'esprit de charité, toutes recommandations à l'adresse de Luther, lequel y avait déjà manqué en plus d'une circonstance. Du reste, la lettre d'Érasme est pleine de grâce, de raison et d'esprit. La latinité en est simple, naturelle ; ce n'est point un langage d'érudit ; Érasme pensait et sentait en latin.

« Très-cher frère en Jésus-Christ, ta lettre m'a été extrêmement agréable, à cause de la finesse de pensée qui s'y montre et de l'esprit vraiment chrétien qui y respire. Je ne saurais trouver d'expression pour te dire quelles tragédies ont excitées ici tes écrits : on ne peut ôter de la tête des gens ce soupçon si faux que tes élucubrations ont été écrites avec mon aide, et que je suis, comme ils disent, le porte-étendard de *cette*[1] faction. Quelques-uns y voyaient une bonne occasion d'étouffer les belles-lettres, qu'ils haïssent à mort, comme devant faire ombrage à la majesté de la théologie, qu'ils estiment la plupart plus que le Christ ; ils pensaient aussi à m'étouffer, moi qu'ils regardent comme de quelque poids dans la résurrection des études. Tout s'est passé en clameurs, en folles témérités, en calomnies et en de tels mensonges, que si je n'eusse été présent et patient tout à la fois, je n'aurais pu croire sur la foi de personne que les théologiens fussent gens si fous.

« J'avoue que le germe de cette nouvelle contagion, sorti de quelques-uns, a fait tant de progrès, qu'une grande partie de cette académie, qui n'est pas peu fréquentée, en est devenue comme furieuse en peu de temps. J'ai juré que tu m'étais inconnu et que je n'avais pas encore lu tes livres[2] ; que d'ailleurs je n'approuvais ni ne désapprouvais rien. Je

---

[1] Il ne dit pas : *ta faction.*
[2] Cela était-il bien vrai ? Érasme avait lu et dû lire avidement les pamphlets de Luther. Comment celui-ci aurait-il su qu'Érasme avait *agréé ses bagatelles ?*

leur ai seulement dit de s'abstenir de vociférer avec tant de haine devant le peuple ; que c'était de leur intérêt, comme de gens dont le jugement devait avoir le plus de gravité ; qu'en outre ils voulussent bien réfléchir s'il convenait d'agiter devant un peuple tumultueux des matières qui seraient mieux réfutées dans des livres imprimés, ou mieux débattues entre érudits, l'auteur pouvant de la même bouche faire connaître ses opinions et sa vie. Je n'ai rien gagné par ces conseils, tant ils sont fous avec leurs discussions obliques et scandaleuses.

« Combien de fois eux et moi n'avons-nous pas traité de la paix, et combien de fois, sur une ombre de soupçon téméraire, n'ont-ils pas soulevé de nouveaux tumultes ! Et ce sont les auteurs de tant de bruit qui se regardent comme des théologiens ! La cour de Brabant déteste cette espèce d'hommes : c'est encore un crime qu'ils me font. Les évêques me sont assez favorables, mais ils ne se fient pas à mes livres. Les théologiens mettent toutes leurs espérances de victoire dans la calomnie ; mais je les méprise, fort de ma droiture et de ma conscience. On les a quelque peu adoucis pour toi. Peut-être, n'ayant pas la conscience très-nette, redoutent-ils la plume des gens instruits ; pour moi je les peindrais au naturel et avec les couleurs qu'ils méritent, si je n'en étais détourné par les doctrines et les exemples du Christ. Les bêtes féroces s'adoucissent par de bons traitements, mais les procédés ne font que rendre plus furieux ces théologiens.

« Tu as en Angleterre des amis qui ont la meilleure opinion de tes écrits ; ils y sont puissants. Plusieurs ici ont du penchant pour toi, entre autres un personnage de marque. Pour moi, je me tiens en dehors autant que faire se peut, afin de me garder tout entier au service des belles-lettres qui refleurissent. Il me paraît qu'on gagne plus par la modération et les formes que par la passion. C'est par là que le Christ a conquis l'univers; c'est par là que saint Paul a abrogé la loi judaïque en tirant tout à l'allégorie. Il vaut bien mieux écrire contre ceux qui abusent de l'autorité des papes que contre les papes eux-mêmes; ainsi pour les rois, à mon sens. Il faut moins mépriser les écoles que les ramener à des études plus saines. Quant aux choses trop profondément enracinées dans les esprits pour qu'on puisse les en arracher tout à coup, mieux vaut en disputer par des arguments serrés que rien affirmer absolument. Il est telle objection violente qu'on fait mieux de mépriser que de réfuter. Prenons garde en tous lieux de ne dire ni faire rien d'arrogant ou de factieux : je pense que cela est conforme à l'esprit du Christ. En attendant, il faut garder son âme, de peur qu'elle ne soit corrompue par la colère et la gloire, par la gloire surtout qui vient nous tendre des embûches jusque dans nos études de piété. Ce n'est pas là une conduite que je te recommande; je ne puis que t'engager à continuer comme tu as déjà fait.

« J'ai goûté tes commentaires sur les psaumes : ils me plaisent fort. J'espère qu'ils auront de beaux fruits. Il y a à Anvers le prieur du monastère, homme vraiment chrétien, qui t'aime passionnément; autrefois ton disciple, comme il s'en fait gloire. Il est presque le seul qui professe le Christ; les autres ne professent à très-peu près que des superstitions ou leurs intérêts. J'ai écrit à Mélanchthon. Puisse Notre-Seigneur te dispenser chaque jour plus largement son esprit, tant pour sa gloire que pour le bien public! En t'écrivant cette lettre, je n'avais pas la tienne sous la main. Adieu.

« Érasme.

«Louvain, 30 mai 1519. »

Dans une lettre écrite à la même date et adressée à un ami, il revient sur ces nobles pensées de charité et de tolérance. « Vous avez trop de prudence, dit-il à Jodocus Jonas, pour qu'il soit besoin de vous apprendre qu'une image aimable de la vraie piété, rendue avec toute l'expression possible, est bien plus propre à faire entrer dans les âmes la *philosophie du Christ* que des harangues essoufflées contre toutes les formes et les genres de vices… Le zèle religieux doit avoir la parole libre, mais adoucie çà et là par le miel de la charité. En tout cas, il faut ménager ceux qui possèdent l'autorité souveraine, et, si la chose mérite qu'on s'irrite, mieux vaut s'irriter contre les hommes qui font servir à leurs passions la puissance des princes que contre les princes eux-mêmes… On rend plus de services à montrer combien s'éloignent de la vraie religion ceux qui, sous l'enseigne de Benoît, de François ou d'Augustin, vivent pour leur ventre, leur bouche, leur luxure, leur ambition, leur cupidité, qu'à déclamer contre l'institution même de la vie monastique. Et quant aux écoles publiques de scolastique, on emploie mieux son temps à indiquer ce qu'on pourrait en retrancher ou y ajouter qu'à les condamner en bloc. Tel est l'esprit de l'homme; on le mène plus par la douceur qu'on ne l'entraîne par la dureté [1]. »

La lettre d'Érasme à Luther, et les avertissements personnels qui s'y cachaient sous la forme de conseils indirects, ne pouvaient pas être du goût du moine de Wittemberg. Aussi la correspondance amicale n'alla pas plus loin. Luther comprit qu'il ne devait pas compter sur Érasme, Érasme qu'il ne pouvait que se perdre comme lettré et se mentir à lui-même comme docteur de l'Église en venant faire du tumulte et de l'audace à la suite de Luther. Mélanchthon fit de vains efforts pour les rapprocher : il leur écrivit des lettres touchantes et persuasives, où son doux génie tâchait d'atté-

---

[1] Lettres, 448. A. C. D.

nuer la rudesse de Luther aux yeux d'Érasme et de justifier la prudence d'Érasme aux yeux de Luther. Il resta l'ami de tous les deux sans les réconcilier. Érasme et Luther ne s'écrivirent plus qu'une fois, et ce fut pour s'insulter.

VII

Fautes d'Érasme dans les premières luttes de la réforme. — Effet de sa lettre à Luther. — Ses tiraillements entre les deux partis. — Ses efforts pendant cinq années pour n'être pas entraîné. — Impatience des deux partis. — Souffrances morales d'Érasme. — Il publie le traité du *Libre arbitre* en réponse à Luther. — Effets de ce livre. — Seconde lettre de Luther à Érasme. — Le traité du *Serf-arbitre*. — Lettre d'Érasme à Luther. — Quelle a été la vraie croyance d'Érasme. — La *Philosophie chrétienne*.

La conduite d'Érasme, dans ces premières luttes de la réforme, ne fut pas exempte de fautes. Sa modération, qui ne le quitta pas un moment, et qui resta toujours plus forte que son amour-propre, ne le préserva pas toujours des contradictions et des incertitudes. C'est le propre des lumières, chez les esprits honnêtes, de les faire douter un jour de ce qu'ils ont pu affirmer de la meilleure foi, et, par là, de donner prise à des reproches de contradiction et d'hypocrisie. C'est aussi le propre de la modération qu'en faisant la part de tout le monde il lui arrive de la faire si juste, que personne ne s'en trouve content : alors les reproches et les plaintes éclatent; l'homme modéré y cède, augmente ou diminue les parts, à proportion des exigences; mais, en voulant contenter chacun, il risque de paraître tromper tout le monde. En outre, un grand savoir et une grande modération excluent une certaine décision : on ne donne jamais tout à fait tort aux autres, ni à soi-même tout à fait raison ; on se modifie, on s'amende; mais, en s'abandonnant ainsi à tous les tâtonnements d'un esprit plus avide de connaître que d'agir, et en laissant à Dieu la décision qu'usurpent d'ordinaire les hommes passionnés, on paraît céder aux fluctuations de l'intérêt personnel.

C'est ce qui dut arriver à Érasme, par l'effet même de ses plus belles qualités. Il s'y mêlait, il faut bien le dire, certaines velléités de passion auxquelles n'échappent pas même les hommes les plus modérés, quand ils se voient au premier rang par l'intelligence et au second par l'action. Il leur prend alors de fortes tentations d'être les premiers par ces deux choses; mais, le jour où il faut agir, le goût du repos, un livre, un doute, les rend à leur modération naturelle, non sans avoir encouru le discrédit d'une velléité sans effet, et de paroles sincères qui sont devenues, faute de suite, de vaines bravades. Dans telle de ses lettres, je vois Érasme montrer au commencement sa pointe d'ambition; il la cache vers la fin.

Quand il eut donné, par sa lettre à Luther, de la publicité à ses relations avec cet homme, dès lors si regardé et si menaçant, les demandes d'explication l'assaillirent de toutes parts. Les moines triomphaient. La conspiration entre Érasme et Luther était un fait public. Toutes les chaires redoublaient d'invectives; les deux noms étaient plus que jamais accolés alors que les deux hommes étaient plus loin que jamais de s'entendre. Seulement Érasme recevait plus d'injures que Luther, et la raison en est toute simple : on le traitait en renégat. Cette préférence le flattait; il le laisse voir dans ses lettres. Il se croyait le plus haï; il n'était que le plus méprisé.

Tout ce qu'il comptait d'amis l'interrogeaient sur cette lettre : qu'avait-il pu dire à un homme qui se moquait du pape et parlait de faire brûler ses bulles? Érasme faisait à tous la même réponse tournée de mille façons, expliquant son rôle, se défendant d'avoir lu les livres de Luther, si ce n'est en courant, du coin de l'œil, trop légèrement pour en voir le poison. Seulement, modifiant son langage selon les gens, à ceux qui penchaient pour les idées de réforme, il parlait avec faveur des qualités personnelles de Luther, et ne dissimulait pas qu'il voyait plus de danger pour les lettres dans le triomphe des moines que dans celui de Luther; à ceux qui se montraient inquiets des atteintes portées à l'unité catholique, il prodiguait les professions de foi chrétienne, parlait de Luther avec défiance, et témoignait la crainte que le désordre de la réforme ne fût aussi funeste aux lettres que l'oppression monacale.

C'étaient moins des contradictions qu'un libre cours donné à ses doutes. Il en avait de très-sincères sur les effets de la victoire de chaque parti, et, de quelque côté qu'il regardât, il s'inquiétait pour les lettres nouvellement ressuscitées; mais, écrivant à des esprits d'humeur et de disposition très-diverses, il profitait de ces doutes mêmes pour incliner vers le sens de chacun. Érasme était un modèle de cette *civilité* qu'il aurait tant voulu voir aux Germains; il tâchait de glisser entre tous les amours-propres et toutes les passions avec son indépendance et sa tranquillité sauves; il ne mentait jamais, mais il appropriait la vérité au caractère et à la situation de chacun, et, sans jamais se travestir, il chargeait volontiers son personnage par le côté où il était le plus sûr d'être agréé.

Est-ce la faute de l'homme modéré et vrai, ou des passions et de l'ignorance au milieu desquelles il vit, si sa modération a toutes les allures de l'incertitude et du manque de caractère, et s'il ne peut être vrai avec tout le monde qu'à la condition de s'exagérer un peu avec chacun? Ce serait là une intéressante question de morale historique. Je n'ai pas besoin de dire pour quelle solution je pencherais. On a pu voir par mes précédentes réflexions que je ne donnerais pas tort à la modération, surtout quand cette modération est intelligente, libérale, tolérante, sans souillure d'argent reçu, franche avec tous les ménagements qui rendent la franchise utile, quand enfin c'est le fruit le plus pur de la raison, cet écho terrestre de la pensée divine. Or telle fut la modération d'Érasme, sauf quelques fautes de faiblesse, inévitables à tout ce qui est pétri de notre boue, et la plupart excusables par certaines conditions de l'époque où vivait ce grand homme.

Cependant Luther grandissait tous les jours en audace et en puissance. Il prodiguait les libelles et les apologies; il s'attaquait personnellement au pape; il entraînait des princes dans sa querelle; il provoquait l'ouverture de diètes et de conciles, où toute la force de l'Église existante se mesurât contre l'hérésie de ce moine. Érasme était assailli plus que jamais des scrupules et des questions de ses amis. Les uns cherchaient à piquer sa vanité : « Pourquoi tardait-il à se faire le champion du catholicisme? Lui seul pouvait mettre Luther et ses doctrines au néant; lui seul était plus puissant que les bulles papales et les conciles. » Les autres lui opposaient ses professions de foi : « N'était-ce donc que mensonges et précautions oratoires? Était-il chrétien de cœur ou de bouche? et, s'il l'était de cœur, que ne le montrait-il en se levant contre Luther? »

Les moines vociféraient de plus belle : « Évidemment il approuve ou souffle ce qu'il ne veut pas attaquer. » Du côté des partisans de la réforme, dont plusieurs étaient de ses amis, il avait d'autres luttes à soutenir. « Que ne prêtait-il à Luther l'autorité de ses écrits si populaires? que ne réglait-il la fougue du moine de Wittemberg par son ton conciliant et sa polémique mesurée? L'audace de l'un tempérée par la prudence de l'autre emporterait la question de la réforme. » Toutes ces influences se disputaient le nom d'Érasme. C'est l'habitude des partis de ne pas supporter l'hésitation et l'indépendance. Ils ne comprennent que ce qui est pour eux ou contre eux ; ils n'aiment pas voir au milieu un homme supérieur, qui, au moment de la bataille, reste immobile, se contentant de faire dire que là où il se portera, la victoire est certaine.

Érasme s'épuisait à expliquer sa non-intervention. Il avait à tenir tête à une foule d'amis plus embarrassants que des ennemis ; outre un ennemi plus fort que tous les autres, l'ivresse bien naturelle de son importance, cette *gloire* dont il conseillait à Luther de se méfier. Il passa ainsi cinq années, de 1519 à 1524, au milieu de ces luttes intestines contre ses amis, contre ses ennemis, contre lui-même, tâchant de maintenir son indépendance et la vérité de sa nature contre toutes les tentations du dehors et du dedans, assistant lui-même comme témoin à la querelle où il n'avait pas voulu prendre de rôle, faisant des vœux tantôt pour Luther contre les moines qui reprenaient confiance et relevaient en espérance le bûcher de Jean Huss ; tantôt pour la paix et l'unité chrétienne, quand les peuples entraînés par Luther se séparaient de l'Église romaine, gage de cette paix et centre de cette unité ; s'agitant et se travaillant pour la concorde, s'échauffant à prêcher la paix, toujours éloquent, vif, naturel, parce qu'il était vrai.

Toutes ses lettres, durant ces cinq années, contiennent l'histoire des combats qu'il eut à soutenir. C'est la même situation présentée sous mille faces, mais avec une vivacité, un mouvement, une sincérité qui font qu'on s'y intéresse comme à un drame. C'est en effet un drame d'un intérêt immense qu'une intelligence supérieure battue par les flots de toutes les opinions extrêmes, cherchant à conserver son équilibre dans l'agitation universelle, et résistant à un premier rôle, parce qu'elle ne peut le prendre sans aller au delà de ses croyances !

« J'ai toujours évité, dit-il dans une de ces lettres,

d'être l'auteur d'aucun tumulte, ou le prédicateur d'aucun dogme nouveau. J'ai été prié par bien des hommes puissants de me joindre à Luther ; je leur ai dit que je serais avec Luther tant que Luther resterait dans l'unité catholique. Ils m'ont demandé de promulguer une règle de foi : j'ai dit que je ne connaissais pas de règle de foi hors de l'Église catholique. J'ai engagé Luther à s'abstenir d'écrits séditieux : j'en ai toujours craint de mauvais résultats, et j'aurais fait plus pour les prévenir, si, entre autres motifs, une certaine crainte d'aller contre l'esprit du Christ ne m'en eût détourné. J'ai exhorté et j'exhorte encore plusieurs personnes à ne point publier d'écrits scandaleux, et surtout d'anonymes, lesquels sont si irritants ; je leur ai dit que c'était mal servir la paix chrétienne et l'homme dont ils sont les partisans. Je puis bien conseiller ; empêcher, je ne le puis. Le monde est plein d'officines d'imprimeurs, plein de poétastres et de mauvais rhéteurs ; et, comme je ne puis faire que ces gens-là ne s'agitent pas, n'est-ce pas la dernière des iniquités de me rendre responsable de la témérité d'autrui[1] ? »

Les avis n'ayant aucun succès, il avait recours à la prière, mais sans trop y compter, à ce que je crois[2]. « Je prie le Christ très-bon et très-grand[3] de tempérer de telle sorte l'esprit et le style de Luther, qu'il en résulte beaucoup d'avantages pour la piété évangélique ; je le prie d'animer aussi d'un meilleur esprit certaines personnes qui cherchent leur gloire dans la honte du Christ, et se font un gain de sa ruine. » C'est bien d'un homme qui avait quelques doutes sur l'efficacité de la prière. Ne pouvant s'adresser directement à Luther, il écrivait à Mélanchthon ses exhortations pa-

---

[1] Lettres, 545. B. F.
[2] Ibid., 599. D. E.
[3] Optimus maximus ; c'est ce que les Romains disaient de Jupiter. Dans cette prière d'Érasme l'érudition remplace l'onction.

cifiques, dans l'espérance que celui-ci les ferait lire à Luther. Il parlait de revenir à la discussion pure, sans y mêler d'appel aux passions : la cause de la réforme n'en irait que mieux. Luther lisait ces conseils indirects et s'en moquait devant Mélanchthon, qui défendait les bonnes intentions d'Érasme. Le temps d'Érasme était déjà passé. Il ne pouvait plus que faire rire de sa modération.

Enfin, rien ne réussissant, ni les avis, ni les prières au Christ *très-bon et très-grand*, ni les lettres à Mélanchthon, Érasme essaya d'une sorte de censure. Il avait beaucoup de crédit à l'imprimerie de Froben, dont ses écrits faisaient la fortune. Froben imprimait aussi les pamphlets de Luther; c'est de cette officine de Bâle que sortait toute la polémique religieuse du temps. Érasme menaça Froben de se faire imprimer ailleurs s'il continuait à publier les écrits de Luther. Il s'en fit du moins un mérite auprès des plus impatients de ses amis catholiques. Était-ce une menace sérieuse, ou simplement un petit mensonge concerté entre Froben et lui? Je ne saurais le dire. Quoi qu'il en soit, Froben continua d'imprimer Érasme et Luther, et Érasme continua de lire *du coin de l'œil* ces livres d'autant plus goûtés qu'ils étaient plus défendus. Luther avait déjà cet avantage sur Érasme, qu'il pouvait se dispenser de lire les écrits de l'illustre lettré, ne pas trouver de temps pour se mettre au courant de ses découvertes philologiques, au lieu qu'Érasme était condamné à lire avidement le moindre des libelles de Luther.

Érasme n'avait pas à qui penser plus souvent qu'à Luther; Luther pouvait ne penser à Érasme qu'après cent choses ou cent personnages de plus de poids dans sa vie. Érasme était obsédé de Luther; il le trouvait sans cesse sous sa plume, au fond de toutes ses pensées, et il était, malgré lui, le propagateur d'un homme qu'il se vantait de ne point connaître, et d'écrits qu'il se défendait d'avoir lus. Au contraire, il fallait que Luther, sauf quelques rares entretiens avec Mélanchthon au sujet d'Érasme, cherchât dans ses souvenirs de jeunesse et dans une reconnaissance déjà éteinte l'homme avec lequel il *s'entretenait sans cesse* [1] dans la solitude de sa cellule de Wittemberg.

La modération a ses faiblesses; on vient de le voir par la démarche comminatoire d'Érasme auprès de Froben, ou tout au moins par l'affectation qu'il mettait à s'en faire honneur : elle a aussi ses souffrances secrètes, ses angoisses; mais ces angoisses mêmes tournent à sa gloire. Érasme approchait alors de la vieillesse. Il voyait ses plus anciens amis se séparer en deux camps, et les affections les plus éprouvées se refroidir par l'effet des opinions : il s'en plaignait avec une noble douleur. « Avant que cette querelle ne s'envenimât, écrit-il à Marc Laurin, j'entretenais avec presque tous les savants de l'Allemagne une liaison littéraire pleine de charmes pour moi. De tous ces amis, quelques-uns se sont refroidis, d'autres me sont devenus contraires. Il n'en manque même pas qui s'avouent publiquement mes ennemis et qui menacent de me perdre... C'est un assez grand malheur pour moi que cette tempête du monde soit venue me surprendre à un moment de ma vie où je devais compter sur un repos mérité par mes longues études. Que ne m'était-il permis du moins de rester spectateur de cette tragédie, moi qui suis si peu propre à y figurer comme acteur, surtout quand il y a tant de gens qui se jettent d'eux-mêmes sur la scène!... »

La résistance passive qu'il avait opposée jusque-là aux obsessions des deux partis était devenue un combat. Les uns tâchaient de le compromettre, et, par des piéges tendus à son amour-propre, de lui arracher quelque aveu qui l'engageât; les autres le menaçaient de violences ouvertes. On

---

[1] Voir la lettre de Luther à Érasme, citée plus haut.

se jetait sur ses paroles et sur son silence pour y surprendre des préférences qu'il avait soin plus que jamais de ne pas montrer. Les luthériens l'accusaient de déserter par timidité d'esprit le camp de l'Évangile ; les catholiques lui criaient que s'abstenir c'était adhérer. Les moines renchérissaient sur le tout ; les moines, ennemis implacables d'Érasme, et dont la querelle datait de bien plus loin que les nouveautés de Luther. Leur haine ne portait pas sur des différences de dogme ; les railleries d'Érasme les avaient plus blessés que ses hérésies ; ils ne parlaient d'hérésie que pour exciter le peuple, lequel ne se serait pas échauffé pour l'honneur des moines, mais aurait volontiers brûlé Érasme pour l'honneur du Christ.

Jusqu'en l'an 1524, Érasme n'avait pas rompu ce laborieux silence, si attaqué de toutes parts et livré à tant d'interprétations passionnées : nul écrit sorti des presses de Froben n'avait donné d'espérances à aucun des deux partis. Sa vie tout entière se passait à expliquer cette résistance, et il lui était aussi difficile de se tenir à l'écart que de prendre parti. Les flatteries des princes, les promesses de pensions, les lettres autographes des papes, la mitre d'évêque et le chapeau de cardinal montrés dans un avenir prochain, avaient échoué contre son impartialité et son goût sincère du repos.

Le successeur de Léon X, Adrien, jadis son compagnon d'études à l'université de Louvain, l'interpella directement, à son avénement au trône de saint Pierre, par des exhortations écrites sur le ton lyrique d'une bulle. « *J'ai vu*, dit le prophète, *l'impie élevant sa tête au-dessus des cèdres du Liban ; je n'ai fait que passer, il n'était déjà plus ; j'ai cherché, et je n'ai pas trouvé sa place.* C'est ce qui doit arriver infailliblement à Luther et aux siens, s'ils ne viennent à résipiscence. Hommes charnels et méprisant toute domination, ils essayent de rendre tous les autres semblables à eux. Hésiteras-tu donc à tourner ta plume contre les folies de ces impies, dont Dieu a si visiblement détourné sa face? Lève-toi, lève-toi, Érasme, et viens au secours de la cause de Dieu ; fais servir à sa plus grande gloire les grands talents que tu as reçus de lui. Songe qu'il n'appartient qu'à toi, avec l'aide de Dieu, de ramener dans la droite voie une partie de ceux qui s'en sont écartés pour suivre Luther, de raffermir ceux qui ne sont pas encore tombés, de retenir dans leur chute ceux qui chancellent[1]. » Adrien l'invitait, en terminant, à venir à Rome, afin de lancer avec plus d'autorité ses apologies catholiques du pied de la chaire de saint Pierre.

— Hélas! hélas! répondait Érasme, j'obéis aux édits du plus cruel de tous les tyrans. Quel tyran? diras-tu. Il surpasse en cruauté Phalaris et Mézence : la *gravelle* est son nom... Que n'ai-je tous les moyens d'influence que tu me prêtes! je n'hésiterais pas, même au prix de ma vie, à porter remède aux malheurs publics. Mais d'abord plusieurs me surpassent dans l'art d'écrire, outre que de telles affaires ne se peuvent pas traiter avec du style. Mon érudition est médiocre, et le peu que j'en ai, puisé aux sources des auteurs anciens, est plus propre à la discussion qu'au combat. Quelle pourrait être l'autorité d'un petit homme comme moi? La faveur qu'on m'a jadis témoignée, ou bien s'est refroidie, ou bien s'est tournée en haine. Moi qui autrefois étais qualifié, dans cent lettres, de *héros trois fois grand*, de *prince des lettrés*, d'*astre de la Germanie*, de *grand prêtre des belles-lettres*, de *vengeur de la vraie théologie*, aujourd'hui, ou l'on me passe sous silence, ou l'on me prodigue des qualifications fort différentes. Je ne regrette pas ces vains titres, qui ne faisaient que m'ennuyer; mais combien ne vois-je pas de gens déchaînés contre moi, qui me poursuivent

[1] Lettres, 736. D. E.

d'odieux libelles, qui me menacent de mort si je bouge en faveur du parti contraire!... N'ai-je pas sujet de déplorer ma vieillesse, qui est tombée dans ce siècle, comme le rat dans la poix, pour parler le langage du peuple?... Quand tu me dis : Viens à Rome, n'est-ce pas comme si quelqu'un disait à l'écrevisse : Vole? — Donne-moi des ailes, répondrait l'écrevisse. Je dirai, moi aussi : Rends-moi ma jeunesse, rends-moi ma santé. Plût au ciel que j'eusse de moins bonnes excuses[1] ! »

Il demandait à Adrien la permission de lui donner quelques conseils. « Je t'en supplie, saint-père, accorde cette grâce à ta petite brebis[2], afin qu'elle puisse parler plus librement à son pasteur. Si l'on est résolu à écraser ce mal avec la prison, la torture, les confiscations, les exils, les supplices, on n'a pas besoin de mes conseils. Je pense pourtant qu'un avis plus humain plaira davantage à un homme du caractère doux dont je te sais, et qu'il sera plus dans ton penchant de guérir les maux que de les châtier. » Il proposait quelques moyens coercitifs qui sont et seront toujours impuissants, à l'éternelle dérision de ceux qui les conseillent. « En attendant qu'on étouffe, par les magistrats et les princes, les mouvements qui excitent à la sédition sans profiter à la piété, je désirerais, si la chose était possible, qu'on arrêtât le débordement des libelles. » C'eût été le plus sûr moyen de les faire lire. Mais voici une courageuse parole qui rachète ce conseil impuissant, qu'il ne faudrait pourtant pas juger d'après les idées de notre temps : « Qu'on donne au monde l'espérance d'un prompt remède aux abus dont il a tant raison de se plaindre. »

Érasme, d'ailleurs, se rendait justice. Épuisé de maladies et de travaux, vieux, infirme, quelle grâce aurait-il eue à

---

[1] Lettres, 745-746.
[2] Permittas hanc veniam oviculæ tuæ.

lutter corps à corps avec un homme dans toute la force de l'âge et du talent, ardent, audacieux, soutenu par des princes et des armées? « Cela pourrait sembler une cruauté, écrivait-il, si j'achevais de frapper avec ma plume un homme déjà renversé, battu, brûlé en effigie; outre qu'il serait peu sûr pour moi de déchaîner sur ma tête un adversaire qui n'est ni sans dents ni sans poignets, et qui, si j'en crois ses écrits, a du foin dans sa corne. » De ces deux phrases, la première était de la rhétorique, la seconde exprimait les vrais sentiments d'Érasme. Il ne voulait pas lutter à armes inégales. Malgré sa prodigieuse réputation, *l'astre de la Germanie* savait reconnaître le talent de Luther; il appréciait « ce génie véhément, ce caractère d'Achille, qui ne sait point céder[1]. » A tout prendre, il devait mieux aimer faire parler de son silence que courir le ridicule d'un coup mal porté, d'un trait qui, comme celui de Priam, serait tombé sans force aux pieds de son ennemi.

Mais ce silence devenait un supplice. Érasme y perdait son repos, car il lui en coûtait plus de peines et de temps pour l'expliquer que pour le rompre. Il y perdait aussi sa gloire; déjà on parlait d'impuissance, de la peur d'une chute; on commençait à trouver par trop prudente la modération du vieil athlète de la philosophie chrétienne. Il reconnut enfin qu'il ne pouvait pas empirer sa situation en prenant parti; que ceux qui avaient jusque-là douté de lui ne le haïraient ni plus ni moins quand il se serait prononcé; qu'il ne rendrait pas ses affaires meilleures en continuant de se taire, ni pires en se déclarant; qu'une tranquillité qu'il fallait défendre jour et nuit contre la tentation d'en sortir, contre la curiosité importune de ceux qui en voulaient savoir le secret et les arrière-pensées, contre les calomnies et les railleries ironiques de ceux qu'elle mécontentait, contre l'éton-

---

[1] Lettre à Mélanchthon. 822. C. D.

nement et les questions de ses meilleurs amis, contre ses propres impatiences, contre le défi universel qui lui était adressé de tous les points de l'Europe par toutes les opinions intéressées dans la grande querelle, — qu'une telle tranquillité était plus fatigante que les agitations régulières et naturelles d'une lutte ouverte; qu'on ne pouvait pas tenir si longtemps entre tant d'opinions extrêmes avec une douteuse opinion et dans l'attitude suspecte et irritante d'un observateur, ni rester sur les frontières des deux camps sans être livré aux risées pires que les haines; qu'au contraire, en se déclarant, il s'arrachait à toutes ces obsessions, se délivrait des réponses ambiguës qu'il fallait faire à des lettres d'une curiosité désobligeante, et que, sans risquer de rendre ses ennemis plus ardents ni de s'en faire de nouveaux, il allait enfin rappeler sur lui l'attention universelle concentrée sur Worms et Wittemberg, et se replacer au premier rang, où ses incertitudes avaient laissé monter et s'établir Luther.

Il n'y a pas d'exemple que des partis prêts à en venir aux mains, soit en religion, soit en politique, aient respecté le désintéressement ou souffert le silence des hommes appelés par l'opinion générale à donner un avis capital dans le débat. On rend à ces hommes leur indépendance si dure, on sait si bien déshonorer leur silence, qu'à la fin on parvient à les traîner sur la scène, tremblants, à demi déconsidérés, incertains de leur propre conscience, n'osant s'interroger sur les motifs de leur modération, et souvent s'étant affublés à la hâte d'une croyance ajustée tant bien que mal à leur passé, comme ferait un acteur qui, arrivé après le lever du rideau, jetterait sur ses épaules le premier costume tombé sous sa main, pour ne pas faire attendre les spectateurs.

Érasme se décida à *rompre une lance*, pour parler le langage de l'époque, avec l'homme qui ne pouvait avoir, au jugement de tous, qu'Érasme pour rival. Il se présenta enfin comme un homme de parti, tendit ses muscles, prépara ses armes; mais, comme il arrive aux hommes modérés qui sont poussés en avant par des influences extérieures plutôt que par un élan naturel, il ne put pas être tout à fait homme de parti. Au milieu de cette ardeur factice que les applaudissements et les huées avaient donnée au vieux lutteur émérite, sa raison et son bon sens le retenaient toujours loin des extrêmes; et, au lieu d'être le chef de l'opinion catholique, c'est à peine s'il se présentait comme un enfant longtemps perdu et à demi retrouvé de cette opinion.

Les hommes modérés qu'on parvient à faire sortir de leur résistance passive, la seule par laquelle ils puissent tenir tête aux passions avec honneur pour eux-mêmes et succès pour la vérité, ne font jamais que des demi-démarches qui sont toujours des fautes. Il fallait qu'Érasme ne sortît de son silence que pour éclater; il disserta. Il fallait qu'il prît des mains du pape cette arme usée des bulles et qu'il la lançât contre Luther, non plus au nom d'une autorité contestée, mais au nom de tous les hommes pieux et tolérants, au nom des lettres épouvantées de la nouvelle scolastique qui prenait la place de l'ancienne; il chicana sur un point particulier de doctrine. Il était impossible à Érasme de ne pas rester vrai avec lui-même et fidèle à cette cause de la philosophie chrétienne, qui ne courait guère moins de péril dans le camp catholique que dans le camp protestant.

En effet, les hardiesses et les violences de Luther, tout en gâtant sa cause aux yeux d'Érasme, n'avaient pas rendu meilleure celle des moines et des *théologastres*, soulevés depuis trentre ans contre lui. D'autre part, les emportements des réformateurs n'avaient pas rendu plus sacrés les abus du catholicisme romain, et il fallait bien qu'Érasme, devenu l'adversaire de Luther, se souvînt de ses restrictions de catholique dans les *Colloques*. Au lieu donc d'entrer pleinement dans la querelle par le côté vif, Érasme, après avoir au préalable demandé au pape la permission de lire officiellement les livres de Luther, prit une question incidente, louvoya, éluda l'attaque de front, alla s'en prendre à un livre égaré de Luther, au lieu d'en venir aux mains avec l'homme, et, pour tout dire, fit un contre-traité sur le *libre arbitre*, en réponse à un traité où Luther, chose étrange, Luther, l'homme nouveau, l'avait nié.

Cependant, telle était la grandeur du nom d'Érasme, que la nouvelle qu'il allait prendre la plume contre Luther fit presque plus de bruit en Europe que les préparatifs de la bataille de Pavie. Il envoya le plan de son traité au roi d'Angleterre, Henri VIII, grand casuiste catholique, avant qu'il fût tueur de femmes, et que, pour faire d'une de ses maîtresses une épouse d'un an, il se brouillât avec le pape et remplaçât la messe par le prêche. A cette époque, les choses avaient tellement changé, et les affaires de Luther si bien prospéré, qu'Érasme ne put pas faire imprimer son traité chez ce même Froben qu'il avait, quatre ans auparavant, menacé de sa disgrâce s'il imprimait les écrits de Luther. Les esprits, dans toute l'Allemagne, étaient si animés pour la réforme, qu'aucun libraire des villes du Rhin n'eût osé publier une apologie catholique, et qu'il y aurait eu péril de vie à l'écrire. J'en fais la remarque, pour qu'on ne se hâte pas trop d'attribuer au manque de courage la demi-opposition d'Érasme contre Luther.

Au reste, dans les fumées de l'attente qu'il causait en Europe, parmi les félicitations qu'on lui prodiguait de toutes parts, un doute amer faisait trembler sa plume dans sa main affaiblie. Il laissait échapper dans ses lettres de ces mots tristes qui révèlent un grand trouble intérieur. C'était une vie recommencée à l'âge où il fallait penser à sortir du monde, ou tout au moins à s'y continuer le plus longtemps possible par le repos et le désintéressement des choses du jour. « Le dé est jeté », disait-il à un ami[1], comme un joueur qui se croyait guéri, et qui livre ses derniers jours à tous les orages de son ancienne passion. « Je descends dans l'arène, mandait-il à un autre, presque au même âge où Publius, l'auteur des *mimes*, monta sur la scène; j'ignore ce qui doit m'en arriver; mais puissent mes combats tourner au bien de la république chrétienne[2]! » — « Que ne m'était-il permis, écrivait-il à un troisième, de vieillir dans les jardins des muses! Me voilà, moi sexagénaire, poussé violemment dans l'arène des gladiateurs, et tenant le filet au lieu de la lyre[3]! »

A ces touchants regrets de son repos perdu, de ses travaux littéraires suspendus, de sa vieillesse engagée dans les luttes de l'âge viril, l'amour-propre mêlait quelques bravades. « Le livre du *Libre arbitre* va soulever, si je ne me trompe, bien des tempêtes. Déjà quelques libelles virulents m'ont été jetés à la tête. Et cependant mes adversaires ont peur de moi. Qu'on me haïsse pourvu qu'on me craigne[4]! » Pauvre Érasme, qui parodiait un mot de Néron, et qui croyait avoir du fiel, parce qu'il se souvenait d'un centon d'Ennius sur les tyrans! Et ailleurs : « Je voulais renverser la tyrannie des pharisiens, et non la remplacer par une autre. Servir pour servir, j'aime mieux être l'esclave des pontifes et des évêques, quels qu'ils soient, que de ces grossiers tyrans, plus intolérables que leurs ennemis[5]! » Eh quoi! Érasme se fâche, Érasme sort de la modération; Érasme va-t-il passer du côté des catholiques purs? Lisez quelques lignes plus haut : « Le sérénissime roi d'Angleterre et le pape Clément VII m'ont aiguillonné par leurs lettres!... » Voilà le secret de l'exalta-

[1] Lettres, 813. B.
[2] *Ibid.*, 812. E. F.
[3] *Ibid.*, 935. E. F.
[4] *Ibid.*, 813. B.
[5] *Ibid.*, 812. E. F.

tion d'Érasme. C'est de la colère qui lui est venue par le courrier de Rome et d'Angleterre.

Demain, seul avec lui-même, il rentrera dans la modération, dans la tolérance, dans les doutes. « Je me serais abstenu bien volontiers de descendre dans l'arène luthérienne, écrira-t-il à l'archevêque de Cantorbéry, si mes amis ne m'eussent engagé auprès du saint-père et des princes, et si je ne leur avais promis moi-même de publier quelque chose à ce sujet[1]. » — « Vous me félicitez de mes triomphes, dira-t-il tristement à l'évêque de Rochester ; je ne sais pas de qui je triomphe ; mais je sais que j'ai trois luttes à soutenir au lieu d'une. J'ai fait ce traité du *Libre arbitre*, sachant bien que je ne me battais pas sur mon terrain. Il était dans ma destinée qu'à l'âge où je suis, d'amant des muses je devinsse gladiateur..... Labérius traîné sur la scène par l'autorité de César déplore l'affront qu'on fait subir à ses soixante ans ; sorti de sa maison chevalier romain, il y rentrera histrion. Ne suis-je pas comme Labérius[2] ? » Voilà Érasme dans ses sentiments naturels ; le voilà vrai, et, comme il arrive aux gens qui sont dans la vérité, éloquent.

Théologiquement parlant, Érasme a raison dans toute sa défense du *Libre arbitre*. Ses preuves sont bien choisies, ses autorités habilement débattues ; il est vif, pressant, logique, d'une éloquence nourrie qu'assaisonne un certain atticisme naturel à cet enfant de Rotterdam ; mais toutes ces idées sont mortes, toute cette science est illusoire ; c'est de l'intelligence jetée au vent ; ce sont de vains combats contre des ombres. Ce traité, qui allait être lu et commenté avec passion par tous les hommes éclairés de l'Europe, pourrait à peine aujourd'hui tenir en haleine l'attention isolée d'un érudit : la mise en œuvre seule a conservé quelque vie ; les

---

[1] Lettres, 814. A.
[2] *Ibid.*, 815. A. E.

matériaux ont péri. On se prend de peine pour notre propre espèce, et d'indifférence pour tout ce qui l'occupe, quand on voit que des formules stériles, vides, mortes, ont dévoré les plus belles intelligences ; que des génies de premier ordre ont été ensevelis sous des in-folio de polémique puérile ; que des hommes capables de se prendre corps à corps avec des vérités éternelles se sont escrimés toute leur vie contre des sophismes ; et qu'à certaines époques de l'histoire de l'humanité, la pensée de l'homme, cette pensée qui découvre des mondes et qui lit dans les cieux, ne sème que des graines arides qui ne produiront aucun fruit, alors même que ses égarements et sa complicité avec les passions brutales arroseraient ces graines de sang humain.

Voulez-vous voir des choses qui transportaient Henri VIII, Clément VII, Charles-Quint, Thomas Morus, Fischer, Sadolet, Henri Etienne, Mélanchthon, OEcolampade, Budé, les princes les plus lettrés de l'Allemagne, les prélats les plus illustres de l'Europe ; des choses qui radoucissaient presque la Sorbonne, si animée contre Érasme ; que les moines et les théologiens en état de comprendre se défendaient de lire, pour n'avoir pas à mollir dans leur implacable haine contre l'auteur ; que Luther lui-même permettait à Mélanchthon d'admirer, et qu'il ne savait réfuter que par des injures ? Voici une définition du libre arbitre concilié avec la grâce et la prescience ; voici qui soulevait sur leurs lits de forme antique les convives cicéroniens de Sadolet ; voici qui faisait bondir Luther dans sa chaire de Vittemberg :

« Il y a dans toutes les actions humaines un commencement, un progrès et une fin. Les partisans du libre arbitre attribuent à la grâce les deux extrêmes et n'admettent l'intervention active du libre arbitre que dans le progrès, de telle façon que deux causes se trouvent concourir simultanément à l'œuvre d'un seul et même individu, la grâce de

Dieu et la volonté de l'homme ; de telle façon aussi que, de ces deux causes, la grâce est la principale ; la volonté ne vient qu'en second et ne peut rien sans la cause principale, laquelle, au contraire, se suffit à elle seule. Il en est de cela comme du feu qui brûle en vertu de sa propriété naturelle, mais dont la cause principale est Dieu, qui agit par le feu ; cette cause suffirait seule pour produire le feu, tandis que le feu ne peut rien s'il se soustrait à elle. C'est par ce juste tempérament que l'homme doit rapporter l'œuvre entière de son salut à la grâce divine, l'intervention du libre arbitre y étant pour une très-petite part, et encore cette petite part dépendant elle-même de la grâce divine, laquelle a fondé une fois le libre arbitre et l'a relevé ensuite, et guéri de la chute qu'il avait faite en la personne d'Adam. Ces explications doivent apaiser, si tant est qu'ils soient hommes à s'apaiser, nos dogmatistes intolérants qui ne veulent pas que l'homme ait en lui quelque chose de bon qu'il ne doive uniquement à Dieu. Sans doute il le lui doit, mais voici comment :

« Un père montre à son enfant, encore chancelant, une pomme placée à l'autre bout de la chambre. L'enfant tombe ; son père le relève ; l'enfant s'efforce d'accourir vers la pomme, mais il va se laisser choir de nouveau, à cause de la faiblesse de ses jambes, si son père ne lui tend la main pour le soutenir et diriger ses pas. Guidé par lui, il atteint la pomme, que son père lui met dans la main, comme prix de sa course. L'enfant ne pouvait pas se relever si son père ne l'eût aidé ; il n'aurait pas vu la pomme si son père ne la lui eût montrée ; il ne pouvait pas avancer, si son père ne l'eût soutenu jusqu'au bout dans sa marche débile ; il ne pouvait pas atteindre la pomme si son père ne la lui eût mise dans la main. Qu'est-ce donc que l'enfant doit à lui seul dans tout cela ? Il a très-certainement fait quelque chose ; mais il n'y a pas là, pour notre bambin, de quoi faire le glorieux ni se vanter des jambes que son père a eues pour lui. Dieu est pour nous ce qu'est le père pour son enfant. Que fait l'enfant? Il s'appuie sur le bras qui le soutient; il laisse guider ses pas infirmes par la main secourable qui lui est tendue. Le père pouvait l'entraîner malgré lui vers la pomme; le petit marmot pouvait résister et faire fi de la pomme; le père pouvait lui donner la pomme sans le faire courir; mais il a mieux aimé la lui faire gagner, parce que cela est plus avantageux à l'enfant. »

Sauf quelques catholiques sincères et un très-petit nombre d'hommes désintéressés qui aimaient Érasme pour ses qualités littéraires, le traité du *Libre arbitre* ne fit que rendre ses ennemis plus intraitables et ses amis plus exigeants. Avant même que l'ouvrage eût paru, Érasme en avait reçu des compliments où se cachaient des reproches. « C'est grand dommage, lui écrivait-on, qu'il n'ait pas été fait plus tôt. Puisque Érasme devait attaquer Luther, que ne s'y prenait-il dès le commencement? nous n'en serions pas où nous en sommes. » George, duc de Saxe, lui disait : « Il est bien malheureux que Dieu ne vous ait pas inspiré cette pensée il y a trois ans, et qu'au lieu de faire à Luther une guerre secrète, sourde, vous ne l'ayez pas pris à partie ouvertement dès le premier jour. » Aux yeux de ses meilleurs amis, son livre était donc défloré avant d'avoir paru; il eût fallu l'antidater de trois ans. Ce fut bien pis quand enfin ce livre tardif vit le jour : tous ses admirateurs donnèrent le signal des critiques. On n'y trouvait ni injures, ni haine, ni calomnies, et même, vers la fin, on y lisait quelques paroles bienveillantes sur les premières années de son adversaire, sur ses premiers écrits : c'était donc un livre sans objet; le bien qui s'y trouvait manquait d'à-propos; le reste n'eût jamais dû être écrit. Les moins exigeants voulaient bien s'en contenter, pourvu que ce fût là le commencement d'une guerre sans relâche, et le premier de cent traités du même genre. Ils disposaient ainsi des dernières années de l'illustre vieillard, ils faisaient main-basse sur son repos, ils lui interdisaient désormais le sommeil. Il se mêlait à ces exigences de parti un frivole intérêt de curiosité; on voulait voir aux prises les deux plus grands noms de la chrétienté : c'était un spectacle où l'on se promettait un double plaisir, plaisir d'opinion et plaisir de théâtre; malheur à celui des deux adversaires qui s'y ferait trop longtemps attendre !

Ainsi Érasme n'avait fait que tromper diversement l'attente de ses amis. Quant à ses irréconciliables ennemis, les moines et leurs adhérents, son traité redoubla leurs criailleries. Ils avaient un instinct juste du rôle d'Érasme dans cette grande querelle. Ils distinguaient très-bien l'alliage de rationalisme qui se mêlait à ses professions de foi, et ne voulaient pas d'un catholique qui traitât sa croyance comme une propriété personnelle. Ils continuaient à l'envelopper dans la cause de Luther, et même à le traiter plus mal que son ennemi : « Érasme avait pondu les œufs, disaient-ils dans leur grossier langage; Luther avait éclos les poulets. Luther n'était qu'un pestiféré, Érasme avait apporté le grain de peste. Érasme était un soldat de Pilate, le dragon dont parlent les psaumes. » — « Il eût été bon, disait un moine, que cet homme ne fût jamais né; » manière indirecte de demander le bûcher pour faire cesser ce mal. Certains casuistes du monachisme avaient dans leur chambre un portrait d'Érasme, sur lequel ils se donnaient le sauvage plaisir de cracher chaque matin; d'autres criaient qu'il était révoltant qu'on eût fait mourir tant d'hommes en Allemagne pour avoir arboré les hérésies d'Érasme, et que l'auteur de ces hérésies fût encore en vie.

Quant à Luther, on va juger : la lettre qui suit, écrite un peu avant la publication du traité du *Libre arbitre*, et sans doute pour en détourner Érasme par la peur de la réponse, montre dans quelle disposition d'esprit allait le trouver la déclaration de guerre d'Érasme.

MARTIN LUTHER A ÉRASME DE ROTTERDAM.

« Grâce et paix au nom de Notre-Seigneur Jésus-Christ.

« Je me suis tu assez longtemps, excellent Érasme, attendant que toi, le plus grand des deux, tu rompisses le premier le silence; mais, après une si longue et si vaine attente, la charité, je pense, m'oblige à commencer. D'abord je me plaindrai de ce que tu t'es montré hostile à nous, afin de te ménager auprès des papistes, mes ennemis. En second lieu, c'est sans indignation que je t'ai vu, dans tes publications, nous mordre et nous piquer en certains endroits, soit pour capter leur faveur, soit pour adoucir leur haine. Il faut bien en prendre son parti, puisque je vois que Dieu ne t'a pas encore donné assez de courage et de sens pour te joindre à moi, en pleine liberté et confiance, contre ces monstres ameutés contre moi. Je ne suis pas homme, d'ailleurs, à exiger de toi ce qui surpasse mes propres forces et ma mesure. Bien plus, j'ai supporté et respecté en toi ma propre faiblesse et la part que tu as eue des dons de Dieu. Car le monde entier ne peut nier que ce règne et cette prospérité des lettres, par lesquels on est arrivé à une lecture intelligente des livres saints, ne soit en toi un don magnifique et supérieur de Dieu, pour lequel il a fallu lui rendre grâce. Je n'ai, certes, jamais désiré qu'abandonnant ou méconnaissant ta mesure, tu vinsses te mêler à mes amis, dans mon camp; et, quoique ton esprit et ton éloquence nous y pussent être d'un grand secours, le courage te manquant, il valait mieux que tu servisses la cause sans sortir de chez toi. Je ne craignais qu'une chose, c'est que tu ne fusses entraîné quelque jour par mes adversaires à marcher avec tes

livres contre nos opinions, et qu'alors la nécessité ne me
forçât de te résister en face. J'avais déjà eu l'occasion d'a-
doucir quelques-uns de nos amis qui se tenaient tout prêts
à te faire descendre dans l'arène, et c'est dans cet esprit que
j'aurais désiré que l'attaque d'Hutten n'eût pas été imprimée,
mais surtout que tu n'y répondisses pas par ton *Éponge* [1],
dans laquelle, si je ne me trompe, tu sens toi-même que,
s'il est très-facile d'écrire sur la modération et d'accuser
Luther d'en manquer, il est très-difficile, que dis-je! impossible d'en avoir, à moins d'un don particulier de l'Esprit.

« Crois donc, ou ne crois pas, il suffit que le Christ m'en
soit témoin, que je te plains du fond du cœur, de ce que
tant de haines et de passions de gens si considérables soient
soulevées contre toi. Que tu n'en sois pas ému, je ne le crois
pas; c'est un fardeau au-dessus de ta vertu. Il faut dire aussi
qu'ils n'ont peut-être pas tort de se piquer des provocations
indignes qui leur sont venues de toi. Je te l'avouerai franchement, il y a des hommes qui n'ont pas la force de supporter ton amertume ni cette dissimulation que tu veux
qu'on traite de modération et de prudence : ils ont bien
sujet de s'indigner; ils ne s'indigneraient pas s'ils avaient
plus de force d'âme. Moi-même, qui suis irritable, encore
que je me sois laissé emporter jusqu'à écrire d'un style trop
amer, ce n'a jamais été que contre les entêtés et les indomp-
tables. Du reste, j'ai toujours été clément et doux envers
les pécheurs et les impies, quelles que fussent leur folie et
leur injustice; ma conscience m'en rend le témoignage, et
l'expérience de plusieurs en pourrait faire foi. Et non-seulement j'ai arrêté ma plume alors que tu ne m'épargnais pas
tes piqûres, mais j'ai déclaré, dans des lettres à des amis,
lesquelles ont dû t'être lues, que je continuerais à m'abs-

---

[1] C'est le titre assez bizarre de la réponse d'Érasme aux attaques
d'Ulric Hutten, un des soldats d'avant-garde de Luther, homme instruit,
mais léger et libertin : *Spongia adversus adspergines Ulrici Huttini.*

tenir jusqu'à ce que tu descendisses en champ clos. Car, s'il est vrai que tu ne partages pas mon sentiment, et si, par impiété ou par dissimulation, tu condamnes ou laisses en suspens certains points de doctrine, je ne puis ni ne veux croire que ce soit par entêtement. Mais que faire ? Des deux côtés, la chose s'est singulièrement envenimée. Pour moi, s'il m'était permis d'être médiateur, je conseillerais à ceux-ci de ne plus t'attaquer avec autant de force, et de laisser ta vieillesse s'endormir dans la paix du Seigneur ; et certes, c'est ce qu'ils ne manqueraient pas de faire, à mon sens, s'ils avaient égard à ta faiblesse d'esprit, et s'ils appréciaient la grandeur de la cause, laquelle a depuis longtemps dépassé ta mesure.

« A présent surtout que la chose en est venue à ce point qu'il y aurait fort peu de péril pour nos opinions à être attaquées par toutes les forces réunies d'Érasme, bien loin qu'il y puisse nuire par ses pointes et ses coups de dents, tu devrais, mon cher Érasme, songer à la faiblesse de ces armes, et t'abstenir de ces figures de rhétorique si âcres et si salées ; et, si tu ne peux ni n'oses tout à fait te ranger à notre croyance, tu devrais ne t'en point mêler, et te borner à ce qui te concerne. S'il est vrai que ceux-ci, comme tu t'en plains, supportent mal tes morsures, ils en ont bien quelque cause, à savoir cette faiblesse humaine qui craint l'autorité et le nom d'Érasme, et qui sent qu'il est fort différent d'avoir été mordu une seule fois par Érasme, ou d'avoir été démoli entièrement par tous les papistes ensemble.

« J'ai voulu, excellent Érasme, que tu prisses ces avis comme d'un homme qui veut être sincère avec toi, et qui désire que le Seigneur te donne un esprit digne de ton nom. Si le Seigneur te fait attendre cette grâce, je demande que dans l'intervalle, à défaut d'autre service, tu nous rendes celui d'être simple spectateur de notre tragédie, de ne pas grossir la troupe de mes adversaires, et surtout de ne pas faire de livres contre moi, comme je m'engage à ne rien faire contre toi... C'est assez de morsures; il faut pourvoir à ne pas nous dévorer l'un l'autre, ce qui serait un spectacle d'autant plus pitoyable, qu'il est très-certain que ni l'un ni l'autre ne veut de mal, au fond du cœur, à la vraie piété, et que c'est sans entêtement que chacun persiste dans son opinion. Sois généreux pour mon peu d'habitude d'écrire, et, au nom du Seigneur, adieu.

« Martin Luther.

« An 1524. »

Que cette lettre est méprisante ! Singulière *charité* que celle qui ôtait à Luther tout respect pour un vieillard, pour l'ancien maître de sa jeunesse solitaire et désintéressée ! Quel orgueil perce à travers ces ironiques éloges ! Quelle haine franche du libre arbitre pratique dans cet homme qui ne permet pas la contradiction ! Le dirai-je aussi ? quel désordre dans les idées ! C'est une tête ardente et tumultueuse, c'est la chair et le sang, mais ce n'est pas un beau génie qui a inspiré ces choses. Nous sommes dans les coulisses de la réforme ! Les petites passions sont derrière les grandes choses, et le comédien derrière le héros. Il est vainqueur depuis hier, et déjà la tête lui tourne. Il lance contre les contradicteurs l'arme qui lui a servi à contredire ; il insulte son précurseur, son vieux maître. Oh ! qu'il me soit permis de le répéter : combien les hommes valent moins que la cause pour laquelle ils combattent !

Cette lettre de Luther avait fait pressentir à Érasme le ton de sa réponse au traité du *Libre arbitre*. Quand Luther lut ce traité, il eut un moment de surprise : il s'attendait à des injures; au lieu d'injures il y voyait des raisons, de la science, une discussion modérée, des ménagements pour sa personne. Il rendit d'abord hommage à la modération de son rival; mais, une fois la plume à la main, sa première impression céda vite à la fougue de son esprit et à ses habitudes de diseur d'injures. Il fit un traité du *Serf arbitre*[1], en réponse à celui d'Érasme, où il prouva, plus qu'il ne pensait, que l'homme est en effet le *serf* de sa passion ; qu'en tout temps, sous tous les drapeaux et pour toutes les causes, il aime la liberté pour lui et la hait dans les autres; que la liberté victorieuse devient bientôt le despotisme ; que si lui, Luther, ne rallumait pas le bûcher de Jean Huss pour y brûler Érasme, c'est qu'il n'avait pas sous ses ordres l'armée de bourreaux de Henri VIII, le grand admirateur du traité du *Libre arbitre*. Quant au fond même de la question, il entassait de la contre-érudition théologique en réponse à l'érudition d'Érasme, il tourmentait les textes, faisait mentir les autorités, avec grand accompagnement d'invectives. Étrange polémique dont Dieu devait faire sortir l'imprescriptible liberté de la conscience, non certes pour justifier cette polémique, mais pour montrer qu'il sait tirer le bien du mal, en les faisant se succéder l'un à l'autre, sinon s'engendrer l'un de l'autre, car il n'y a point de parenté entre le mal et le bien !

Érasme fit deux fautes, deux victoires pour Luther, qui avait su l'y pousser. La première fut de demander justice des calomnies du *Serf arbitre* à l'électeur de Saxe, Frédéric, l'ami et le protecteur de Luther : c'était demander une mauvaise chose, et la demander avec certitude d'un refus. La seconde fut de quitter son naturel, de se fourvoyer sur les pas de Luther dans la polémique d'injures, et de n'y avoir ni originalité, ni éloquence, à la différence de Luther, chez qui la pratique en était naturelle et relevée d'ailleurs par un grand courage, mais d'y mettre une certaine rhétorique misérable et d'invectiver d'une voix cassée et en cheveux blancs. La lettre suivante, en réponse à Luther, qui lui avait sans doute écrit en lui envoyant son traité, trahit, parmi

---

[1] *De servo arbitrio.*

quelques paroles dignes et nobles, un effort malheureux pour n'être pas en reste d'injures avec Luther.

ÉRASME DE ROTTERDAM A MARTIN LUTHER.

« Ta lettre m'a été remise tard. Si elle fût venue à temps, je ne m'en serais pas ému. Je n'ai pas l'esprit si puéril qu'après avoir reçu tant de blessures plus que mortelles, je sois calmé par un ou deux badinages et adouci par des cajoleries. Quant à ton esprit, le monde le connaît depuis longtemps ; mais cette fois tu as si bien tempéré ton style, que jusqu'ici tu n'as rien écrit de plus furieux, et, qui pis est, de plus malveillant contre personne. Sans doute il va te venir à l'esprit que tu n'es qu'un faible pécheur, toi qui ailleurs demandes qu'on ne te prenne pas tout à fait pour un dieu. Tu es, écris-tu, un homme doué d'un esprit véhément, et tu aimes à te vanter de cette insigne excuse de tes actions. Mais que ne déployais-tu depuis longtemps cette véhémence admirable contre l'évêque de Rochester, ou contre Cocléus, lesquels te provoquent nominativement et te poursuivent d'injures, à la différence de moi, qui ai discuté poliment avec toi dans mon traité ? Que font, je te prie, pour la question en elle-même, tant d'injures bouffonnes, tant de mensonges calomnieux ; que je suis un athée, un épicurien, un sceptique sur les matières de la foi chrétienne, un blasphémateur, que sais-je ! bien d'autres choses encore que tu ne dis pas ? Ce sont outrages que je supporte d'autant plus facilement, que sur aucune de ces calomnies ma conscience ne me reproche rien. Si je n'avais sur Dieu et sur les livres saints les pensées d'un chrétien, je ne voudrais pas vivre un jour de plus.

« Si tu avais plaidé ta cause avec cette véhémence qui t'est familière, mais en restant en deçà des fureurs et des injures, tu aurais soulevé moins de gens contre toi ; mais voici que dans plus du tiers de ton volume tu as donné carrière à ton goût pour ce genre de dialectique. Quant aux égards que tu as eus pour moi, la chose parle assez d'elle-même ; tandis que tu m'accables de tant de calomnies manifestes, moi je me suis abstenu de certaines choses que le monde n'ignore pas. Tu t'imagines, ce semble, qu'Érasme n'a point de partisans : il en a plus que tu ne penses. Après tout, qu'importe ce qui nous arrive à tous les deux, surtout à moi, qui dois bientôt sortir de ce monde, quand bien même j'y serais universellement applaudi ? Ce qui m'afflige profondément, et avec moi tous les gens de bien, et ceux qui aiment les belles-lettres, c'est que tu donnes des armes pour la sédition aux méchants et aux esprits avides de changement ; c'est qu'enfin tu fais de la défense de l'Évangile une mêlée où sont confondus le sacré et le profane, comme si tu travaillais à empêcher que cette tempête n'ait une bonne fin, bien différent de moi, qui ai mis tous mes vœux et tous mes soins à la hâter.

« Je ne débattrai pas ce que tu peux me devoir, et de quel prix tu m'en as payé ; c'est une affaire privée, et de toi à moi ; ce qui me déchire le cœur, c'est la calamité publique, c'est cette incurable confusion de toutes choses que nous ne devons qu'à ton esprit déchaîné, intraitable pour ceux de tes amis qui te donnent de bons conseils, et dont quelques ignorants étourdis font tout ce qu'ils veulent. J'ignore quels sont les hommes que tu as arrachés à l'empire des ténèbres, mais c'est contre ces sujets ingrats que tu devais aiguiser ta plume perçante plutôt que contre un disputeur modéré. Je te souhaiterais un meilleur esprit, si tu n'étais pas si content du tien. Souhaite-moi tout ce qu'il te plaira, pourvu que ce ne soit pas ton esprit, à moins que le Seigneur ne le change.

« Bâle, ce 11 avril, jour où ta lettre m'a été remise, an 1526. »

Voilà où Luther avait voulu amener Érasme. La modération d'Érasme faisait sa force ; Luther l'en débusqua : c'est une grande victoire que d'amener ses adversaires à quitter leur caractère naturel, pour en prendre un d'imitation ou de rhétorique. Luther avait soufflé ses défauts à Érasme; celui-ci prit de ses mains, pour le combattre, l'injure qu'il maniait moins bien que lui ; et la place qu'il employa dans ses écrits à imiter malheureusement son adversaire fut perdue pour le réfuter. A la lecture du traité du *Serf arbitre*, Mélanchthon lui-même, quoique si porté pour Luther, avait gémi de ses violences, et démenti le bruit qu'il n'était pas étranger à la partie injurieuse de l'écrit de Luther. Après la réponse d'Érasme : « Vois-tu, lui disait Luther triomphant, ton Érasme et sa modération si vantée! C'est un serpent! » Le vent soufflait pour Luther. Cet homme faisait sortir les vieillards de la gravité de leur âge ; il amenait les mourants à manquer à la dignité de leur vie passée ; il forçait la modération à rougir d'elle-même ; évidemment la fortune était de son côté.

Il y eut encore, jusqu'en 1534, deux ans avant la mort d'Érasme, quelques écrits de ce ton échangés entre ces deux hommes illustres. Au reste, Érasme n'avait pas à répondre seulement à Luther. Ses dernières années furent assaillies d'ennemis ; toutes les presses de Froben étaient employées à ses apologies. La Sorbonne, les théologiens, les casuistes, les violents des deux partis, les Stunica, les Bède, les Carpi (ce dernier était prince), noms que la violence n'a pas immortalisés, le trouvèrent armé jusqu'à la fin contre toutes leurs diatribes. Le premier malheureux sachant griffonner quelques injures et balbutier la logomachie théologique se donnait la gloire de troubler les dernières heures de l'illustre vieillard, sauf à se faire marquer au front de sa main mourante. Tout le monde se croyait intéressé à le compromettre; tout le monde se disputait les lambeaux de cette déconsidération où l'avait précipité Luther dans les matières de religion. Mais ce qui lui restait de modération dans le fond, ou, pour mieux dire, d'indépendance religieuse, irritait surtout ses innombrables ennemis; c'est à en faire la conquête, c'est à l'arracher de sa position intermédiaire entre les deux partis, représentés alors par leurs têtes folles et leurs hommes d'action, que travaillaient tous les esprits violents, fatigués de ses réserves, et voulant débarrasser le sol de la réforme des rétrogrades de la paix et de la philosophie chrétienne.

On avait obtenu de lui qu'il hurlât avec les loups; on l'avait compromis dans la forme, on voulait encore le compromettre dans le fond, et lui arracher un testament de mort qui pût servir de torche aux catholiques pour allumer leurs bûchers, ou aux protestants de titre pour déposséder la vieille Église. Érasme tint bon. Il avait bien pu s'échauffer dans le langage; mais il resta fidèle aux idées de paix, de morale chrétienne, de réforme amiable; défendant jusqu'à la fin son indépendance, et tenant embrassée cette belle image de la philosophie chrétienne, qui devait survivre à toutes les discussions dogmatiques.

Érasme était-il plus protestant que catholique, ou plus catholique que protestant? Ce qu'on peut répondre à cette question, c'est qu'il eut peut-être un peu plus de superstition que de religion, et plus de religion que de scepticisme. Vous l'avez vu rendre grâce à sainte Geneviève d'être réchappé des œufs pourris et des chambres malsaines du collége de Montaigu; vous l'avez vu faisant vœu d'achever un commentaire de l'*Épître aux Romains*, si saint Paul le guérit d'une chute de cheval. En d'autres circonstances, il aura quelque peur vague du démon; il racontera des histoires d'exorcisme du ton d'un homme qui croit un peu aux possédés; il aura sur l'*ennemi du genre humain* cette espèce de doute curieux et inquiet que nous avons sur l'infaillibilité divinatoire des somnambules. Pour les deux dogmes aux prises, voici ce qu'il en pensait :

Le dogme protestant, né d'hier, qu'il avait vu sortir de cerveaux excités ou malades, ce fruit de tant de choses bonnes et mauvaises, de besoins sérieux et d'ambitions vulgaires, de la science et de l'ignorance, des hommes d'élite et des masses aveugles, de l'esprit et de la chair, de la raison et de la folie, il ne le prenait même pas au sérieux, et il voulait encore moins d'une religion fabriquée de son temps par des brouillons (*nebulones*), que de la foi, exploitée et tournée en marchandise, des catholiques romains. Le dogme catholique, au contraire, se recommandait à ses respects par l'ancienneté, par la tradition, par une longue possession des intelligences; il y croyait par sentiment et par habitude. Si, d'une part, en suivant ce dogme dans les changements qu'il avait subis depuis son établissement, il ne pouvait se défendre de remarquer ce que l'œuvre des hommes y avait mêlé à l'œuvre de Dieu, si le doute se glissait dans ses études, toutes les fois qu'il regardait dans le christianisme au delà de l'Évangile et du sublime précepte de l'égalité humaine; d'autre part, les impressions de son enfance catholique, la grandeur et l'antiquité de l'édifice fondé sur le dogme catholique, la polémique, où, à force d'aller, pour la nécessité du discours, au delà de sa vraie croyance, on finit par perdre chaque jour un peu de ses doutes, et par devenir croyant par amour-propre; ses relations avec les rois et les papes, et l'honneur d'une foi commune; toutes ces choses l'attachaient au catholicisme, et, ayant à mourir dans l'une ou l'autre croyance, il préférait les vieilles garanties de l'Église romaine aux promesses d'hier du protestantisme.

Mais, au fond, il n'appartint jamais qu'à lui-même. Il put se rapprocher tantôt d'un parti, tantôt de l'autre, selon qu'il en espérait davantage pour la tolérance et les lettres ; mais il resta l'homme de toutes les choses durables que les passions humaines avaient dérobées sous des formules devenues des cris de guerre ; et Dieu, en lui inspirant le mot sublime de *philosophie chrétienne,* se plut à révéler à sa belle et douce intelligence une de ces vérités qui ne meurent jamais.

VIII

Autre comparaison entre Érasme et Voltaire. — Puissance morale d'Érasme. — Il est le chef du parti modéré en religion et de tous les lettrés de l'Europe. — Sa prodigieuse correspondance. — Sa petite maison à Bâle. — Ses travaux à l'approche de la foire de Francfort. — Sa lettre à des religieuses de Pologne qui lui ont envoyé des dragées. — Sa lettre à l'évêque Jean Turzon dans les intervalles de sa gravelle. — Érasme martyr du travail et de la réputation.

On pourrait apprécier matériellement l'importance d'un écrivain par le nombre de lettres qu'il a écrites et reçues, et la diversité d'opinions de ses correspondants. Beaucoup de lettres, et des lettres de toutes les opinions, de tous les partis, de toutes les conditions, sont la preuve d'une sorte de souveraineté intellectuelle, vers laquelle chacun se tourne avec foi pour y prendre le mot d'ordre de ses sympathies ou de ses répugnances. Celui-là est un grand homme vers qui tous ceux de son temps gravitent naturellement, comme vers le pôle de la science et de l'intelligence contemporaines, et dont le temps et l'esprit sont devenus une sorte de propriété publique. Ainsi toute la philosophie du dix-huitième siècle a convergé vers Voltaire ; toute la renaissance littéraire et religieuse de l'Europe occidentale, au seizième siècle, a convergé vers Érasme. Un certain aimant d'idées et de croyances faisait incliner leur époque de leur côté.

Toute formule venait d'eux; leurs contemporains avaient des tendances plus ou moins obscures; c'est par eux seuls que ces tendances étaient exprimées dans un langage populaire. Les grands hommes sont ceux qui disent ce que tout le monde sait; mais ce savoir de tout le monde est confus, vague, inarticulé; leur gloire est de le produire à la lumière dans toute sa netteté, d'en créer la langue, et d'en faire des croyances irrésistibles.

Dans cette incertitude des consciences qui accompagna et favorisa les commencements de la réforme, tous les contemporains d'Érasme se tournèrent vers lui. Chacun sentait en soi un certain renouvellement d'idées dont il ne pouvait se rendre compte par des mots. Ces mots, il les demandait à l'homme qui paraissait avoir la plus parfaite intelligence de la chose, et qui déjà, dans quelques détails, avait prouvé qu'il savait mettre le doigt sur le malaise dont l'époque était tourmentée. Tout le monde savait, ceux-ci confusément, ceux-là avec un mélange de bonne foi et d'intérêt personnel, tous avec une impatience souffrante, qu'il se passait quelque chose de nouveau dans le monde; mais personne ne pouvait déterminer ce que c'était. Ce fut le rôle d'Érasme d'éclaircir les pressentiments et les désirs de chacun, de trouver un langage pour cette universelle espérance qui emportait les esprits vers un avenir inconnu.

Pendant un moment il tint, pour ainsi dire, toutes les consciences dans sa main, et il fixa dans une opinion moyenne, mi-partie de critique et de croyance, ces innombrables esprits qui se sentaient entraînés, ceux-ci vers l'incrédulité inactive, ceux-là vers une révolution complète. Luther arriva bientôt, qui lui enleva les derniers; il faisait mieux leur affaire; c'était l'homme de la révolution. Érasme garda autour de lui, et jusqu'à son dernier jour, tout ce qu'il y avait d'hommes sensés, tolérants, désintéressés, entre les catholiques immobiles et les réformateurs déclarés.

Ce fut là sa royauté dernière, royauté plus solide et plus vraie que celle dont l'avait dépossédé Luther.

C'est à cette foule de bons esprits, fort nombreux même alors, pour l'honneur de notre espèce, qu'Érasme servit jusqu'à la fin de chef et d'organe; pourquoi ne dirais-je pas de roi? car quel sujet a dit d'un roi ce que Frédéric Nauséa, conseiller du roi Ferdinand, disait d'Érasme : « Quoique nous fussions séparé de lui par des provinces, nous nous sentions entraîné vers lui par une si grande autorité, que jamais il ne nous arriva de méditer, d'écrire, de dicter, de manger, de boire, de dormir, de veiller, sans penser à lui, et sans que son image nous fût présente. Toute autre pensée était absorbée par la contemplation de ce grand homme; nous l'entendions, nous le voyions, nous demandions à quiconque venait de loin : Vit-il encore? que fait-il? quelle santé a-t-il? Que va-t-il nous envoyer de nouveau [1]? »

Parmi ces sujets si dévoués, si tendres, qui *dépérissaient* pour lui, comme dit encore Nauséa, Érasme comptait plusieurs princes. « J'ai remis au prince ta lettre et ta *paraphrase*, lui écrit un certain Berselius. Il a lu la lettre et a embrassé à plusieurs reprises la paraphrase, en s'écriant avec un accent de joie : Érasme!... Je suis resté un jour à la cour. Après la messe, on s'est mis à table. Nous entrons dans la salle du festin, ornée de grands et nombreux tapis. Peu après on apporte de l'eau pour laver les mains. Le prince s'assoit, ayant près de lui son frère Robert, le grand guerrier, l'Achille de notre siècle. La femme du héros occupait la troisième place, Pénélope par sa vie, Lucrèce par ses mœurs. A la quatrième était assise leur fille, déjà nubile, et, par ses traits, semblable à Diane. Venaient ensuite les deux frères de la jeune héroïne; vous auriez dit les deux jumeaux de Léda. Parmi tant de dieux et de déesses, moi,

---

[1] Friderici Nausæœ Monodia, tome 1er de l'édition de Leyde.

pauvre scarabée, interpellé nominalement par Jupiter, je m'assis à la septième place, repaissant mes yeux d'or, de pierreries et de pourpre, mes oreilles de doux accords, mon palais d'ambroisie et de nectar. La faim apaisée et les tables enlevées avec les mets, on chante des actions de grâces aux dieux[1]; nous nous levons; les uns jouent aux dés, les autres aux échecs. Je suis appelé auprès du prince ; là s'engage une conversation pleine de compliments pour toi. Le prince n'a rien de plus cher que toi. Il veut te voir, te serrer dans ses bras, te traiter comme son père, comme une divinité tombée du ciel sur la terre. Viens donc sans retard : prends garde, au nom du Dieu immortel, qu'un si grand héros n'ait trop longtemps à souffrir du tourment de t'attendre. »

C'est avec les hommes éminents qui représentaient dans toute l'Europe l'opinion intermédiaire entre le catholicisme pur et le protestantisme révolté qu'Érasme entretint, pendant les deux dernières années de sa vie, un commerce quotidien de lettres. Les plus nombreuses et les plus détaillées roulaient sur les affaires, sur les progrès de la réforme, sur les livres de ses docteurs, sur les querelles entre Érasme et ses ennemis, les Stunica, les Beda, la Sorbonne tout entière. On le consultait, on lui demandait des directions ; il répondait par des discussions très-développées, et ses lettres étaient lues et répandues comme des traités. Bon nombre traitaient de l'état des lettres; plusieurs étaient des jugements sur quelques hommes éminents en érudition profane, ou des biographies de morts illustres.

Une troisième catégorie se compose de celles qu'il envoyait à ses principaux amis, à certaines époques, comme des témoignages périodiques de son souvenir, lettres char-

---

[1] 229. D. F. — Traduisez : On dit les grâces. Cette lettre est piquante comme détail de mœurs. Ces chrétiens étaient païens d'esprit.

mantes où il parlait d'ordinaire de sa vie intérieure, de ses souffrances physiques si courageusement endurées, de sa vieillesse, de ses études, de ses prodigieux travaux. Enfin, une quatrième catégorie comprenait toutes les lettres de pure politesse : lettres en réponse à des louanges ; lettres demandées par des gens qui s'en voulaient faire honneur auprès de leurs amis ; lettres d'hommage aux princes qui l'avaient fait complimenter par leurs conseillers privés ; lettres de remercîments pour des cadeaux de grands personnages. Érasme suffisait à tout cela.

Je me le figure, dans sa petite maison de Bâle, aux approches de la foire de Francfort, époque où il expédie par gros paquets ses lettres et ses traités pour tous les points de l'Europe. Il vient d'être pris d'une attaque de gravelle si forte, si douloureuse, que « s'il a quelque ennemi, dit-il tristement, cet ennemi doit cesser de le haïr, et se trouver assez vengé par ses souffrances [1]. » Assis sur son lit de douleur, faible, tremblant de fièvre, pendant qu'il corrige les épreuves de son épître à Christophe, évêque de Bâle, sur le choix des mets et sur d'autres points de discipline religieuse, il dicte à l'un de ses secrétaires diverses lettres pour ses amis. Quatre courriers attendent à Bâle ses dépêches ; l'un pour Rome, l'autre pour la France, le troisième pour l'Espagne, le quatrième pour la Saxe [2].

Après plusieurs jours donnés aux lettres sérieuses, il faut penser aux lettres de politesse, et sourire agréablement à des gens valides, malgré les accès du mal qui lui font tomber la plume des mains. Ce sont d'abord les religieuses d'un couvent de Pologne, qui lui ont envoyé à plusieurs reprises des dragées et autres douceurs pour obtenir de lui, en retour, quelque écrit à mettre dans leurs archives [3]. Il

---

[1] Lettres, 787. B. C.
[2] Ibid., 777. E. F.
[3] Ibid., 778. D. E.

dicte cette réponse, non sans s'interrompre par des gémissements : « Vous avez voulu, excellentes vierges, faire un gain honnête en achetant, au prix de quelques douceurs qui récréent le palais, des choses qui nourrissent l'âme. Pieuse captation, avidité sainte, prudent et lucratif échange, bien digne de vierges sages, si j'étais l'homme qui pût rendre pour une semence corporelle une semence spirituelle... »

Une crise violente l'arrête au milieu de sa lettre. Son médecin est appelé : quelques cuillerées de vin de Bourgogne le remettent ; c'est le traitement qu'on opposait à ses douleurs de gravelle. La crise passée, sa figure redevient calme et riante ; il reprend :

« Votre époux, saintes filles, se glorifie de tous ses saints, mais principalement des martyrs et des vierges. Ce sont là les parures dont s'enorgueillit le plus l'Église du Christ, laquelle ne tire sa gloire que de son époux ; mille vertus l'environnent comme des pierreries ; mille fleurs le décorent, mais celles qu'il aime par-dessus toutes, ce sont les roses des martyrs et les lis des vierges. »

Suit un éloge de la virginité dans ce style un peu fade. Quelle pitié que la gloire ! Il faut rire d'une bouche contractée par la souffrance, et développer des lieux communs prétentieux aux heures où l'on aurait besoin de sommeil. Il faut dicter, d'une voix dolente, des dragées épistolaires en réponse à des dragées de nonnes ; il faut mêler les fleurs de rhétorique aux potions calmantes, et se livrer au médecin entre deux jolies phrases ! Mais ce n'est pas tout.

Un messager est arrivé la veille de Breslau[1]. Il a apporté, de la part de l'évêque Jean Turzon, docte prélat, admirateur passionné d'Érasme, quatre clepsydres de verre d'une nouvelle invention, dont le sable, en tombant insensiblement, mesure les heures ; quatre petits lingots d'or vierge, extraits

[1] Lettres, 522. F.

des mines du diocèse de l'évêque, symbole de l'immortalité qui attend Érasme ; plus un bonnet d'hermine, dont la douce chaleur et le poil soyeux, dit le bon Jean Turzon, rappelleront à Érasme l'amour qu'il a pour lui. Les cadeaux sont là étalés sur le buffet, attendant un remercîment littéraire, travaillé, précieux. Érasme les regarde d'un œil résigné, et dicte :

« Si tu veux me permettre de faire quelque peu de philosophie sur tes petits présents, je félicite ton diocèse d'avoir des mines d'où l'on tire un or si brillant et si pur ; mais je t'estime bien plus heureux, toi qui tires des veines bien autrement précieuses des saintes Écritures l'or de la sagesse évangélique, cet or dont tu enrichis le troupeau qui t'est confié... »

Froben entre en ce moment, Froben, son imprimeur et son ami. Il vient lui soumettre des doutes sur un passage de la dissertation sur le *Choix des mets*, et le prier de relire, et au besoin de corriger un manuscrit de Vivès, qu'il a quelque répugnance à imprimer. Érasme lui demande son bras pour faire quelques tours de chambre, et quelques minutes pour achever sa lettre à Jean Turzon. Soutenu d'un côté par un serviteur, de l'autre appuyé sur le bras de Froben, il descend de son lit et se traîne dans sa chambre, le corps plié par la souffrance ; puis il continue sa lettre :

« Tes deux clepsydres portent cette inscription : *Hâte-toi lentement.* C'est un ordre qu'entend la poussière qui tombe lentement par le petit trou ; mais notre vie s'envole avec une grande vitesse, et la mort n'accourt pas moins vite, même après que cette poussière a cessé de tomber. Sous cette inscription : *Hâte-toi lentement,* je vois une image de la mort. Puisse-t-elle, ô Turzon ! te frapper le plus tard possible, toi qui es digne, non d'une vie longue, mais d'une vie immortelle ! »

Comme tout cela est tiré, affecté, puéril! Quel triste emploi d'un temps dont l'habitude de souffrir lui faisait compter toutes les minutes! Il en arrive au bonnet :

« Ton bonnet ne pourra me servir que chez moi. Il est trop riche pour un homme de si peu que moi, — à moins que tu ne comptes Érasme pour quelque chose; — il est d'ailleurs d'une forme étrangère aux usages de ce pays. Autrefois, selon le proverbe, tout allait bien aux gens de bien ; aujourd'hui rien ne sied qu'aux hommes puissants. Je le garderai pourtant comme un gage qui me rappellera Jean Turzon. »

Demain il faudra recommencer cette comédie pitoyable d'un moribond qui fait de l'esprit sur les cadeaux qu'on lui envoie. Demain il faudra remercier sur ce ton quelque autre grand personnage, soit pour le don d'un gobelet d'argent ciselé, soit pour un anneau, soit pour un cheval que lui enverront d'Angleterre des gens qui le croient encore ingambe, et auxquels il répondra qu'il est à peine assez bon cavalier pour se tenir en selle sur un âne.

S'il y eut jamais un martyr du travail, certes ce fut Érasme. Esclave de sa réputation, de ses amitiés, de ses adversaires, des curieux, des indifférents, le jour que tous les hommes éclairés de l'Europe occidentale l'eurent proclamé le chef du parti modéré, il vit qu'il fallait mourir à la tâche et aller jusqu'au bout sans reprendre haleine. Il n'eut de loisir que les heures trop fréquentes où l'excès de la maladie lui liait les mains, la parole et la pensée. Chose singulière! quoiqu'il ne fît les affaires de personne et qu'il fût l'organe d'une opinion intermédiaire dont le principe était de s'abstenir, sa tâche fut plus lourde que celle d'un homme de parti gouvernant une multitude avide d'événements. Rien de plus simple. Avec une seule harangue, un parti passionné va plusieurs jours; mais les hommes expectants et spéculatifs sont insatiables de réflexions, de considérations, d'analyses. Il fallait donc qu'Érasme, en sa qualité de guide et de *précep-*

teur de ces hommes, comme on l'appelait, fit l'histoire presque quotidienne de faits où il n'avait aucune part active. Ce fut même un triomphe pour Luther d'avoir Érasme pour son historiographe de chaque jour.

Mais quelle vie, mon Dieu, que celle-là ! Quelle glèbe à retourner, quelle pierre de Sisyphe à rouler ! N'avoir pas un jour dont on puisse dire : Il est à moi ! voir passer tous les printemps et tous les étés sans avoir goûté ce que nous appelons le plaisir de renaître, et ce qui n'est que l'oubli de vieillir; ne savoir la différence d'un beau jour et d'un jour de pluie que par les intermittences ou les redoublements de sa gravelle; se lever tous les matins avec le même poids à soulever, avec la même pierre à rouler, et se coucher avec le regret de ce qu'on laisse en arrière, de ce que les visites d'amis, le temps des repas, vous ont dérobé de minutes; se sentir, toute la nuit, dans des rêves pénibles, la poitrine oppressée par ce vampire qu'on appelle la réputation, et qui dévore jusqu'au germe de vos pensées; ne pouvoir s'échapper de ses travaux, mais y être enchaîné comme l'ouvrier à sa pièce, toute sa vie; avoir perdu le sentiment de la solitude, du silence, du recueillement, exquises jouissances dont le goût s'émousse faute d'usage; vivre toujours avec les hommes, par les hommes, pour les hommes, soit dans le passé, soit dans le présent, au sein de leurs livres, au fort de leurs querelles, et ne pas connaître un de ces moments où penser et sentir sont une même chose, où l'on ne vit plus par la mémoire et l'imitation, où l'on rêve un Dieu qui n'est ni celui des sectes ni celui des philosophes, ni le Dieu des formulaires, ni le Dieu des systèmes, mais le Dieu tout bienfaisant qui remplit de vie la terre et le ciel, fait parler tous les êtres et rouler toutes les sphères; enfin se donner, par le travail, une fièvre lente et continue, qui vous rend incapable du repos : voilà quelle fut la vie d'Érasme, voilà quelle fut sa gloire !

Ce fut aussi la vie et la gloire de son époque! Il n'y eut pas de saisons, pas de printemps, pas de loisirs, pas une heure perdue, pas une pensée sans but, pas un caprice, pour cette époque de révolution et de conquête! Jamais tâche plus effrayante ne pesa sur les générations des hommes! Retrouver le passé, se tenir quelque temps dans un certain équilibre sur un présent mouvant comme le sable, préparer l'avenir, telle fut cette triple tâche. Dans ce temps-là, le même homme était érudit, conseiller d'empire et réformateur; touchant, par ces trois ordres de travaux, au passé, au présent et à l'avenir : le même homme maniait la plume et l'épée, montait dans la chaire, faisait des traités, exhumait les vieux livres ; le même homme vivait dans trois mondes à la fois.

Un des travers de notre époque, c'est qu'on y méprise la tradition, et que chacun s'y fait souche et principe de toutes choses, société, religion, art. Au temps d'Érasme on était plus humble; l'homme se trouvait à peine assuré en donnant la main à ses ancêtres, et en apprenant d'eux tout ce qu'ils avaient connu de la science de la vie. Le passé et le présent étaient solidaires; on croyait que l'arbre de la science était né le même jour que l'homme, et que c'était le même tronc qui poussait incessamment de nouvelles branches. Personne ne s'imaginait avoir dans sa main la semence d'un nouvel arbre. Dans ce temps-là on ne connaissait pas le *poëte*, cet être tombé du ciel, qui naît sans père et meurt sans enfants, pour qui le monde contemporain n'est qu'un piédestal d'où il s'élance dans un monde qui n'est qu'à lui et à Dieu, où il vient replier de temps en temps ses ailes fatiguées ; mais on connaissait et on étudiait les poëtes, ces chantres ingénieux de la sagesse humaine, hommes ainsi que nous, si ce n'est qu'ils en savent un peu plus que nous sur nous-mêmes. Dans ce temps-là, les vieillards se faisaient enseigner, sur le bord de la tombe, la langue d'Homère et de Platon. Des professeurs en cheveux blancs, qui ne prenaient pas quatre jours de repos dans toute une année[1], avaient des élèves septuagénaires qui ne voulaient pas mourir sans avoir rajeuni leur intelligence par quelques souvenirs de la sagesse antique. Il est vrai que ces vieillards étaient rares à une époque où l'on comptait tant de jeunes gens enlevés par des morts prématurées à de prodigieux travaux, et qui exhalaient leur âme sur les belles pages où Platon leur promettait une vie immortelle. Érasme parle quelque part de ce petit nombre auquel il était donné d'atteindre à la vieillesse. « Faut-il l'attribuer, dit-il, à un monde qui penche vers son déclin, ou bien à ce qu'il en coûte plus d'efforts aujourd'hui pour acquérir le savoir? »

IX

Par quelles raisons Érasme se plaisait à Bâle. — Froben lui offre une maison et une pension. — Caractère de Froben. — Sa mort; douleur qu'en éprouve Érasme. — La réforme s'introduit à Bâle. — Œcolampade. — La réforme s'y rend maîtresse; ravage des églises. — Érasme songe à quitter Bâle. — Son entrevue avec Œcolampade. — Projet de départ. — Le grand et le petit port. — Érasme se retire à Fribourg. — Ses deux quatrains.

C'est à Bâle qu'Érasme trouva une solitude relative, la seule qui fût possible à son époque. Après de longues hésitations, il s'était fixé dans cette ville, d'où il inondait l'Allemagne et la France de ses écrits. Ce choix n'était pas un caprice; Bâle était une ville intermédiaire, paisible, bien gouvernée, où les théologiens avaient de la modération, où la lutte des choses anciennes et des choses nouvelles n'a-

[1] Lettres, 788. B. C.

vait amené aucune violence. Érasme y vivait tranquille, respecté, dans la société intime de Jean Froben et de quelques amis. Appuyé sur la formidable imprimerie fondée par cet homme célèbre, il dominait tout le mouvement religieux et littéraire de l'Allemagne, et représentait assez bien la presse du temps dans sa plus grande fécondité et dans sa plus grande influence.

De toutes parts lui venaient des offres d'hospitalité; de l'Angleterre, dont le roi, Henri VIII, était son confrère en polémique; de la France, où l'appelait le fastueux, mais sincère ami des lettres, François Ier, lequel lui offrait des *monts d'or*[1]; de Charles-Quint, son roi et son maître, qui lui faisait retenir ses pensions, pour le prendre par la famine, et l'attirer de force dans ses États du Brabant; de trois ou quatre princes régnants de l'Allemagne, qui avaient avec lui une docte et familière correspondance; de plusieurs villes particulières, entre autres Besançon, dont le sénat lui demandait ses conditions, voulant à tout prix devenir la patrie de choix d'un hôte si illustre; d'un grand nombre d'archevêques, qui lui offraient une aile de leur palais épiscopal, une place d'honneur à leur table et une pension. Érasme avait pesé une à une toutes ces propositions, et par mille considérations d'indépendance personnelle, de sûreté, de santé, surtout par une noble et immuable répugnance pour les chaînes du patronage, il y avait répondu par des refus ingénieusement tournés, dont ses maladies et sa vieillesse faisaient d'ordinaire tout le fond.

Ces politesses cachaient ses vrais motifs. Pour l'Angleterre, c'était un motif de sûreté personnelle : il fallait traverser la mer, cette mer où il avait déjà fait naufrage, et où la guerre entretenait toujours une espèce d'écumeurs tolérés par le gouvernement, soit qu'il eût une part dans les prises,

---

[1] Rex Gallus montibus aureis invitat ad se. — Lettres, 787.

soit qu'il ne fût pas de force à faire la police de sa propre marine. Pour la France, il y avait danger de la vie à y écrire des propositions malsonnantes et à n'y être pas bien avec la Sorbonne. On y brûlait ou menaçait de brûler les gens pour avoir, en maladie, mangé de la viande en carême. On y faisait un procès capital à un homme pour avoir dit que l'argent dépensé à la construction d'un immense monastère aurait été mieux employé à fonder un asile d'orphelins. François Ier avait bien le pouvoir et peut-être la bonne volonté de tirer une première fois l'accusé des mains de la Sorbonne, comme cela se vit pour Clément Marot, et pour Berquin, l'ami d'Érasme; mais, à la récidive, il l'abandonnait au bras spirituel, avec cet égoïsme royal qui ne peut pas s'intéresser deux fois à la vie du même homme. Dans le Brabant, c'étaient toujours les théologiens, race furieuse, qui aurait fait lapider Érasme par la populace. En Allemagne, les violents du parti de la réforme seraient venus briser ses vitres et déchirer ses livres, comme ils faisaient des bulles papales. D'ailleurs, c'étaient des offres de princes, offres dont se méfiait Érasme, parce qu'il y voyait, dans l'avenir, ou d'insupportables obligations de flatterie, ou l'abandon.

Chez les prélats, sa vanité d'*astre de la Germanie* ne serait pas accommodée d'une commensalité au-dessous de lui, ni surtout de complaisances dans le genre de celles de Gil Blas pour l'archevêque de Grenade. Une seule hospitalité l'aurait tenté : c'était celle de Besançon. Cette fois, la chose se faisait de pair à pair; c'était le peuple offrant sa ville à un homme du peuple. Érasme ne trouvait pas le bienfait lourd, ni la reconnaissance désagréable, ni la rupture, si elle avait lieu, d'une grave conséquence; outre l'attrait du voisinage de la Bourgogne, dont le vin calmait sa gravelle. Il résista pourtant. Il aimait Bâle; il y était entouré de la considération publique; il y payait l'hospitalité de la ville par le produit de ses travaux et par sa gloire; il y avait des liens de cœur, entre autres un filleul, un fils en Dieu, comme disent les Anglais, l'un des enfants de Froben, qu'il avait appelé *Erasmius*, nom qu'il regrettait de n'avoir pas pris lui-même, dès l'enfance, comme étant plus conforme à l'étymologie grecque qu'*Erasmus*. Il faisait de petits traités d'éducation pour cet enfant, de grande espérance, dit-il. Il s'était attaché à Bâle « comme l'huître et l'éponge au rocher, » lui qui répondait jadis au reproche d'insouciance que lui faisaient les moines qu'il n'était ni une huître ni une éponge, et que le reproche lui venait mal de gens « changeant tous les jours de pâtis, et émigrant là où ils voyaient la fumée de la cuisine plus grasse et le foyer plus luisant [1]. »

C'est dans l'année 1531 qu'Érasme vint s'établir à Bâle. Froben lui avait offert une maison et une pension. Il ne voulut ni de l'une ni de l'autre, et aima mieux être l'ami que le pensionné de Froben. Il fit acheter une maison où, sauf quelques voyages commencés que sa mauvaise santé le forçait d'interrompre, il vécut dans l'amitié de Froben et de sa famille, au milieu de travaux qu'il appelait avec quelque raison *herculéens*. A cette maison attenait un jardin assez grand, avec un petit pavillon au milieu, dans lequel Érasme venait dans les beaux jours, non pour y prendre du repos, mais pour y traduire quelques pages de saint Bazile ou de saint Chrysostome [2].

Le premier chagrin de cœur qu'il eut à Bâle, ce fut la mort inopinée de son ami. Il avait eu une douleur modérée de la perte de son frère [3]; mais il fut accablé de la perte de Froben. Il l'aimait pour la douceur de leurs relations; il l'aimait pour tout le bien qu'il avait fait aux études libérales; il l'aimait pour son noble caractère, pour la pureté

---

[1] Lettres, 370. F.
[2] *Ibid.*, 955. D. E.
[3] *Ibid.*, 1053. F. P.

de ses mœurs, pour la sûreté de son commerce, pour son dévouement à ses amis.

Il y aurait un beau portrait à faire de ce Froben. C'était un homme sans fiel et sans méfiance, aimant mieux être volé que de faire aux gens l'affront de les surveiller. Il ne pouvait se souvenir des injures les plus graves, ni oublier les moindres services. Doux, affable, facile au delà même de ce qui convient à un chef de maison et à un père de famille, il n'aurait pas su se montrer poli pour ceux qu'il suspectait, ni cacher sous un visage ouvert des arrière-pensées de défiance, et il eût tenté l'honnêteté des gens par la facilité qu'on avait à le tromper. Érasme lui en faisait des reproches. Froben souriait, et donnait le lendemain dans le même piége.

Une seule chose où il montrât de l'adresse et de l'esprit de combinaison, c'était dans l'art de faire accepter quelque présent à Érasme. Il n'était jamais plus gai que le jour où, soit par ruse, soit à force de prières, il avait obtenu que son ami se laissât faire cette douce violence. Toute la rhétorique d'Érasme échouait contre ces importunes délicatesses. Érasme envoyait-il acheter par ses domestiques quelque pièce de drap pour se faire un vêtement neuf, Froben, qui en avait eu vent [1], payait d'avance l'étoffe à l'insu d'Érasme. Il n'y avait ni prières ni gronderies qui lui fissent reprendre son argent. Ce furent là leurs seules querelles ; « querelles d'une espèce peu commune, dit Érasme, dans un monde où l'on cherche à tirer le plus qu'on peut des gens et à leur donner le moins qu'on peut. »

Sa profession lui donnait des joies naïves. Quand il avait tiré les premières épreuves de quelque auteur célèbre, dont il préparait une édition, il venait, triomphant, le visage radieux, montrer son essai à Érasme et à ses autres amis,

---

[1] *Subodoratus.* Lettres, 1054. A. F.

comme si c'eût été le seul prix qu'il attendît de tous les soins donnés à l'impression. Les éditions de Froben étaient vantées pour leur correction. Il n'imprimait, d'ailleurs, que des livres sérieux, et refusait ses presses aux libelles, quoique ce fût une branche de commerce lucrative; il ne voulait pas ternir sa réputation par de l'argent mal gagné. Il tomba comme foudroyé, un jour qu'il était monté sur une échelle pour prendre quelque livre sur un rayon élevé; on le porta dans son lit, sans connaissance, le cerveau brisé; il mourut après une léthargie de deux jours. Érasme lui fit deux épitaphes, en grec et en latin; toutes deux ingénieuses et touchantes; rare exemple d'estime et d'amitié réciproques entre un auteur et son libraire [1].

Un événement d'une nature plus grave devait l'éloigner de Bâle. La réforme, longtemps contenue par la sagesse du sénat, et réduite à des discussions spéculatives, y avait acquis assez de force pour exiger qu'on la reconnût publiquement. Érasme y était vu d'un mauvais œil : on n'osait rien entreprendre contre un homme qui s'était placé sous la garantie de la foi publique; mais on murmurait contre lui dans les conciliabules, et déjà les plus ardents demandaient s'il n'y avait pas quelque autre ville neutre où il pût aller cacher son impartialité si équivoque. Au dehors, ses amis les catholiques se plaignaient qu'il restât dans une ville infectée d'hérésie; et, quoiqu'il fît de prodigieux efforts de travail pour donner des gages aux plus exigeants, quoiqu'on l'eût vu, en moins de douze jours, lire une première partie d'un traité de Luther non encore publié, écrire une *diatribe* en réponse, la faire imprimer, la revoir, la mettre sous presse, afin que la riposte parût en même temps que l'attaque, et que les amis de Luther ne pussent triompher, pendant l'intervalle de deux foires, de l'absence d'un contradicteur [2],

---

[1] *Lettres*, 1855. D. E.
[2] *Ibid.*, 1056. A C.

ses ennemis répandaient qu'il jouait un jeu double, et qu'il désavouait à Bâle, dans de secrètes intrigues avec les professeurs, les doctrines de ses réponses à Luther.

Œcolampade, un des principaux du parti à Bâle, qui était resté jusque-là dans de bons termes avec Érasme, avait donné le signal de la brouille en se plaignant de petits griefs, prétextes ordinaires des grands. Dans le colloque du *Cyclope*, le personnage a pour signalement une brebis sur la tête, un renard dans le cœur, et un long nez. Œcolampade avait cru s'y reconnaître, la nature lui ayant donné un long nez, un caractère mi-parti de renard et de brebis. De là une explication entre Érasme et lui.

« C'est mon domestique Nicolas, lui dit Érasme, qui m'a demandé à figurer dans un colloque, avec son long nez, son bonnet de laine et son teint jaune.

— Mais je porte aussi un bonnet de laine, dit Œcolampade.

— Je l'ignorais, reprit Érasme.

— Mais un jour que je venais au-devant de toi dans la rue, n'as-tu pas rebroussé chemin et pris une autre rue pour éviter de me saluer?

— Je ne t'avais pas vu venir. J'ai pris la rue par où je vais d'ordinaire au jardin de Froben, comme le plus court chemin et le moins infecté de mauvaises odeurs. Mon domestique m'ayant dit que tu passais, j'ai fait un mouvement pour te rejoindre, mais des amis que j'avais là m'ont retenu. »

Sous ces puériles explications se cachaient des dissentiments profonds. Œcolampade était trop à Luther pour rester l'ami d'Érasme; et derrière cet homme il y avait tout un peuple prêt à faire cause commune avec lui. Érasme vit venir l'orage; il pensa dès lors à plier sa tente et à recommencer, à plus de soixante ans, sa vie de pèlerin.

Avant qu'il eût fait toutes ses dispositions, la révolution

éclata à Bâle. Il s'y tenait depuis plusieurs jours des conventicules, malgré un décret récent du sénat, et les hommes violents parlaient de faire main basse sur les églises catholiques et de briser les statues. La bourgeoisie catholique prit les armes pour donner force au décret du sénat. Le peuple des conventicules s'arma de son côté, et les partis descendirent sur la place pour engager la bataille. Le sénat intervint à propos : la bourgeoisie déposa les armes; le peuple en fit autant, mais ce fut pour les reprendre quelque temps après. Le parti avait décidé la destruction des statues et de tous les simulacres du culte catholique. Ils s'amassent sur la place avec du canon, et là, pendant plusieurs nuits, ils élèvent un immense bûcher, au milieu de la terreur universelle. Cependant ils respectèrent les maisons et les personnes, et l'on n'eut à leur reprocher que la fuite précipitée du consul, lequel se sauva dans une barque et échappa ainsi à une mort certaine. D'autres personnages songeaient à quitter Bâle ; mais le sénat, épuré en une nuit de tous ses membres catholiques, les invita à rester, sous peine de perdre leurs droits de citoyens : plusieurs demeurèrent. L'autorité nouvelle, sortie du peuple, parvint à empêcher le désordre ; elle fit enlever par des ouvriers, sans tumulte, avec la régularité d'une manœuvre, tout ce qui pouvait être conservé dans l'ameublement des églises. Le reste fut abandonné au peuple, qui put assouvir enfin sa haine contre les images. Tout ce qui était bois fut brûlé; tout ce qui était marbre, pierre ou métal, fut mis en morceaux. « Tout cela se fit au milieu de telles risées, que je m'étonne, dit Érasme, que les saints n'aient pas fait un miracle, eux qui jadis en firent de si grands pour de si petites offenses [1]. » Parole à double sens, comme la plupart de celles de ce sceptique prudent ; ce pouvait être à la fois l'ironique réflexion d'un ennemi

---

[1] Lettres, 1188 et 1189.

des saints, et le pieux cri d'étonnement d'un adorateur des images.

Bientôt la messe fut abolie à Bâle et dans toute la campagne, et défense fut faite à tous les citoyens de la célébrer clandestinement dans leurs maisons. La réaction s'arrêta là. OEcolampade usa de son crédit sur le peuple et le sénat pour conseiller des mesures de modération et prévenir des violences. Il ne fut fait injure à aucun citoyen ou étranger, ni dans sa personne, ni dans ses biens. Mais, tous les jours, des motions violentes étaient faites, et des nouveautés décrétées dans le sénat. Érasme eut peur ; il envoya demander secrètement au roi Ferdinand un ordre qui l'appelât vers ce prince et un permis de libre passage dans ses États et ceux de l'empereur. En même temps il fit partir devant lui, par petits envois, afin de moins tenter les voleurs, son argent, ses anneaux, ses vases, toutes les choses précieuses qu'il devait à la munificence de ses amis. Peu après, il fit charger ouvertement deux chariots de ses livres et de ses bagages. Lui-même enfin allait se mettre en route ; mais, saisi la nuit d'un violent accès de pituite, il dut rester à Bâle, fort inquiet des suites d'un départ préparé en cachette, et dont le sénat pouvait s'offenser.

Le bruit s'en était répandu, et déjà OEcolampade en avait exprimé du dépit. Érasme le fit prier de venir le voir. Celui-ci en usa généreusement ; il vint, et, quoique théologien et victorieux, il permit à Érasme de n'être point de son avis sur quelques points de l'entretien, qui roula sur la théologie. Il promit d'ailleurs à Érasme protection et sûreté au nom de la ville, et même il essaya, par mille raisons sincères, de le dissuader de partir. « Mais, dit Érasme, tous mes bagages sont à Fribourg. — Eh bien, partez, mais promettez-moi de revenir. — Je resterai quelques mois à Fribourg, pour aller ensuite où Dieu m'appellera. » Après un serrement de mains, ils se séparèrent.

Sa pituite passée, Érasme fréta une barque et fixa le jour de son départ. Devait-il quitter Bâle furtivement ou au grand jour? Le second parti était plus noble, le premier plus sûr. Il s'était décidé pour le second, nous dit-il; mais il eut des amis qui sans doute ne crurent pas lui déplaire en lui conseillant une sorte de moyen terme entre la fuite clandestine et le départ au grand jour. Il y avait sur le quai de Bâle deux ports d'où l'on s'embarquait à volonté pour descendre ou remonter le Rhin; l'un, tout près du grand pont, à l'endroit le plus fréquenté de la ville; l'autre en face de l'église Saint-Antoine; c'était le petit port, où relâchaient d'ordinaire les barques de pêche et les radeaux de petit chargement. C'est de ce port que les amis d'Érasme lui conseillèrent de s'embarquer.

Tout était prêt. Les matelots étaient à leurs rames; il ne manquait que le laissez-passer du sénat; mais ce laissez-passer ne venait pas. On fit d'abord des difficultés sur les bagages d'une servante d'Érasme; ces difficultés levées, ce fut le patron de la barque qu'on manda au sénat. On l'interrogea une première fois, puis une seconde; sur quoi? Érasme n'en savait rien et n'en était que plus inquiet. Debout sur le pont, enveloppé d'un manteau fourré, dernier présent du bon Froben, le regard inquiet, on pouvait croire qu'il était en proie à toutes les angoisses de la peur. Aussi bien, il n'ignorait pas les dispositions d'une bonne partie du sénat à son égard: des paroles menaçantes avaient été prononcées; pourquoi retenait-on le patron de la barque? Allait-il être livré aux iconoclastes de Bâle? On était au mois d'avril; le fleuve exhalait une brume piquante. Érasme tremblait de tous ses membres. Était-ce de crainte? il eût pu dire que c'était de froid. Le sort de toutes ses actions et de toutes ses paroles était de laisser quelques doutes.

Enfin le patron revint du sénat. Quel ordre apportait-il? celui de s'embarquer du grand port, tout près du pont.

Était-ce une mesure de police des nouvelles autorités? Était-ce pour contrarier Érasme? Quoi qu'il en soit, il n'y avait pas à hésiter; la barque remonta donc le fleuve jusqu'au pont, et Érasme se vit forcé d'affronter l'honneur d'un départ au grand jour, honneur auquel ses amis, d'accord avec un de ces sentiments secrets qu'on ne dit pas, même à ses amis, avaient cru devoir le soustraire. Il parut devant le peuple, qui le regarda partir sans l'accompagner ni d'un geste ni d'un cri. Érasme s'en félicitait, comme un homme qui s'était attendu à pis. Il avait cette vanité des esprits inquiets qui leur fait croire qu'ils n'inspirent pas de sentiments médiocres, et qu'on ne peut pas moins faire que les haïr. Il n'inspirait en réalité que de l'indifférence; on ne lui voulait ni assez de bien pour le saluer par des regrets, ni assez de mal pour violer dans sa personne les lois de l'hospitalité.

Arrivé à Fribourg, il fit deux quatrains qui peignent admirablement son caractère, mélange d'enjouement et de sensibilité douce; pourquoi le cacherais-je? caractère moyen en toutes choses, aussi loin des passions furieuses que des affections trop vives, et n'ayant guère de regrets que de quoi en remplir une épitaphe ou un quatrain.

Le premier de ces quatrains est une allusion aux pluies continuelles qui le reçurent à Fribourg:

Que signifie cette tempête qui, du haut des airs,
Fond sur nous nuit et jour?
Puisque les habitants de la terre ne veulent pas pleurer leurs
  crimes,
Le ciel, à leur défaut, se fond en larmes [1].

Le second est un adieu à Bâle, qu'il avait adoptée pour patrie. S'il faut l'en croire, il aurait fait ces vers en mon-

---

[1] Tout cela est fort mauvais en français et n'est pas bon en latin. Je le donne comme trait de caractère, non comme modèle du genre.

tant dans la barque, au moment où je l'ai supposé fort inquiet des sentiments du peuple qui assistait à son départ.

Adieu, Bâle! adieu, de toutes les villes
Celle qui m'a offert, pendant plusieurs années, la plus douce hospitalité ;
De cette barque qui va m'emporter, je te souhaite tous les bonheurs, et surtout
Qu'il ne t'arrive jamais d'hôte plus incommode qu'Érasme.

C'est un adieu doux ; ce n'est pas un adieu triste. L'ombre de Froben demandait mieux que ce quatrain.

X

La santé d'Érasme est de nouveau en péril. — Il fait bâtir. — Le pape Paul III lui fait offrir le chapeau de cardinal. — Son refus. — Il se fait ramener à Bâle sur un brancard. — Ses derniers projets en mai 1536. — Sa mort deux mois après. — Ses funérailles. — Souvenir que Bâle a conservé d'Érasme. — Impossibilité de faire son portrait en abrégé.

Après avoir quitté Bâle, Érasme rejoignit ses bagages, qui l'attendaient dans une petite ville des bords du Rhin, d'où il partit, par la route de terre, pour Fribourg en Brisgaw. Les magistrats de cette ville le reçurent avec de grands honneurs, et lui offrirent, au nom de l'archiduc Ferdinand, une maison où il passa les premiers temps de son séjour. Le climat lui plut d'abord ; Fribourg lui sembla plus tempéré que Bâle, où les brumes du Rhin le faisaient souvent grelotter, dit-il, et le pénétraient de part en part. Peut-être se crut-il sous un ciel meilleur, parce qu'il venait d'échapper aux séditions de Bâle et que le voyage, en le forçant d'interrompre ses travaux, avait rendu quelque ressort à sa frêle machine. Après quelques mois de séjour, l'illusion avait cessé ; le ciel de Fribourg était aussi rude que celui de Bâle ; avec les travaux, repris plus activement que jamais, étaient revenus la langueur du corps, l'abattement, les défaillances, et toutes ces incommodités qui mettent des nuages dans le plus beau ciel. La santé n'était plus pour lui que la cessation passagère des souffrances aiguës ; c'était, après une douloureuse opération chirurgicale, un peu de sommeil, et ce doux affaiblissement qui suit les grandes douleurs. « Je suis rentré en grâce avec le sommeil[1], » écrit-il à un ami dans un latin charmant ; « cependant je me traîne encore languissamment. » C'étaient là ses meilleurs jours ; c'est dans ces rares et courtes trêves qu'il achevait, commençait ou révisait des travaux pour lesquels deux santés d'hommes valides suffiraient à peine aujourd'hui, outre d'immenses lettres, sur des points de doctrine ou autres sujets, qui le faisaient retomber de sa langueur sans souffrances dans de nouvelles crises. Il le savait, il le disait, il s'en plaignait à ses amis, et pourtant il ne s'en épargnait pas une phrase. La gloire est un rude tyran, elle obtient plus des hommes que l'honneur même ; on lui donne sciemment sa vie, le plus que puisse donner l'homme ; on s'immole lentement à elle.

Érasme, presque septuagénaire, épuisé, éteint, mettait une sorte de vanité à précipiter ce suicide. Il savait que ses ennemis le faisaient mourir toutes les semaines, les uns d'une chute de cheval qui lui aurait fracassé la tête, les autres d'une maladie sans remède ; que les plus pressés ajoutaient le lieu, l'année, le mois, l'heure ; jurant qu'ils avaient assisté à ses funérailles et heurté du pied son tombeau. Il savait tous ces bruits ; il y répondait en fatiguant toutes les presses de Fribourg et de Bâle, et il semblait multiplier sa vie, afin de faire désirer plus impatiemment sa mort.

Ce n'est pas tout : s'il ne plantait pas, il bâtissait. Moitié

---

[1] Lettres, 1296. E. F.

par indépendance, moitié pour échapper à l'insalubrité du palais délabré où Ferdinand l'avait hébergé, il achetait une maison et y faisait des changements, comme pour un long séjour. « Si on t'annonçait, écrit-il à Jean Rinckius, qu'Érasme le septuagénaire vient de prendre femme, ne ferais-tu pas trois ou quatre signes de croix? Oui, Rinckius, et tu aurais grand'raison. Eh bien, j'ai fait une chose qui n'est ni moins difficile, ni moins ennuyeuse, ni moins incompatible avec mon caractère et mes goûts. J'ai acheté une maison d'assez belle apparence, mais d'un prix raisonnable. Qui désespérera que les fleuves remontent vers leurs sources, lorsqu'on voit le pauvre Érasme, l'homme qui a toujours préféré à toutes choses l'oisiveté littéraire, devenir plaideur, acheteur, stipulateur, constructeur, n'avoir plus affaire avec les Muses, mais avec les charpentiers, les serruriers, les maçons, les vitriers[1]? » Hélas! dans cette belle maison, « il n'y a pas même un nid où il puisse mettre en sûreté son *petit corps*. » Il y a fait construire à la hâte une chambre avec cheminée et plancher; mais l'odeur de la chaux la rend encore inhabitable. Le voilà donc, placé entre deux maisons où il ne peut rester sans danger, l'une offerte par un prince, mais délabrée et insalubre, comme sont les maisons qu'on prête, l'autre inachevée, ou trop fraîche pour être habitée en sûreté! Et déjà il se plaint de ce flux de ventre qui doit l'emporter!

Dans le même temps que ses dépenses augmentent, ses revenus diminuent. De deux pensions qu'il recevait d'Angleterre, un quart à peine lui arrive, tous prélèvements faits par les banquiers; encore ce quart est-il quelquefois enlevé sur la grande route. Sa pension de Flandre lui est volée par un ancien ami, auquel il avait tout confié, auquel il eût confié sa vie. Quant à la pension que lui fait Charles-

---

[1] Lettres, 1418. D. F.

Quint, il n'en reçoit pas un florin. « Érasme reviendrait-il donc, se demandait-il, à la pauvreté évangélique [1] ? »

Le moment est bon pour lui faire des offres. Tant de princes, fatigués du verbiage pesant de leurs théologiens ordinaires, seraient charmés d'être désennuyés par la fine et piquante conversation de l'illustre vieillard ! Tant de hauts prélats, pauvres d'esprit, seraient flattés de se servir de celui d'Érasme ! Mais les promesses ne tentent plus Érasme ; voilà tantôt un demi-siècle qu'il sait que les promesses lient celui qui les reçoit, mais point celui qui les fait. Bernard, cardinal, évêque de Trente, le presse d'user de son crédit auprès de Ferdinand ; veut-il une place, une pension ? « Que serait pour moi une dignité ecclésiastique ? répond Érasme. Un surcroît de charge pour un cheval qui chancelle. Et quant à amasser de l'argent à la fin de ma carrière, ne serait-ce pas aussi absurde que d'augmenter les provisions de route au terme du voyage ? Tout ce que je souhaite, c'est une vieillesse tranquille, sinon joyeuse et florissante, comme j'en vois beaucoup qui l'ont. »

Le pape Paul III voulait faire entrer quelque érudit dans le collége des cardinaux ; on parla d'Érasme. Il y avait des objections : d'abord sa santé, qui le rendait peu propre aux devoirs du cardinalat ; ensuite son peu de fortune ; on ne pouvait être cardinal qu'à la condition de posséder un revenu de trois mille ducats. Les amis d'Érasme demandaient qu'on lui donnât quelques commissions ecclésiastiques dont les produits l'aidassent à former le cens voulu pour le chapeau. Il savait leurs démarches et les blâmait vivement. Que pensaient-ils à conférer des sacerdoces à un homme qui attendait la mort tous les jours, qui souvent la désirait, tant ses douleurs étaient cruelles ! « A peine, dit-il, puis-je risquer de mettre le pied hors de ma chambre, et la perspec-

[1] Lettres, 1292. E. F.

tive d'aller même à dos d'âne m'effraye. Ce corps maigre et transparent ne peut plus respirer qu'un *air cuit*, et c'est à un homme affligé de tant de maux qu'on veut faire briguer des commissions et des chapeaux! »

Ces refus étaient sincères. Sa conscience, ses goûts, le repos de ses derniers jours, tout lui défendait cette ambition tardive. Quel démenti ne donnerait-il pas à toute sa vie, si on le voyait revêtu de la pourpre romaine, lui qui avait vanté la simplicité de la primitive Église, attaquant indirectement, sous ces éloges d'un autre temps, l'opulence des prélats et le faste de leurs mœurs? Quelle figure ferait-il dans les processions ou dans les conclaves, à la suite de ces hauts cardinaux, pareils à des barons en guerre, gouvernant leurs chevaux fougueux comme des pages de l'empereur, lui, vieillard cassé, planté sur une mule, entre deux valets, ou porté en litière comme une femme?

Faudrait-il donc apprendre le langage hypocrite ou violent de certains prélats de l'Église romaine, faire du zèle apostolique contre la réforme, lui qui avait toujours eu le parler libre, et s'était tant moqué du faux zèle, de la violence et de l'hypocrisie? L'argent ne le tentait pas plus que les places. Qu'il en eût assez pour payer ses domestiques, pour chauffer sa chambre sans poêle, pour boire de temps en temps sa cuillerée de vieux vin de Bourgogne mêlé de jus de réglisse, pour envoyer quérir à toute heure le meilleur médecin du lieu, pour pouvoir renouveler sa robe et ses fourrures sans le secours de Froben, pour entretenir quelques messagers sur les grandes routes de l'Allemagne et de la Flandre, que lui fallait-il de plus?

Il passa sept années à Fribourg, au milieu de souffrances presque sans interruption, de travaux sans relâche; — il avait à la fois sur les bras les cicéroniens et les luthériens, la grande querelle religieuse et la grande querelle littéraire du temps, Luther et Budé, — et de deux ou trois pestes qui enlevèrent autour de lui ses amis et ses domestiques. Ses maux devenaient intolérables. Une tristesse pleine de pressentiments avait remplacé peu à peu cette humeur douce et ces habitudes de raillerie aimable qu'il conservait jusque dans ses souffrances. Il était las de Fribourg et de sa belle maison. Il voulait revoir sa vraie patrie, Bâle, le petit jardin de Froben, ce pavillon où il avait traduit quelques ouvrages de saint Chrysostome ; il voulait surveiller l'impression de son *Ecclésiaste*, qu'il avait confié aux presses de Froben, comme son dernier titre auprès de Dieu et des hommes.

Il avait souffert, tout le mois de mai 1535, des douleurs si vives, que les médecins, ne sachant plus comment le soulager, lui avaient conseillé de changer d'air. On l'amena donc sur un brancard à Bâle, la seule ville qu'il eût aimée, parce qu'il y avait trouvé la liberté et des amis. Il l'avait laissée, sept ans auparavant, inquiète, menacée de troubles ; il la revit calme, tranquille, rentrée dans des mœurs sérieuses, et tout son peuple dans la première ferveur d'une croyance nouvelle. Ses amis lui avaient préparé une chambre telle qu'on savait qu'il l'aimerait, petite et commode, sans poêle et au levant. Il se sentit d'abord soulagé ; ces déplacements lui étaient bons ; puis, on était au mois d'août, l'un des mois de l'année où il meurt le moins de monde, et où les mourants espèrent. « Ici, écrit-il, je me trouve un peu moins mal ; quant à me trouver tout à fait bien, je n'en ai plus l'espoir, du moins dans cette vie. »

Pourtant il faisait encore des projets. Dans une lettre du 17 mai 1536, il prie un certain Bonvalot, trésorier, de tirer d'un mauvais procès Gilbert Cognat, autrefois son domestique, dont il aura, dit-il, grand besoin dans son voyage à Besançon, cet homme sachant parler français. Beatus Rhenanus, le biographe d'Érasme, lui prête à tort l'intention d'aller dans le Brabant, où l'appelait Marie, reine de Hongrie.

Le Brabant était trop près de Louvain et de ses théologiens. Érasme voulait finir son *Ecclésiaste* à Bâle, puis s'en aller à Besançon, où il avait depuis longtemps un commerce de lettres avec le sénat; cette ville faisait partie des États de l'empereur. Bâle lui laissait quelque inquiétude; il y avait de meilleurs amis, mais, en retour, plus d'ennemis qu'à Fribourg. D'ailleurs, la mort pouvait le surprendre dans une ville hérétique, et il ne voulait pas qu'on opposât sa mort à sa vie. Homme de milieu jusqu'à la fin, il avait fait choix d'une ville sans couleur prononcée, où le catholicisme romain, n'ayant pas d'ennemis sérieux, n'avait aucune des exagérations de la lutte. Dieu en décida autrement. Cette petite chambre que lui avaient préparée ses amis de Bâle devait être sa chambre funéraire. C'est la réforme, dont il avait combattu les emportements pendant douze années, qui devait lui rendre les derniers devoirs et se faire une arme contre les catholiques, soit du mystère de ses derniers soupirs, soit de sa tombe déposée dans la cathédrale de Bâle, devenue une église protestante.

La crise mortelle le surprit au milieu de ses projets. Il ne la crut pas d'abord mortelle; car, pour lui, toute maladie, depuis quelques années, avait dû paraître la dernière, et l'habitude de l'extrême danger lui en avait donné l'insouciance. Il continua donc d'écrire, malgré d'horribles souffrances, et, dans les courts moments où le mal semblait céder, il fit un commentaire sur la *pureté de l'Église* et un travail de révision sur Origène. Mais, les forces l'ayant quitté tout à fait, il fallut bien qu'il se laissât arracher sa plume et qu'il s'avouât vaincu. Il le fit, si cela se peut dire, avec une grâce touchante, conservant jusqu'à la fin cette douce et bienveillante ironie qui était le tour naturel de ses pensées. Peu de jours avant sa mort, ses amis étant venus le voir : « Eh bien, leur dit-il en souriant, où sont donc vos habits déchirés, où sont les cendres dont vous deviez couvrir vos têtes? » Sur le soir du 15 juillet 1536, l'agonie commença. Pendant cette lutte, la dernière de toutes les luttes de l'homme, on l'entendit, à plusieurs reprises, prononcer en latin et en allemand ces paroles où le philosophe chrétien continuait à se séparer du catholique dogmatique : *Mon Dieu, délivrez-moi! mon Dieu, mettez fin à mes maux! mon Dieu, ayez pitié de moi!* Ce furent ses derniers gémissements. Il rendit l'âme vers minuit.

Toute la ville, le consul, le sénat, les professeurs de l'académie assistèrent à ses funérailles. Son corps fut porté par les étudiants et déposé dans la cathédrale, près du chœur, dans une chapelle anciennement consacrée à la Vierge. Bâle a conservé pour Érasme le souvenir d'une mère pour un enfant d'adoption. On y montre la maison où il est mort, son anneau, son cachet, son couteau, son testament, écrit de sa propre main, dans lequel il lègue ses biens aux pauvres vieux et infirmes, aux jeunes filles en âge d'être mariées, et dont la pauvreté pourrait mettre en danger la pudeur; aux adolescents de belle espérance ; testament qui n'est ni d'un catholique dogmatique — celui-là eût donné son bien aux couvents — ni d'un réformateur, qui eût consacré son héritage à la propagation de la foi nouvelle, mais d'un homme aimant le bien et sachant le faire, et, si nous regardons à la foi, d'un homme de milieu en toutes choses.

Ce serait ici le lieu de tracer un portrait complet et définitif d'Érasme. Peu d'historiens résistent à la tentation de résumer le caractère et la vie des hommes supérieurs en quelques phrases expressives et de peser dans leurs mains, comme dit le poëte, la gloire d'Annibal. Ces sortes de portraits peuvent faire honneur à l'esprit du peintre, mais la vérité n'y gagne rien, si même elle n'y perd.

Toutefois, pour les hommes célèbres qui ont agi sous l'influence d'une passion et qui se sont illustrés à vouloir uniquement et fortement une grande chose, un portrait général peut avoir plus de parties vraies et n'être plus seulement un ingénieux exercice du style.

Mais, pour les hommes supérieurs dont la gloire a été de beaucoup comprendre et d'affirmer peu, qui ont plus agi par la spéculation que par la passion, les traits en sont trop nombreux et trop divers pour qu'on les puisse réunir dans un cadre proportionné. Qui est-ce qui oserait se flatter de réduire Érasme à quelques traits principaux, sans mentir à l'histoire et à la nature humaine? C'est un portrait qui n'est pas faisable, et que je n'ai pas dû faire, même à l'endroit où l'usage général m'y invitait.

Tel critique qui le regarderait dans l'ombre à peine transparente à travers laquelle nous entrevoyons son époque, et qui le jugerait sans le lire, par l'opinion confuse qui est restée de lui dans la mémoire des hommes, aurait beaucoup moins de scrupule et se ferait peut-être de l'honneur par un croquis mensonger de ce grand homme. Mais celui qui l'a cherché dans ses livres, celui qui a étudié cette grande vie, tout entière écrite dans le sens rigoureux du mot, c'est-à-dire dont toutes les pensées et toutes les actions ont été consignées sur le papier, celui-là n'est point tenté par ce facile honneur et aime mieux s'avouer accablé par la diversité du personnage que de le mutiler pour le faire entrer de force dans un cadre trop étroit.

Dans un ordre d'idées fort différent, et toute distance gardée, Rétif de la Bretonne, fécond romancier de la fin du dernier siècle, représente assez bien cette sorte de simultanéité de la conception et de la publication dans la laborieuse vie d'Érasme. Cet homme, à la fois auteur et compositeur d'imprimerie, imprimait ses livres sans les écrire, et faisait sa phrase sur la *forme* même. Ainsi faisait Érasme. Seulement Froben imprimait au fur et à mesure qu'Érasme pensait. Sa phrase, à peine jetée sur le papier, ne lui appartenait plus; un ouvrier de Froben la lui venait prendre, et la portait tout humide sous la presse. Une publicité dévorante forçait l'écrivain à une incroyable rapidité de travail, et livrait à des lecteurs impatients ses impressions informes, que les amis et les ennemis jugeaient ensuite comme des opinions réfléchies. Érasme se liait ainsi, dans le présent et dans l'avenir, par des idées du moment, par des chaleurs de tête que la réflexion aurait calmées; que sais-je? par des malaises d'esprit et des exagérations de composition, dont l'écriture, qui ne périt point, faisait, malgré lui, des jugements médités et définitifs. Et, comme il touchait à tout, qu'il croyait un peu à tout avant de douter de tout, qu'il variait dans les détails, selon les variations des événements qui font flotter les plus fermes, on ne manquait pas de crier à la contradiction, quoique cette contradiction fût dans les mots et non dans les choses, et plus souvent dans les faits au milieu desquels vivait Érasme que dans Érasme lui-même.

A ce compte, quel homme public ne s'est pas contredit? Supposez l'homme le plus constant avec lui-même, le plus conséquent dans sa vie publique; qu'il ait sans cesse à côté de lui un témoin invisible qui épie toutes ses pensées, et qui les raconte au monde, y manquera-t-il des contradictions? Supposez maintenant ce même homme doué d'une intelligence supérieure et impartiale autant que notre intelligence peut l'être, c'est-à-dire malgré bien des abaissements et des défaillances; et, au lieu du témoin invisible de tout à l'heure, mettez à côté de lui une publicité qui s'empare de ses pensées à peine écloses et qui ne lui laisse ni la veille pour les mûrir ni le lendemain pour les contrôler. Eh bien, le jugerez-vous par des inconséquences de détail, ou par l'unité qui lie entre elles ses principales actions, et direz-vous qu'il s'est contredit parce qu'il s'est corrigé? A prendre le mot dans le vrai sens, il n'y a de contradictions qu'où les changements d'opinion sont intéressés et peuvent s'évaluer à prix d'argent. Les autres ne sont que le flux et le reflux naturel de cet être *ondoyant* et *divers*, dont l'âme oscille longtemps à tous les points du faux et du vrai, avant de se fixer dans la certitude relative et l'immutabilité d'un moment.

Montaigne, qui se contredit d'une page à l'autre, au sens étroit que nous combattons, vous fait-il l'effet d'un homme sans consistance morale et sans arrêt? Peu de raisons d'hommes plus flottantes ont été plus fermes, peu de douteurs plus sincères ont approché de plus près de la certitude humaine. C'est un homme qui a tout pesé et tout rejeté, sauf pourtant quelques points capitaux, placés de distance en distance dans la vie, où nous le retrouvons un et invariable. C'est à ces jalons qu'il faut suivre et reconnaître les caractères; l'intervalle est une poussière qui voltige et se renouvelle sans cesse à tous les vents des opinions humaines.

On ferait un beau portrait d'Érasme en s'en tenant aux actions et aux pensées où il fut le plus constant, et en le déchargeant de certaines faiblesses propres à son temps, comme ces demandes d'argent, honorables à une époque où il était reçu qu'un homme manquant de pain en demandât, et où il n'était pas reçu qu'il se jetât par la fenêtre ou se noyât. Mais, ce portrait, vrai par les côtés principaux, serait incomplet. L'étendre aux actions secondaires, aux détails, y faire entrer la lumière et les ombres, les vertus et les faiblesses, les opinions arrêtées et les impressions fugitives, le caractère et le tempérament, ce serait sortir du portrait et faire une histoire. Une histoire, c'est en effet le seul portrait possible de ces hommes immenses en étendue, dont la pensée a touché à tout; c'est le seul portrait d'un Érasme, d'un Montaigne, d'un Voltaire.

L'histoire de tels hommes, la simple chronologie de leurs travaux en apprendrait plus sur l'humanité que l'histoire même de tout un peuple. Mais où trouver un écrivain pour une telle tâche? Moi qui ai mesuré, autant que ma faible vue me l'a permis, tout le terrain que couvrent de tels hommes, j'ai du moins senti quel sujet ce serait dans les mains d'un écrivain capable à la fois de l'analyse la plus délicate et de la synthèse la plus élevée, et qui saurait échapper au plus grand péril de ce travail, la curiosité qui ne peut pas se satisfaire et qui ne sait pas choisir. Au reste, nous vivons dans un temps où ces sortes de tâches tentent peu de gens. Le temps manque aux fils pour connaître leurs pères; nous marchons vers un avenir incertain avec les trois quarts du passé inconnus.

XI

Influence littéraire d'Érasme. — Jalousie de l'Italie contre l'Allemagne, la France et l'Angleterre. — Tableau des travaux littéraires d'Érasme. — Le livre des *Adages*. — L'*Éloge de la Folie*. — Les *Colloques*. — La querelle entre Érasme et les cicéroniens. — Habitudes païennes des lettrés chrétiens. — Longueil est reçu au Capitole citoyen romain. — Érasme, l'homme de la liberté et de la tradition. — Conclusion.

Il ne faudrait pas juger les travaux littéraires d'Érasme sous le point de vue de l'art. Il n'y a pas d'art, à proprement parler, dans les ouvrages d'Érasme; il y a de l'esprit, de l'imagination, de l'ordre, des expressions vives, colorées; mais tout cela n'est pas encore l'art. Fruit délicat de mille convenances, dont les unes dépendent de la nature heureuse de l'écrivain, les autres de son époque et de sa langue, l'art, au sens précis du mot, n'est pas donné à un auteur qui n'écrit pas dans la langue de sa mère, ni à une époque chargée d'amasser les matériaux d'où doit sortir, dans d'autres temps, le noble et durable édifice de l'art.

Érasme lui-même, et tous les hommes distingués qui se formèrent ou se développèrent par la lecture de ses ouvrages, n'ont été que des philologues, quelques-uns doués des qualités de l'imagination, et, à force de ferveur et d'enthousiasme, s'élevant à une sorte d'éloquence qui se refroidit dans la langue savante dont ils se servent. Leurs meilleurs livres ne résisteraient pas à une critique qui aurait pris ses principes et ses délicatesses dans les chefs-d'œuvre de ces époques vraiment littéraires, où une langue originale, née du sol et de la nation, a revêtu de formes parfaites ce fonds commun de vérités qui défraye successivement toutes les littératures. Il faut donc les juger, ces hommes, et le plus illustre de tous, Érasme, au point de vue purement historique ; il faut leur tenir compte de ce qu'ils ont préparé encore plus que de ce qu'ils ont fait, de leurs exhumations bien plus que de leurs créations.

Jusqu'à Luther, la plus grande partie des travaux d'Érasme avait été littéraire. Les querelles religieuses le vinrent surprendre au milieu d'études de philologie sacrée et profane ; car les lettres alors, et comme on les appelait, les bonnes lettres, c'était l'étude simultanée de l'antiquité profane et de l'antiquité chrétienne. Érasme, à l'âge de quarante ans, en avait employé vingt-cinq à des travaux de grammaire, de lexicologie, d'organisation des études, de polémique littéraire antibarbare [1], comme il la qualifiait, contre l'ignorance et l'esprit de jalousie des moines. Quand il fut envoyé à l'école de Deventer, fondée par le célèbre Rodolphe Agricola, c'était encore de l'hérésie que de toucher aux lettres grecques. De mauvais traités, écrits dans un patois latin, avec des divisions et des subtilités à la manière de Thomas et de Scot ; une rhétorique qui préparait les jeunes gens à déraisonner avec toutes les formes du rai-

---

[1] Antibarbarorum liber primus.

sonnement; et, pour surcroît de mal, nul auteur ancien qui pût leur redresser le sens, c'était là toute l'instruction publique en Allemagne et en Hollande, en France et en Angleterre.

L'Italie, alors échappée à la barbarie, méprisait l'Europe occidentale, et, aussi vaine que l'ancienne Rome, qualifiait de barbare tout ce qui vivait au delà des Alpes. Elle gardait ses richesses pour elle, et comme il arrive, les corrompait déjà par cette prétention à en connaître toute seule le prix et par le ridicule orgueil de l'initiateur qui perd le sens de ses propres mystères. Cependant des Allemands avaient pénétré dans le sanctuaire et avaient rapporté quelques livres grecs et latins. L'Allemagne était déjà le pays de la philologie ingénieuse et patiente; en peu de temps elle put opposer des savants aux savants d'Italie, et des éditions à leurs éditions. L'Italie en fut blessée; elle montrait naïvement son dépit en faisant soutenir aux candidats pour les grades universitaires des thèses où l'on prouvait à des contradicteurs bénévoles la supériorité de l'Italie sur l'Allemagne, des Romains sur les barbares.

Érasme, élève d'Hegius, qui l'était lui-même de Rodolphe Agricola, continua la tâche de ses deux illustres maîtres. Mais, doué d'un génie plus actif, plus entreprenant, au lieu d'enfermer son savoir et son zèle dans l'enceinte d'une école, il s'adressa par la presse du temps à tout ce public d'Allemagne, d'Angleterre et de France, qui ouvrait des yeux avides aux rayons de cette douce lumière venue d'Italie, en dépit de ses savants, qui croyaient la tenir sous le boisseau. Tandis que, par quelques écrits satiriques, par des allusions, par des lettres, il couvrait de ridicule les moines et tous les ignorants privilégiés qui vivaient des ténèbres, par des traductions d'auteurs grecs et latins [1], par des grammaires

---

[1] Traduction de deux pièces d'Euripide, *Hécube* et *Iphigénie*, et des *Dialogues de Lucien*.

et des dictionnaires [1], par des traités généraux et spéciaux [2], par des plans d'étude [3], il touchait à la fois à tous les points de l'enseignement élémentaire et de l'enseignement supérieur. Il sortait même du cercle des lettres; et, soit en traduisant des traités de Galien, soit en écrivant des *déclamations* sur la médecine, il tâchait de tirer cet art de ce mélange d'empirisme et d'astrologie qui blessait tout au moins la raison, s'il ne tuait pas plus de gens que la médecine raisonnée. La plupart de ces ouvrages ou traités, écrits tantôt en forme de dialogues, tantôt avec l'appareil grave et orné d'une *déclamation* à la manière ancienne, ici coupés par petits chapitres clairs et substantiels, là semés d'exemples qui servent à faire comprendre et retenir le précepte, intéressaient l'imagination des jeunes gens en formant leur raison. Érasme avait le secret de la propagation des œuvres de l'esprit; il savait faire des livres à la fois agréables et utiles. Il avait, pour ne pas le mettre trop haut, l'instinct d'une chose dont Voltaire eut le génie.

Par une autre vue non moins élevée, et qui encore aujourd'hui pourrait bien n'être pas sans à-propos, en même temps qu'il écrivait des traités pour l'instruction des jeunes gens, il traçait des plans d'éducation [4] et traduisait pour eux les beaux ouvrages de la morale antique [5]. Ce n'est pas un mérite que je prête gratuitement à Érasme. Dans une sorte de préface écrite en 1524, où il donne la classification de ses œuvres pour une édition générale, il divise ses écrits littéraires en deux catégories : l'une comprend les ouvrages

---

[1] Traité sur les parties du discours. — Traduction de la Grammaire grecque de Théodore Gaza. — Dictionnaire grec.

[2] Dialogue sur la bonne prononciation du grec et du latin. — *De duplici rerum ac verborum copia.* — *De ratione conscribendi epistolas.*

[3] *De ratione studii.*

[4] *Pueros ad virtutem et litteras liberaliter instituendos, idque protinus a nativitate, declamatio.*

[5] Traduction des traités de morale de Plutarque.

d'enseignement, l'autre les ouvrages d'éducation. Son petit traité de la *Civilité des mœurs des enfants*, qui fut composé pour Henri de Bourgogne, fils du prince de Wère, est un livre plein de grâce et de raison, où ceux qui font des spéculations sur ces matières seraient bien surpris de trouver des vues qu'on croit d'hier, et qui dorment là depuis trois siècles, parce qu'une langue morte tue les idées modernes qu'on lui demande d'exprimer.

L'ouvrage d'Érasme qui eut le plus d'influence sur la direction des études, ce fut le recueil des *Adages*. Beaucoup ignorent ce qu'est ce livre, et n'ont peut-être pas tort; car quelle idée actuelle, vivante, forte, a sa source dans les *Adages*? Qui peut nous attirer vers cet ouvrage oublié d'un esprit supérieur qui n'est plus qu'un nom? Moi-même, je n'ai lu les *Adages* que comme l'avocat fait d'un dossier, c'est-à-dire pour le besoin de la cause. C'est pourtant un livre qui illumina un moment (le mot n'est point figuré) la fin du quinzième siècle et le commencement du seizième. Figurez-vous tous les proverbes de la sagesse antique, du bon sens populaire, tirés des livres grecs, latins, hébreux, et expliqués, commentés par Érasme, avec un mélange piquant de ses propres pensées, de ses expériences, de ses jugements et de tout ce qu'il y avait de sagesse pratique dans son époque. Ce fut un livre décisif pour l'avenir des littératures modernes. Ce fut la première révélation de ce double fait, que l'esprit humain est un, l'homme moderne fils de l'homme ancien, et que les littératures ne sont que le dépôt de la sagesse humaine.

Qu'on y pense un moment : l'époque qui précéda celle d'Érasme n'avait retenu de l'antiquité que quelques formules stériles pour lesquelles on s'était battu à coups de poing dans les écoles; les mots avaient fait oublier les idées; la lettre avait tué l'esprit. Vient Érasme, qui, dans un même livre, ressuscite à la fois les mœurs, les usages, la vie publique et privée, l'esprit, l'imagination, le bon sens des temps anciens. Il montre que toute sagesse remonte à eux, que toute lumière vient d'eux, et, par de nombreux rapprochements entre les choses anciennes et les choses du temps, il fait voir leur filiation, leur succession naturelle, et combien le bon sens des pères peut épargner de fautes et d'erreurs aux enfants. Tel dut être l'effet de ce livre, si j'en crois les éloges significatifs qu'on en fit de toutes parts, et surtout le mot si expressif de notre Budé, lequel disait des *Adages* : « C'est le *magasin de Minerve*[1]; on y recourt comme aux livres des Sibylles. » Appréciation à la fois pleine de justesse, en ce qu'elle indiquait nettement l'objet du livre, et essentiellement française, en ce qu'elle mesurait dès ce temps-là la valeur d'un livre à son utilité pratique. Cette idée de résumer en un livre l'esprit, et, comme disait Budé, la *Minerve* des temps anciens, était si bien dans les besoins généraux de l'époque, que, dans le temps même qu'Érasme préparait les matériaux des *Adages*, Polydore Virgile faisait un traité des Proverbes. Cette concurrence faillit d'abord en faire un ennemi d'Érasme; mais, après quelques explications, ils devinrent bons amis. L'idée de ce travail appartenait donc à tous les esprits avancés; un seul pouvait la réaliser et la rendre populaire : c'était Érasme.

Des détails de mœurs intéressants, un dialogue spirituel, aimable, quoique gâté par une quantité de pointes, un cadre heureux, une latinité naturelle, font lire encore, même par des gens qui n'ont aucune prétention au titre d'érudits, les deux ouvrages les plus littéraires d'Érasme, les *Colloques* et l'*Éloge de la Folie*. Le dernier, écrit avec plus de recherche que les *Colloques*, dans un latin plus savant, est

---

[1] *Logothecam Minervæ.*

une galerie critique des différents états au temps d'Érasme.

La Folie, sous les traits d'une femme portant de longues oreilles qui se terminent par des grelots, monte en chaire et renvoie à toutes les professions sa qualification de Folie. Le clergé a la meilleure part du sermon. Depuis le moine jusqu'au pape, toute la hiérarchie sacerdotale reçoit de la Folie des leçons d'ailleurs circonspectes, surtout quand elle arrive aux premiers degrés, qu'elle touche à la mitre et à la pourpre. Il faut lire ce petit livre dans l'édition de Bâle, avec le commentaire le plus piquant qui en ait été fait; je veux parler des dessins qu'Holbein a mêlés au texte. Les personnages d'Érasme, un peu embarrassés dans les périodes latines, vivent et se remuent dans l'œuvre d'Holbein.

De temps en temps, Érasme ajoutait un Colloque à son recueil. Soit qu'il vît apparaître quelque ridicule nouveau, soit qu'il voulût donner son sentiment sur un point de théologie, dans un style plus léger que celui de la dissertation, soit qu'il eût quelque petite vengeance innocente à tirer d'un ennemi en lui donnant le vilain rôle dans un dialogue, il arrangeait un petit cadre et y mettait son opinion dans la bouche d'un personnage appelé d'un nom grec, et qui naturellement avait le beau rôle. Plusieurs de ses Colloques datent du moment le plus chaud de ses querelles religieuses : ils sont plus longs, plus hérissés de citations, plus orthodoxes et plus ennuyeux. Le tour en est moins vif et la latinité plus diffuse; l'esprit d'Érasme avait baissé. Quant à l'influence, peu d'ouvrages en eurent plus et une plus féconde que les *Colloques*. Cette influence, moins spéciale que celle de ses livres d'instruction et d'éducation, s'étendit à un plus grand nombre d'esprits et toucha à un plus grand nombre d'idées. Les *Colloques* développèrent l'esprit libre penseur qui fut si florissant au seizième siècle. Marot en traduisit un, qui n'est pas des moins piquants[1]. La Sorbonne les censura ; il s'en vendit un peu plus qu'auparavant.

Une seule fois Érasme fit de la polémique littéraire, et ce fut au plus fort de sa polémique religieuse. Dans cette querelle comme dans l'autre, il resta l'homme de la vérité, le défenseur de l'idée la plus juste et la plus féconde : c'est à savoir la liberté et l'originalité dans l'imitation des modèles.

C'était la thèse opposée à celle des cicéroniens, lesquels faisaient consister l'originalité à n'employer aucun mot, aucun tour qui ne se trouvât dans Cicéron. Érasme en trace un portrait plaisant. Le cicéronien a dans sa maison un cabinet, aux murs épais, aux fenêtres et portes doubles, dont toutes les fentes sont bouchées avec du plâtre et de la poix, pour qu'il n'y pénètre ni jour ni bruit. Pour être cicéronien, il faut être pur de tout vice, exempt de tout souci, et passer par une préparation particulière, comme pour être magicien et astrologue. Le cicéronien ne se marie pas, de peur que sa femme ne vienne troubler son sanctuaire ; il ne veut ni charge ni place, — il y avait des exceptions, — pour n'avoir pas à y donner de son temps, qui appartient tout entier à Cicéron. Il dîne avec dix grains de raisin sec et trois grains de coriandre confits dans du sucre. Veut-on savoir quel est son procédé épistolaire? Tatius lui a emprunté des manuscrits dont il a grand besoin : il s'agit de les redemander à Tatius par une lettre. Pour faire cette lettre, il en parcourt le plus qu'il peut de Cicéron ; il consulte toutes les tables ; il note les expressions vraiment cicéroniennes, les tournures, les tropes, les coupes de phrases ; puis il cherche à placer les fleurs épistolaires

---

[1] C'est le Colloque intitulé : *Abbatis et eruditæ*. Voici le préambule de Marot :

> Qui le sçavoir d'Érasme vouldra veoir,
> Et de Marot la rythme ensemble avoir,
> Lise cestuy Collocque tant bien faict ;
> Car c'est d'Érasme et de Marot le faict.

qu'il a recueillies. Dans une nuit d'hiver, il fera une période, et, comme sa lettre à Tatius ne pourra guère avoir moins de six périodes, Tatius peut garder encore les manuscrits pendant six jours et six nuits. Le cicéronien a des formules cicéroniennes pour saluer un ami, pour le féliciter de sa santé, pour le remercier d'un petit service, pour le complimenter de son mariage, ou le plaindre de ce qu'il est veuf.

Il a fait un volumineux lexique de tous les mots contenus dans Cicéron; un autre de toutes les locutions; un autre des quantités prosodiques des mots qui commencent et terminent chaque période; un autre des tropes, figures, épiphonèmes; un autre des pensées générales et des sentences; un autre des plaisanteries délicates, et, comme dit Érasme, de toutes les délices de sa diction. Ces différents lexiques réunis sont quatre fois plus gros que tout Cicéron.

Il y avait des orateurs sacrés, prêtres ou ministres de l'Évangile, engagés dans la secte des cicéroniens, et beaucoup plus fidèles à ses règles qu'à celles de leur ordre. Érasme étant à Rome, un de ces orateurs avait été chargé de prêcher sur la mort de Jésus-Christ, le jour de Pâques. On pressa vivement Érasme de venir à ce sermon. « Gardez-vous bien d'y manquer, lui dit-on; vous allez entendre la langue vraiment romaine dans une bouche romaine. » Il y vint, et se mit le plus près qu'il put de la chaire, pour ne pas perdre un mot. Jules II était présent. Il y avait grand concours de cardinaux, d'évêques, de prêtres et de peuple. Dans un exorde et une péroraison plus longue que le discours, le cicéronien s'étendit sur l'éloge de Jules II, qu'il qualifiait de Jupiter tonnant, lançant de sa main toute-puissante la foudre triangulaire, et remuant le monde du froncement de son sourcil. Pour faire valoir le sacrifice de Jésus mourant pour les hommes, il rappela les Décius, les Curtius, Cécrops, Régulus, et tous ceux à qui le salut de leur patrie et l'honneur avaient été plus chers que la vie. Puis il compara les récompenses accordées à ces hommes illustres, et celles dont on avait payé le sacrifice de Jésus; aux uns, les honneurs divins, les statues d'or; à l'autre, la croix. Il en fit un Socrate, un Phocion, un Épaminondas, un Scipion, un Aristide, le tout sans le nommer, le mot *Jésus* n'étant pas dans Cicéron.

Obligés de parler des matières religieuses dans la langue de leur modèle, ils disaient *Jupiter Optimus Maximus* pour Dieu, la *sainte assemblée* pour l'Église, la *faction* pour l'hérésie, la *sédition* pour le schisme, la *persuasion chrétienne* pour la foi chrétienne, la *proscription* pour l'excommunication, *interdire l'eau et le feu* pour excommunier, les *présides des provinces* pour les évêques, les *pères conscrits* pour l'assemblée des cardinaux, la *munificence de la Divinité* pour la grâce de Dieu, la *société des dieux immortels* pour la vie éternelle.

Les cicéroniens de Rome s'étaient arrogé le droit de conférer le titre de citoyen romain aux érudits qu'ils avaient jugés dignes de celui de cicéronien. Christophe Longueil, philologue français, le seul barbare d'au delà des Alpes qui eût trouvé grâce devant eux, fut invité à venir au Capitole recevoir le titre de citoyen romain. On avait préparé cette fête pour la plus grande gloire de Cicéron et de l'Italie. Un jeune cicéronien, beau parleur, fut chargé de contester les droits de Longueil pour fournir à celui-ci l'occasion d'une plus belle réponse. Les chefs de l'accusation étaient que Longueil avait osé, dans ses écrits, égaler la France à l'Italie, et dire quelques mots favorables d'Érasme et de Budé, en barbare qui louait des barbares; qu'à l'instigation de ces deux hommes il avait enlevé d'Italie les meilleurs livres d'érudition pour les porter chez les barbares; qu'enfin un barbare comme lui, de naissance obscure, ne pouvait pas prétendre à un titre si glorieux. Longueil répondit comme eût fait Cicéron dans Rome. Il parla du péril qu'avait couru sa tête, des cohortes armées, d'une troupe de gladiateurs qui avaient détruit toute liberté de discussion dans le très-auguste sénat. Il parla de cette Rome, l'ancienne reine du monde, et de son fondateur Romulus, escorté de ses quirites; il rêva les pères conscrits, le sénat maître des rois, les tribus, le droit du préteur, les provinces, les colonies, les municipes, les alliés. « Que sais-je? dit plaisamment Érasme : comment ne se souvint-il pas des clepsydres? »

Le même Longueil, réfutant Luther, osait à peine prononcer le nom de chrétien, qui ne se trouve pas dans Cicéron, et au lieu de *foi* il employait le mot *persuasion*.

Il y avait des fanatiques de l'antiquité latine qui faisaient prédire à Protée la venue de Jésus-Christ, qui appelaient la Vierge *Espoir des hommes et des dieux,* qui faisaient le récit de la passion de Jésus-Christ avec des centons d'Homère et de Virgile : plus cicéroniens que Cicéron, plus païens qu'Homère et Virgile, de l'espèce de ce pauvre homme qui, malade d'une autre imitation, ayant vu Érasme se servir d'une plume attachée à un petit bâton, attacha des petits bâtons à toutes ses plumes, dans la pensée que la plume faisait l'écrivain.

Cette folie des cicéroniens, née de cet orgueil de l'Italie dont j'ai parlé plus haut, Érasme l'attaqua dans un dialogue intitulé : *Dialogue cicéronien* [1], petit ouvrage plein de sens et de critique, où Cicéron est jugé avec profondeur, où ses copistes sont raillés finement, et leur ridicule touché d'une main à laquelle la vieillesse et l'habitude des dissertations religieuses n'avaient pas ôté de sa légèreté. *Boulophore* (l'homme de bon conseil) défend la liberté de l'écrivain et la nécessité d'un style nouveau pour des idées nouvelles, chrétien pour des idées chrétiennes. Son contradicteur, *No-*

---

[1] *Dialogus Ciceronianus, seu de optimo dicendi genere.*

soponus (l'ennemi du travail), se corrige à la fin de l'entretien.

Dans ce dialogue, comme dans tous ses écrits, Érasme était plus près de Cicéron que ses absurdes imitateurs. C'est qu'au lieu de calquer ses formes de style, il l'imitait par la pensée, par la suite, par le lien des idées, par les procédés de composition que les écrivains illustres se transmettent, mais ne se volent point. Érasme pensait en latin, s'échauffait en latin, aimait et haïssait en latin. Jamais il n'avait eu une idée littéraire en hollandais ou en allemand. La langue de sa nourrice lui fournissait de quoi communiquer avec son domestique; mais, au delà de cet ordre de besoins, sa pensée ne pouvait se former qu'au moyen de signes latins, et son esprit, en s'élevant au-dessus de la sphère des idées exprimées par les langues vulgaires, s'était fait naturellement latin, et avait communiqué sa vie propre à cet idiome éteint. De là ce naturel, cette simplicité, cette force, cette grâce qu'on admire dans les écrits d'Érasme, au milieu de fautes que n'auraient pas faites les cicéroniens et d'un franc néologisme de vulgate nécessaire pour rendre les idées de la théologie chrétienne.

Les cicéroniens ne faisaient pas de fautes, mais ils n'avaient pas les grâces naturelles d'Érasme, outre le ridicule d'être chrétiens dans les choses et de n'oser l'être dans les mots. Érasme était donc l'homme de la tradition et de la liberté. En sa qualité de latin venu après l'âge de la langue latine, forcé, d'une part, de rester fidèle au génie de cette langue, sous peine d'être inintelligible, et, d'autre part, d'y faire entrer toutes les idées nouvelles, sous peine d'être sans action et sans rôle, il défendait ce que nous défendons en notre qualité de Français, venus après deux grands siècles, et forcés, sous les mêmes peines, de rester fidèles à la langue de ces grands siècles en exprimant toutes les idées du nôtre. Liberté et tradition, c'était aussi la thèse d'Érasme à propos d'une langue et d'innovations différentes.

De toutes les idées d'Érasme, de toute cette œuvre, aussi volumineuse que celle de Voltaire, une moitié a péri à tout jamais, l'autre a été transformée, ce qui est encore une manière de périr, l'esprit humain ne reconnaissant les idées que sous leur dernière forme. De la partie religieuse de ses œuvres, il n'est resté qu'un mot, la *philosophie chrétienne*, mot sublime, mais qu'il n'eût peut-être pas entendu comme nous. De ses ouvrages littéraires, ceux qui traitent des matières de l'enseignement ont été surpassés; ceux de polémique sont refroidis; les plus littéraires, aucune nation ne les réclame parmi ses titres, aucune langue vivante ne les reconnaît; ils ne sont lus que par quelques savants, obligés d'en chercher le vocabulaire à deux mille ans d'ici. Érasme est donc mort pour ne plus ressusciter; aussi n'est-ce point pour en provoquer la réhabilitation que j'ai tâché d'apprécier et ce qu'il a été et ce qu'il a fait. J'ai voulu appeler un peu de reconnaissance passagère sur cet illustre martyr du travail et de la science, qui a semé ce que d'autres devaient recueillir, et dégrossi ce que d'autres devaient perfectionner, toujours chargé de la plus rude et de la moins glorieuse tâche, toujours travaillant pour autrui; mais esprit vivace, libre, ingénieux, quoique sous le faix d'idées qui devaient mourir et d'une langue qui avait vécu; homme unique, dans lequel l'antiquité se rejoint aux temps modernes, et qui a été, dans l'Europe occidentale, l'acteur le plus intelligent dans cette magnifique scène de reconnaissance des fils et des pères, du passé et de l'avenir, que nous appelons la *Renaissance*.

THOMAS MORUS

I

Mort de Henri VII. — Henri VIII son fils lui succède. — Mariage de Henri VIII avec Catherine d'Aragon. — L'épithalame.

Henri VII venait de mourir, laissant un royaume tranquille et respecté, une administration ferme, et les coffres de l'État pleins. On était fatigué de son long règne, et on ne le regretta point, parce que tous ces biens venaient de sources impopulaires : la tranquillité du royaume, d'une politique extérieure sans gloire ; la fermeté de l'administration, d'un despotisme cruel ; le bon état des finances, de trente ans d'avarice et d'extorsions. La nation anglaise avait pour ce prince le sentiment d'un héritier pour un parent qui ne lui a laissé son or que faute de pouvoir l'emporter dans la tombe. Sur la fin de sa vie, Henri n'amassait plus que pour conserver ses angelots d'or dans ses coffres. Un héritage de dix-huit cent mille livres sterling, la jeunesse, un beau visage, une certaine instruction, la fatigue qu'on avait du mort, si favorable au survivant, faisaient du successeur de Henri VII le prince le plus riche, le plus puissant, le plus populaire de toute la chrétienté.

Les fêtes de son couronnement furent célébrées avec une allégresse sincère. Les richesses osaient enfin se montrer, délivrées de la crainte des collecteurs du dernier roi, lequel avait répandu sur tout le royaume un air d'avarice et de pauvreté. Les ceintures et les colliers d'or reparaissaient à la taille et au cou des dames, depuis qu'on n'avait plus peur que le trésorier du roi ne les prît comme redevances des pères ou des maris. Henri VIII et Catherine d'Aragon, sa femme, si comprimés eux-mêmes sous le feu roi, donnaient l'exemple et le ton à toute la noblesse de Londres, et paraissaient jouir naïvement de la splendeur de leurs habits royaux. Les diamants brillaient sur tous les bonnets. La cour, que Henri VII, ami des petits, comme Louis XI, mais non jusqu'à partager avec eux les dépouilles des grands, avait réduite, par ses lois somptuaires, à un état seulement décent, reluisait et scintillait au soleil. Le peuple battait des mains à tout ce luxe, car les nations aiment mieux dans les princes les défauts brillants que les qualités vulgaires, et le roi qui dépense trop que celui qui thésaurise; préférence très-judicieuse, après tout, car, comme elles font les frais des deux espèces de caractères, et qu'il s'agit toujours de payer dans les deux cas, elles doivent préférer celui qui rend une partie de ce qu'il prend à celui qui garde le tout.

Le mariage de Henri VIII avec Catherine d'Aragon, veuve de son frère le prince Arthur, avait été l'objet de discussions dans le conseil du nouveau roi. Le règne commençait par un genre d'affaire qui devait en ensanglanter la seconde moitié, par une affaire de mariage. Henri aimait sa belle-sœur; il trouva des conseillers pour approuver son union avec elle, des casuistes pour la déclarer légitime selon les lois divines, et un pape qui n'avait rien à refuser à la maison d'Espagne, d'où sortait Catherine, pour donner la dispense exigée par l'Église. La virginité de la jeune reine fut solennellement vérifiée et jurée par des matrones. On la maria avec les cérémonies en usage aux noces des vierges, en longue robe blanche et les cheveux épars [1]. Sur tout le chemin, de Westminster au palais du roi, les acclamations populaires accueillirent ces deux amants couronnés qui allaient être heureux comme de simples mortels, car Henri avait pour Catherine un penchant partagé; il lui avait souvent promis de l'épouser dès le temps du feu roi [2]. Ce fut en juin 1509 que se célébrèrent les fêtes du mariage ; elles durèrent jusqu'à la fin de l'année.

Les lettres renaissantes payèrent leur tribut aux deux jeunes époux. Henri VII les avait peu encouragées. Pauvres à toutes les époques, elles l'étaient surtout dans ces temps d'ignorance universelle, et elles n'y pouvaient vivre que des miettes des tables royales; mais le feu roi, qui faisait des morceaux avec des miettes mises ensemble, n'avait pas voulu de leurs louanges pour n'avoir pas à payer leurs travaux. Elles attendaient beaucoup de Henri VIII, lequel avait paru leur vouloir du bien avant son avènement, et, quoique fort retirées des affaires politiques, elles avaient pu entendre parler de son riche héritage. Il fut donc loué en grec et en latin, les deux seules langues littéraires d'alors dans l'Europe occidentale. Sa figure, sa bonne mine, sa grâce, la douceur de ses traits, et ce qu'on supposait de courage militaire à un prince jeune, sain, beau cavalier, fournirent matière à des poésies où l'on promettait à la nation des

---

[1] Doct. Lingard, Henri VIII.
[2] Le cardinal Pole.

perfections morales en harmonie avec toutes les qualités physiques du roi. La mythologie, qui inspirait alors sérieusement les poëtes, prêta toutes les beautés de ses dieux à Henri VIII. Il eut la majesté de Jupiter, la sagesse de Minerve, la valeur de Mars, invariables flatteries, ou invariables satires de tous les rois à leur avénement, pendant plus de deux siècles que régna la mythologie.

La plus curieuse de toutes ces pièces est celle dont je vais traduire quelques passages[1]. On y trouve une critique assez énergique du règne précédent; un esprit honnête, sérieux, indépendant, s'y cache sous les banalités d'usage, et le conseil y suit de près la flatterie. En lisant, ou en se faisant lire ces vers, Henri VIII dut rougir pour son père. Sous ce rapport, cette pièce manquait trop de convenance pour n'être pas d'un auteur honnête homme. Un flatteur ordinaire eût trouvé moyen de louer le fils sans attaquer le père; l'auteur de cette pièce n'attaquait peut-être le père que pour donner une leçon au fils.

Après un début commun sur la félicité de l'Angleterre, le poëte oppose au tableau de la joie du peuple le contraste des misères du règne précédent.

« La noblesse, depuis longtemps exposée aux injures de la populace, relève aujourd'hui la tête, et triomphe sous un tel roi; et elle en a sujet! Le marchand, effrayé naguère par la multitude des taxes, lance de nouveau ses navires sur les mers, dont ils avaient désappris les chemins... Tous les citoyens se réjouissent, tous comptent sur les biens à venir pour se dédommager des pertes passées. Les richesses que la peur avait enfouies dans d'obscures cachettes, chacun se plaît à les montrer au grand jour, et ose être riche... La crainte ne murmure pas tout bas à l'oreille des mots mystérieux; personne n'a sujet de se taire ni de rien dire tout

---

[1] Cette pièce est en distiques latins; elle a environ deux cents vers

bas. Il y a plaisir à mépriser les flatteurs, et nul ne craint la délation, s'il n'a été lui-même délateur... »

Suit une peinture de l'empressement universel, des rues encombrées de peuple, des fenêtres et des toits garnis de spectateurs, des curieux qui vont attendre le cortége à différents endroits pour voir encore le roi qu'ils ont déjà vu [1]; puis un portrait du roi, « le plus aimable objet qui soit sorti des mains de la nature. Il surpasse ses mille compagnons par la hauteur de sa taille, et semble avoir une force digne de son auguste corps. Ce prince n'est pas moins agile de la main que courageux du cœur, soit qu'il s'agisse de combattre à l'épée, soit qu'il faille courir avidement contre la lance tendue en avant ou faire voler une flèche au but. Le feu brille dans ses regards, Vénus se montre sur son visage, ses joues sont colorées de l'incarnat des roses. Cette figure, où la force le dispute à la grâce, tient de la jeune fille et de l'homme fait. Tel était Achille lorsqu'il se cacha sous les vêtements d'une nymphe ; tel lorsqu'il traîna derrière son char le cadavre d'Hector. »

Tout cela était rigoureusement vrai. La beauté de Henri VIII était célèbre en Europe. Les ambassadeurs en parlaient dans leurs dépêches. Dix ans après, on mettait encore Henri VIII, alors âgé de vingt-neuf ans, fort au-dessus de François Ier, comme roi de belle mine, quoique François Ier eût de plus que Henri VIII, alors écrivain en société de livres de théologie, un goût vrai pour les lettres et les arts, et des batailles gagnées, non dans les tournois, mais dans les plaines d'Italie. Le poëte ne flattait donc pas le portrait physique de Henri VIII ; peut-être, avec des yeux plus exercés ou plus défiants, eût-il remarqué cet œil à la fois impérieux et flatteur, et surtout ce bas de visage si lourd, si épais, si

---

[1] Nec semel est vidisse satis, loca plurima mutant,
Si quâ rursus cum parte videre queant.

brutal, que lui prêtent les portraits d'Holbein, et qui font haïr sa figure comme le miroir le plus exact de tous les vices hypocrites de ce prince. Mais ce n'est pas dans les jours d'espérance qu'on songe à regarder les rois de si près; outre que la *physiognomonie* n'était ni une science ni une mode en 1519.

Le portrait moral de Henri VIII était moins facile à faire. Comme homme de gouvernement, il avait été trop effacé sous le feu roi, pour mériter plus que des espérances. Comme homme de guerre, toutes ses campagnes avaient été des lances brisées dans les tournois ou des paris gagnés au jeu d'arc. Cependant il fallait le louer par le côté moral. On va voir combien les règnes démentent les illusions des avénements.

« Quelle maturité de prudence! s'écrie le même poëte; quel calme dans cette âme paisible! De quel esprit il supportera tout à la fois et modérera l'une et l'autre fortune! *Quel soin de sa chasteté! quel trésor de clémence il garde dans son tranquille cœur!* Quel éloignement pour le faste! tous ces signes, qu'on ne saurait feindre, éclatent sur le visage de notre prince. Ce qui se voit sur nos visages à nous, ce qui se manifeste par les biens dont nous jouissons, c'est sa justice, c'est son art de gouverner, c'est sa bonté royale pour son peuple. La licence des mœurs a coutume d'énerver les meilleures âmes, les plus grands esprits. Henri, quoique pieux avant d'être roi, a apporté sur le trône des mœurs dignes du trône. Il nous a donné dès le premier jour ces biens qu'on n'attend que de la tardive vieillesse de quelques princes. L'ordre des grands, longtemps méprisé, est rentré dans ses droits; les magistratures et les charges, jadis vendues aux méchants, sont données aux gens de bien; le docte reçoit le prix de l'ignorant; les lois redeviennent fortes et honorées.... »

Henri VII avait été le Louis XI de l'Angleterre. Comme

Louis XI, il avait frappé la féodalité dans les hauts barons; mais la destinée de l'Angleterre n'était pas, comme celle de la France, d'arriver à la liberté en passant par la monarchie absolue. Dès lors les louanges du poëte sur le rétablissement de la noblesse étaient d'un bon Anglais et d'un esprit prévoyant.

Après le portrait du roi, il fait celui de la reine. C'est cette princesse qui l'emporte en vertus « sur les anciennes Sabines, en majesté sur les saintes; égale à Tanaquil par la promptitude de son conseil, supérieure à Cornélie en éloquence, à Pénélope en foi conjugale. » La pièce se termine par les vœux d'usage. « Puissent les dieux favoriser, comme ils l'ont fait jusqu'ici, cet hymen! et puisse le diadème, longtemps porté par Henri et Catherine, l'être un jour par leurs enfants, et les enfants de leurs enfants, et les petits-enfants de leurs petits-enfants! »

Pendant la marche du cortége, une pluie soudaine arrosa, comme dit le poëte, toute la pompe. « Cependant le soleil ne disparut point, et le nuage qui avait crevé sur la ville ne fit que passer. Cette pluie était tombée à point pour calmer la chaleur, et, soit qu'on regarde la chose en elle-même, soit qu'on y veuille voir un présage, rien ne pouvait arriver plus à propos. Phœbus par ses rayons, et Junon par sa pluie, promettent à nos princes des années d'abondance. »

Il y eut, à l'occasion du couronnement, des tournois où, chose rare, on n'eut à regretter ni tués ni blessés. Le poëte en fit l'objet d'une félicitation spéciale, en vers iambiques, au roi Henri : « D'ordinaire quelque malheur rend fameux les spectacles de chevalerie. Tantôt c'est un combattant traversé par une lance, et souillant l'arène de son sang; tantôt c'est quelque malheureux, dans la foule, écrasé sous les pieds des chevaux, ou une tribune qui tombe sur les spectateurs. Mais les spectacles que tu nous as donnés, ô roi! ne sont marqués que par l'absence d'accidents, innocuité digne de ton caractère. »

Enfin, dans une petite pièce qui pourrait servir d'annexe à la grande pièce, le poëte, commentant une pensée de Platon sur les retours périodiques des choses, disait à Henri : « Platon a dit que tout ce qui se passait à une époque donnée, ou avait eu lieu autrefois, ou aurait lieu quelque jour. De même que le printemps s'enfuit et revient tour à tour, poussé par l'année rapide; de même que l'hiver sévit toujours dans le même temps; de même, dit Platon, après les longues révolutions du ciel, toutes les choses passées recommencent par d'innombrables vicissitudes. L'âge d'or fut le premier; puis vint l'âge d'argent; puis l'âge de fer, et enfin l'âge d'airain. L'âge d'or est revenu sous ton règne, ô prince ! Puisse Platon n'être prophète que jusque-là ! »

Ce dernier vœu pouvait n'être pas une phrase de rhétorique. L'homme qui faisait ces vers, quoique jeune encore, ne l'était déjà plus assez pour laisser échapper légèrement l'exclamation triste par laquelle se terminait ce long épithalame. En tout cas, il en aurait eu sujet; car cet homme, c'était Thomas Morus !

II

Naissance de Thomas Morus. — Les présages. — Morus est protégé par le cardinal Morton. — Ses succès à Oxford. — Caractère de ses premières poésies. — Ses austérités. — Les pieux entretiens chez le doyen de Saint-Paul, Colet. — Morus se marie deux fois. — Il est nommé à la Chambre des communes. — Sa fuite en France. — Il revient en Angleterre à l'avénement de Henri VIII.

Thomas Morus, — je lui conserve son nom d'écrivain de la Renaissance, — naquit à Londres, en 1480, de sir John More, chevalier, l'un des juges du banc du roi, et de mistress

Handcombe de Holiewell, du comté de Bedford. Sa mère mourut en le mettant au monde. Comme il arrive pour tous les hommes illustres après leur mort, la piété de sa famille entoura sa naissance de mystérieux horoscopes et de prodiges. La nuit même de ses noces, mistress More avait eu un songe dans lequel il lui sembla voir gravé sur son anneau nuptial le nombre des enfants dont elle devait être mère et les particularités de chacun d'eux. L'un de ces enfants avait les traits si sombres et si vagues, qu'elle put à peine les distinguer; la figure de l'autre brillait d'un éclat extraordinaire. En effet, le premier n'arriva même pas à terme; le second fut Thomas Morus [1].

Peu de temps après sa naissance, comme sa nourrice traversait à cheval une petite rivière, portant l'enfant dans ses bras, l'animal fit tout à coup un écart, entra dans une eau profonde, et mit en péril de mort la femme et son nourrisson. Celle-ci, voulant sauver au moins l'enfant, le lança dans un champ voisin, par-dessus des haies qui bordaient la rivière, non sans l'avoir recommandé à Dieu. Le cheval sortit en nageant du trou, et mit la nourrice saine et sauve sur le bord. La pauvre femme courut bien vite à l'enfant, et, l'ayant relevé [2], elle le trouva sans blessure, souriant doucement à sa nourrice.

Il reçut la première éducation au collége Saint-Antoine, à Londres, où il se fit distinguer par sa facilité et son goût pour le travail. Le bruit en vint jusqu'aux oreilles du cardinal Morton, archevêque de Cantorbéry et chancelier d'Angleterre; il demanda l'enfant à son père, lui donna des maîtres et le prit en amitié. Il n'était pas rare, à cette époque, que les ecclésiastiques d'un rang élevé se chargeassent ainsi de l'éducation de quelque enfant pauvre et heu-

---

[1] Life of Thom. More, by his grandson.
[2] *Ibid.*

reusement né; mais d'ordinaire c'était pour en faire un homme d'Église. Thomas Morus se développa rapidement dans la maison du cardinal. Aux fêtes de Noël, le prélat donnait un grand repas, à la suite duquel on jouait de petites pièces en latin, les meilleures étaient toujours de la composition de Thomas Morus, à la fois auteur et acteur. Morton faisait à ses amis les honneurs de l'esprit de son protégé. Il n'épargnait pas les prédictions, disant qu'un enfant si précoce ne manquerait pas d'aller loin. Il l'envoya bientôt faire ses humanités à Oxford. Morus avait alors environ quinze ans.

A Oxford, il fit successivement sa rhétorique, sa logique et sa philosophie, avec un succès prodigieux. On remarquait son application, son ardeur pour l'étude, son éloignement pour tous les amusements, quoiqu'il y fût porté par un enjouement naturel, et par une chose qui, d'ordinaire, fait aimer la société, je veux dire l'esprit de saillie. Une circonstance d'ailleurs lui aurait fait un devoir de raison de se tenir à l'écart, s'il n'y eût été déjà porté par son ardeur pour l'étude. La plupart des amusements des écoliers d'Oxford étaient coûteux; or sir John More, outre qu'il avait trop de probité pour être riche, n'était pas exempt d'un grain d'avarice. Il ne paraît pas que le cardinal, de son côté, pourvût aux menus plaisirs de son protégé. Le jeune homme travaillait donc par nécessité autant que par goût. Son esprit se mûrissait à la dure école de l'inégalité et de la pauvreté. A dix-huit ans Morus était connu des érudits de l'Europe; à dix-huit ans il avait déjà des ennemis littéraires. C'était un plus sûr horoscope que le songe de sa mère. Les ennemis sont les premiers qui devinent le talent.

Il faisait des vers en anglais et en latin. La plupart de ces vers sont médiocres. Mais les sujets en sont intéressants; ils réfléchissent déjà le caractère de Thomas Morus, caractère à la fois enjoué et grave, également porté à la plaisanterie mondaine et à l'austérité ascétique. Dans les pièces anglaises, à côté de vers à Cupidon, de plaisanteries sur un soldat qui veut jouer le moine, il y a des vers sur l'éternité, sur la fragilité des biens de ce monde ; un poëme sur la fortune, ses faveurs et ses revers [1]. Dans les pièces latines, qui ne sont guère que des distiques, ou des épigrammes imitées du grec ou originales, on lit, à côté de petites satires des ridicules de tous les temps, des pièces empreintes d'une tristesse chrétienne, et, si je ne me trompe, d'une certaine crainte vague de l'avenir. *Brièveté de la Vie ; la Vie est une course vers la Mort ; les Vicissitudes de la Fortune ;* tels en sont les titres.

On les dirait d'un homme qui aurait déjà beaucoup souffert ou beaucoup vu souffrir. Morus faisait sans le savoir l'histoire de sa vie. « Quand on possède les plus grands biens, dit-il dans une de ces pièces, les plus grands maux sont tout près ; et, réciproquement, le souverain bien est tout près du souverain mal [2]. » N'est-ce pas là le chancelier tombé de la plus haute fortune dans un cachot de la Tour? N'est-ce pas là le prisonnier chrétien, malade, dénué de tout, obsédé, qui aspirait à la mort comme à une délivrance et à une réparation éternelle? « Je suppose que tu sois réservé à la longue vieillesse de Nestor, dit-il ailleurs, les longues années sont grosses d'une infinité de maux. Nous jouons avec la vie, pensant que la mort est bien loin de nous ; mais la mort est cachée dans notre sein. Dès la première heure de notre naissance, la mort et la vie cheminent ensemble du même pas. Nous mourons lentement; pendant que nous parlons, nous mourons [3]. »

---

[1] English Works of sir Thomas More, knigh ; in-fol., 1557. Biblioth. Sainte-Geneviève.
[2] Thomæ Mori Opera latina, in-fol.; 1556. Biblioth. de la ville.
[3] Œuvres latines.

Voilà de tristes et hautes pensées chrétiennes. Thomas Morus devait commencer et finir par là.

Dès l'âge de dix-huit ans, il avait pris pour son héros Pic de la Mirandole, dont il écrivit en anglais la vie si pieuse et si savante, et dont il mit en vers *les douze Règles pour exciter et diriger un homme dans la bataille spirituelle* [1]; poëme singulier, où tous les préceptes sont donnés par douzaine, et où l'on remarque, outre les douze règles, *douze propriétés ou conditions d'un amant*, au sens spirituel, et les douze épées qui doivent servir à l'homme dans cette bataille mystique [2]. Le jeune Morus rêvait une vie comme celle de Pic de la Mirandole, tout abîmée dans la science et dans Dieu. Il cherchait dans l'étude et dans la méditation le secret de ce grand savoir et de cette grande piété qui n'ont fait de Pic de la Mirandole ni un savant ni un saint.

Les débuts littéraires de Thomas Morus causèrent quelque sensation dans l'Europe savante. On en parlait à Louvain, à Londres, à Paris; Érasme, Budé, Beatus Rhenanus, les connaissaient et s'en écrivaient. On trouvait l'auteur naïf, ingénieux, bon latiniste [3]. Ses épigrammes surtout étaient fort goûtées et fort répandues : elles n'avaient pas été imprimées, mais on les copiait et on les colportait. Déjà, d'un commun accord, Thomas Morus avait été agrégé à cette république littéraire et chrétienne dont Érasme et Budé se disputaient la royauté, mais dont Érasme demeura le chef

---

[1] Œuvres latines — English Works, p. 21.

[2] Ces douze épées sont : 1° peu de plaisir et court plaisir; 2° les suivants sont peine et tristesse; 3° la perte de la meilleure chose; 4° cette vie n'est qu'un rêve et une ombre; 5° la mort est sous notre main et imprévue; 6° la crainte de partir dans l'impénitence; 7° éternelle joie, éternelle peine; 8° la nature et la dignité de l'homme; 9° la paix d'une bonne âme; 10° les grands bienfaits de Dieu; 11° la croix douloureuse du Christ; 12° le témoignage des martyrs et les exemples des saints.

[3] Candidus est, argutus, latinus. (Lettre de Beatus Rhenanus.)

du consentement de tous. C'était, dans l'Europe guerrière et barbare de cette époque, comme une nation délicate et choisie qui vivait et commerçait par l'esprit au milieu du tumulte des armes et des mouvements politiques dont elle ne comprenait ni ne cherchait le sens. Le jeune Morus avait été déclaré membre de cette nation. Érasme, qui le vit à son premier voyage en Angleterre, le reçut prêtre des muses et des lettres sacrées, comme on disait alors. Il ne paraît pas qu'il en ait été très-vain : la religion avait alors toutes ses pensées.

A vingt ans, les sens commencèrent à parler. Malgré ses habitudes austères, sa pauvreté, son ardeur pour le travail, l'écolier d'Oxford était agité de désirs inconnus : le corps se révoltait contre l'esprit. Morus essaya de toutes sortes de mortifications pour éteindre ses sens. Il portait un cilice sur la peau, habitude qu'il n'abandonna jamais entièrement, même quand les affaires eurent attiédi l'ardeur religieuse, mais qu'il reprit sur la fin de sa vie, pour ne plus la quitter. On se moquait de lui; on le plaisantait sur la chaleur que devait lui causer le cilice en été. C'était une de ses mortifications de supporter les railleries et de ne pas quitter son cilice par respect humain. En outre, il se donnait la discipline tous les vendredis et les jours de jeûne, « afin de châtier, dit son petit-fils, la sédition de son corps, et de ne pas laisser la servante Sensualité prendre le dessus sur la maîtresse Raison[1]. » Il jeûnait et veillait souvent, dormait sur la dure pendant quatre ou cinq heures au plus, et la tête sur une bûche en guise d'oreiller, « traitant son corps, dit encore le naïf biographe, comme un âne, avec des coups et de la mauvaise nourriture, afin d'éviter les excitations de la bonne chère[2]. »

---

[1] Life of. sir Th More. by his grandson John More, p. 20.
[2] Ibid.

De telles austérités n'étaient guère compatibles avec la vie de famille, et exposaient trop souvent Morus à ces tentations de la raillerie et du respect humain, si dangereuses pour un jeune homme. Il le sentit, et vint se loger près d'un couvent de Chartreux, prenant part à leurs exercices spirituels, mais sans faire de vœux. Il vécut ainsi quatre ans.

Il eut dans l'intervalle le désir d'entrer dans l'ordre des franciscains ; mais, en y regardant de près, sa conscience fut blessée du relâchement de cette institution, et généralement de la corruption qui avait gagné tous les ordres religieux. Il changea donc d'avis et demeura libre comme auparavant, mais avec un besoin toujours croissant de direction et de frein, et souffrant toutes les angoisses du lent martyre de la chasteté. Vers ce temps-là, le docteur Colet [1] prêchait à Londres avec beaucoup de doctrine et d'onction. Le jeune Morus le prit pour son confesseur, et lui demanda tous les secours de sa science et de sa piété pour l'assister dans cette lutte qui le consumait sans l'apaiser.

Tout le temps que le docteur était à Londres, Morus se sentait calmé. Il allait entendre prêcher son directeur, et le soir il l'écoutait, soit en tête-à-tête, soit au milieu de quelques amis que le docteur édifiait par ses commentaires sur quelque lecture de piété. Colet était doyen de Saint-Paul, et, en cette qualité, il avait à tenir table ouverte pour les étrangers et pour les ecclésiastiques de son collége. Sous son prédécesseur, on vantait la table du doyen de Saint-Paul pour sa magnificence et pour la longueur des repas, qui duraient jusque dans la nuit; Colet, par des habitudes de frugalité et un peu par cette tendresse pour l'argent que lui reproche discrètement Érasme, avait réduit la table de doyen au nécessaire, et abrégé la longueur des repas. Il

---

[1] C'est le même docteur Colet qui répondait aux demandes d'argent d'Érasme par des vœux pour que Dieu l'assistât, et par des compliments sur sa gloire.

avait remplacé les plats superflus par des lectures, et les libations prolongées par des causeries pieuses. Morus était quelquefois du festin et toujours des entretiens qui le suivaient.

Sitôt que les convives étaient à table, un des gens du doyen lisait d'une voix haute et claire quelque chapitre des Épîtres de saint Paul ou des Proverbes de Salomon [1]. Colet faisait choix d'un texte particulier, et, après avoir interrogé les assistants sur le sens de ce texte et recueilli tous les avis, il donnait lui-même sa propre interprétation avec une gravité de langage et une douceur de controverse qui édifiaient tout le monde. Le repas fini, et les grâces dites, l'entretien continuait; si les interlocuteurs n'étaient pas du goût de Colet, on faisait une lecture que chacun écoutait en silence, et qui dispensait le doyen de parler. Du reste, très-tolérant pour les opinions, il l'était moins pour les fautes de langage; on le choquait presque plus par des solécismes que par des hérésies. Morus était le convive et l'interlocuteur de prédilection de Colet, parce que, sur le double point de la doctrine et du langage, il partageait toutes ses croyances de chrétien et tous ses scrupules de latiniste.

Mais le doyen de Saint-Paul faisait de fréquentes absences : il avait, à quelques milles de Londres, une maison de campagne où il s'allait reposer des fatigues de son décanat. Tant que durait cette séparation, Morus était ressaisi par toutes ses tentations, et recommençait le rude combat de l'esprit et de la chair. « Jusqu'ici, écrivait-il à son maître alors absent, en suivant vos pas je me suis échappé de la gueule du lion. Aujourd'hui, comme une autre Eurydice, — mais avec cette différence qu'Eurydice resta dans le Tartare, parce qu'Orphée avait tourné la tête pour la voir, tan-

---

[1] Lettres d'Érasme, 455-457.

dis que moi je suis dans le même danger, parce que vous ne tournez pas la tête pour me regarder, — je retombe, poussé par une force et une nécessité irrésistibles, dans la sombre obscurité d'où vous m'avez tiré. Car, je vous prie, qu'y a-t-il dans cette ville qui porte un homme à bien vivre, mais, tout au contraire, qui ne le fasse reculer, et qui ne précipite dans toutes sortes de vices l'homme le plus disposé à gravir, avec mille efforts, la montagne escarpée de la vertu? Que rencontre-t-il sur son chemin, si ce n'est l'amour hypocrite et le mielleux poison de la flatterie : ici la haine cruelle, là des querelles et des plaidoiries ; cà et là des tavernes, des bouchers, des cuisiniers, des marchands de poisson, de volailles et de pâtisserie, qui ne pensent qu'à remplir nos ventres et à servir le prince de ce monde, qui est le diable?

« Oui, les maisons elles-mêmes nous privent d'une partie de la lumière du ciel, en réduisant le cercle de notre horizon à la hauteur de leurs toits. C'est pour cela que je vous pardonne de grand cœur votre séjour à la campagne; vous y trouvez du moins une société de bonnes gens, purs de tout l'artifice des habitants des villes. Partout où vos yeux se reposent, la terre vous offre des aspects agréables ; la douce température de l'air rafraîchit vos sens; la libre vue du beau ciel vous enchante : vous ne voyez que les magnifiques dons de la nature et les symboles sacrés de l'innocence [1]. »

On peut apprécier, par ce touchant récit des combats intérieurs de Morus, quelle force avaient alors les idées religieuses, et ce qu'elles pouvaient obtenir d'un homme tourmenté par ses sens, pour qui tout était tentation, piége, occasion de chute. Changez les temps, retirez les idées religieuses, le sentiment chrétien du devoir envers soi-même

---

[1] Life of sir Th. More, by his grandson, p. 21.

et envers Dieu, jetez l'homme au milieu des mêmes tentations sans autre frein qu'une morale à sa convenance, n'êtes-vous pas effrayé, par la comparaison de la contrainte et des luttes du jeune Morus, de ce que va être la liberté de l'homme émancipé de la religion?

Cependant le jeune homme allait être vaincu. Deux manières de finir s'offraient toujours à lui, le couvent et le mariage. Le couvent répugnait à sa conscience; il y aurait été dégoûté ou peut-être tenté par le mauvais exemple. Le mariage lui souriait, quoiqu'il eût fait des épigrammes contre les femmes; il se sauva du libertinage dans une sainte union. Cette union même fut un acte de délicatesse chrétienne. Sir Colt, gentleman d'Essex, avait deux filles; Morus, qui s'était d'abord épris de la cadette, pensa que ce serait une peine amère et une sorte de déshonneur pour l'aînée de se voir préférer sa sœur; il reporta toute son affection sur elle, et l'épousa [1].

Le mariage l'avait enlevé à la vie contemplative. Il fallut enfin prendre un état. Le jeune ménage n'était pas riche, et les enfants allaient venir. Morus, par le conseil de son père, dont il faisait toutes les volontés depuis son enfance, étudia le droit, et se destina au barreau. Quatre années se passèrent dans de fortes études mêlées de pratique. Quoique marié, et tous les ans père d'un nouvel enfant, Morus avait gardé dans l'intérieur de sa maison les habitudes de chrétien austère. Il était sobre, se contentait d'un plat à ses repas, buvait de la bière au lieu de vin, et poussait la négligence dans ses vêtements jusqu'à sortir dans la rue avec des chaussures trouées, comme le lui fit remarquer un jour son secrétaire Harris.

La jeune femme mourut en mettant au monde son quatrième enfant. Le célibat ne convenait plus à Morus, père

---

[1] Life of sir Th. More, by his grandson, p. 21.

de quatre enfants en bas âge, et déjà chargé d'affaires. Au bout de deux ans, il se remaria, non par concupiscence, dit Érasme, car la femme qu'il prit était veuve, laide et déjà d'âge, mais pour donner à ses enfants une mère de famille active et vigilante. Ce fut mistress Alice Middleton, femme un peu mondaine, qui se moquait de la piété de son mari, « qui était avare d'un bout de chandelle, dit Morus, et gâtait en une fois la plus belle robe de velours, » qui faisait la guerre à son désintéressement d'avocat, et lui voulait donner de l'ambition pour ses enfants; du reste, femme de cœur, dévouée, qu'il aima aussi solidement, sinon aussi tendrement, que Jeanne Colt, qui était charmante, s'il en faut croire Érasme [1]. Morus traita toujours mistress Alice avec bonté, quoiqu'il y ait sujet de croire qu'elle lui inspira sa comparaison, si plaisante et si connue, du mariage à un sac rempli de serpents, parmi lesquels se trouve une anguille. Alice Middleton ne lui donna pas d'enfants.

Sa réputation d'avocat, son crédit auprès du corps des marchands, où il avait acquis une grande autorité par ses connaissances dans le contentieux du commerce, le firent nommer membre de la chambre des communes. Il résista en plein parlement au roi Henri VII, qui demandait un cadeau de noces pour sa fille. Déjà une première fois, pour un simple scrupule religieux, appelé subitement par le prince au moment où il assistait à la messe, il avait refusé de se rendre au palais, disant que le service de Dieu devait passer avant le service du roi. Cette indépendance de l'*imberbe enfant*, comme l'appelait le chambellan du roi, Tiler, l'avait mis mal en cour [2]. Menacé dans sa liberté, frappé dans la personne de son père, que le roi fit incarcérer à la Tour,

---

[1] Suavissima illius conjux. L. 238 A.
[2] Life of Morus, by his grandson.

pour un prétendu déni de justice, puis rançonner, ce qui était la cause et la fin de tous ses démêlés avec ses sujets, Morus, pressé par ses amis, s'embarqua pour la France. Il attendit là quelque temps que l'orage fût passé, apprenant la langue française, l'arithmétique, la géométrie ; quelquefois se désennuyant de l'exil à jouer de la viole : c'était son instrument favori ; il l'avait fait apprendre à ses enfants, et même à la vieille Alice Middleton, qui jouait en outre du luth, du monocorde, de la lyre, et tous les jours étudiait un morceau pour son mari, très-sévère et très-exigeant sur ce point [1].

La mort subite de Henri VII le ramena en Angleterre. Il y revenait avec la faveur d'un exilé du règne précédent et d'un opposant au régime d'exaction et d'avarice, dont le prince de Galles, devenu roi, avait souffert tout le premier. Outre ce titre, il se recommandait à ce prince par sa double réputation d'avocat et de lettré, par l'amitié d'Érasme, comptée dès lors comme un mérite, enfin par son poëme sur le couronnement. Ce prince voulut savoir qui avait fait ces vers si flatteurs. On lui dit que c'était l'avocat Morus, fils d'un des juges du banc du roi, le membre des communes récalcitrant sous le roi son père, l'ami du docte Érasme. Il le fit appeler, le trouva à son gré, et le marqua de sa funeste faveur. C'était la fatalité sous laquelle Thomas Morus devait se débattre vingt-cinq ans et mourir.

[1] Lettres d'Érasme, 475. E. F.

III

Morus présenté à Henri VIII par le cardinal Wolsey. — Il est chargé de diverses missions à l'étranger. — Sa lettre à Érasme à ce sujet. — Ses mœurs domestiques. — Comment il trouve du temps pour écrire. — Première idée de l'*Utopie*. — Admiration que cet ouvrage excite en Europe.

Thomas Morus avait l'espèce d'ambition d'un homme qui tente les honneurs par sa réputation, ses talents, plutôt qu'il ne les cherche et ne va au-devant. Il n'était pas ambitieux à la manière du courtisan de tous les temps, qui poursuit sa fortune à travers toutes les servitudes et tous les dégoûts, ne se relâche pas un moment, ne manque jamais l'occasion, n'a que des scrupules d'homme habile, jamais d'honnête homme; qui compose avec les vices des princes, et se sert de leurs qualités comme de leurs défauts pour pousser ses affaires, qui arrache ce qu'on croit lui donner, et pour avoir une chose ne regarde jamais au prix. Morus fut saisi par la fortune presque malgré lui, et jeté au milieu de la cour avec des mœurs, de la probité, plus de force de principes que de caractère, en sorte qu'il ne céda jamais tout à fait, quoique cédant toujours beaucoup trop; ses principes arrêtaient son caractère, mais, comme il arrive, toujours trop tard. C'était une ambition molle, incertaine, prenant mal son temps, se laissant faire, n'étant jamais de moitié dans ses succès, et par conséquent paraissant les devoir tout entiers à la bonté du prince, lequel exigeait de la reconnaissance en proportion. Morus ne sut ni se défendre de la cour ni s'y engager tout à fait. Là où il avait cru dans sa conscience ne prendre qu'un joug, on lui demandait le remercîment d'une faveur: là où il n'avait fait que se laisser porter par faiblesse, on le traitait comme s'y étant poussé de toutes ses forces, et comme ayant, en quelque manière, usurpé le bien d'autrui. Un tel homme devait être déshonoré ou tué par un tyran du caractère de Henri VIII; déshonoré s'il cédait jusqu'au bout, tué à quelque point qu'il s'arrêtât. La fortune lui réserva le dernier sort. Sa mort fut le seul acte libre et volontaire de sa vie, le seul où son caractère et ses principes furent d'accord.

Ce fut Wolsey, parti de bien plus bas que Morus, qui présenta le jeune avocat au roi. Wolsey avait une supériorité rare dans un favori, celle de ne pas voir un rival et un successeur dans tout homme qui attirait l'attention de son maître. Morus, recommandé par lui, fut employé dans diverses ambassades, auprès de Charles-Quint et de François Ier. Ces places l'appauvrissaient et n'allaient pas à ses goûts : il s'y était laissé jeter, comme plus tard dans d'autres fonctions plus élevées, par cette ambition, ou plutôt cette disponibilité qui ne sait ni résister ni choisir, et qui reçoit une corvée comme un avancement. « La place d'envoyé, écrivait-il à Érasme au retour de l'ambassade de Flandre, ne m'a jamais beaucoup souri. Elle nous convient moins à nous laïques et gens mariés, qu'à vous autres prêtres, qui n'avez chez vous ni femmes ni enfants, ou qui en trouvez partout où vous allez. Quant à nous, à peine absents depuis quelques jours, nous sommes rappelés au logis par le regret de nos femmes et de nos enfants. En outre, un prêtre peut emmener partout avec lui toute sa maison, et nourrir aux frais du roi ceux qu'il aurait nourris chez lui aux siens. Mais moi, j'ai deux maisons à soutenir, l'une à Londres et l'autre à l'étranger. Le roi s'est montré assez généreux pour ceux que j'ai emmenés avec moi; mais il n'a point songé à ceux que j'ai laissés à la maison. Or je n'ai pu obtenir de ceux-ci, tout bon mari que tu me saches, père indulgent, maître facile, que, par amour pour moi, ils jeûnassent jusqu'à mon retour. Enfin, il est facile aux princes de récompenser, sans bourse délier, les ambassadeurs ecclésiastiques par le don de quelque abbaye. Mais, nous autres laïques, on ne nous rémunère ni si facilement ni si généreusement. Je dois dire pourtant, en ce qui me touche, que le roi a bien voulu, à mon retour, m'offrir une pension annuelle qui n'était nullement méprisable, soit pour l'honneur soit pour le profit; mais je l'ai refusée jusqu'à ce jour, et je suis porté à persévérer dans mon refus, parce qu'en acceptant il me faudrait soit abandonner ma position actuelle dans cette ville, position que je préfère même à une meilleure, soit, ce que je ne veux à aucun prix, la retenir au risque de déplaire à mes concitoyens; car, s'il arrivait qu'une question de priviléges s'engageât entre eux et le roi, ils me croiraient moins sincère et moins dévoué à leurs intérêts, me voyant lié par les récompenses du prince[1]. » Morus avait depuis quelques années, dans la Cité de Londres, une charge qui répond à celle de syndic du corps des marchands; cette charge l'appelait inévitablement à la chambre des communes toutes les fois qu'il plaisait au roi de tenir parlement.

Les affaires de ce syndicat, outre ses fonctions de sous-shérif, espèce de magistrature secondaire, ne lui laissaient guère de loisir pour les lettres. Toujours en plaidoiries ou en consultations, avocat, arbitre ou juge, accablé de clients, « il n'avait rien à donner à lui-même, c'est-à-dire aux lettres, » comme il écrit à Egidius[2]. Rentré chez lui, il fallait bien causer avec sa femme, babiller avec ses enfants, communiquer avec les gens de la maison. C'étaient encore des affaires de devoir pour lui, « car, disait-il, il faut bien faire toutes ces choses, si l'on ne veut pas être un étranger dans sa propre maison. Il faut bien se montrer agréable à ceux

[1] Correspondance d'Érasme, 221-222.
[2] Voir au commencement des Œuvres latines, en tête de l'*Utopie*.

que la nature, le hasard ou le choix, vous ont donnés pour compagnons de votre vie, non pas pourtant jusqu'à les gâter par trop d'abandon, ni jusqu'à faire des domestiques vos maîtres. » Les heures, les jours, les années, s'en allaient ainsi dans les occupations du dehors et dans les délassements de la famille.

Morus ne parlait pas de deux autres distractions qui lui prenaient beaucoup de temps; c'étaient les animaux domestiques, oiseaux ou quadrupèdes, qui occupaient tout un corps de logis dans sa maison, et dont il aimait à observer les mœurs. C'était sa guenon favorite, venue des Grandes-Indes, ou bien des animaux du pays, un beau renard, un furet, une belette, souvent achetés à grand prix; c'était encore son cabinet de choses précieuses, où étaient rassemblées des curiosités, soit du pays, soit exotiques, des minéraux, de grands coquillages des mers de l'Inde, des coraux, toutes choses dont il s'amusait beaucoup, et dont il faisait les honneurs à l'étranger que lui adressait quelque membre accrédité de la république littéraire et chrétienne. Là surtout les heures s'écoulaient à faire l'histoire de chaque pièce, et à s'amuser de l'étonnement ou du plaisir qu'elles causaient à ses hôtes [1].

Cependant Morus sentait le besoin de prendre rang parmi les lettrés de l'Europe. Ses amis lui rappelaient ses débuts et leurs propres espérances. Après le temps consacré aux affaires et à la famille, aux gens et aux bêtes, à recevoir les hôtes et à leur demander des nouvelles de Budé, d'Érasme, de Petrus Egidius, il ne lui restait de libre que l'heure des repas et le temps du sommeil. Les repas, que son extrême sobriété avait déjà rendus si courts, il les réduisit encore [2]. Ils consistaient en un morceau

---

[1] Lettres d'Érasme, 474. E F.
[2] Œuvres latines.

de viande salée, des œufs, quelques fruits, de l'eau bue dans un gobelet d'étain. Pour le menu il n'y avait guère à en retrancher : il en ôta encore les doux entretiens de table avec la famille, lesquels donnent du charme au plus maigre dîner. Quant au sommeil, et quoique ses fatigues le lui rendissent nécessaire, il l'abrégea de quelques heures qu'il employait aux lectures dans sa bibliothèque, et à la composition lente et fréquemment interrompue du livre qui allait faire sa gloire et marquer sa place dans le grand travail de la renaissance des lettres. Ce livre, c'était l'*Utopie*.

Morus avait alors trente-cinq ans. L'*Utopie*, terminée en 1517, ne fut publiée qu'en 1518. Ces années-là, quoique fort accablées, avaient été des années heureuses. A l'étranger, en Flandre, en France, Morus s'était rencontré avec des amis de la république des lettres; il avait joui de leurs entretiens, il s'était plongé dans leurs livres. Revenu à Londres, il retrouvait la considération, les affections de famille, à la cour une faveur modérée qui n'était point encore exigeante, et qui laissait un vaste champ aux espérances. C'est dans cette disposition d'un esprit libre et content que Morus écrivit l'*Utopie*.

Par une rencontre particulière, tandis qu'on parlait de l'apparition prochaine de l'*Utopie*, le bruit se répandait d'une guerre nouvelle avec le Turc, « nouvelle comédie, disait Érasme, que les princes et le pape veulent jouer sous le prétexte d'une guerre sacrée[1]. » Sélim, empereur des Turcs, après avoir conquis l'Égypte et la Syrie, venait de réunir une nombreuse armée, et menaçait hautement l'Europe de la destruction du nom chrétien. Léon X publia une bulle guerrière qui obligeait tous les hommes mariés, de vingt-six à cinquante ans, à prendre les armes. La bulle ordonnait aux femmes dont les maris étaient en guerre de ne

---

[1] Lettres, 1672. E. F.

prendre aucun plaisir[1] dans leurs maisons, de s'abstenir de toute toilette recherchée, de ne point boire de vin, de jeûner de deux jours l'un, « afin, disait la bulle, que Dieu protégeât leurs maris dans une guerre si sanglante. » La même prescription s'étendait aux femmes dont les maris avaient été exemptés du service militaire pour des affaires incompatibles avec les armes. Elles devaient dormir dans la même chambre que leurs époux, mais à part, et ne donner ni recevoir aucune caresse jusqu'à l'heureuse issue de la guerre. Une utopie qui vantait les douceurs de la paix, qui ne mariait que les amants, et qui promettait respect et liberté aux ménages, ne pouvait guère venir plus à point.

Morus, avant de faire imprimer son livre, l'avait montré à ses amis, à Tunstall, à Petrus Egidius, à Budé, à Deloine, à Érasme, à ce dernier avant tous les autres. Il était sincère en leur demandant des avis et non des éloges ; il ne l'était pas moins en priant Érasme de faire les honneurs de son manuscrit à Tunstall, « afin, disait-il, que l'ouvrage lui parût plus élégant, expliqué par la bouche d'Érasme[2]. » Naïve inconséquence de l'honnête homme et de l'homme de lettres, dont l'un voulait la vérité, et dont l'autre la craignait. Par une autre inconséquence de ce genre, en même temps qu'il faisait modestement passer son *Utopie* par la critique de ses amis, il avait le dédain d'un auteur superbe pour le pauvre public, lequel porte la faute de tous les succès manqués, et qu'on récuse toujours avant de demander ses suffrages et son argent. « Les goûts des mortels, écrivait-il à Egidius, sont si divers, les esprits de la plupart si difficiles, leurs jugements si absurdes, qu'on ne réussit pas mieux à se livrer à toute la facilité et à toute la négligence de son génie, qu'à s'accabler de soucis pour faire quelque chose qui puisse

---

[1] Voluptuari. Lettres, 1672. E. F.
[2] Correspondance d'Érasme, Supplément, 1664. C. D.

être utile ou agréable à ces palais dégoûtés ou grossiers. Le barbare rejette comme dur ce qui n'est pas tout à fait barbare. Le demi-savant accuse de trivialité tout ce qui ne fourmille pas de mots vieillis. L'un est si austère, qu'il ne permet pas la plaisanterie; l'autre si fade, qu'il ne sent rien aux pointes : tels sont si mobiles, que ce qu'ils aiment debout, ils le critiquent assis. Puis viennent les beaux esprits de la taverne qui jugent les auteurs au bruit de leurs vers, et les esprits sans gratitude qui, tout en aimant un livre, n'en sont pas moins ennemis de l'auteur, pareils à ces hôtes grossiers qui, après avoir été reçus à une table abondante, s'en vont dès qu'ils sont saouls, sans remercier les gens qui les ont invités[1]. » Tout cela est juste et piquant; mais la vraie gloire consiste à mettre tous ces goûts d'accord, ou à forcer les rares contradicteurs de se taire devant l'applaudissement universel.

L'*Utopie* avait réussi dans cette première épreuve; Budé en voulut faire la préface; Érasme se chargea d'en surveiller l'impression chez son ami Froben. L'*Utopie* allait avoir pour parrains, outre un libraire qui recommandait ses publications, les deux plus grands noms littéraires de l'époque. Les amis de moindre marque suivaient l'opinion des maîtres. Morus ne recevait que félicitations et caresses. On mettait sa république fort au-dessus des républiques de Rome, de Sparte et d'Athènes. On disait le *divin génie* de Thomas Morus. Pour lui, il sentait la plus vive et la plus noble de toutes les jouissances, celle de l'homme de lettres honnête homme, quand il a fait une œuvre raisonnable et appréciée. Ce furent des jours d'or et de soie, comme on disait dans son temps, dans cette vie dont la fin devait être si sombre. Il avait la gloire, cette ivresse qui doit être si douce à l'homme dont le cœur est pur, et à qui les lettres n'ont pas ôté sa candeur.

---

[1] Voir au commencement des Œuvres latines.

« Que je meure, écrivait-il à Érasme, ô le plus doux de mes amis ! si l'approbation que Tunstall a bien voulu donner à ma république ne m'a pas rendu plus heureux que ne l'eût fait un talent de l'Attique. Tu ne sais pas combien je me réjouis, combien je me sens grandi à mes propres yeux, combien je porte ma tête plus haut ! Il me semble que mes Utopiens vont me nommer à perpétuité leur roi : je me vois marchant à leur tête, couronné de la gerbe d'épis, insigne de la royauté dans Utopie, beau dans mon vêtement de franciscain, et, dans cette pompe si simple, allant au-devant des ambassadeurs et des princes étrangers, malheureux qui s'enorgueillissent de porter des ornements et des parures de femmes, des chaînes de cet or que nous méprisons tous dans Utopie, de la pourpre, des perles, et autres colifichets qui les rendent si ridicules. Je ne veux cependant pas que toi ni Tunstall vous me jugiez par l'exemple des autres hommes, dont la fortune change les mœurs. Et, quoiqu'il ait plu aux dieux d'élever mon humilité à cette grandeur suprême, à ce rang auquel nul monarque ne peut comparer le sien, vous ne me verrez jamais oublier la vieille amitié qui m'unissait à vous quand j'étais simple particulier. Que si vous ne craignez pas de faire un peu de chemin pour me venir voir en Utopie, je ferai en sorte que tous les mortels soumis à mon empire vous rendent les honneurs dus à ceux qu'ils savent être les plus chers amis de leur roi. — J'allais prolonger encore ce doux rêve, mais le lever de l'aurore a dissipé mes songes et m'a chassé de ma royauté pour me replonger dans ce pétrin qu'on appelle le barreau [1]..... » Cela pourra paraître plus enjoué que fin, et plus naïf que délicat, à cause de cette diversité des palais dont parle Morus, si grande dans les hommes d'une même époque, si changeante d'une époque à l'autre ; mais il n'est personne

---

[1] Correspondance d'Érasme, Supplément, 1663-1664.

qui ne doive être touché du ton aimable et bon de ces confidences, et qui ne reconnaisse le cœur de l'homme de bien sous les joies de l'homme de lettres applaudi.

L'Utopie parut en 1518. Le public confirma le suffrage particulier des amis de Morus. Ce fut une rumeur d'admiration dans toute l'Europe occidentale. Les savants, les politiques, les magistrats, les princes, lurent ce livre. Ni les *Colloques* d'Érasme, ni l'*Éloge de la folie*, n'avaient eu plus de débit. Les érudits lisent encore les *Colloques* d'Érasme et l'*Éloge de la folie*; mais personne ne lit l'*Utopie*, grande leçon pour les livres à succès. Toutefois il y a une gloire pour les ouvrages qui ont été utiles un jour; même quand on ne les lit plus, on les nomme avec respect. Ceux qui n'ont été écrits que pour le plaisir, et qui n'ont parlé qu'à l'imagination des contemporains, ne sont ni lus ni nommés.

IV

L'Utopie.

Notre siècle a lu, sans le savoir, bien des contrefaçons de l'*Utopie*, quoique assurément les auteurs de ces contrefaçons ne connussent pas l'ouvrage original. Les doctrines de Saint-Simon et de Fourier sont dans l'*Utopie*; les attaques contre le droit de propriété sont dans l'*Utopie*; la défense de la classe la plus nombreuse et la plus pauvre est dans l'*Utopie*. L'*Utopie*, c'est la phalange de Charles Fourier; l'*Utopie*, c'est la communauté de biens de Saint-Simon. Quelques idées applicables brillent au milieu de ces rêveries, il y a telles maximes que Beccaria semble avoir transportées tout entières, avec leurs développements, du livre de l'*Utopie*, dans le livre des *Délits et des peines*. L'*Utopie*, c'est cet idéal du bien absolu que caressent à toutes les époques certains esprits honnêtes ou impatients, qui ne savent pas voir le bien relatif dans le monde où ils vivent.

Morus suppose qu'étant à Anvers, adjoint à Cuthbert Tunstall, dans une ambassade auprès de Charles V, il rencontrait souvent chez un ami un certain Raphaël Hythlodæus[1], autrefois compagnon d'Améric Vespuce, qui avait beaucoup voyagé et beaucoup vu. Les conversations roulaient sur des points de philosophie, sur les malheurs qui affligent l'humanité, sur les moyens de rendre les hommes meilleurs, les gouvernements plus équitables, les vols moins communs. Cette question du vol est l'objet d'un entretien spécial. Hythlodæus en indique deux causes principales qui peignent le temps. La première, c'est la quantité de soldats blessés qui ne peuvent ni travailler à la terre, ni exercer les professions mécaniques, et qui sont réduits à voler pour vivre ; la seconde c'est la quantité de valets ayant appartenu à des nobles, « guêpes qui vivent dans la fainéantise sans produire une goutte de miel. » Dès que le maître est mort, cette nuée de valets congédiés tombe dans la misère, et fait la guerre aux passants pour manger. Après l'examen de ces causes, Hythlodæus discute les châtiments. L'Angleterre d'aujourd'hui pourrait encore s'appliquer ces sages paroles : « Personne ne devrait ignorer combien il est absurde de punir le vol de la même peine que l'homicide. Si le voleur sait qu'il ne court pas un moindre risque en se bornant à voler qu'en ajoutant le meurtre au vol, il égorgera le malheureux qu'il se serait contenté de dépouiller ; car, outre que le danger pour lui n'est pas plus grand, il a une chance de plus d'impunité, en faisant disparaître le témoin de son

---

[1] Ὕθλος, babil, enfantillage ; δέομαι, avoir besoin de.

crime. » A la peine de mort pour le vol, Hythlodæus substitue un système de châtiments qui a beaucoup d'analogie avec les travaux forcés. Il parle aussi d'un certain pays tributaire de la Perse où on leur coupe une oreille.

Sa conclusion est que la société ne sera jamais bien gouvernée tant que subsistera le droit de propriété. Là-dessus, les interlocuteurs se récrient, et Morus, qui prend part à l'entretien, réfute l'idée d'Hythlodæus, surtout comme impraticable. Hythlodæus répond qu'il en a vu dans ses voyages une application qui a parfaitement réussi. — Où donc? demandent les interlocuteurs. — En Utopie. — On presse le voyageur de raconter tout ce qu'il sait de cette contrée merveilleuse. Hythlodæus commence son récit, et c'est ainsi que Morus amène sa description d'Utopie. Ces préliminaires occupent tout le premier livre, dans un ouvrage qui n'en a que deux.

L'île d'Utopie est située au delà de l'océan Atlantique. Elle tire son nom d'Utopus, roi d'un pays voisin, qui l'a conquise et lui a donné les lois qui la gouvernent encore. La capitale d'Utopie, la première des cinquante-quatre grandes villes du pays, s'appelle Amaurote [1].

La forme du gouvernement est républicaine. Tout s'y fait par élection, même le roi qui n'est qu'un simple magistrat. La seule chose, qui le distingue des autres Utopiens, c'est qu'il porte une gerbe de blé à la main, en guise de sceptre. Le pontife, qui est le premier personnage de l'île après le roi, se fait précéder d'un homme tenant un cierge allumé.

L'organisation civile est fondée sur la famille. Chaque famille se compose de quarante personnes, tant hommes que femmes, plus deux esclaves, car il y a des esclaves en Utopie. Pour trente familles, il y a un magistrat appelé *philarque*, dont l'autorité s'étend sur les chefs de ces familles, et

---

[1] Ἀμαυρός, sombre, obscur, et, sans doute par analogie, inconnu.

pour dix philarques, il y a un magistrat supérieur nommé *protophilarque*. Ces protophilarques, au nombre de deux cents, et élus pour un an, choisissent, en cas de vacance du trône, le prince entre deux candidats nommés par le peuple, et forment le conseil du roi qui est en charge. Ce conseil s'assemble tous les trois jours. En cas d'affaires importantes, on consulte la nation. Chaque philarque assemble ses trente familles, recueille leur avis et va le porter au sénat. Cent soixante-deux citoyens, c'est-à-dire trois par chaque ville, forment ce sénat qui s'assemble tous les ans dans la capitale. On les choisit parmi les vieillards. Toutes les fonctions, soit législatives, soit exécutives, sont annuelles, hormis celle du roi, qui est nommé à vie.

Tout appartient à tous, sauf les femmes. Quiconque a besoin d'une charrue, d'un habit, d'un outil de travail, va le demander au magistrat, qui le lui donne. Les voyages, pour lesquels il faut obtenir la permission des magistrats et le consentement du père et de la femme, se font sans argent et sans viatique, tous les biens étant communs. L'étranger reçoit partout l'hospitalité, mais à la condition de la payer par quelque travail. Le temps du voyage est limité.

L'agriculture est une sorte de conscription à laquelle personne n'échappe. Chaque ville envoie tous les ans à la campagne vingt jeunes gens qui doivent apprendre à cultiver la terre. Il est vrai que ceux qui n'y ont pas de goût sont libres de revenir; on les remplace par d'autres.

Outre l'agriculture, tous les citoyens sont obligés de savoir un métier. Il faut être tisserand, maçon, charpentier ou menuisier. Ceux qui marquent des dispositions particulières pour les sciences sont dispensés de ces travaux; mais si les résultats ne répondent pas aux espérances qu'ils ont données, on les fait rentrer dans la classe des artisans. Le prince est choisi parmi ceux des artisans qui, par de grandes facultés, ont pris rang parmi les savants.

Le travail est modéré. La journée de l'Utopien se divise en trois parties : six heures pour travailler, dix heures pour se reposer ou faire ce qui lui plaît, huit heures pour dormir. Des cours publics sont ouverts aux heures de récréation, pour ceux qui veulent cultiver les lettres et les sciences. Le soir, en été, on travaille au jardin; chaque famille a le sien. En hiver, on se réunit dans de grandes salles où l'on joue, non à des jeux de hasard, mais à un jeu moral, en manière d'échecs ; on y fait combattre en ordre de guerre les vices et les vertus représentés par des pièces de bois. C'est la seule guerre connue en Utopie. En cas d'attaque étrangère, ils opposent à l'ennemi une armée de mercenaires, les Suisses d'Utopie. On entretient cette armée avec l'argent amassé dans les coffres, et provenant des blés qu'ils exportent. C'est là tout l'emploi qu'ils donnent à l'argent, métal qu'ils méprisent pour eux-mêmes, comme la principale source des maux de l'espèce humaine, et dont ils font leurs vases de nuit. Les chaînes des galériens, — car il y a des galériens dans Utopie, — sont en or. Tout individu qui a commis quelque grave délit est condamné à porter des boucles d'oreilles d'or.

On dîne en commun dans de grandes salles où tiennent trente familles de quarante membres, c'est-à-dire douze cents convives, présidés par leur philarque. On ne soupe jamais sans musique dans cette île bienheureuse. Il y a au dessert toutes sortes de confitures et de friandises. Les parfums, les cassolettes, les eaux de senteur, embaument la salle du festin. Les Utopiens ont pour principe que toute volupté dont les suites ne sont pas fâcheuses doit être permise. Ils sont extrêmement sensuels. Ils disent que tous les plaisirs ont été donnés à l'homme pour en jouir sans en abuser. Ils croient, en s'y livrant, suivre la voix de la nature et la volonté de Dieu. Les Utopiens sont de la secte de Fourier.

Quand une maladie mortelle vient les frapper au milieu de cette vie de plaisirs sans abus, de travail sans fatigue, de bien-être sans luxe, de liberté sans fainéantise, les prêtres et le philarque viennent exhorter le malade à prendre quelque potion calmante qui l'envoie sans douleur de cette vie dans l'autre. Mieux vaut mourir que souffrir est un des points de leur philosophie. Cependant le malade est libre d'attendre le moment où il plaira à Dieu de l'appeler à lui. On n'impose la potion calmante à personne; c'est un avis paternel et non une loi. Le suicide, honoré dans ce cas, est flétri publiquement dans tous les autres. Tout Utopien qui se tue par dégoût de la vie est privé de sépulture et jeté à la voirie.

Le mariage n'a lieu, entre fiancés, qu'après vérification mutuelle de leur état physique. Cette vérification se fait en présence de deux experts, d'une matrone et d'une sorte de médecin *ad hoc*, lesquels font subir aux deux jeunes gens une visite du genre de celle que passent nos conscrits devant les conseils de révision. Quand les futurs se sont ainsi vus face à face et sans voile, et ont déclaré se trouver satisfaits l'un de l'autre, on les marie. Si, — ce qui ne se voit guère sur le corps, — il y a incompatibilité d'humeur, le divorce est permis par consentement mutuel. L'adultère est puni d'esclavage pour la première fois, de mort pour la récidive. C'est le seul crime qui emporte la perte de la vie.

Toutes les religions sont tolérées en Utopie, même celle du Christ, que les Utopiens ne connaissent que par Hythlodæus et trois de ses compagnons. « Un des nouveaux convertis, raconte le voyageur, s'était mis, malgré nos conseils, à disserter du Christ et de son culte avec plus de zèle que de prudence ; il criait que notre religion était supérieure à toutes les autres, et la seule vraie; que tout autre culte n'était qu'une profanation, et ses sectateurs que des sacriléges et des impies dignes du feu éternel. Comme il remplissait la

place publique de ses clameurs, on le saisit, non comme
coupable de mépris pour les religions d'Utopie, mais comme
agitateur du peuple, et on l'exila. Ce fut un des premiers
soins d'Utopus, en prenant possession de l'île, d'ordonner
que chacun serait libre dans ses croyances, et qu'on ne pourrait y amener les autres que par les voies de la douceur et de
la persuasion. Il pensa que c'était un acte absurde et insolent
d'imposer à tout le monde, par la force et les menaces, la
croyance d'un seul, cette croyance fût-elle la seule vraie,
et toutes les autres vaines et mensongères. Mais il prévit
que, pourvu que les choses se fissent par la raison et la modération, la force de la vérité finirait quelque jour par
l'emporter. C'est pourquoi il laissa chacun libre de croire
ce qu'il voudrait [1]. »

Telles sont les principales idées de ce livre, si goûté à
l'époque où il parut, si oublié maintenant. Était-ce une critique exacte des gouvernements, de la société, des mœurs,
de l'ardeur religieuse de cette époque? Toutes les félicités
que Morus prête à l'île fortunée d'Utopie sont-elles autant de
contre-vérités eu égard à son temps? Non. L'*Utopie* est comme
tous les livres de ce genre, comme la république de Platon, comme la Salente de Télémaque, une création où il y
a plus de fantaisie que d'intention critique. On pourrait,
à l'aide d'une analyse ingénieuse, et conjecturale, faire
deux parts dans ces républiques en l'air, celle des allusions
satiriques aux choses contemporaines, et celle des inven-
tions de pure fantaisie. Mais vouloir donner à tout un
sens ironique et profond, trouver à toute force un mécon-
tentement amer sous chaque détail fantastique, un vœu de

---

[1] J'ai cité ce passage, parce que les idées de tolérance qu'on y remarque, et que sans doute Thomas Morus ne prêtait pas à son héros imagi-
naire sans en être pénétré lui-même, ont été opposées, comme une contradiction déplorable, à la conduite de Morus devenu chancelier. Nous
verrons plus tard ce que ce grand homme garda de ces idées, et ce qu'il
en abandonna.

réforme sous chaque peinture d'un bien impossible, la préméditation de la raison sous toutes les rêveries de l'imagination, ce serait une puérilité. Sauf quelques passages où l'intention satirique est évidente, l'Utopie est plutôt l'aimable jeu d'esprit d'un érudit que la déclaration de principes d'un réformateur. C'est, par moments, l'image agréable et fidèle de l'esprit de Morus, dans les années où il fut le plus libre, le plus impartial, le plus ouvert à toute sorte d'idées, même à celles qui s'accordent le moins avec l'exaltation religieuse de sa première jeunesse, et avec l'âpreté dogmatique de la fin de sa vie.

Dans cet intervalle de moins de dix ans, le jeune ascétique qui avait fait une si rude guerre à son corps, le chrétien qui n'avait pas trouvé le cloître assez dur pour y enfermer sa jeunesse révoltée, l'écrivain polémique qui allait défendre si ardemment la cause du catholicisme, avait senti ce relâchement des opinions et cette détente de l'esprit par lesquels nous passons tous vers cet âge-là, et qui nous rendent tolérants dans les matières religieuses, intelligents et modérés dans la critique de toutes choses, réformateurs sans haine, réservés dans la négation comme dans l'affirmation. En proclamant en Utopie la liberté des religions, en ne regardant comme obligatoire que la croyance à l'âme et à Dieu [1], Morus était plus près du doute philosophique que de la foi romaine. Son âme s'était adoucie, sans se corrompre, par la pratique des affaires, par la connaissance des intérêts humains, et par la gloire qui rend bienveillant. Sa tolérance n'était qu'une juste vue des choses, une philosophie douce sur un fond d'humanité chrétienne, également éloignée de l'indifférence et de la passion.

---

[1] L'*Utopie*, l. II, p. 16.

V

La querelle de Morus et de Brixius. — Les dix années littéraires de la vie de Morus. — Son portrait par Érasme à quarante ans. — La gravure d'après Holbein. — Mot prophétique d'Érasme.

C'est pendant cette période trop courte de la vie de Morus que sa liaison avec Erasme fut le plus étroite et le plus amicale. Leurs lettres sont pleines de confiance et d'abandon. Il n'y est point parlé de religion, mais des amis communs, des lettres, des quartiers de pensions qu'Érasme prie Morus de réclamer pour lui, du compte que Morus rend à Érasme de la vente de ses livres en Angleterre, de la vie intérieure, des travaux, de l'emploi du temps, des ennemis littéraires, ce grand sujet de condoléances heureuses et de chagrins agréables pour les gens de lettres. Ces deux hommes se touchent et se conviennent par tous les points. La prudence d'Érasme prend aux yeux de Morus la couleur de sa propre tolérance. Son penchant au doute rencontre en Morus une foi assoupie, qui ne sera réveillée que par la voix retentissante de Luther. Lorsque cet homme aura jeté dans le monde chrétien ces paroles qui deviendront des glaives, Morus et Érasme, jusque-là si tendrement unis, s'aimeront moins, comme il arrive aux amis qui se trouvent tout à coup enrôlés dans des partis opposés, et dont les opinions ont refroidi les sentiments.

Alors Érasme dira de Morus que si, dans les matières religieuses, il incline vers une chose, c'est plutôt vers la superstition que vers la religion[1]. Morus pensera d'Érasme

---

[1] Correspondance d'Érasme, *passim*.

que, s'il refuse la controverse active et quotidienne avec Luther, c'est qu'il penche secrètement vers l'hérésie, et que c'est faute de résolution qu'il a laissé à un autre le triste honneur d'en lever l'étendard. Érasme trouvera que Morus manque d'étendue d'esprit; Morus, qu'Érasme manque de décision et de courage. Ils ne se brouilleront pas, ils continueront même à s'écrire de loin à loin, mais avec réserve, et sans se dire les vrais motifs de leurs actions publiques. Morus, par exemple, devenu chancelier, et, deux ans après, se démettant de sa charge, ne donnera guère à Érasme que des raisons banales de son élévation, et lui cachera les vraies causes de sa retraite, comme on ferait à un étranger dont on a quelque sujet de suspecter la discrétion. La confiance aura cessé entre les deux amis, et le trop prudent Érasme, en faisant, sous un nom supposé, le récit éloquent de la mort de son ancien ami, blâmera d'un manque de prudence et de souplesse le chrétien inflexible, mort martyr de sa conscience.

On sait qu'Érasme avait fait l'*Éloge de la Folie* pour Morus, et en jouant sur son nom [1]. La scolastique, les universités, les grammairiens, y étaient tournés en ridicule. Martin Dorpion, de Louvain, théologien et grammairien, attaqua le livre d'Érasme. Morus, qui avait quelque liaison avec Dorpion, intervint, et lui écrivit une lettre sévère, dans laquelle il défendit la personne et les plaisanteries d'Érasme. Il renchérit sur ces plaisanteries par des pointes et des anecdotes, élargissant les blessures faites à Dorpion, et se montrant assez l'ami des deux adversaires pour dire la vérité à l'un et défendre chaudement l'autre. Érasme eût voulu rendre la pareille à Morus; mais, outre que les occasions manquaient de le faire avec éclat, c'était un champion plus tiède que son ami. Il le prouva, un peu à sa honte, dans la querelle de celui-ci avec Brixius, lettré allemand, plus lié avec Érasme

[1] Μωρίας Ἐγκώμιον.

que Dorpion ne l'était avec Morus. Cette querelle peint les mœurs littéraires de l'époque, et fait le plus grand honneur au caractère de Morus.

Ce Brixius avait fait un poëme en l'honneur d'un vaisseau français dont le capitaine, Hervé, s'était fait sauter avec tout son équipage, plutôt que de se rendre aux Anglais. Le poëme avait paru pendant les dernières guerres entre la France et l'Angleterre. Les vers en étaient assez corrects, mais emphatiques, et mêlés de centons, ce que je dois dire par respect pour la vérité, quoique Brixius s'y montrât Français de cœur. Le plus grand crime de Brixius aux yeux de Morus, bon Anglais d'abord, et auprès de qui l'on était mal venu à parler trop bien de la France, c'est que ce poëme renfermait quelques traits malins contre lui et contre ses épigrammes. Il répondit aux allusions satiriques de Brixius par une bordée de huit épigrammes, qui mirent les rieurs de son côté, dans un temps où l'on riait de peu, et où le latin donnait de l'esprit aux poëtes qui en manquaient. Brixius avait prêté au capitaine Hervé des traits de courage à la manière de Lucain, des morts entassés les uns sur les autres, des coups d'épée pourfendant cinq à six hommes à la fois, des traits (*tela*), — c'était pousser un peu loin la liberté du centon, car les traits ne faisaient plus alors partie des armes offensives, — clouant les guerriers dos à dos, et autres exploits d'érudit qui n'a jamais vu la guerre. Morus, dans ses épigrammes, lui demandait si son héros avait cinq mains. Brixius avait comparé Hervé aux Décius. « Oui, disait Morus, mais il y a une légère différence, c'est que ceux-ci mouraient volontairement, et que celui-là est mort faute d'avoir pu fuir[1]. »

Brixius fut d'abord accablé de la riposte. Plusieurs an-

---

[1] Sed tamen hoc distant, illi quod sponte peribant,
Hic periit, quoniam non potuit fugere.
(*Œuvres latines*, p. 28.)

nées se passèrent sans attaque de part ni d'autre. Mais le succès de l'*Utopie* irrita Brixius ; il fit l'*Anti-Morus*, où, reprenant la querelle des épigrammes, — tant les haines littéraires sont vivaces ! — il éplucha tout le petit recueil de Morus, notant les fautes de quantité et d'euphonie échappées à l'enfant de dix ans ou à l'adolescent de moins de vingt. Il dénonça le fameux épithalame à Henri VIII, comme injurieux à la mémoire de son père ; méchanceté sérieuse, car c'était en 1520, à l'époque où quelques-unes des critiques faites au père pouvaient être déjà des reproches pour le fils. Puis venaient les aménités en usage alors. Brixius, faisant une pointe sur le nom de Morus, remplaçait Morus, par Mωrus (μωρός), qui veut dire fou.

La faute d'Érasme fut, ce semble, qu'ayant appris à temps que Brixius préparait un livre contre son ami, il n'usa pas assez tôt de son crédit sur lui pour le détourner de le publier, et que, l'ouvrage publié, il ne put obtenir de Brixius qu'il rachetât les exemplaires vendus et les détruisît. Quand le mal fut sans remède, il fit à Brixius de sévères reproches. « Personne ne lit votre livre, lui écrit-il ; je ne l'ai entendu louer de personne, pas même de vos Français. J'ai conseillé à Morus de n'y pas répondre, moins pour sa réputation que pour son repos. Il importe à la dignité publique, comme à l'intérêt des études, que ceux qui sont initiés aux lettres ne se fassent pas la guerre, et que les Grâces ne soient pas séparées des Muses, surtout lorsque tant de haines conspirent contre l'ordre des lettrés. » Érasme avait en effet conseillé à Morus de mépriser cette querelle, et de ne pas donner de l'importance à l'attaque par l'éclat d'une réponse. C'était un arbitrage qu'il prenait de lui-même, au nom des lettres sacrées et profanes, entre les gens d'Église et les gens de lettres, et loin que personne le lui contestât, tout le monde le lui déférait comme au plus illustre.

Morus était digne de son conseil. L'histoire des lettres offre peu d'exemples plus nobles que sa réponse à Érasme, où, malgré quelques duretés pour Brixius, bien pardonnables même à un auteur modeste, Morus se montre si digne comme homme et comme ami [1]. « Pour moi, cher Érasme, afin que tu voies combien je suis plus disposé à t'obéir que Brixius, — encore que ta lettre me soit arrivée, non pas quand mon livre était sous presse, mais quand il était imprimé tout entier (comme tu pourras t'en assurer toi-même, puisque ce livre te parviendra très-certainement avant ma réponse), encore que j'y fusse poussé par tant d'amis, — au reçu de ta lettre, de cette lettre d'un homme dont le sentiment passe à mes yeux avant tous les calculs, je n'ai point imité mon adversaire Brixius, lui qui se vante d'obéir à tes moindres signes de tête, et qui dit avoir la bourse si bien garnie. Il a fait tant de cas de tes avertissements, qu'il n'a pas pu se résigner à racheter ses exemplaires et à les jeter au feu ; il n'a pas voulu soustraire à tous les regards ces inepties qui doivent déshonorer ce nom de Brixius, qu'il veut, jusqu'à en faire pitié, rendre célèbre. Quant à moi, cher Érasme, sauf deux exemplaires partis d'ici avant l'arrivée de ta lettre, l'un pour toi, l'autre pour Petrus Egidius, et sauf cinq autres qu'avait déjà vendus le libraire, — car ta lettre m'a été remise comme on venait de mettre l'ouvrage en vente, et quand déjà on le demandait avidement, — j'ai racheté toute l'édition et je la

---

[1] Il faut qu'on me permette de conserver à la phrase de Morus sa longueur, son enchevêtrement et sa diffusion. Ce serait peut-être un manque de vérité locale que de couper cette phrase pour lui donner une vivacité qu'elle n'a pas, et un tour qui serait un contre-sens, eu égard à l'homme et à l'époque. De tous les gens de lettres de ce temps-là, Érasme est à peu près le seul dont la pensée fût dégagée et la phrase courte. Il était aussi supérieur à son siècle par ses idées que par sa diction.

tiens sous clef, attendant que tu décides ce que j'en dois faire². »

Ce n'était encore que la moitié du sacrifice, et Morus ne s'y résignait pas sans quelque résistance. Tout en s'en remettant à la décision d'Érasme, il ne négligeait pas les insinuations, afin de le faire pencher pour le parti de la publication. « Quelque grave rôle que ton amitié m'impose, ô Érasme! lui écrivait-il, puisque je suis encore parmi les mortels et non point parmi les saints, j'ai quelque assurance que le lecteur me pardonnerait d'avoir cédé à une de ces faiblesses de la nature humaine que nul ne peut secouer tout à fait². » Malgré cette réserve des auteurs, qui ne s'accusent guère que pour s'absoudre, et se font les casuistes de leur amour-propre, Morus sut triompher de cette faiblesse. Soit qu'Érasme eût sagement insisté pour la suppression du livre, soit que le temps et la réflexion eussent adouci l'injure et rendu facile à Morus le sacrifice tout entier, la réponse à Brixius ne parut point.

Ainsi se passèrent ces dix années, pendant lesquelles les lettres furent la principale pensée de Morus. Sa réputation étai si grande alors, et son nom si célèbre en Europe, où, dès ce temps-là, la dignité morale de l'homme privé ne nuisait pas à la gloire de l'homme de lettres, qu'on demandait de toutes parts à Érasme des portraits de son illustre ami. Il en traçait un en 1519, plein de traits charmants. C'est à la fois un portrait et un caractère³. Morus pouvait alors faire envie par son bonheur. Il approchait de quarante ans. Sa taille était au-dessus de la moyenne, ses membres bien proportionnés, son allure noble, si ce n'est que, par l'habitude de pencher sa tête à gauche, son épaule droite paraissait un peu

---

[1] Correspondance d'Érasme, 571. C. D.
[2] Ibid., 571. E. F.
[3] Lettres d'Érasme à Ulric Hutten, 471.

plus élevée que l'autre. Il avait le visage blanc et légèrement
coloré, les cheveux de couleur châtain foncé, les yeux bleus
et tachetés, ce qui passait alors pour la marque d'un
génie heureux ; l'air de bonté et d'enjouement que je
retrouve dans une très-belle gravure d'après Holbein [1],
avec je ne sais quoi de triste et de souffrant dans le sourire.
Il est vrai que Morus était devenu chancelier d'Angleterre.
A la date du portrait qu'en fait Érasme, le sourire était une
habitude de l'âme ; quand Holbein le peignit, ce n'était plus
guère qu'une habitude des traits.

Érasme raconte qu'il avait les mains rudes et négligées,
plus que de l'abandon dans sa toilette, nulle délicatesse dans
sa manière de vivre, ni soie ni pourpre sur lui, ni chaîne
d'or, à moins que sa charge ne l'y obligeât, et qu'il n'y eût
inconvenance à n'en pas mettre ; une voix douce, péné-
trante, peu accentuée ; le discours ni trop lent ni trop rapide. Ses manières étaient aimables, attirantes, libres de
toute cette étiquette particulière à son pays et à son époque,
et qu'il estimait affaire de femmes. Il aimait passionnément
le repos et la liberté ; mais, quand le devoir le voulait, il se
montrait un modèle d'activité, de zèle et de patience. Il
semblait né pour l'amitié, tant il était facile dans ses choix,
d'un commerce commode et peu exigeant, fidèle à ses amis,
leur sacrifiant ses propres affaires ; ayant beaucoup d'amis,
dit Érasme, malgré le mot d'Hésiode ; et, s'il s'en trouvait un
qui cessât d'être digne de lui, le quittant comme par occasion, et dénouant l'amitié plutôt que de la rompre avec éclat.
Du reste, il haïssait les jeux, soit de hasard, soit d'adresse, la
paume, les dés, les cartes, y préférant les entretiens avec
ses amis, dont sa bonne humeur égayait les plus tristes. Il
aimait la plaisanterie jusqu'à la trouver bonne même contre
lui, et, pourvu qu'on y mît de l'esprit, on lui plaisait

---

[1] Cette gravure est de George Vertue. d'après un portrait d'Holbein.

plus à le railler qu'à le louer. Il s'amusait de toutes sortes de discours, de ceux des sots comme de ceux des doctes, ne parlant guère sérieusement aux femmes, pas même à la sienne, car les femmes n'étaient pas encore, à cette époque, les égales de l'homme, même dans l'*Utopie*; enfin, prenant plaisir aux propos du peuple qu'il allait écouter dans les marchés, s'amusant du tumulte des vendeurs et des acheteurs, et y apprenant cet anglais familier et bouffon qui devait populariser plus tard ses écrits de polémique religieuse.

Toutes ces qualités mêmes devaient être ses plus grands ennemis. Sa réputation d'activité, de vigilance, d'aptitude aux affaires, ses talents de lettré, l'appelaient au gouvernement; son enjouement, ses saillies, le rendaient agréable, et allaient le rendre nécessaire à Henri VIII, prince lourd, pesant, plus sérieux par humeur que par réflexion, et qui, quoique auteur, avait plus les prétentions que l'application d'un faiseur de livres. Aussi Morus devint-il en peu d'années, de conseiller du conseil privé, trésorier de la couronne, puis trésorier et peu après chancelier de Lancastre, avancements successifs, qui faisaient dire à Érasme cette parole prophétique : « Comme je le vois, écrivait-il à Richard Pacœus, la cour lui réussit si bien que j'en ai pitié pour lui [1] ! »

---

[1] Lettres d'Érasme, 646. B. C. Pacœus était un lettré, ami commun d'Érasme et de Morus.

VI

L'amitié du roi Henri VIII. — La maison de Morus à Chelsea. — Refroidissement du roi. — Le parlement et le cardinal Wolsey en 1523. — Morus est nommé *orateur* malgré lui. — Wolsey veut faire exiler Morus dans une ambassade; Morus obtient du roi de rester en Angleterre. — Son genre de vie à Chelsea. — L'éducation de ses enfants. — Marguerite Roper, sa fille, traduit et commente les pères grecs et latins. — Sévérité de mœurs et piété croissante dans la maison de Morus. — Il réfute la réponse de Luther à un livre de Henri VIII. — Caractère de ses croyances à cette époque. — Henri le nomme lord-chancelier d'Angleterre.

Henri VIII s'éprenait pour un homme comme pour une maîtresse, et, le dégoût venant, il se débarrassait de l'un comme de l'autre, par le meurtre judiciaire, moyen toujours odieux quand la victime est un homme, le plus odieux et le plus infâme de tous quand la victime est une femme. Je hais presque moins Néron tuant, dans un accès de colère sauvage, sa concubine Poppée d'un coup de pied dans le ventre, que Henri VIII renouvelant tous les trois ans son lit impudique par des meurtres judiciaires. Ce prince eut envie de Morus, comme il aurait eu envie d'un bouffon, sur la réputation de ses saillies. Wolsey reçut l'ordre d'amener bon gré mal gré Morus à la cour. Il avait échoué une première fois contre son désir sincère d'obscurité et de vie paisible; mais il réussit à cette seconde attaque, et amena la victime aux pieds du roi, qui lui donna à baiser la main qui devait signer son arrêt de mort.

Par une fatalité étrange, le premier à qui Morus fit part de son entrée à la cour, fut Joseph Fischer, l'évêque de Rochester, son ami, l'homme qui devait mourir sur le même échafaud que lui, frappé par la même main et pour la même cause. « Je suis arrivé à la cour, lui écrit Morus, tout à fait contre ma volonté (*extremely against my will*), comme tout le monde le sait, et comme le roi lui-même me le reproche en plaisantant. Je m'y tiens aussi gauchement qu'un apprenti cavalier sur sa selle. Mais notre roi est si affable et si courtois pour tout le monde, que chacun peut se croire l'objet de sa bienveillance particulière, quelque mince opinion qu'il ait d'ailleurs de lui-même. C'est comme ces bonnes bourgeoises de Londres qui s'imaginent que la sainte Vierge de la Tour leur sourit du fond de sa niche toutes les fois qu'elles lui font une prière. Pour moi, je ne suis pas assez heureux pour m'imaginer que j'ai mérité en quoi que ce soit son affection, et pour croire que je l'ai déjà. Toutefois, si grandes sont ses vertus, que je commence à trouver de moins en moins fastidieuse la vie de courtisan [1]. » On s'attriste en voyant le peu qui séparait un contentement si médiocre de l'effort de résolution qu'il eût fallu faire pour échapper à la cour. Hélas ! ce faible intervalle, c'était la distance d'une vie paisible et honorée à la mort sur l'échafaud !

L'amitié de Henri VIII pour son malheureux favori avait toute la vivacité d'un goût exclusif, toute l'importunité d'une tyrannie. Tous les jours de fête, — ils étaient nombreux alors, — après avoir fait ses dévotions, il l'envoyait quérir, et s'enfermait avec lui dans son cabinet. Il le faisait causer sur les sciences, la théologie, les lettres, quelquefois sur l'administration de Wolsey, qu'il aimait à entendre critiquer, comme tous les rois qui ne peuvent ni se passer ni se débarrasser d'un principal ministre. D'autres fois, quand les nuits étaient belles, ils se promenaient sur les plombs du palais, et là, ils discouraient ensemble d'astronomie, des mouvements et des révolutions des planètes, science que Morus avait apprise dans sa jeunesse, et qui faisait par-

---

[1] Life of Morus, by his grandson.

tie à cette époque d'une éducation complète. La reine partageait le goût de son mari pour Morus. Il leur arrivait souvent de le faire appeler à leur souper, et de lui donner place à la table royale. Morus les amusait par ses bons mots et par cette conversation semée de saillies qui rompait si agréablement un tête-à-tête conjugal dont Henri VIII commençait à être las. Le plus honnête homme de l'Angleterre faisait ainsi le métier de bouffon du roi. L'humeur ne l'y portant pas toujours, il en était réduit, pour échapper aux provocations de son royal maître, à feindre une sorte de stérilité d'esprit ; sa vie, de jour en jour plus sombre, ne lui rendait cette feinte que trop facile.

En remontant la Tamise, à deux milles de Londres, on passe devant le village de Chelsea. L'église, bâtie sur le bord du fleuve, est visitée pour la chapelle qu'y fit construire Morus, dans l'aile méridionale, en 1520, et où fut enterré son corps séparé de la tête. Dans ce village il avait une jolie maison avec un jardin ouvrant sur la Tamise, une belle bibliothèque, et cette ménagerie, si négligée depuis qu'il était devenu courtisan. Sa femme et ses enfants y demeuraient pendant toute l'année ; son seul plaisir, après les affaires de ses différentes charges, et les servitudes de son emploi à la cour, était d'aller passer une journée à Chelsea, au milieu de sa famille, de ses livres et de ses bêtes. Dans le commencement, ces voyages étaient fréquents. Plusieurs fois dans la semaine, la barque de Morus, menée par quatre rameurs à la livrée du chancelier de Lancastre, venait le prendre au pont de Londres, et le transportait à Chelsea. Mais, la faveur royale augmentant, Morus avait fini par vivre plus dans le ménage du roi que dans le sien. Ses voyages à Chelsea étaient très-rares. Il n'osait plus s'éloigner de Londres, attendant à chaque minute le messager de la cour, lequel arrivait à toute heure et à tout caprice, comme si Morus eût été le seul médecin de cet ennui que commençait à sentir

Henri VIII, partagé dès lors entre son dégoût croissant pour sa femme et le scrupule d'y échapper par une rupture.

Morus ne pouvait pas se plaindre, ni intéresser à ses privations de mari et de père un roi qui pensait déjà à répudier sa femme et à déshonorer sa fille. Il prit le parti de ruser avec cette amitié tyrannique ; il se montra grave les jours où l'on avait le plus besoin de saillies, ne voulant ni n'osant rompre, — c'était sa pratique dans les amitiés ordinaires, — mais tâchant de dénouer cette fatale liaison. Le stratagème réussit. On l'appela moins souvent à la cour. Il est vrai que le roi faisait maison séparée d'avec la reine, et que les repas, en tête-à-tête ayant cessé, il n'avait plus besoin d'un grave bouffon pour en égayer l'ennui. Morus était devenu moins nécessaire à Henri VIII, qui le lui compta comme un grief. Toutefois le roi revint de temps en temps à l'ancien favori. Il le reprenait à peu près comme fait un enfant d'un jouet longtemps laissé de côté, et il lui venait redemander ses bons mots en attendant qu'il eût besoin de sa conscience.

L'occasion s'en présenta en l'année 1523. Le trésor était épuisé. La politique de Wolsey avait prodigué les traitements et les présents aux princes étrangers et à leurs favoris. Pour avoir de l'argent, on prétexta des griefs contre la France, et la nécessité de se mettre en mesure par des armements considérables. Le parlement, qu'on n'avait convoqué depuis le commencement du règne que pour lui faire voter des subsides, se rassembla aux Blackfriars. La somme à demander ne s'élevait pas à moins de huit cent mille livres, réalisables par un impôt de vingt pour cent. Thomas Morus était membre du parlement. On voulut le faire nommer président afin d'enlever le vote par son influence. Morus n'approuvait pas la demande de subsides ; il résista. Wolsey, qui le savait probe et consciencieux, mais trop bien avec le roi et peut-être trop timide pour oser ne pas servir la cour, s'il était mis dans l'alternative de soutenir sa demande ou de se brouiller avec éclat, Wolsey le fit nommer malgré lui. La partie de la chambre attachée à la cour et au premier ministre, augmentée d'un bon nombre de membres dont Morus avait la confiance, formèrent la majorité qui le choisit pour *speaker*. Le roi confirma l'élection.

Morus essaya vainement de faire revenir le roi sur sa nomination. Henri VIII tenait trop à son subside pour vouloir se passer de la probité de Morus, laquelle en couvrait la cause secrète et en pouvait assurer le vote. Il maintint donc son premier choix. Morus voulut du moins faire ses réserves ; il écrivit à son maître une lettre en forme de supplique, où, tout en acceptant, il osait prendre la liberté d'y mettre deux conditions, l'une pour lui, l'autre pour l'assemblée qu'il allait présider : la première, c'est que, s'il lui arrivait de faillir involontairement dans sa commission, soit par maladresse, soit par défaut d'exactitude, le roi voulût bien pardonner à sa simplicité ; la seconde, c'est qu'il plût « à l'inestimable bonté du roi » qu'aucun mal n'arrivât à aucun membre de l'assemblée pour avoir exprimé librement son opinion, mais que toute parole prononcée dans le parlement, dût la forme n'en être pas parfaitement convenable, fût interprétée par le roi comme une preuve de zèle pour le bien du royaume et pour l'honneur de sa personne royale[1].

Wolsey annonça qu'il viendrait lui-même aux communes soutenir le bill et proposer les moyens d'exécution. Un peu avant son arrivée, la chambre délibéra s'il serait reçu avec une suite de quelques seigneurs seulement, comme le voulait la majorité, ou si on lui permettrait d'entrer avec tout son train. « Messieurs, dit Morus, milord cardinal

---

[1] Life of sir Th. Morus, by his grandson.

ayant mis récemment à votre charge la légèreté de vos langues pour toutes les choses qui transpireraient de cette chambre dans le public, je pense qu'il n'y a aucun inconvénient à le recevoir avec toute sa pompe, ses massiers, ses hallebardiers et porte-haches, sa croix, son chapeau rouge, et même avec le grand sceau; car, s'il trouve quelque sujet de se plaindre de notre discrétion, nous ferons retomber le blâme sur ceux que Sa Grâce aura amenés avec elle [1]. »

Wolsey prononça un discours solennel, long et subtil, pour prouver la nécessité du subside. Le chiffre de la demande était si exorbitant, que l'assemblée répondit par un silence universel. Irrité de cette froideur, Wolsey interpella quelques membres, et nommément un M. Murray, un des chefs de l'opposition, lui demandant d'un ton de menace ce qu'il pensait faire. C'est, dit celui-ci, au président de répondre. Morus, se mettant à genoux, donna pour excuse au silence des communes leur stupéfaction à la vue d'un si haut personnage, capable d'intimider les plus sages et les plus instruits du royaume. Puis, venant au vif de l'affaire, il prouva par d'abondantes raisons que cette manière de procéder n'était ni utile ni conforme aux anciennes libertés des communes. « Quant à moi, conclut-il, à moins qu'on ne prétende que j'ai tous les esprits de mes collègues dans ma tête, je suis incapable, en matière si grave, de donner à moi seul satisfaction à Votre Grâce. » Wolsey se leva brusquement et sortit.

Quelque temps après, rencontrant Morus dans la galerie de Whitehall : « Par Dieu, lui dit-il, que n'étiez-vous à Rome quand je vous ai fait *orateur !* — Je l'aurais voulu comme vous, milord, me le pardonne Votre Grâce, car c'est une ville que j'ai depuis longtemps le désir de voir. »

---

[1] Roper's life of sir Th. More.

Le cardinal ayant fait quelques pas sans ajouter un mot :
« Voilà une belle galerie, dit Morus ; je la préfère à celle
d'Hampton-Court. » Wolsey ne répondit rien. Ils se séparèrent mécontents l'un de l'autre, Wolsey avec le projet de
se débarrasser de Morus à la première occasion. En effet,
peu de temps après, les affaires ayant nécessité l'envoi d'une
ambassade en Espagne, Wolsey persuada au roi d'en charger
Morus. Mais celui-ci déjoua l'intrigue, et obtint de Henri de
rester à Londres.

Il alléguait au roi, pour motifs de sa répugnance à quitter
l'Angleterre, sa santé plus délicate que forte, que la sobriété
seule avait soutenue contre les fatigues du travail, et ses
enfants qu'il voyait déjà si peu, qu'il ne verrait plus du tout.
Toutes ses pensées s'étaient tournées depuis longtemps au
soin de leur éducation. De ses trois filles, deux étaient déjà
mariées, et les gendres demeuraient à Chelsea, avec toute
la famille. Tous prenaient part à l'éducation commune, laquelle se composait de bien plus de choses que l'éducation
moderne, et se prolongeait bien au delà du temps qu'on y
consacre. Quand Morus était à Chelsea, il dirigeait lui-
même les travaux et aidait les maîtres particuliers de ses
enfants. Si les affaires le retenaient à Londres, il se faisait
envoyer de Chelsea les *devoirs* et écrire des lettres sur des
sujets littéraires ; il y répondait par des jugements détaillés, et, selon les cas, par des critiques ou par des
louanges.

Dans une de ses lettres, il félicite gaiement ses enfants,
les élèves de maître Nicolas, savant en astronomie, de
connaître non-seulement l'étoile polaire et l'étoile caniculaire, et toutes les autres constellations du ciel, mais, « ce
qui prouve un astronome accompli, de savoir distinguer le
soleil de la lune. » Puis, tirant de l'époque de l'année un
sujet d'exhortations pieuses : « Ne manquez pas, leur dit-il,
quand vos yeux s'élèvent vers les étoiles, de vous ressouve-

nir du saint temps de Pâques, et de chanter cet hymne pieux où Boëce nous enseigne qu'il faut pénétrer dans les cieux par notre esprit, de peur que, tandis que le corps s'élève en haut, l'âme ne se ravale à terre avec les brutes. »

Une autre fois, il leur conseille d'examiner avec grand soin ce qu'ils viennent d'écrire avant de le mettre au net, de lire la phrase entière, puis chaque membre à part ; — l'avis était bon à une époque où les phrases avaient la longueur de pages ; — de corriger les fautes, de recopier la lettre et, après l'avoir recopiée, de la relire encore ; car les fautes qu'on a effacées sur le brouillon, dit-il, se glissent quelquefois dans la copie. Et il ajoute : « Par votre application, vous gagnerez cet avantage que des riens finiront par vous paraître des choses très-graves ; car, comme il n'y a rien de si charmant qui ne puisse devenir déplaisant par le bavardage, de même il n'y a rien de si déplaisant de sa nature à quoi le travail ne puisse donner de la grâce et de l'agrément. »

Une autre fois, il loue ses filles de leurs *éloquentes* lettres ; mais il regrette qu'on ne lui parle pas assez des entretiens qu'elles ont avec leur frère, de leurs lectures, de leurs *thèmes*, de l'emploi de leurs journées, « au milieu des doux fruits de la science. » Un jour, c'est Jean, le plus jeune de la famille et son seul fils, qu'il félicite de sa dernière lettre, parce qu'elle est plus longue et plus soignée que celle de ses sœurs. Non-seulement Jean traite son sujet avec goût et élégance : il sait de plus plaisanter avec son père discrètement, lui rendant bons mots pour bons mots, mais sans sortir de la retenue, et sans jamais oublier avec qui il fait assaut d'esprit.

L'enfant de prédilection de Morus, l'enfant de son cœur, c'était sa fille aînée, Marguerite, mariée à Roper, et déjà mère de plusieurs enfants. Marguerite pouvait passer pour un savant ; elle écrivait également bien en anglais et en latin, et traduisait elle-même ses propres ouvrages de l'anglais en latin, ou du latin en anglais. Elle répondit à la déclamation de Quintilien, où un pauvre accuse un riche d'avoir empoisonné ses abeilles par les fleurs vénéneuses de son jardin, et elle plaida la cause du riche. Elle traduisit Eusèbe du grec en latin. Habile commentateur, dans le sacré comme dans le profane, elle expliqua un passage de saint Cyprien qui avait mis à la torture tous les savants de son temps[1]. L'astronomie lui était familière; son père la plaint de passer tant de nuits froides à contempler les merveilles « du tout-puissant et éternel ouvrier. » Toute cette science ne l'empêchait pas d'être bonne femme d'intérieur, mère soigneuse, épouse dévouée.

Dans ce temps-là, la vie était bien remplie. Des occupations qui aujourd'hui s'excluent se conciliaient à merveille; on faisait entrer deux fois plus de choses dans le même temps, et il y avait peu d'heures oisives. La contemplation même avait un but d'activité. Une femme trouvait le temps d'être à son mari, à ses enfants, à son père, à ses frères et à ses sœurs, et d'étudier l'astronomie, de déchiffrer les Pères, de réfuter Quintilien, de traduire les auteurs grecs, d'être savante sans être précieuse, occupée des choses de l'esprit sans avoir de distractions, auteur sans cesser d'être femme. C'est que l'instruction chez les femmes n'était ni une mode, ni une rareté, ni une profession; il s'y mêlait une idée de devoir chrétien, d'obligation religieuse envers soi et envers Dieu. La religion préservait les femmes de la corruption de la science.

Aux conseils littéraires, Morus ajoutait le plus souvent des exhortations à l'humilité chrétienne. Il faisait la guerre à toutes les petites vanités, soit des gendres, soit de leurs femmes, soit de Mme Alice, soit de son fils Jean. Il raillait les

---

[1] Au lieu de *nisi vos sinceritatis* elle lut *nervos sinceritatis*

vêtements trop serrés, les prétentions à une taille fine, « les cheveux relevés en l'air pour se donner un grand front, » ridicule qui ne date pas d'aujourd'hui; les chaussures étroites pour faire ressortir la petitesse du pied. Il disait que Dieu leur ferait injustice s'il ne les envoyait pas en enfer, car ils mettaient bien plus de soin à plaire au monde et au diable que les personnes vraiment pieuses n'en mettent à se rendre agréables à Dieu. Craignant que sa haute position dans l'État, ses places, ses honneurs, n'étourdissent ses enfants, il leur prêchait sans cesse le mépris de l'or et de l'argent, de ne pas se croire meilleurs que ceux qui en avaient moins qu'eux, ni moins bons que ceux qui en avaient plus; « d'éviter tous les gouffres et tous les abîmes de l'orgueil, mais de passer par les douces prairies de la modestie, » enfin de regarder la vertu comme le principal bonheur.

La maison était réglée sur ce pied. La religion se mêlait à tous les travaux et à tous les plaisirs. Après le souper, pendant lequel on lisait quelque livre édifiant, et avant qu'on ne fît de la musique, ce qui était l'amusement de la veillée, il parlait aux siens de choses de piété, et leur recommandait le soin de leurs âmes. Dans la journée, chacun était occupé à quelque chose d'utile. Jamais on ne jouait, contre la coutume de l'époque. Pour les maîtres comme pour les domestiques, séparation des hommes et des femmes. On ne se mêlait qu'aux heures des repas, pour la prière, pour la lecture de piété, sous l'œil du chef de famille, les jours qu'il était à Chelsea. La maison de Morus avait pris peu à peu l'air d'un couvent.

A mesure qu'il s'élevait dans les honneurs, son esprit revenait à la religion austère de sa jeunesse. L'humilité augmentait de jour en jour, comme un correctif croissant de la fortune. Sa prospérité lui faisait peur; les faveurs l'épouvantaient comme autant de tentations et de piéges, et il n'engageait dans les affaires que ses talents, réservant sa conscience à Dieu. Soit qu'il doutât de sa santé, soit qu'il eût vu sa mort dans le regard sec et flatteur de Henri VIII, de plus en plus il s'accablait de scrupules, multipliait et exagérait ses devoirs, redoublait d'austérités, comme s'il se fût cru à la veille de combattre le dernier combat. Et pourtant le ciel était encore serein, et rien n'annonçait l'orage. Mais pour le chrétien l'orage est dans le ciel le plus pur, et la disgrâce au fond de toutes les faveurs. Morus se tenait donc prêt à tout événement [1]. Il s'arrangeait pour que les habitudes ne devinssent pas des besoins, et pour que, la fortune changeant, les pertes ne fussent pas des privations. Il savait par l'histoire de son pays, qu'il avait étudiée dès sa jeunesse [2], comment les rois reprennent ce qu'ils ont donné, et il gardait au sein de la richesse les mœurs de la pauvreté, afin que, dans les mauvais jours, n'y ayant d'ôté que l'appareil de sa vie, le fond en demeurât le même.

D'ailleurs, ainsi que je l'ai dit, les écrits de Luther avaient réveillé sa foi distraite par les affaires, attiédie par la tolérance, et quelque peu inclinée vers le déisme de l'Utopie. Il fut secoué profondément par cette parole qui remuait toute la chrétienté, et contre laquelle les empereurs provoquaient des assemblées et les papes lançaient des bulles. Une circonstance l'engagea de sa personne dans la lutte.

On sait que Luther compta parmi ses antagonistes Henri VIII, à qui Wolsey laissait tout le temps de jouter contre les hérétiques. Luther répondit à Henri VIII comme il répondait au pape, en le traitant d'ignare, d'âne couronné, de blasphémateur, de bavard. Henri VIII, après avoir, au préalable, demandé à l'électeur qui protégeait Luther de fermer la bou-

---

[1] *Ego animum mihi in omnem eventum composui.* Lettre à Érasme. Correspondance d'Érasme, 570, A.

[2] On a de lui une assez faible histoire de Richard III, en latin.

che à son antagoniste, riposta par un écrit sévère, dit le docteur Lingard, mais plein de dignité. On en attribuait les meilleures parties à Wolsey et à Fisher, évêque de Rochester. Morus, non plus, n'y était pas étranger. Quoi qu'il en soit, il se crut atteint en particulier par les injures lancées au roi, et, tandis que Fisher, dans un écrit plein de doctrine, entreprenait la défense du livre de Henri, Morus, sous le nom supposé de William Ross, fit une réponse très-développée à Luther, où d'abondantes injures servent de sel grossier à une polémique qui sent plus le barreau que l'église.

Le docteur Lingard a tort, à mon sens, de réduire l'intention et le fond du livre de Morus à un parti pris de s'amuser à contrefaire le style injurieux du réformateur [1]. Ce livre est méthodique; toutes les objections de Luther y sont réfutées; la doctrine des sept sacrements, dont Henri VIII s'était fait le champion, y est établie avec un grand appareil de preuves. Mais la raillerie et un persiflage très-lourd y dominent. Les pointes, les jeux de mots, les injures, y discréditent, sans les égayer, les opinions orthodoxes et les croyances ranimées du catholique. Morus se propose « de souffler sur ces paroles qui ont pu faire illusion aux lecteurs et de dissiper ces pailles stériles que le réformateur ose donner pour du froment. » Il montrera « que les insipides facéties du bouffon de Wittemberg » ne tombent que sur lui. Morus *se constitue le débiteur de ses lecteurs*, pour tous les points où le libelle du réformateur exige une réponse, sous peine, *s'il ne paye pas ses œufs*, de ne pas trouver mauvais que Luther dise de lui comme Horace du poëte au début ronflant : « Que nous donnera ce prometteur qui soit digne d'un tel éclat de voix [2]? »

Voici un curieux passage de l'écrit de Morus, d'après le-

---

[1] Hist. d'Anglet., Henri VIII, p 104.
[2] Œuvres latines, p. 61.

quel on a bien pu se méprendre sur l'intention de l'écrit tout entier. C'est un récit burlesque de la manière dont Luther est supposé s'y être pris pour répondre au livre de Henri VIII [1].

« Quand Luther eut reçu le livre du roi et qu'il l'eut goûté, ce mets salutaire parut amer à son palais corrompu. Ne pouvant le digérer et voulant faire passer son amertume en buvant, il convoqua son sénat de compagnons de bouteille. Là, bien qu'il eût mieux aimé que le livre restât enseveli dans d'éternelles ténèbres, après avoir affermi son esprit par de fréquentes libations, il se résigna à le produire aux yeux de l'assemblée. La lecture des premières pages commença à mordre toutes ces oreilles d'âne. Ils le ferment, le rouvrent, puis ils l'épluchent pour y chercher quelque passage à reprendre. Rien ne s'y montrait qui prêtât à la calomnie. Comme dans tous les cas difficiles, on alla aux opinions. Le sénat devint sombre, et déjà Luther pensait à s'aller pendre, lorsque Brixius le consola par cet adroit discours :

« Que leur importe ce qu'a écrit le roi d'Angleterre,
« et ce qu'il faut croire de la religion, à eux qui n'ont
« d'autre but que de provoquer des séditions et des tumultes,
« et d'y rendre leurs noms célèbres ? Que veulent-ils, sinon
« tirer de l'argent des simples et prendre plaisir à lire les
« écrits des hommes plus instruits qu'ils ont poussés dans la
« querelle ? En quoi peut leur nuire la vérité des paroles du
« roi et la réfutation de leur propre hérésie ? Que Luther
« réponde seulement à sa manière accoutumée, c'est-à-dire
« avec force injures et railleries. Qu'il ne se décourage pas ;
« surtout qu'il ne s'imagine pas qu'il faille combattre avec

---

[1] Œuvres latines, p. 61 *bis.*

« la raison. Des invectives, des outrages à toutes les pages,
« plus pressées que la neige, voilà les raisons qu'il faut
« donner ; Luther n'en manquera pas de reste, lui qui en
« possède une source inépuisable. Ce sont là des armes
« dont il frappera sûrement son ennemi, et qu'on ne re-
« tournera pas contre lui. Qui donc pourrait lutter contre
« Luther, lui qui tiendrait tête à dix des plus bavardes et
« des plus impertinentes commères? Les amis, d'ailleurs,
« ne lui manquent pas; qu'il prenne la plume, la victoire
« est à lui. »

« Cet avis rendit du cœur à Luther, qui déjà s'était échappé par la porte de derrière. Mais, comme il vit qu'il fallait encore plus d'injures que sa pratique habituelle ne lui en fournissait, il exhorta ses compagnons à aller chacun de leur côté, partout où ils pourraient faire provision de bouffonneries et de gros mots, et à lui rapporter tout ce qu'ils auraient ramassé en ce genre. C'est de cette farine qu'il voulait composer sa réponse. Ces ordres donnés, il congédie l'assemblée. Tous s'en vont l'un d'un côté, l'autre de l'autre, là où chacun est porté par ses goûts. Ils hantent les voitures, les bateaux, les bains, les maisons de jeu, les boutiques de barbier, les tavernes, les moulins, les maisons de prostitution. Là ils observent de tous leurs yeux, écoutent de toutes leurs oreilles, et consignent sur leurs tablettes tout ce qu'ils ont entendu dire de grossier aux cochers, d'insolent aux domestiques, de médisant aux portiers, de bouffon aux parasites, d'immonde à la courtisane, d'infâme aux baigneurs [1], etc... Après quelques mois d'une recherche assidue, tout ce qu'ils avaient ramassé de tous côtés d'injures, de mauvaises chicanes, de propos de saltimbanques, d'indécences, de cynisme, de boue, de fange, ils en chargent l'im-

---

[1] Aut cacator obscœnè loquutus sit.

pur cloaque qu'on appelle l'esprit de Luther. » Ici la traduction devient impossible [1].

Ces saletés, si elles avaient été écrites en manière de plaisanteries, et, comme dit le docteur Lingard, par amusement, souilleraient le caractère de Morus. Mais l'emportement du catholique en inspira les plus fortes, et c'est à cause de la passion sérieuse qui se cache sous ce misérable langage qu'on peut dire que l'esprit de Morus en a été seul souillé. Du reste, il y avait déjà dans cette âme un peu de la foi implacable qui relevait les bûchers en Allemagne et en France. Morus répandait contre Luther les premières amertumes de sa vie. Il avait laissé les livres profanes pour les livres de polémique religieuse, pour les Pères, qu'il lisait en avocat plus qu'en théologien, y cherchant des arguments contre la partie adverse plutôt que des raisons pour y nourrir sa propre doctrine. A sa conviction de catholique fervent se mêlaient des convictions de plaidoirie et de barreau, reste de ses mœurs d'avocat et des mauvaises habitudes de la profession. L'auteur de la lettre qui vengeait Érasme des haines des théologiens[2] était descendu lui-même dans l'arène pour y lutter de subtilité avec les plus subtils, de violence avec les plus violents. L'homme qui avait chassé d'Utopie les prédicans, les métaphysiciens et toutes les mœurs de l'école universitaire[3], se faisait métaphysicien et thomiste intolérant, ergoteur non plus sur des mots qui amenaient tout au plus des mêlées à coups de poings dans les écoles, mais sur des dogmes qui ôtaient la vie à des hommes. Ce retour vers l'intolérance attriste, mais n'indigne pas. Il semble que Morus défendît, dès lors, la foi romaine, comme le garant des espérances célestes qui al-

---

[1] Quum colluviem totam, in libellum istum convitiatorium per os illud impurum, velut comesam merdam, revomuit. C. 2.

[2] Lettre à Martin Dorpion.

[3] *Utopie*, p. 10 *bis*. C. 2.

laient être son dernier bien, le seul que devait lui laisser le dialecticien royal Henri VIII, raisonneur qui concluait par l'échafaud.

Cette sorte de fraternité d'armes dans la querelle religieuse qui troublait toute l'Europe avait ranimé tous les sentiments du roi pour Morus. Par un raffinement d'amitié, au lieu de l'envoyer chercher, c'est lui qui l'allait voir, soit dans sa maison de Londres, soit à Chelsea, venant souvent dîner sans être attendu, et s'exposant de bonne grâce à la fortune d'un modeste repas de famille. Après le dîner, Morus et son royal hôte faisaient de longues promenades dans le jardin. Henri, le bras appuyé sur l'épaule de son favori, avait avec lui des entretiens longs et animés qui faisaient faire mille conjectures à madame Alice et aux enfants, collés aux fenêtres pour voir et écouter les gestes des deux promeneurs. Après une de ces promenades, où le roi s'était entretenu pendant une demi-heure avec Morus, le bras familièrement passé autour de son cou, son gendre Roper le félicitait d'une marque d'amitié que le roi n'accordait pas même à Wolsey. Morus lui dit tristement : « Je trouve en effet, mon fils, que le roi est bien bon pour moi, et qu'il me témoigne plus de faveur qu'à aucun autre de ses sujets. Mais je puis bien vous le dire, à vous, il n'y a guère lieu de nous en vanter ; car, si ma tête pouvait lui faire gagner un seul château en France, il n'hésiterait pas à la faire tomber. » C'était la première fois que Morus laissait voir sa pensée secrète sur cette amitié mortelle, dans laquelle il s'engageait de plus en plus par les efforts mêmes qu'il faisait pour s'y dérober. Mais il n'avait plus ni la volonté de reculer, ni le pouvoir de ne pas aller plus avant. Le chrétien ardent devenait aussi nécessaire à Henri que le diseur de bons mots ; mais c'était pour un autre office qu'on allait avoir besoin de lui.

Quelque temps après la scène de Chelsea, Morus était nommé lord chancelier d'Angleterre.

VII

Disgrâce de Wolsey. — Discours d'installation du nouveau chancelier. — Le père de Thomas Morus préside à quatre-vingt-dix ans la cour du banc du roi. — Henri demande à Thomas Morus un avis favorable au divorce. — Refus de Morus. — Son application à ses devoirs judiciaires. — Caractère de sa justice. — La *requête des pauvres*. — Morus y répond. — Sa polémique contre Tyndall. — Il refuse un présent d'argent des évêques. — Sa démission de la charge de chancelier. — Il licencie sa maison. — Il fait son épitaphe.

Je n'ai point à raconter la disgrâce du cardinal Wolsey, ni les circonstances, assez compliquées, qui l'accompagnèrent. Il suffira de dire que l'administration qui remplaça le cardinal fut l'ouvrage d'Anne de Boleyn ; ce fut proprement le ministère du divorce et du nouveau mariage. Wolsey, d'abord opposé à l'un et à l'autre, puis, par amour de sa place, par crainte du danger qu'il courait en la perdant, réconcilié faiblement avec cette double intrigue, Wolsey avait succombé pour ne l'avoir pas toujours voulue et pour n'y avoir pas réussi après s'y être entremis. On cherchait qui pouvait le remplacer dans le titre et les fonctions de chancelier, le seul poste dont le roi n'eût pas disposé dès l'abord en formant la nouvelle administration. On ne voulait plus d'un homme d'église ; Wolsey avait dégoûté de ces ministres, sujets de deux maîtres, qui presque toujours vendaient l'un à l'autre. « Je crois bien, disait l'évêque de Bayonne, ambassadeur de France à Londres, que les prêtres ne toucheront plus aux sceaux. » Henri en était las ; outre qu'un haut dignitaire ecclésiastique eût été déplacé dans une administration nommée contre le pape, et dont le chef réel, dit malignement le même évêque, « était par-dessus tout mademoiselle Anne. »

Le roi jeta les yeux sur Thomas Morus. Celui-ci fit la faute d'accepter, en homme habitué à se laisser pousser où l'on avait besoin de lui, et à devenir ambitieux par la suggestion d'autrui. On l'avait choisi à deux fins : d'abord pour conjurer le parlement, avec qui l'on allait avoir de grands démêlés, ensuite pour attaquer sa conscience par sa reconnaissance. Il entra dans le ministère, avec une opinion arrêtée contre le divorce qui devait en être l'unique affaire, espérant peut-être que le roi serait guéri de sa fatale passion par l'impossibilité d'y convertir son royaume. Aussi bien, une première fois, Henri avait cessé un moment de voir Anne de Boleyn, et témoigné le désir de revenir à la reine.

Morus apportait aux affaires un esprit fatigué et une âme profondément triste. Au dehors, les guerres entre la France et l'Empire, les progrès de la réforme, les déchirements de l'Allemagne ; au dedans, cette malheureuse question du divorce, le remplissaient de soucis et de pressentiments. Un jour qu'étant à Chelsea il se promenait avec Roper sur les bords de la Tamise, il prit tout à coup le bras de son gendre, et, lui montrant le fleuve : « Il y a trois choses que je voudrais voir arriver, fils Roper, dussé-je à ce prix être mis dans un sac et jeté dans cette rivière. — Quelles sont donc ces choses, dit Roper, pour lesquelles vous donneriez votre vie? — Écoutez-moi, fils : en premier lieu, je voudrais qu'au lieu de la guerre qui divise en ce moment tous les princes chrétiens, nous eussions la paix universelle; en second lieu, que l'Église du Christ, en ce moment déchirée par les hérésies, rentrât dans l'unité de la foi catholique ; en troisième lieu, que le mariage du roi, qui cause tant de discussions, fût, pour la gloire de Dieu et la tranquillité de tout le monde, mené à bonne fin [1]. » Sur cette question du divorce et du mariage il s'était toujours abstenu de donner une opinion formelle, encore plus par charité chrétienne que par prudence ; mais, comme il avait une conscience où chacun pouvait lire sans qu'il parlât, Roper comprit ce que signifiait ce vœu discret d'une *bonne fin*.

C'était la première fois qu'on voyait les sceaux d'Angleterre donnés à un homme qui n'était ni noble ni prélat. Il fallut justifier cette nouveauté. On en chargea le duc de Norfolk, chef nominal du nouveau conseil, qui devait en cette qualité installer Morus. Aux éloges que fit le duc des vertus et du savoir qui compensaient dans le nouveau chancelier le désavantage de son peu de naissance, Morus répondit par d'humbles remercîments. « Il avait été forcé, comme Sa Majesté se plaisait à l'avouer, d'entrer à son service et de devenir courtisan. De toutes les dignités dont on l'avait comblé, la dernière et la plus haute était celle qu'il avait le moins désirée et qu'il acceptait avec le plus de répugnance. Mais telle était la bonté du roi, qu'il tenait compte du dévouement du moindre de ses sujets, et qu'il récompensait avec magnificence, non-seulement ceux qui en étaient dignes, mais ceux mêmes qui n'avaient pour tout mérite que le désir d'en être dignes. » Ces paroles, semblables en apparence à celles de tous les ambitieux qui semblent se résigner à ce qu'ils ont le plus envié, étaient sincères dans la bouche de Morus. Peut-être même y avait-il, dans cette phrase où il prenait le roi en témoignage de sa résistance à sa propre fortune, une vague prière de ne pas trop lui demander pour des fonctions acceptées par obéissance.

Son langage fut admirable de convenance et de courage, lorsque, se retournant vers le siége où il allait s'asseoir, et

---

[1] Life of sir Th. Morus, by his grandson.

d'où Wolsey était tombé, il dit avec une émotion qui passa dans toute l'assemblée :

« Mais, quand je regarde ce siége et que je considère quels grands personnages s'y sont assis avant moi; quand surtout je me rappelle l'homme qui l'a occupé le dernier, son étonnante sagacité, son expérience consommée, quelle fut sa haute fortune pendant quelques années, et comment il finit par une chute si triste, mourant sans honneur et sans gloire, j'ai quelque raison de regarder les dignités humaines comme choses de peu de durée, et la place de chancelier comme beaucoup moins désirable que ne le pensent ceux qui m'en voient honoré. C'est pour cela que j'y vais monter comme à un poste plein de travail et de dangers, dépourvu de tout honneur véritable et solide, et d'où il faut d'autant plus craindre de tomber que l'on tombe de plus haut. Et, en vérité, je trébucherais dès le premier pas si je n'étais soutenu par la bonté du roi et rassuré par les marques d'estime que je reçois de vous. Sans cela ce siége ne me sourirait pas plus qu'à Damoclès l'épée suspendue sur sa tête par un crin de cheval, lorsque, assis sur le trône de Denys, tyran de Syracuse, il s'oubliait dans la bonne chère d'un festin royal. Au reste, il est deux choses que j'aurai toujours devant les yeux : d'une part, que ce siége sera pour moi honorable et glorieux si je remplis mes devoirs avec zèle, diligence et fidélité; d'autre part, qu'il peut arriver que la jouissance en soit courte et incertaine : or mon travail et ma bonne volonté devront m'assurer la première chose; l'exemple de mon prédécesseur m'édifiera sur la seconde. Qu'on juge maintenant combien doivent me plaire et la dignité de chancelier et les éloges du noble duc[1]. »

Ce fut un spectacle touchant de voir, dans le palais de

---

[1] Life of sir Thomas Morus, by his grandson.

Westminster, les deux plus grandes chambres du royaume, celle de la justice du banc du roi, et celle des lords, présidées, l'une par le père, et l'autre par le fils. Le père de Morus était alors âgé de quatre-vingt-dix ans. Tous les jours, avant d'aller remplir sa charge, le chancelier demandait à genoux la bénédiction du vieillard, lequel eut le bonheur de mourir, son fils étant encore en charge, sans que ses derniers moments fussent troublés par la crainte de cette chute à laquelle le successeur de Wolsey se tenait prêt.

A peine Morus fut-il en possession de sa charge que le roi vint lui en demander le prix. Il s'agissait de se prononcer pour le divorce. Henri usa d'adresse. Au lieu d'exiger une adhésion immédiate, il se contenta de recommander la matière à ses méditations, comme s'il se fût agi, non d'ouvrir à la maîtresse le lit de la femme légitime, mais de mettre d'accord le Lévitique avec saint Paul. Morus, qui comprit où en voulait venir le roi, se jetant à ses genoux, le pria de lui continuer ses bonnes grâces d'autrefois, ajoutant que rien au monde n'avait été si sensible à son cœur que de ne rien trouver dans cette affaire où sa conscience lui permît de satisfaire Sa Majesté. Il lui rappela le serment qu'il lui avait fait tenir, en le prenant à son service, de penser d'abord à Dieu, et, après Dieu, au roi, ce qu'il avait toujours fait et ferait toujours. Henri, déconcerté, le releva, et, cachant son dépit sous des paroles de bienveillance, il lui répondit gracieusement que, s'il ne pouvait pas, en conscience, le contenter sur cela, ses services lui seraient toujours agréables en toute autre chose; il ajouta que, tout en prenant, sur cette question, les avis de ceux de ses conseillers dont les consciences pouvaient s'accorder avec son sentiment, il lui garderait sa faveur accoutumée, et ne le troublerait plus de ce sujet.

Morus, un moment délivré, se renferma dans les devoirs judiciaires de sa charge. Il n'assistait jamais aux conseils où s'agitait la redoutable question du divorce, et ne prenait aucune part à la direction générale des affaires, abaissant cette haute position de chancelier que Wolsey avait élevée au niveau du trône, se mettant à l'ombre, dérobant derrière le magistrat affairé le catholique austère de qui l'Angleterre attendait un avis dans une question qui agitait toute l'Europe. Mais Morus était un de ces hommes qui ne peuvent pas se cacher, et dont la conscience, ayant longtemps réglé celle du public, ne peut se taire dans les circonstances graves sans être interpellée de toutes parts. Il allait être trahi par l'estime de toute l'Angleterre, et, quoiqu'il n'eût laissé rien voir de sa pensée, l'opinion publique, habituée à y lire, ne permettait déjà plus au roi de ne pas s'inquiéter de son silence. Tel était le malheur de sa position, que ce silence même, loin de diminuer la responsabilité morale de Henri, comme le voulait Morus en bon chrétien et en sujet fidèle, nuisait plus au roi qu'une opposition déclarée, par la façon dont on l'interprétait dans le public. La faute de la position devint le crime de l'homme.

Le soin presque exclusif que Morus donnait aux affaires purement judiciaires rendit à la justice publique l'activité qu'elle avait perdue sous Wolsey, qui n'était ni un juriste ni un homme de détail. Les procédures qui s'éternisaient sous son administration, plus brillante que solide, furent reprises et menées avec vigueur par Morus. Le nouveau chancelier mit à flot toutes les affaires laissées en suspens, et donna une impulsion forte et utile à tous les corps de la judicature, lesquels s'étaient relâchés, faute d'un contrôle supérieur. Comme magistrat, nul ne porta plus loin que lui les vertus de sa profession, probité, intégrité, vigilance. Dans des temps réguliers, où la promptitude et la sûreté des jugements auraient été comptées comme un des plus grands biens dans un vaste État, l'administration de Morus eût été assez utile et assez glorieuse pour qu'on lui reconnût le droit de s'abstenir dans toute autre affaire. Mais, dans l'état des esprits et de la civilisation d'alors, son application aux devoirs de sa place ne fut pas appréciée, et nul ne lui en tint compte, si ce n'est peut-être quelques clients qui languissaient après une décision, et qu'il retira des mains de la justice subalterne. La nation, qui l'attendait ailleurs, lui sut à peine gré d'avoir rendu des services qu'on ne lui demandait pas.

Dans les cas où la loi et le bon sens étaient d'accord, Morus montrait la seule qualité qu'on exige du magistrat, la promptitude. Dans ceux où le bon sens était offensé par la loi, il tempérait l'une par l'autre. Dans les cas imprévus, il avait une sorte d'équité ingénieuse, à la manière de Salomon, plus piquante qu'élevée, et marquée, si cela peut se dire, d'un peu de rusticité. On en citait des traits qui reportent l'esprit aux temps antiques. Un joli chien, volé à une pauvre femme, avait été vendu à lady Morus. La véritable maîtresse de l'animal, ayant su où il était, se présenta devant le chancelier, alors en pleine audience, et se plaignit de ce que lady Morus retenait son chien. Le chancelier fit aussitôt appeler sa femme. Il prit le chien dans ses mains, et, faisant placer lady Morus au haut bout de la salle, à cause de son rang, et la pauvre femme au bas bout, il leur dit à toutes les deux d'appeler le chien. L'animal, entendant la voix de sa première maîtresse, courut aussitôt à elle. « Le chien ne vous appartient pas, dit Morus à sa femme : il faut vous en consoler. » Comme elle réclamait contre ce jugement, le chancelier acheta le chien trois fois sa valeur, ce qui mit tout le monde d'accord.

N'étant encore que sous-shérif de la cité de Londres, il avait remarqué, en assistant aux sessions de Newgate, un vieux juge qui grondait toujours les pauvres gens dont on avait coupé la bourse, disant que c'était leur faute si l'on voyait tant de voleurs aux assises. Morus envoya chercher un des plus habiles coupeurs de bourse de la prison de Newgate, et lui promit de parler pour lui s'il voulait enlever la bourse du vieux juge, à l'audience du lendemain. Le voleur consentit à tout. Le lendemain, au commencement de la séance, son affaire est appelée. Il dit qu'il est sûr de prouver son innocence, si on lui permet de parler en particulier à l'un des juges. On lui demande lequel. Il désigne le vieux censeur des gens volés. A cette époque, on portait sa bourse suspendue à la ceinture. Pendant que, penché à l'oreille du juge, il l'amusait par des aveux, il lui coupe habilement sa bourse, et revient à sa place avec beaucoup de solennité. Morus, prenant alors la parole, demande aux juges de vouloir bien faire l'aumône à un pauvre diable qui se trouvait là. Lui-même donne l'exemple. Tous mettent la main à leur bourse. Le vieux juge, ne trouvant pas la sienne, s'écrie qu'on la lui a volée. — « Eh quoi! dit plaisamment Morus, est-ce que vous nous accuseriez de vous avoir volé? » — Le bonhomme commençant à se fâcher, Morus fait appeler le filou, lui reprend la bourse, et la rendant au vieux juge : « Je puis vous conseiller, dit-il, d'être moins sévère pour les pauvres gens qui se laissent couper leur bourse, puisque vous vous laissez prendre la vôtre en pleine audience[1]. »

Outre ses devoirs judiciaires, Morus continuait en son nom la polémique religieuse qu'il avait engagée sous un nom supposé avec Luther. Divers ouvrages de doctrine l'avaient signalé depuis ce débat au ressentiment des réformés. Avant son élévation au poste de chancelier, il avait publié une piquante réponse à un ouvrage contre les moines, intitulé la *Requête des pauvres*. Dans ce livre, les pauvres se plaignaient que les charités qui leur étaient destinées fussent dévorées par des moines fainéants. Ils opposaient les be-

---

[1] Life of sir Th. Morus, by his grandson, p. 37 et 177.

soins des vrais pauvres à la grasse oisiveté de ces pauvres de nom, et, poussant l'attaque jusqu'au saint-siége, ils prétendaient que les papes étaient condamnables, puisqu'en n'ouvrant le purgatoire qu'à ceux qui font des dons, ils en excluaient les âmes des pauvres tant affectionnés du Christ. La réponse de Morus était une sorte de contre-requête *des âmes du purgatoire*. Il y décrivait les souffrances de ces âmes, et le bien que leur faisaient les messes des moines. Il défendait avec beaucoup de preuves la croyance au purgatoire que la *Requête des pauvres* mettait en doute. Il importait à l'avocat des moines de sauver le purgatoire, dans l'institution duquel ceux-ci jouaient le rôle d'intermédiaires entre les âmes rachetables et Dieu. Morus fut réfuté. Il riposta. La prose anglaise y gagnait, à défaut d'autre résultat. Morus la manie dans ces écrits avec fermeté, vivacité, quelquefois avec éclat, et, sous ce tissu de phrases longues, chargées d'incidentes, manquant de proportion et de grâce, on voit se former cet idiome anglais dont la liberté fera une des plus belles langues politiques qu'aient parlées les hommes.

Depuis cette première querelle, la dispute était devenue plus générale. Des réformés anglais, retirés à Anvers pour échapper à la justice sévère dont les conciles armaient les évêques, inondaient l'Angleterre de livres et de pamphlets où tout le catholicisme romain était bouleversé. Un des plus hardis, Tyndall, avait fait grand bruit par un ouvrage qui touchait avec scandale à tous les points de la foi. Morus, alors chancelier d'Angleterre, engagea avec lui une polémique qui ferait la matière de six volumes. Une moitié seulement parut pendant qu'il était chancelier; l'autre ne fut écrite et publiée qu'après sa sortie de charge. Les questions y sont traitées avec plus de doctrine, de profondeur et de sévérité, que dans la *Requête des âmes du Purgatoire*, ouvrage qui sent plus la plaidoirie que la théologie.

On retrouve dans la réfutation du livre de Tyndall ce sel grossier, cette ironie plus vive que délicate, et ces inévitables bons mots dont Morus farcit tous ses ouvrages; mais une certaine colère s'y fait sentir, sourde et cachée; et, pour parler comme Érasme, la superstition s'y montre déjà plus que la foi. C'en est fait, Morus n'est plus libre. Il commençait à se passionner plus contre les hommes que pour la cause, signe trop certain que cette belle et noble intelligence allait glisser de la foi dans le fanatisme. Morus était arrivé à cette limite suprême du raisonnement, où l'idée de contraindre ses adversaires par la force se mêle à l'idée de les convertir par la raison, et où il semble que la main qui tient la plume soit impatiente de prendre la hache. Il était chancelier d'Angleterre et l'homme le plus puissant du royaume après le roi : allait-il être tenté de déployer la force? Allait-il se souiller par des meurtres? L'humilité de jour en jour croissante du chrétien n'allait-elle être pour Morus, comme pour tant d'orthodoxes impitoyables, qu'un leurre de la conscience qui cache à l'homme l'orgueil de son esprit? La postérité devait-elle dire de Morus, assassiné juridiquement par Henri VIII, que, comme il avait tiré l'épée, il devait périr par l'épée? Ne devançons pas les événements.

C'est dans les courts instants de relâche que lui laissait sa place de chancelier, accrue à dessein de mille devoirs inconnus à ses prédécesseurs ; c'est la nuit, dans le temps pris sur son sommeil, que Morus écrivait ses réponses à Tyndall. Elles étaient fort lues et fort goûtées. Morus voulait-il, en se renfermant dans les choses de pur dogme, se faire libérer de toute compétence en une matière mêlée de politique, comme était le divorce du roi, et, par ses immenses travaux de magistrat et d'antagoniste des protestants, faire croire à l'Angleterre qu'il ne pouvait guère avoir un avis dans une affaire qu'il n'avait pas le temps d'étudier? Quoi qu'il en soit, l'impression générale qui resta de ses écrits, fut que l'homme qui savait si bien lire au fond des choses sacrées, était le seul capable de résoudre les contradictions des textes, dans la question du divorce. Plus Morus faisait d'efforts pour échapper à la compétence que lui déférait l'Angleterre, plus l'Angleterre lui trouvait de droits à s'en emparer. Placé entre deux tyrans impitoyables, le roi et l'opinion, l'un qui voulait sa honte, l'autre qui lui imposait une désobéissance glorieuse, Morus ne dut-il pas penser pour la première fois à s'en délivrer par le martyre?

Sa place de chancelier, la plus lucrative de tout le royaume, entre les mains d'un homme qui en eût accepté tous les petits profits détournés et illicites, tels que présents et épices de clients; cette place, volontairement réduite par Morus au traitement qu'il recevait du roi, l'avait laissé pauvre comme auparavant. Les évêques d'Angleterre, pour la plupart ardents catholiques, et dont quelques-uns même avaient usé contre les hérétiques des lois portées par les conciles, se cotisèrent pour offrir à Morus une somme de huit mille livres [1]. C'était, disaient les prélats, une faible récompense des services qu'il rendait à l'Église et des longues veilles qu'il dépensait à ses ouvrages. Morus reçut la députation des évêques avec de grands témoignages de reconnaissance; mais il refusa l'argent. Les évêques voulurent offrir quelque présent à lady Morus et aux enfants. « N'en faites rien, milords, s'écria le chancelier; j'aimerais mieux voir jeter tout cet argent dans la Tamise, que moi ou quelqu'un des miens nous en prissions un sou. Votre offre me fait le plus grand honneur, milords; mais j'estime si fort mon plaisir et si peu mon intérêt, que, pour beaucoup plus d'argent que vous ne m'en offrez, je ne voudrais pas avoir perdu le repos de tant de nuits passées dans ces travaux. Et pourtant, ajouta-t-il avec tristesse, je voudrais voir tous mes ouvrages brûlés et

---

[1] Life of sir Th. Morus, by his grandson, p. 174.

tout ce travail jeté au vent, si je pouvais obtenir à ce prix que toutes les hérésies eussent disparu. »

Henri VIII, autrefois le frère d'armes de Morus dans la défense de la papauté, ne pouvait guère lui savoir gré de son zèle catholique depuis qu'il s'était tourné lui-même contre le pape. Les choses n'en étaient pas encore au point où elles en vinrent plus tard, quand on vit saint Thomas de Cantorbéry accusé de lèse-majesté, et ses os enlevés de leur châsse et brûlés en place publique ; mais c'était déjà hautement déplaire au roi, que de soutenir l'orthodoxie catholique dans un moment où le chef de cette orthodoxie était brouillé avec lui. La place n'allait plus être tenable pour Morus.

Henri, ne pouvant le faire parler, voulut du moins l'amener à une épreuve où son silence ne pût être qu'un acte de rébellion ou un acte de lâcheté. Il convoqua le parlement pour lui demander le subside de noces. Avant d'obtenir l'argent, il importait d'abord de détruire l'effet d'un bref du pape, publié récemment en Flandre, par lequel il était défendu à tous les archevêques, évêques, cours ou tribunaux, de rendre aucun jugement dans l'affaire du divorce. Il fallait répondre à ce bref par la lecture des consentements extorqués aux universités de Cambridge et d'Oxford sur la légalité du divorce, et vanter en plein parlement le zèle d'hommes pour la plupart intimidés ou corrompus. C'était là l'épreuve où l'on attendait Morus. Forcé, comme président de la chambre des lords, d'aller aux communes, avec un cortége de nobles et d'évêques, lire ces adhésions arrachées ou vendues, et en faire l'éloge comme d'opinions libres, il s'acquitta de sa charge froidement, avec gravité, mais sans rien laisser pénétrer de sa pensée. Ce n'était ni de la révolte ni de la soumission, et Morus avait tiré sa conscience du piége que lui tendait Henri. Toutefois, ce rôle était trop équivoque pour un homme de tant de droiture, et cette épreuve trop menaçante pour que Morus la regardât comme la dernière. Il songea donc à se démettre de sa place.

Il s'en ouvrit au duc de Norfolk, qui était de ses amis jusqu'à ce qu'il fût de ses juges, et il le pria de communiquer sa résolution au roi, alléguant quelques infirmités qui le rendaient incapable des fatigues de son office. Le duc, pensant qu'il y avait plus de péril à sortir qu'à rester, essaya de le faire changer d'avis. Il lui parlait en ami, car il n'y allait pas encore de sa sûreté à se tourner contre lui, et il voulait sincèrement le voir rentrer dans les bonnes grâces du roi. Morus fut inflexible. Toutefois, pour éviter jusqu'au bout l'apparence d'une guerre, il pria le duc d'obtenir du roi la permission de venir remettre les sceaux entre les mains royales, voulant ainsi se montrer obéissant et fidèle jusque dans un acte que la cour allait qualifier de désertion.

Henri reçut les sceaux avec grâce, et congédia Morus avec beaucoup d'éloges et de remercîments pour tous ses bons services.

Morus crut avoir obtenu du roi une sorte de pardon pour l'acte le plus honnête et le plus ferme de sa vie. Il s'en trouva si soulagé et si libre d'esprit, qu'il reprit tout à coup sa gaieté et cette humeur particulière qui tirait des sujets de plaisanterie des choses les plus sérieuses. On le vit dans la manière dont il annonça sa démission à lady Morus. C'était un samedi que l'ex-chancelier avait été reçu par le roi. Le lendemain, qui était un jour de fête, peu de personnes sachant encore ce qui s'était passé, il alla entendre la messe dans l'église de Chelsea avec sa femme, ses gendres et ses enfants. C'était l'usage, la messe finie, qu'un des gentilshommes du chancelier allât trouver lady Morus à son prie-Dieu et l'avertît du départ du chancelier. Cette fois, ce fut Morus lui-même qui vint en personne au prie-Dieu de sa femme, et qui lui dit, en faisant une profonde révérence, le bonnet à la main : « S'il plaît à votre seigneurie, milady, de vous en venir, milord chancelier n'est plus ici. » Celle-ci ne comprit rien à ces paroles, et crut que son mari plaisantait; mais Morus, prenant un ton triste, lui dit qu'il n'était que trop vrai qu'il venait de quitter sa charge, et que le roi avait bien voulu accepter sa démission. Lady Morus se tut d'abord ; puis, le caractère l'emportant : « Chansons, chansons, que tout cela ! s'écria-t-elle. Et que comptez-vous donc faire, monsieur Morus? Voulez-vous donc rester au coin de votre feu à tracer des figures dans la cendre? Croyez-moi, il vaut mieux gouverner qu'être gouverné. »

Il y eut une conversation sur ce ton aigre jusqu'à la maison de Chelsea, que Morus croyait posséder pour la première fois. Lady Morus était une femme mondaine, pour qui descendre du rang de femme du chancelier d'Angleterre au rôle de mère de famille dans la maison d'un homme disgracié, était un coup mortel. Elle blâmait donc avec amertume la conduite de son mari, qui n'avait jamais songé, disait-elle, étant chancelier, à pourvoir ses enfants, et qui quittait sa charge sans se soucier de leur avenir, préférant son loisir à sa famille. Morus, pour rompre ce sujet, se mit à critiquer sa toilette et à railler la pauvre femme du peu de soin qu'elle prenait de sa personne. Il n'en fallut pas plus pour arrêter court lady Morus. Oubliant la démission pour ne penser qu'à ce nouveau grief, elle se tourna vers ses filles, et, leur renvoyant le reproche, se plaignit qu'elles n'eussent pas remarqué ce qui manquait à sa toilette. Les filles répondirent qu'elles n'y voyaient rien à reprendre. « Eh quoi! dit Morus en riant, ne voyez-vous pas que le nez de votre mère est un peu de travers? » Lady Morus ne tint pas à ces derniers mots, et, quittant brusquement son mari et ses filles, elle rentra seule à la maison[1].

---

[1] Life of sir Th. Morus, by his grandson, p. 186.

Bientôt il rassembla ses principaux serviteurs, dont quelques-uns étaient de bonne famille et gens de mérite ; il leur dit qu'il ne pouvait plus les garder, quelque désir qu'il en eût, mais qu'il ferait tous ses efforts pour les placer à leur contentement. Ceux-ci, les yeux en larmes, répondirent qu'ils aimaient mieux le servir gratuitement que d'autres aux plus belles conditions. Morus les consola, et après quelques jours, il les plaça tous honorablement, les uns chez des évêques, les autres chez des lords. Il donna sa barque avec les huit rameurs à milord Audeley, qui lui succéda aux sceaux. Il fit présent de son fou Patenson au lord-maire de Londres, à condition qu'il serait le fou de la maison de ville et non de l'homme, et que chaque année il appartiendrait au nouveau lord-maire : disposition singulière, qui prouve que les fous étaient des objets de luxe plutôt que d'amusement, puisqu'ils pouvaient ainsi appartenir successivement à plusieurs maîtres.

Sa maison licenciée, il s'occupa de faire descendre le train de sa vie au niveau de ses ressources. Il appela devant lui tous ses enfants et leur demanda s'ils pensaient qu'avec le peu qui lui restait de bien il pût continuer de les garder avec lui, comme c'était son plus cher désir. Les voyant tous silencieux et aucun ne donnant un avis : « C'est donc moi, leur dit-il, qui vous ouvrirai mon cœur là-dessus. J'ai passé tour à tour par le régime d'Oxford, par celui de l'école de la chancellerie, puis par Lincolns'Inn, puis par la cour du roi, depuis la condition la plus humble jusqu'aux plus hautes dignités de l'État. De tout cela, il ne m'est resté guère plus de cent livres sterling de revenu annuel. Si donc nous voulons rester ensemble, il faut que chacun y mette un peu du sien. Mais voici mon conseil : ne nous laissons pas tomber tout d'abord au régime d'Oxford, ni à celui de l'école de la chancellerie. Commençons par la diète de Lincolns'Inn, dont s'accommodent très-bien des personnes de grand mérite, distinguées, et d'un âge avancé. Si nos ressources n'y suffisent pas, l'année suivante nous nous rabattrons jusqu'au régime d'Oxford, dont se trouvent à merveille certains pères et docteurs très-âgés et très-doctes qui y vivent dans de continuels entretiens. Si cela même est encore trop pour nos bourses, eh bien! nous irons la besace au dos, tendant la main ensemble, avec l'espoir que quelque âme charitable nous fera l'aumône, et nous chanterons devant la porte de chacun un *Salve Regina!* De cette sorte, nous ne nous séparerons point et nous nous consolerons mutuellement. »

La première chose que fit Thomas Morus, rentré dans la vie privée, fut de se préparer un tombeau. Il y fit transporter les cendres de sa première femme, et attacher sur la muraille, au-dessus, une feuille de marbre noir sur laquelle on grava cette singulière épitaphe, composée par lui, en manière de brève histoire de sa vie :

« Thomas Morus, de la ville de Londres, né d'une famille qui n'était pas noble, mais honorable, quelque peu versé dans les lettres, ayant plaidé pendant une partie de sa jeunesse, et rendu la justice dans sa ville en qualité de shériff, fut appelé à la cour par l'invincible roi Henri VIII, — le seul de tous les rois qui ait eu la gloire, jusqu'alors inouïe, d'être appelé à juste titre le défenseur de la foi, rôle qu'il remplit doublement avec l'épée et la plume ; — admis dans son conseil, créé chevalier, trésorier et bientôt après chancelier de Lancastre, enfin, par une étonnante faveur de ce prince, chancelier d'Angleterre. Dans l'intervalle, il fut choisi par le sénat du royaume (la chambre des communes), pour être orateur du peuple (assez hardie explication du titre de *Speaker*), ambassadeur du roi en différents pays, et, en dernier lieu, adjoint en qualité de collègue, dans l'ambassade de Cambrai, au chef de la légation Cuthbert Tunstall, alors évêque de Londres et bientôt après de Durham ;

le monde n'a pas aujourd'hui un homme plus savant, plus sage, ni meilleur[1]. — Il (Morus) vit avec joie un résultat auquel il contribua, comme ambassadeur, les traités refaits entre les plus puissants monarques du monde, et la paix, si longtemps désirée, rendue à l'univers. Puissent les dieux l'affermir et la rendre éternelle !

« Quam superi pacem firment, faxintque perennem!

« Durant cette carrière d'emplois et d'honneurs, où il se conduisit de telle sorte que son excellent roi voulut bien ne pas être mécontent de ses services, et qu'il ne fut ni odieux à la noblesse, ni désagréable au peuple, mais seulement *fâcheux* aux voleurs, aux homicides et aux *hérétiques*, son père, Jean Morus, chevalier, l'un des juges du banc du roi, homme civil, agréable, inoffensif, doux, miséricordieux, juste et intègre, alors accablé d'années, mais d'un corps merveilleusement alerte pour son âge, voyant qu'il avait eu assez de jours pour être témoin de l'élévation de son fils au poste de chancelier, et pensant qu'il était resté assez longtemps sur cette terre, s'envola plein de joie dans le ciel. Le vieillard mort, son fils, qui, comparé à lui encore vivant, était qualifié de jeune homme, et croyait l'être à ses propres yeux, cherchant ce père qu'il avait perdu, et regardant ses quatre enfants et ses onze petits-enfants, commença à se trouver vieux. Cette disposition fut augmentée par une souffrance de poitrine qui suivit cette perte et qui fut comme un signe des approches de la vieillesse. C'est pourquoi, rassasié de toutes les choses mortelles, il demanda une faveur qu'il avait toujours souhaitée depuis son enfance, celle d'avoir sur la fin de sa vie quelques années libres, pendant lesquelles, s'arrachant insensiblement aux affaires de la vie présente, il pût

---

[1] Tunstall, quoique ayant reçu plusieurs faveurs de Henri VIII, eut le courage de protester contre la prétention du roi au titre de chef spirituel de l'Église catholique d'Angleterre — Lingard, Henri VIII, 258.

méditer sur l'éternité de la vie future; il l'obtint enfin de l'incomparable bonté du plus bienveillant des princes, aux mains duquel il résigna tous ses honneurs. Il s'est fait élever ce tombeau près des cendres de sa première femme, afin de se souvenir de la mort qui fait tous les jours quelques pas vers lui. Et maintenant, pour que ce tombeau n'ait pas été préparé en vain, pour que celui qui doit y reposer ne s'effraye pas de la mort prête à fondre sur lui, mais bien plutôt pour qu'il la reçoive avec plaisir de la volonté de Jésus-Christ, et qu'il trouve moins une mort que la porte d'une vie plus heureuse, excellent lecteur, dites une pieuse prière pour lui vivant et pour lui mort[1]. »

Il ne faudrait pas conclure du rapprochement de deux dates, celle de sa sortie de charge et celle de son épitaphe, qu'il se considérât dès lors comme un homme mort. Il y aurait de l'exagération à le dire. L'historien et le biographe doivent savoir se priver de l'effet fastueux d'un synchronisme pour rester fidèles à la vérité. Beaucoup de chrétiens, à cette époque, faisaient construire leur tombeau de leur vivant; ils n'attendaient pas l'approche des catastrophes pour s'occuper de leur mort, dans un temps où la mort effrayait peu, « n'étant que la porte d'une vie plus heureuse. » Mais si ces apprêts funéraires ne prouvent pas que Morus se crût menacé, dès ce temps-là, de mourir de mort violente, on ne le voit pas sans un serrement de cœur y préparer à son insu sa pensée, et, des deux dates fatales, la première, 14 juin 1532, être si près de celle de sa mort, 6 juillet 1535!

---

[1] Il envoya cette épitaphe à Érasme, en lui annonçant sa démission. — Correspondance d'Érasme, 1441-1442.

VIII.

La réhabilitation. — Mes premiers doutes sur la vérité du reproche fait à Thomas Morus d'avoir fait couler le sang des protestants. — Jugements de Burnet, de Hume, de Voltaire, de Mackintosh. — Témoignage d'Érasme. — Sévérité des opinions catholiques de Morus. — L'opinion générale et la légalité l'autorisent à frapper les protestants. — Il résiste à sa propre logique et à la provocation universelle. — Sa déclaration. — Histoire de Frith. — Polémique avec le *Pacificateur*. — Les combats intérieurs de Morus. — En quoi son inconséquence est plus glorieuse que la logique de certains hommes.

On vient de lire, dans l'épitaphe de Morus, cette phrase si expressive : « Il fut *fâcheux* aux voleurs, aux homicides et aux *hérétiques*. » Dans quel sens faut-il entendre le mot *fâcheux*? Est-ce la froide confession d'un catholique austère qui croit n'avoir été qu'un *fâcheux* pour les gens qu'il a fait mourir? ou bien n'est-ce que l'expression exacte et littérale de la conduite de Morus envers les protestants? Aurons-nous à accuser le magistrat d'avoir été plus rigoureux que les lois, ou bien à louer l'homme de leur avoir refusé toute la rigueur qu'elles exigeaient du magistrat? J'ai hâte de dire que ce second rôle fut celui de Morus, et que, des faits qui vont suivre, résultera sa complète réhabilitation. Qu'on me pardonne la confiance avec laquelle je l'annonce d'avance; je suis moins pressé de me faire honneur des preuves que j'en ai trouvées, que d'en faire profiter la vérité; je suis bien moins heureux de pouvoir renverser une opinion accréditée, que de laver la noble vie de Morus du crime d'avoir versé le sang.

Morus est un de ces hommes plus solides que brillants, dont le trait distinctif est l'unité du caractère. Ils sont faciles à comprendre et à expliquer, parce qu'ils ne varient point. Soit que leur caractère contienne leur esprit, soit que cet esprit échappe à la mobilité par le manque d'étendue, ils ne sont pas sujets à ces contradictions où tombent certains hommes supérieurs, chez qui l'esprit domine le caractère. Ces derniers, vivant plus au dehors qu'en eux-mêmes, plus mobiles que le vent qui souffle, ne peuvent pas se passer de la faveur de l'opinion ; si elle change, ils la suivent, sans souci de se contredire, moins pour les profits du changement que par l'impossibilité d'être seuls et de ne penser que pour eux-mêmes. Tel n'est point Morus. Sauf dans les dix années données aux lettres et aux soins de la fortune, pendant lesquelles cet esprit si accoutumé à vivre avec lui-même est un moment mêlé à tout le monde, et plie sous ce vent de réforme et de doute qui soufflait sur toute l'Europe, Morus représente le catholique immuable, restant debout au milieu de la chute de l'Église universelle, comme Caton sur les ruines de la vieille république. Plus il avance dans la vie, plus il se retire en lui, plus il enlève de ses actions et de ses pensées aux influences extérieures, plus il se renferme dans sa foi, plus il est un.

Outre l'ardeur catholique, un autre trait distingue Morus et rend aimable l'austère apologiste de l'Église de Rome : c'est la bonté, aussi constante que la foi, et qui devait empêcher la foi de devenir cruelle ; une bonté encore plus de réflexion que d'abandon, une sorte d'équité bienveillante, appliquée à toutes les choses de la vie. Dans l'histoire de Morus, l'homme débonnaire et le catholique fervent marchent du même pas ; l'homme débonnaire, pour tempérer le catholique fervent, celui-ci pour préserver celui-là des faiblesses et des chutes.

C'est sous ce double aspect que Morus m'était apparu tout d'abord, dès mes premières recherches. C'est encore le catholique inflexible et l'homme bon que je retrouve après toutes mes lectures achevées, maintenant que, recueillies çà et là, ces mille notes s'animent, prennent un corps, un visage et une âme que j'aime comme s'ils étaient d'un ami. Plein de mon idée, j'éprouvai au début une de ces angoisses que connaissent, pour avoir passé par là, ceux qui poursuivent dans des recherches historiques la découverte d'une vérité, d'une convenance éloignée entre les actions d'un personnage et son caractère, d'une de ces harmonies éternelles de la nature humaine qui se dérobent souvent à une première vue sous les ténèbres des témoignages contradictoires. Où trouver la part de l'homme bon dans ces supplices reprochés à Morus par Burnet, par Voltaire, par Hume, par le grave Mackintosh, si judicieux et si calme, qui explique le reproche, mais qui l'admet?

J'avais beau tenir compte du préjugé philosophique dans Voltaire et Hume, d'un peu d'incurie et de facilité à s'en rapporter à l'opinion commune dans Mackintosh, de la partialité protestante dans Burnet; l'excès de sévérité de leurs jugements infirmait-il nécessairement le fait qui y donnait lieu? Sans être « plus zélé pour l'Église romaine et plus persécuteur qu'aucun inquisiteur du saint-office, » comme le peint l'historien Hume; ni « un barbare digne du dernier supplice pour les cruautés qu'il avait commises étant chancelier, et non pas pour avoir nié la suprématie de Henri VIII, » comme le représente Voltaire; ni « superstitieusement dévoué aux passions et aux intérêts des gens d'église, jusqu'à faire torturer et battre de verges, dans sa propre maison, les hérétiques, avant de les envoyer au bûcher, » comme l'en accuse à regret Burnet, copié par tous les historiens postérieurs, Morus ne pouvait-il pas avoir succombé à la tentation de frapper?

Dans l'humble vie de l'écrivain, ce sont là des peines d'esprit qui l'attristent, qui le poursuivent jusqu'au milieu des siens, comme s'il s'agissait de quelque proche parent souillé d'une grande faute, et qu'il y eût une solidarité morale entre le biographe et son héros. Je portai plusieurs jours le poids de cette incertitude, ne pouvant pas me résoudre à adhérer, même sous la caution d'historiens illustres, à l'opinion qui faisait de mon image aimée un de ces hommes violents et communs dont les révolutions abondent, et du chancelier Morus le sanglant contradicteur de l'utopiste Morus. Enfin, las d'un doute qui devenait presque une souffrance, je commençai à incliner vers une sorte de transaction. Le fait n'est que trop vrai, me disais-je; il ne me reste plus qu'à le décharger de toutes les interprétations passionnées des historiens, et à réhabiliter Morus, non de sa faute, mais des aggravations de leur point de vue personnel et de la morale particulière au nom de laquelle ils l'ont accusé. Déjà je ne feuilletais plus les vieux livres que d'une main découragée, lorsque je tombai sur le passage suivant de la correspondance d'Érasme :

« Ce fut pourtant une assez grande preuve d'une clémence singulière que, sous sa chancellerie, personne ne perdit la vie pour les nouvelles croyances, quoi qu'il y eût, dans les deux Germanies et en France, de nombreux exemples de gens punis pour ce fait du dernier supplice [1]. »

Cette affirmation, si positive, me rendit toute mon ardeur. J'avais à opposer à Burnet, prélat protestant, écrivain sage, mais intéressé à charger les portraits des persécuteurs de l'Église naissante d'Angleterre, le témoignage d'Érasme, mi-catholique, mi-protestant, peut-être d'une parole moins sûre que celle de Morus, mais d'un caractère qui le portait plutôt à atténuer qu'à mentir, et à expliquer qu'à nier. Au lieu de nier les rigueurs de son illustre ami, Érasme ne

[1] Lettres, 1811, A. B.

pouvait-il pas trouver, dans l'entraînement de l'époque, de quoi les pallier? Il était tout près de l'événement; il avait un commerce suivi de lettres avec Morus et ses amis. Il savait, il devait savoir tout : quel intérêt avait-il à nier un fait de notoriété universelle, lui surtout qui ne nie rien et qui n'affirme pas grand'chose? Burnet, à plus d'un siècle de là, allègue le fait contraire. Où a-t-il pris ses preuves? Il n'en cite aucune. Certes, si ce n'était pas assez des graves paroles d'Érasme pour m'inscrire en faux contre l'opinion commune, c'était assez pour la suspecter. Je recommençai donc mes recherches, je me plongeai de nouveau dans l'in-folio de théologie qu'a laissé Morus, que Burnet n'a lu qu'avec distraction, et j'y trouvai sur le fait en litige des déclarations qui ne permettent plus le doute.

Si l'historien avait le droit de conclure des opinions aux actions, de ce qu'un homme approuve à ce qu'il a dû faire, certes Morus aurait pu commettre tous les meurtres juridiques que lui impute Burnet, et bien d'autres encore. Mais entre la parole et le fait, entre le jugement intérieur de l'homme et l'arrêt exécutoire du magistrat, il y a une distance que l'historien doit voir et apprécier; car ce peut être la distance d'une erreur d'esprit à un crime, d'un abus de logique à un abus de pouvoir, d'une faiblesse à une cruauté. Dans cet intervalle, qui se dérobe aux mesures ordinaires, il y a la place d'une des plus belles gloires et des plus rares qu'il ait été donné à l'homme d'acquérir, celle d'un logicien qui recule devant sa logique, le jour où elle lui commande de verser du sang.

Les opinions de Thomas Morus touchant l'Église catholique devaient l'amener à haïr les dissidents, et cette haine à faire tomber leurs têtes. On va voir par sa profession de foi quel effort dut faire l'homme bon pour triompher du catholique dogmatique, et quelle douloureuse et noble lutte s'engagea en lui, au moment suprême, entre la nature et la loi.

Morus est le catholique de la tradition des conciles, le catholique selon le cœur de saint Thomas, qu'il appelle « la fleur de la théologie[1]. » Pour lui, l'Église représentée par le pape et les conciles est infaillible; elle ne peut se tromper, ni se méprendre sur le sens des Écritures; elle ne peut perdre la vérité ni faillir dans la connaissance des lois de Dieu; elle est éternelle, elle durera toujours. Tout ce qui émane de ses organes légitimes, le pape et les conciles, vient directement de Dieu. Morus ne fait aucune concession aux catholiques avec amendement, tel qu'était Érasme. Il n'abandonne aucun point de la croyance; il sait qu'on rompt la chaîne, si l'on en détache un seul anneau. Il défend tout, baptême, communion, vœux, confession, adoration des saints, culte de la Vierge, tous les sacrements, tout, jusqu'à l'eau bénite, jusqu'à certaines cérémonies sur lesquelles beaucoup de prêtres d'alors croyaient de bon sens et de bonne politique de transiger avec les incrédules. Il défend le purgatoire; il explique la transubstantiation dans le sens rigoureux et traditionnel : « C'est le corps et le sang de Jésus-Christ que nous mangeons et buvons dans l'Eucharistie. » Selon lui, la confession est indispensable pour le salut; elle est d'institution divine[2]; Dieu est spécialement présent dans la confession.

La foi, une foi ardente, exclusive, étendue à tout, surveillant la raison, la traitant en ennemie, anathématisant la curiosité comme une tentation du diable, disant : « Prenez garde au mot *comment*? ne demandez pas le *comment* dans les œuvres de Dieu[3]; » voilà le catholicisme de Morus. Pensez ce que doit être pour lui un protestant. On tremble que

---

[1] English Works, 679. G
[2] Ibid., 250. A.
[3] Ibid., 1052. G.

la puissance de vie et de mort ne tombe aux mains d'un chrétien si absolu ! Ajoutez à cette ardeur de croyance la conscience la plus pure qui fût jamais, rien de mondain, rien d'intéressé, rien d'équivoque dans le cœur ; la pureté qui fait accomplir froidement à l'ange des œuvres de colère et de destruction ; un juge intérieur qui absout d'avance et qui rend toute responsabilité facile et sainte, même celle de tuer son semblable ! On frémit à l'idée qu'une sorte d'ivresse de conscience et de vertu ne s'empare du chancelier de l'Angleterre, l'homme le plus puissant après le roi !

En théorie nul n'était allé plus loin que Morus. Selon lui, l'hérésie est le plus grand des crimes[1]. L'hérésie, au double point de vue des lois spirituelles et des lois temporelles, est justement assimilée au crime de haute trahison. Dans l'un comme dans l'autre crime, comme en matière de meurtres et de félonie, l'audition des témoins est légale[2]. Ainsi on peut être dénoncé pour crime d'hérésie, et les délits latents d'opinion sont soumis à la même procédure que les crimes matériels ! Les hérétiques sont pires que les Turcs, les Juifs et les Sarrasins[3]. Le brûlement des hérétiques est légal, nécessaire, juste[4]. Le clergé n'a pas tort de livrer les hérétiques au bras séculier, lors même que mort s'ensuit. Les princes sont tenus de châtier les hérétiques, et de même qu'ils ne doivent pas souffrir que leurs peuples soient envahis par les infidèles, de même ils doivent empêcher que ces peuples soient séduits et corrompus par les hérétiques. « Car il y aura, en peu de temps, un double danger : d'abord, que les âmes ne soient enlevées à Dieu ; ensuite, que les corps ne soient perdus et les biens détruits par la

---

[1] English Works, 866. D.
[2] *Ibid.*, ch. xii de l'Apologie, p. 910. D.
[3] *Ibid.*, 382. G. II.
[4] *A Dialogue concernynge heresyes*, 274. II.

sédition, l'insurrection, les guerres ouvertes, dans le cœur même de leur royaume [1]. »

Dans cet épouvantable corps de doctrine sur les hérétiques, il faut discerner deux préoccupations, celle du catholique inquiété dans sa foi et celle de l'officier du pouvoir temporel. Or on faisait alors dans toute l'Europe une confusion, que font et feront toujours toutes les sociétés attaquées par des opinions nouvelles, entre la liberté de conscience et la révolte matérielle. Cette confusion n'était que trop justifiée par les troubles et les malheurs de l'Allemagne, la jacquerie des paysans de la Souabe, les excès des briseurs d'images, et par tant de séditions civiles, suites ordinaires des querelles religieuses. Morus ne séparait pas l'idée d'hérétique de l'idée de rebelle; tant d'exemples avaient appris que là où la liberté de conscience était tolérée, on l'avait vu dégénérer bientôt en sédition!

Soit que les hommes ne vaillent jamais la cause qu'ils défendent, soit que les plus nobles idées, condamnées à se faire aider par les passions violentes, se discréditent par cette complicité, il est certain que tous les hommes raisonnables du seizième siècle jugeaient les réformés comme Morus. Érasme exprimait la pensée de tous quand il disait que, sous des noms religieux, c'était la querelle de ceux qui ont contre ceux qui n'ont pas. Comme tout le monde, il approuvait Morus d'avoir fait emprisonner quelques dogmatistes séditieux. « Si on n'eût pas pris ces mesures depuis longtemps, disait-il, les faux évangélistes se seraient rués sur les coffres et les trésors des riches, et quiconque aurait possédé quelque chose eût été papiste [2]. » Les révolutions sont suspectes aux esprits les moins prévenus, parce que les passions y paraissent au premier rang, et que les idées n'y viennent qu'à la suite de ces ardents auxiliaires.

[1] *A Dialogue concernynge heresyes*, 279. D.
[2] Correspondance, p. 1811. B. C.

Au seizième siècle, on n'aperçut pas dans la bataille la profondeur des rangs, mais seulement la première ligne, qui était composée d'aventuriers, d'intrigants et de brouillons, et les adversaires de la réforme ne s'imaginèrent pas que la liberté de conscience vînt derrière la liberté du pillage.

Outre cette première confusion, Morus en faisait une autre encore avec toute son époque, entre le mal fait aux corps et le mal fait aux âmes. Il donnait à ces paroles de l'Écriture : *Dieu a confié à chacun le soin de son prochain*, un sens spirituel, entendant ce soin non du corps, mais de l'âme. Dès lors, les dommages faits à l'âme étaient assimilés à ceux faits au corps, le mal de la contagion religieuse au mal d'une invasion étrangère à main armée, le crime du prosélytisme au crime de l'occupation, le droit d'attaquer l'hérétique envahissant la conscience au droit d'attaquer l'ennemi envahissant le territoire [1]. Morus, chancelier, punissait dans un juge le simple soupçon d'hérésie comme un manquement à son devoir, et, sur de simples informations secrètes, qu'il regardait comme des preuves suffisantes en cette matière, il lui ôtait sa charge [2]. Il voulait bien qu'on avertît les hérétiques, qu'on les réprimandât, mais non qu'on disputât avec eux [3]. Comparant l'hérésie à un chancre qui gagne la main qui le touche, il disait qu'aucun homme ne devait avoir le fatal courage de parler souvent à un hérétique, ni de se rencontrer souvent avec lui, « de peur que, comme la peste s'empare de la main du médecin qui veut la guérir, les hommes d'une foi faible ne fussent empoisonnés par l'hérésie à laquelle ils auraient touché [4]. »

---

[1] English Works, 277. BB. C.
[2] Apologie, 909. D.
[3] Refutation of *the frere Barn's Church*, 831. G.
[4] Preface of the Answer to the first part of *the Lord's supper*, 1036. A. B.

Telle était sur l'hérésie et sur les hérétiques l'opinion de tous les chrétiens attachés à l'Église romaine, de tous les catholiques spéculatifs, comme de tous ceux qui avaient de grands emplois dans les gouvernements, et, sauf quelques amendements, de tous les hommes graves qui, comme Érasme et ses nombreux partisans, n'acceptaient pas tout le détail de la pratique imposée ou non désavouée par Rome. Cinq ans après les premières attaques de Luther, tous les hommes de sens étaient bien moins frappés du droit que de l'abus du droit, et de la liberté de conscience que de ses désordres. Ceux qui différaient de l'opinion commune sur la cause des excès des réformés étaient d'accord avec elle sur la gravité de ces excès et la nécessité de les réprimer.

Luther même, par un de ces retours qu'il fit si souvent contre sa propre logique, autorisait, en attaquant les briseurs d'images et les nouveaux Jacques de la Basse-Allemagne, la confusion qu'on tendait à faire généralement entre un hérétique et un rebelle, entre la liberté de conscience et l'esprit de sédition. Morus, dans ses opinions si dures sur les protestants, ne faisait donc que donner à la réprobation générale l'exagération et la couleur de son austérité personnelle. L'opinion et la légalité étaient pour lui. Il y avait des lois et des juridictions dans toute l'Europe catholique pour le châtiment régulier de l'hérésie. En Angleterre, où ces lois avaient été de tout temps sévèrement appliquées, et toujours soutenues par l'opinion, les premières affaires soumises au jury, dans chaque session, étaient les accusations d'hérésie [1].

Outre la justice temporelle, il existait une juridiction ecclésiastique qui attribuait aux évêques le droit de connaître des délits de religion, de prononcer des jugements en forme

---

[1] Apologie, 909. G.

de bulles, et de livrer les coupables au bras séculier. Les deux justices étaient indépendantes l'une de l'autre, sauf pour les exécutions capitales, où la justice ecclésiastique empruntait toujours la main de la justice civile. La première paraissait humaine, raisonnable, miséricordieuse, puisqu'elle permettait au coupable de sauver sa vie en se rétractant. On croyait faire beaucoup en laissant aux dissidents cette chance de salut, et telle était la confusion des idées sur la liberté de conscience, qu'on ne pensait pas qu'un homme pût aimer mieux mourir que se rétracter d'une damnable erreur, à moins de *malice*, nom dont on qualifiait, entre autres crimes, celui de haute trahison. Morus, qui défendit cette justice, ne voyait pas, dans le courage de l'homme mourant pour sa croyance, le plus haut point de perfection morale de l'homme; il ne comprenait pas dans les autres une vertu pour laquelle il devait lui-même rendre témoignage par son admirable mort.

Le plus grand nombre des accusations pour crime d'hérésie était porté par les évêques, lesquels rendaient le jugement que la justice civile exécutait. A la première faute, le coupable comparaissait devant l'évêque, qui lui imposait une punition. S'il se rétractait, il était reçu de nouveau dans la faveur de l'Église chrétienne. Dans le cas de récidive, un jugement solennel de l'évêque le rejetait hors de la chrétienté par l'excommunication; et, comme le commerce d'un excommunié pouvait être dangereux dans une société de chrétiens, l'évêque en donnait connaissance au pouvoir temporel, *sans toutefois exhorter le prince ni aucun autre homme à le frapper de mort*. L'officier de la justice temporelle venait demander le coupable au pouvoir spirituel, *qui ne le livrait pas, mais le laissait prendre par le bras séculier* [1]. » Malgré la pieuse douceur de ces for-

---

A Dialogue concernynge heresyes, 276. G. H. 277. A.

mules de la justice ecclésiastique, et quoique le bras qui *laissait prendre* essayât de se cacher du bras qui prenait, on voit qu'il ne mourait que ceux que l'Église avait condamnés.

C'est par cette juridiction particulière des évêques que furent livrés au bras séculier quelques réformés, environ vers le temps où Thomas Morus fut nommé chancelier d'Angleterre. Cette sévérité était-elle commandée aux évêques par Henri VIII, lequel, ayant alors besoin du pape, cherchait à gagner le saint-siége à son divorce par des cadeaux d'argent et par des cadeaux de sang? Ou bien était-elle le résultat d'une réaction d'ardeur catholique, causée par les progrès de la réforme en Allemagne et les livres brûlants des réfugiés anglais? Quoi qu'il en soit, quelques victimes furent immolées au catholicisme romain, dans le même pays où plus tard, au nom du même roi, on devait voir tomber des têtes pour leur fidélité à Rome; et il n'y a pas à nier que ces exécutions n'aient eu lieu partie avant, partie après Morus. Mais c'est faute d'avoir distingué les deux ordres de justices, c'est parce que tout a été confondu, époques, noms, dates, qu'on a pu charger sa mémoire de supplices où il n'avait pris part, ni de son chef, ni comme exécuteur des jugements de la justice ecclésiastique. Non, le chancelier Morus n'a pas tué! Non, celui à qui l'opinion, les lois, les exemples plus forts que les lois, une foi ardente et pure d'arrière-pensées humaines, une conscience de saint auraient pu rendre si facile et si légère la responsabilité d'un meurtre juridique, non, celui-là n'a pas commis de meurtre! il n'a pas donné l'exemple de tirer l'épée dont on devait le frapper!

Écoutez-le se justifier lui-même dans ce singulier récit, où il va se montrer dans tout son caractère, avouant ses duretés en homme que la polémique, les temps, les circon-

stances ont endurci, mais qui est demeuré assez bon pour
s'approuver de n'avoir pas fait tout ce qu'il lui était permis de
faire. Il se livre naïvement sur certains points, s'accuse là
où il croit s'absoudre, se confesse gaiement de choses que la
moralité plus douce ou plus relâchée de notre temps nous
fait trouver cruelles. Jusque dans des déclarations qui doivent réhabiliter sa mémoire, il ne blâme pas chez les autres
les rigueurs dont il se disculpe pour son compte; il entend
simplement rendre hommage à la vérité. Si je dis que la
découverte de cette confession m'a pendant quelques jours
rendu heureux comme d'un bonheur de famille, on me
comprendra et on m'enviera ma chance. Elle est tirée de l'*Apologie de Morus*, ouvrage que personne n'avait lu jusqu'au
bout, parce que le titre trompe, et qu'au lieu d'une apologie de sa conduite, on n'y voit guère que d'insipides récapitulations de ses opinions religieuses. C'est au dernier
quart des deux cents colonnes in-folio de l'*Apologie* qu'on
lit ce qui suit [1] :

« Moi-même j'ai beaucoup d'expérience des réformateurs,
et les mensonges que plusieurs membres de cette sainte confrérie ont faits et font journellement sur mon compte, ne
sont ni petits, ni en petite quantité. Plusieurs ont dit que
pendant que j'étais lord chancelier, je faisais, dans ma propre maison, appliquer la torture aux hérétiques que j'interrogeais, et que quelques-uns avaient été attachés à un arbre

---

[1] Le temps que j'aurais mis à tâcher de rendre agréable ce récit, à
la fois si triste et si piquant, soit en coupant les phrases, soit en les variant, sans toutefois sortir du sens, j'ai cru devoir l'employer plus utilement à en reproduire, avec toute la clarté possible, les longueurs, les
accumulations et les embarras. C'est que ce morceau, écrit par Morus
deux ans avant sa mort, a en quelque sorte l'autorité d'un testament.
Je devais en garder religieusement la forme, d'ailleurs si semblable,
sauf la différence des deux langues, à celle de nos écrivains du seizième
siècle.

dans mon jardin et fouettés sans pitié[1]. Que ne pourraient dire après cela ces confrères, puisqu'ils ont perdu la honte jusqu'à mentir ainsi? Car, en toute vérité, quoique pour un vol considérable, pour un assassinat, pour un sacrilége dans une église, accompagné de vol des vases sacrés, ou pour le crime d'avoir jeté ces vases avec mépris, j'aie pu faire fouetter certains criminels par les officiers de la prison; quoique, en agissant ainsi, et par des peines si méritées, dont aucune d'ailleurs ne leur faisait assez de mal pour laisser de traces, j'aie pu réprimer plusieurs de ces malheureux (*desperate wretches*) qui autrement se seraient répandus dans le monde, et y auraient fait beaucoup plus de mal aux honnêtes gens que je ne leur en ai fait à eux; quoique encore une fois j'aie traité de cette sorte des assassins et des voleurs sacrilèges, *et quoique les hérétiques soient pires que tous ces gens-là, je n'ai jamais fait subir aucun traitement de ce genre à aucun d'eux, dans toute ma vie, excepté de les tenir bien enfermés;* — sauf à deux pourtant, dont l'un était un enfant, et l'un de mes domestiques, attaché à ma propre maison, que son père, avant de le mettre chez moi, avait nourri dans les nouvelles doctrines, et fait entrer au service de George Jaye, prêtre, qui, malgré ce caractère, s'est marié à Anvers, et a reçu chez lui deux religieuses enlevées à leur couvent par John Byrt, dit Adrien, lequel en fit des filles de plaisir.

« Ce George Jaye apprit à l'enfant sa détestable hérésie contre le saint sacrement de l'autel, hérésie que l'enfant, étant entré à mon service, transmit à un autre enfant qui dénonça la chose. Quand j'eus reconnu le fait, j'ordonnai à un de mes domestiques de fouetter l'enfant en présence de toute ma maison pour sa propre correction et pour servir d'exemple aux autres.

[1] Ceci détruit l'assertion de Burnet, répétée par Hume et exagérée par Voltaire

« L'autre était un homme qui, après avoir donné dans ces doctrines insensées, tomba bientôt dans une folie parfaitement caractérisée. Quoiqu'on l'eût fait enfermer à Bedlam, et que, par le moyen de coups et de corrections, on l'eût rappelé à lui, à peine fut-il mis en liberté que ses vieilles imaginations lui revinrent à la tête. Je fus averti de divers côtés, et par des personnes sûres, qu'on le voyait toujours errer dans les églises, y faisant plusieurs mauvais tours et niches, au grand trouble du bon peuple qui assistait au service divin, et qu'il choisissait pour faire le plus de bruit le moment où le silence était le plus profond, et où le prêtre célébrait le mystère de l'élévation. Et, s'il voyait une femme agenouillée devant son banc, la tête baissée dans de pieuses méditations, il se glissait tout doucement derrière elle, et, à moins qu'on ne fût assez prompt pour l'en empêcher, il relevait ses jupons et les retournait par-dessus sa tête. Étant informé de tous ces scandales, et supplié par des personnes très-pieuses d'y mettre ordre, un jour qu'il passait devant ma maison, je le fis saisir par les constables qui l'attachèrent à un arbre dans la rue, et le battirent de verges jusqu'à ce qu'il en eût assez, et quelque peu au delà. Et il paraît que sa raison n'était pas si mauvaise, sauf qu'elle s'en allait lorsque l'on ne la rappelait pas avec des coups. Alors il savait très-bien avouer ses fautes, parler raisonnablement, et promettre de mieux faire à l'avenir. Et en effet, grâces à Dieu, je n'ai pas entendu qu'on s'en soit plaint depuis [1].

« *Et de tous ceux qui sont jamais tombés dans mes mains pour crime d'hérésie, j'en prends Dieu à témoin, pas un n'a reçu de moi d'autre mal que d'être enfermé dans un en-*

---

[1] On retrouve dans ces paroles, si naïvement cruelles, toute l'inhumanité des idées populaires de cette époque sur les fous. Aujourd'hui, nous sommes meilleurs pour les fous; mais sommes-nous aussi bons qu'était Morus pour les gens raisonnables?

droit sûr, — *pas si sûr pourtant que George Constantin, nommément, n'ait réussi à s'en échapper;* — SAUF CELA, JE N'AI DONNÉ A AUCUN NI COUPS, NI HEURT QUELCONQUE, PAS MÊME UNE CHIQUENAUDE SUR LE FRONT [1].

« A propos de George Constantin, on a prétendu que la nouvelle de son évasion m'avait jeté dans un accès de fureur épouvantable. Certainement je n'aurais pas voulu qu'il s'échappât; mais quand il montra, malgré tout ce qu'on en dit, qu'il n'était ni assez affaibli par le manque de nourriture pour n'avoir pas la force de casser le ceps, ni si perclus de ses jambes, à force de rester couché, qu'il ne pût escalader légèrement les murs, ni si hébété et abruti par les mauvais traitements, qu'il ne conservât assez de présence d'esprit pour savoir qu'une fois sorti, il ne lui restait tout bonnement qu'à courir droit son chemin; quand, dis-je, la chose arriva, je n'en étais pas tellement affligé que je ne sentisse qu'il me restait encore assez de jeunesse et de temps pour m'en consoler, ni si fâché contre aucun des miens que je leur disse une seule parole un peu aigre, si ce n'est que je recommandai à mon portier de faire raccommoder les ceps, et de les fermer à double tour, de peur que le prisonnier n'y rentrât comme il en était sorti. Quant à Constantin lui-même, je ne pouvais en vérité que le féliciter; car je n'ai jamais été déraisonnable au point de me fâcher contre qui que ce soit qui se lève, s'il le peut, quand il ne se trouve pas assis commodément.

« Parmi tant de mensonges que les nouveaux frères ont répandus sur les prétendus tourments que je faisais subir aux hérétiques, ils citent, entre autres, un certain Segar, libraire à Cambridge. Ce Segar, qui demeura quatre ou cinq ans dans ma maison, *sans y recevoir le moindre mau-*

---

[1] Ce sont des paroles sacrées. Voici le texte anglais : ... « ELSE DAD NEUER ANY OF THEM ANY STRIPE OR STROKE CIVE THEM, SO MUCHE AS A FYLIPPE ON THE FOREHEAD. » — Apologie, ch. XXXVI, p. 901-902.

vais traitement, sans y entendre une seule parole dure, osa rapporter depuis qu'il avait été attaché à un arbre dans mon jardin, et fustigé à faire pitié, et qu'en outre on lui avait serré si fort la tête avec une corde, qu'il en était tombé évanoui et comme mort.

« Tyndall, qui racontait cette histoire à un de mes amis, ajouta que, pendant qu'on fustigeait ce pauvre homme, ayant aperçu une petite bourse à son justaucorps, dans laquelle il avait, selon son compte, cinq marcs, je m'en emparai et la cachai sous mes vêtements. Segar dit qu'il n'avait jamais revu cette bourse ni les cinq marcs; il dit vrai; il ne les a pas plus vus avant qu'après, lui plus que moi.

« En vérité, si je puis augmenter mon bien par des moyens si faciles, il n'est pas étonnant que je sois devenu si riche, comme disait Tyndall à ce même ami, lui affirmant que je ne possédais pas moins de vingt mille marcs, tant en argent comptant qu'en vaisselle et en meubles. J'avouerai franchement que si, en effet, j'ai amassé tant de biens, la moitié au moins n'a pu être acquise honnêtement. Ce qui est vrai, c'est que, de tous les voleurs, assassins, hérétiques qui ont passé par mes mains, je n'ai jamais retiré un penny, grâce à Dieu, mais bien plutôt j'y ai mis du mien. J'ajoute que si ces gens ou d'autres personnes qui ont porté des causes devant moi, ou qui ont eu affaire à moi, se trouvent tant appauvries par ce que je leur ai pris, ils ont eu au moins le temps de réclamer [1]. »

Frith, qu'un historien fait brûler par le chancelier Morus, quoique nous voyions Morus, sorti de charge, entamer une longue polémique avec lui, le réfuter et en être réfuté, Frith avait rapporté une prétendue parole de Morus, qui aurait dit « qu'il lui ferait bientôt suer tout le meil-

---

[1] Apologie, p. 901, 902, 903.

leur sang de son corps. » — « Il y avait, dit Morus, assez de vérité dans ce propos pour bâtir un infâme mensonge. « Car un jour quelqu'un m'étant venu dire que Frith, — il était alors enfermé à la Tour, — suait sang et eau en écrivant un livre contre le sacrement de l'eucharistie, je témoignai combien j'étais fâché que ce jeune étourdi prît tant de peine pour une œuvre si diabolique, et combien il était à désirer qu'il eût quelque bon chrétien qui l'avertît du danger que couraient son corps et son âme. J'ajoutai que je craignais bien que le Christ n'allumât pour lui un bûcher dans ce monde, et, après lui avoir fait suer tout le sang de ses veines, n'envoyât tout droit son âme dans les feux de l'enfer. Or, loin que, par ces mots, j'aie voulu ou veuille dire que je le désire, Dieu m'est témoin que, pour beaucoup plus qu'on ne pense, je serais heureux de conquérir ce jeune homme au Christ et à la vraie foi et de le sauver de la perte de son corps et de son âme [1]. »

Plus loin [2], résumant ses sentiments sur les personnes accusées d'hérésie, il dit : « *En ce qui touche les hérétiques, je déteste leur hérésie et non pas leurs personnes, et je voudrais de tout mon cœur que l'une fût détruite et les autres sauvées. Et combien il est vrai que je n'ai pas d'autre sentiment envers qui que ce soit,* — quelque démenti que veuillent me donner les nouveaux frères, professeurs et prêcheurs de vérité, — vous le verriez clairement et pleinement, si vous connaissiez tout ce que j'ai eu de bonté et de pitié pour eux, et tout ce que j'ai fait pour leur amendement, comme j'en pourrais produire des témoignages, si besoin était. »

Se peut-il qu'une confession si explicite, où il y a tant à apprendre sur l'homme et sur le temps, ait été ignorée, ou, si elle a été connue, n'ait pas été comptée au moins comme

---

[1] *Apologie*, ch. xxxvii, p. 903. C. H.
[2] *Ibid.*, ch. xlix, p. 925. H.

un témoignage à décharge? De quoi faut-il accuser Burnet, Hume, Voltaire, Mackintosh, qui d'ailleurs se montre doux pour Morus; Lingard, qui reste neutre, et qui omet ce qu'il n'a pas le temps ou le goût d'éclaircir? Comment ose-t-on condamner un des plus grands personnages de l'histoire sans l'entendre? Comment charge-t-on la mémoire d'un homme de meurtres qu'il n'a pas commis? Comment dort-on tranquille quand on a jugé sans pièces ni témoignages? Et, pour ne parler que du tort de manquer de curiosité, comment passe-t-on à côté d'un caractère si intéressant sans chercher à le pénétrer, à le comprendre, à le concilier avec lui-même? Comment ne montre-t-on de pareils hommes qu'à demi et par un côté, celui par lequel ils ont été saisis et emportés par le torrent des idées contemporaines, et laisse-t-on dans l'ombre d'une incertitude calomnieuse le côté par où ils sont restés libres et bons?

Mais sur quelle preuve ai-je osé, humble biographe, casser le jugement de si graves historiens? Sur la parole écrite de Morus, dira-t-on. Depuis quand donc la parole d'un accusé est-elle une garantie suffisante de son innocence? Oh! si la parole d'un accusé tel que Thomas Morus n'était pas un gage de vérité, si l'homme qui va mourir pour l'honneur de sa conscience n'est pas digne de foi quand il se défend d'avoir versé le sang, rien n'est vrai, rien n'est certain, ni du monde extérieur, ni de nous, ni de Dieu, ni de la morale, ni de la conscience, et l'histoire n'est qu'un puéril exercice de bel esprit et de rhéteur. Je répondrai à ceux qui douteraient de la parole de Morus ce qu'il répondait lui-même à l'auteur du *Pacificateur*, espèce d'intermédiaire entre les catholiques exclusifs et les catholiques tolérants. L'orgueil de l'innocence éclate dans ces lignes :

« Maintenant quelle foi le *Pacificateur* va-t-il ajouter à ma parole, donnée dans ma propre cause? En vérité, je ne puis le dire, et je n'en ai pas grand souci. Mais je ne doute pas assez de moi-même pour n'être pas convaincu que, dans l'opinion des honnêtes gens, où j'aime à croire que je dois le compter, ma parole toute seule, même dans ma propre cause, ferait plus foi que le serment de deux membres de la nouvelle confrérie, dans une affaire qui ne les concernerait point [1]. »

Le *Pacificateur* répondit à *l'Apologie* de Morus par un dialogue où, sous le nom de *Salem* et de *Bysance*, deux Anglais en réfutaient les doctrines. L'auteur de l'écrit se cachait sous l'anonyme : On dit « *Some say*, » ce qui lui valut le sobriquet plus burlesque que piquant que lui donnait Morus de M. *Some Say*. Du reste, dans sa réfutation de *l'Apologie*, il ne faisait aucune allusion de doute à la déclaration de Morus; ce qui le prouve, c'est que Morus, dans la *Défense de l'Apologie*, ne revient pas même indirectement sur cette déclaration. Il ne s'y défend que de l'interminable longueur de ses écrits, dont le raillaient les protestants, et avec trop de raison.

Dans cet écrit, dont le titre réel est un long quolibet [2], et le titre résumé la *Débellation de Salem et de Bysance*, Morus persistait à justifier les lois pénales appliquées aux hérétiques, tantôt par des motifs tirés de la grandeur du crime, de la modération des juges chargés d'appliquer ces lois, tantôt par des motifs généraux, par les inconvénients du changement trop fréquent des lois, par l'impossibilité de faire sortir d'une assemblée de tous les sages réunis une loi pénale dont jamais un innocent n'eût à souffrir [3]; principes d'un bon Anglais et peut-être d'un sage politique, mais qui démentaient plus d'un passage de l'*Utopie*. Cet ouvrage, comme tous ceux de Morus, est plus abondant que

---

[1] Apologie, ch. xxxvi, p 902. II.
[2] English Works, 1034. B.
[3] *Ibid.*, 929. B. C. F. G.

bien composé et digéré, quelquefois éloquent, quelquefois plus subtil qu'éloquent. L'habitude de la chicane y donne à la bonne foi la plus incontestable un faux air de casuisme. Une prière le termine, prière belle et charitable, où Morus demande à Dieu de pardonner à tous, mais où le disputeur se montre jusqu'à la fin, en exhortant les lecteurs à prier pour les âmes du purgatoire, « qui existe réellement, dit-il, et dont le feu brûle comme celui de l'enfer, » quoique moins fort et moins longtemps.

Je sais bien que toutes les doctrines de Morus menaient droit au meurtre juridique des hérétiques; qu'il n'y avait pas loin de les assimiler, pour le crime, aux assassins et aux voleurs, à les y assimiler par la peine; que l'homme qui approuvait les évêques d'Angleterre livrant les hérétiques au bras séculier, dût la mort s'ensuivre, s'associait moralement à ce qu'il ne blâmait pas : je sais que les paroles qui absolvent le juge et le bourreau, sont bien près, à l'apparence, des actions qui tuent;

Mais je sais que Thomas Morus n'a pas tué.

Il ne reste donc plus qu'à admirer la sublime inconséquence d'un logicien qui, comme chrétien, prend sa part de toutes les responsabilités de son Église, et ne veut pas d'une innocence qui accuserait ses frères; mais qui, comme homme, s'arrête devant la conclusion de son raisonnement, et descendant en lui-même, se trouble, hésite, et ne frappe point.

Certes, les combats ne durent pas être médiocres dans cette conscience, quand, poussé par son austérité, par sa logique, par l'opinion commune qui assimilait le crime d'hérésie au crime de sédition, par des lois qu'il croyait venues de Dieu, par la contagion des bûchers de l'Allemagne et de la France, par les libelles des protestants qui l'attaquaient dans sa vie privée, malade d'esprit et de corps, tourmenté de je ne sais quel désir de mourir qui dispose mal à respecter la vie d'autrui, dans une place pleine de tentations où l'homme qui venge ses opinions peut ne se croire que le magistrat veillant à la sûreté publique, maître en plus d'une occasion de la personne de ses adversaires, il recula devant tant de passions qui donnent la bonne foi, et devant la bonne foi qui absout jusqu'au meurtre !

Il n'est jamais hors de propos d'admirer ce courage, le plus difficile et le plus héroïque de tous, parce qu'à toutes les époques, même dans la nôtre, où, s'il plaît à Dieu, la civilisation et les mœurs le doivent rendre rare, il y a des esprits honnêtes, fort imprudemment appelés logiciens, qui croient et font croire à la foule qu'il faut au besoin savoir conclure par l'échafaud. Si quelqu'un de ces théoriciens chez qui le patriotisme est poussé jusqu'à vouloir la destruction des individus, venait à lire ces lignes où j'exalte l'homme résistant au logicien, il rirait ou s'offenserait peut-être de mes paroles. Aussi n'est-ce point pour leur faire abjurer leur aveugle et cruelle foi, c'est pour la foule qui les écoute et qui peut être tentée de se laisser sauver par eux, que j'ai osé refuser pour Morus l'indulgence de l'historien compensant froidement ses prétendus crimes avec ses vertus et sa mort. C'est pour toutes ces consciences incertaines, qui rendent à la violence le culte de la peur, que j'ai osé dire qu'il y a plus de vrai courage à résister au droit de frapper qu'à frapper, à être inconséquent qu'à être logicien, et que du Morus falsifié par l'histoire au Morus de l'*Apologie*, il y a la distance d'un homme vulgaire qui a un beau moment à un grand homme.

Mais la grandeur de Morus est principalement dans l'ordre moral, où les noms, moins éclatants, sont plus purs et plus aimés. Morus est un grand homme dans le rang des Boëce, des l'Hôpital, des Vincent de Paule, grands esprits et grandes âmes dont les titres sont moins dans les imaginations que dans les cœurs. Leur gloire est de celles qui appartiennent à l'homme intérieur, et qui ne sont que des victoires remportées sur lui-même, dont le monde a eu connaissance.

Maintenant va commencer le martyre du juste. Les deux années qui lui restent encore à vivre ne sont plus qu'un long chemin jusqu'au lieu du supplice, avec des stations dans un cachot. Il va passer devant nous, revêtu de sa robe blanche dont il a effacé la tache de sang que la calomnie y avait jetée; il va mourir, non de la peine du talion, car il n'a fait mourir personne, mais parce que sa vie est devenue un supplice pour toutes ces consciences de cour qui vont faire sortir d'une intrigue d'alcôve une réforme et une Église.

IX

La famille de Morus se disperse. — Ses inquiétudes. — Comment il se prépare et prépare les siens à un dernier malheur. — Présent d'argent que lui font des évêques. — Mariage de Henri VIII avec Anne de Boleyn. — Conduite de Morus avant et après le mariage. — On cherche à l'impliquer dans un procès capital. — Accusations de corruption. — On lui impute le livre de Henri VIII contre Luther. — Morus est renvoyé de toutes les accusations. — Ses pressentiments.

La pauvreté disperse les familles. Le projet de continuer à vivre en commun, proposé et agréé dans ce premier besoin de rapprochement qui suit les grandes calamités, ce projet facile et doux dans l'abondance de tous les biens, devenait impossible entre gens qui ne pouvaient plus s'aider que par des privations. On n'aime pas être pauvres en commun. Les enfants de Morus demandèrent à quitter Chelsea, et à se retirer chacun dans leur maison. Morus y consentit. La séparation se fit sans refroidissement. Les enfants continuèrent à venir voir leur père dans une maison dégarnie de tous ses meubles. Morus les avait vendus pour une somme de cent livres qu'il joignit à son revenu.

Quand il se vit seul dans cette maison, autrefois si animée, il fut troublé de terreurs secrètes. Les premières nuits d'inquiétude qu'il passa, non plus dans le lit séparé du chancelier, mais dans le lit commun, à côté de sa femme, furent pleines de larmes. La chair, pour parler sa langue chrétienne, prenait le dessus sur l'esprit. Morus avait une grande appréhension de toutes les douleurs physiques, et surtout de la plus terrible et de la dernière de toutes, la mort. Il connaissait le roi; il savait que sa tête allait être de moindre prix, n'étant plus couverte du bonnet de chancelier, et qu'aux yeux d'un tel prince, une disgrâce recherchée était un plus grand crime qu'une disgrâce reçue. Il n'avait pu retirer du monde que sa personne; il y avait laissé sa renommée, et sa renommée faisait plus de mal au roi que sa personne. L'homme qui, pour une ville de France, aurait fait tomber la tête d'un favori, pour la possession d'une femme ménagerait-il une tête disgraciée? Au terme de toutes ses perplexités, Morus voyait donc la mort, et tout son être frémissait, car, ainsi qu'il l'avouait lui-même, il avait peur d'une chiquenaude [1]. Cependant l'ardeur de la prière finit par le raffermir. A force d'exaltation religieuse, il en vint à ne plus craindre la mort; plus tard il la désira.

Toutes ses conversations avec ses enfants roulaient sur ce sujet. Il avait besoin d'en parler sans cesse, soit pour tromper la nature, qui a de si fréquents retours, même chez les hommes les plus héroïques, soit pour y préparer peu à peu

---

[1] The Life of sir Th Morus, by his grandson, p. 204.

sa famille. Il les entretenait des joies ineffables du ciel et des peines de l'enfer, des vies des saints martyrs, de leur patience merveilleuse, de leurs morts souffertes pour ne pas offenser Dieu ; il leur disait combien il est glorieux, pour l'amour de Jésus-Christ, d'endurer la prison, la perte des biens et de la vie ; puis, quand il avait élevé tout le monde par ces paroles ardentes, quittant les généralités, il s'ouvrait à ses enfants sur tous les malheurs qu'il prévoyait. C'était comme dans les premiers temps du christianisme, à l'approche des grandes persécutions, quand le chef de la famille préparait les siens aux calamités qui allaient fondre sur le troupeau de Dieu, et que toute la maison entonnait le chant du martyre.

Toutes les actions, toutes les paroles de Morus montraient cette double pensée de l'homme et du père de famille ; l'un voulait se soutenir lui-même contre ses propres défaillances, l'autre tâchait d'endurcir les siens sur les menaces du sort qui l'attendait, afin qu'ils fussent plus courageux, ou qu'il ne leur restât plus de larmes à verser au moment suprême. C'est dans ce dessein qu'un jour il avait aposté un homme, en manière d'officier subalterne de la justice, lequel vint à l'improviste, pendant que la famille était à table, frapper brusquement à la porte, et sommer Morus, au nom du roi, de comparaître le lendemain devant les commissaires royaux. Ces fausses terreurs familiarisaient sa femme et ses enfants aux terreurs réelles qui leur étaient réservées. Singulier, mais touchant raffinement, qui faisait de la désolation et des angoisses une sorte d'habitude de sa maison, et qui mettait d'avance la mort dans tous les cœurs pour leur éviter le passage de l'extrême sécurité à l'extrême désespoir !

Après ce premier effroi, la justice du roi n'arrivant pas encore, Morus reprit sa polémique avec Frith. Il y règne un ton remarquable d'indulgence et d'aménité. Morus y traite Frith, qui était jeune et qui fut brûlé plus tard, avec un mélange de raillerie aimable et de réprimande paternelle qui prouvait un grand adoucissement dans ses antipathies religieuses. Le malheur faisait sur la fin de sa vie ce que les lettres avaient fait vers le milieu. D'ailleurs, les persécuteurs avaient dégoûté Morus de la persécution. C'était une dure leçon de tolérance que l'exemple de ce roi, jadis antagoniste de Luther, aujourd'hui celui du pape, qui ne souffrait plus la foi chez les autres, quand elle ne s'accommodait pas de l'obéissance. Morus en était venu où en viennent tous les honnêtes gens qui ont vu de grands scandales de religion, les adversaires devenus amis, et toute foi attaquée à titre de liberté ; il sentait plus le besoin d'être chrétien pour lui-même que contre les autres, et de prier que de menacer. Il avait quitté les rangs de l'Église triomphante, et il discutait comme les chrétiens de l'Église des martyrs qu'un édit de l'empereur pouvait, du jour au lendemain, livrer aux lions de l'amphithéâtre. Du reste, l'homme seul s'était radouci. Le croyant restait le même. A la veille de recueillir l'héritage sacré, il n'en voulait pas abandonner la moindre partie. C'était toujours le chrétien fidèle à Grégoire VII, chef et fondateur de l'Église d'Angleterre ; or, dans un moment où l'on agitait la séparation de cette Église d'avec le saint-siége, cette fidélité même avait un air de révolte qui devait aigrir profondément le roi, usurpateur de la souveraineté spirituelle de Grégoire VII.

Vers ce temps-là le mariage d'Anne de Boleyn avec Henri fut résolu. Quand Morus l'apprit, il dit tristement à Roper, son gendre : « Dieu veuille, fils, que dans peu ce mariage ne soit pas suivi de serments ! » Roper, qui avait vu tant de fois ses prédictions réalisées, fut tout troublé par cette parole. Les choses se firent comme Morus l'avait prédit. Ses pressentiments ne manquaient jamais de s'accomplir ; ce qu'il craignait, il l'avait vu longtemps d'avance dans le cœur du roi.

Quelques jours avant le couronnement de la nouvelle reine, les évêques de Durham, de Winchester et de Bath le firent prier de les y accompagner, et d'accepter vingt livres pour s'acheter un vêtement de cérémonie. Morus reçut l'argent et le garda, mais il n'alla pas au couronnement. Ayant rencontré peu après les trois évêques, il leur dit gaiement : « Je n'ai eu aucune répugnance à prendre l'argent, car je sais que vous n'êtes pas pauvres, et je connais trop bien que je ne suis pas riche. Pour l'autre demande, elle m'a rappelé cette loi d'un empereur qui punissait de mort un certain crime, je ne sais plus lequel, à moins que le coupable ne fût une vierge. Or il arriva que le premier coupable fut précisément une vierge, ce qui embarrassa beaucoup l'empereur, lequel voulait un exemple. Son conseil assemblé, après de longues discussions, un membre se leva et dit : « A quoi bon tant de discours ? faites déshonorer la fille, et « vous la condamnerez ensuite en toute conscience. » Ainsi, quoique vos seigneuries aient gardé jusqu'ici leur virginité dans tout ce qui touche le mariage du roi, qu'elles prennent soin de la bien défendre jusqu'à la fin ; car il s'en trouvera qui, après avoir obtenu de vous d'assister au couronnement, vous demanderont d'écrire des livres pour justifier le mariage, et qui, après vous avoir déshonorés, ne tarderont pas à vous perdre. Pour moi, dit-il en finissant, il n'est plus en mon pouvoir d'empêcher qu'ils me ruinent, mais ils ne me déshonoreront jamais, Dieu étant mon bon maître [1]. »

Après le mariage vint l'affaire des serments, comme Morus l'avait prévu. On présenta au parlement un bill qui obligeait tous les sujets anglais à prêter serment de fidélité à la reine Anne et à ses descendants, et à reconnaître le roi comme chef spirituel de l'Église d'Angleterre. C'était la con-

---

[1] The Life of sir Th. Morus, by his grandson, p. 102.

clusion de cette grande querelle qui occupait tous les théologiens de l'Europe depuis bientôt dix ans, et qui allait changer la religion du peuple anglais. Ainsi le divorce n'avait été agité que pour amener le mariage, et la suprématie spirituelle du roi que pour se passer de l'approbation du pape.

Dès le commencement de cette affaire, Morus avait déclaré au roi qu'il ne pouvait pas approuver le divorce. Il n'était ni évêque ni théologien. Il jugeait la position de Catherine et de sa fille Marie, non d'après les contradictions du Lévitique et de saint Paul, mais avec son cœur d'époux et de père, avec ses mœurs de famille. La première fois que le roi s'en ouvrit à lui, c'était à Hampton-Court, à son retour d'une ambassade sur le continent[1]. Après quelques tours dans la galerie, Henri, l'attaquant brusquement sur le divorce, le mena devant une Bible ouverte, et lui montrant le passage du Lévitique, il lui voulut prouver que son mariage avec Catherine ne violait pas seulement les lois écrites par Dieu, mais les lois mêmes de la nature. Il lut les versets qui l'avaient déterminé, lui et d'autres personnes instruites, à examiner la matière, et il engagea Morus à en faire autant. Morus dit au roi que, comme l'opinion de son *pauvre esprit*, dans une si grave question, ne devait pas faire que la chose parût à Sa Majesté ni plus ni moins prouvée, il avait moins de scrupules à lui avouer que la Bible ne lui semblait pas condamner son mariage avec la reine. Henri ne prit pas mal sa franchise, mais il lui recommanda d'aller voir son aumônier, qui lui ferait lire un livre qu'on préparait sur la matière. Morus osa n'être pas de l'avis du livre. Tant que le procès fut pendant devant la justice spirituelle, il s'en prévalut pour s'abstenir; il ne lui convenait pas, disait-il, de donner ni blâme ni approbation préalables. Devenu chan-

[1] Th. Morus, English Works, p. 1426-1427.

celier, et l'Église s'étant prononcée, nous avons vu que le roi le mit en demeure de parler. Les choses alors avaient bien changé. N'être pas de l'avis du Lévitique, c'était résister au roi. Morus prit l'engagement d'en conférer avec les membres du conseil, les archevêques de Cantorbéry et d'York, l'aumônier du roi et un moine italien, maître Nicolas, docteur en théologie. Après d'inutiles conférences, il demanda au roi la faveur de se retirer du débat; Henri la lui accorda, mais ne la lui pardonna point.

Sa manière de résister au roi était pleine de réserve et de prudence; il prodiguait les marques de déférence, les aveux d'humilité; il mettait aux pieds du roi ce *pauvre esprit* qui résistait à toutes ses séductions et à toute sa puissance. Nul homme sérieux ne va tête baissée au-devant de sa destinée, et il est rare qu'on ne conjure pas jusqu'au dernier moment la main qui va vous frapper. Morus ne pouvait pas faire que son refus d'adhérer ne fût pas de l'opposition; il voulut du moins lui ôter l'air d'obstination et de mauvais vouloir que ses ennemis s'étaient hâtés d'y dénoncer. Il ne prétendait pas mettre sa conscience au-dessus des lumières de tous les évêques consentant au divorce; mais il demandait simplement la liberté de ne pas prendre parti par des actes publics, offrant de se laisser éclairer dans son privé par tous ceux dont les consciences pouvaient n'être pas d'accord avec la sienne. C'est ainsi qu'il mit une certaine affectation à ne point lire les livres contraires au divorce, et à en lire qui l'approuvaient [1]. Malgré cette prudence, et quoiqu'il s'abstînt de tout ce qui pouvait rendre son opposition active, sa réputation se jetait à la traverse de tout ce que voulait Henri, et c'est moins par ses paroles que par son silence qu'il conspirait. Il fut donc résolu qu'on le déshonorerait ou qu'on le ferait mourir. Mais, comme il eût été mon-

---

[1] English Works, 1427. F.

strueux de s'en prendre au silence d'un homme, on fouilla dans sa vie privée pour y trouver quelque action équivoque sur laquelle on pût fonder une accusation capitale. Il ne manquait alors ni gens du roi pour inventer des crimes, ni de juges pour les punir. On lui attribua des libelles injurieux, afin de le forcer à parler pour s'en défendre, et peut-être de trouver dans sa défense de quoi l'accuser de pis. Ce fut par une accusation de ce genre que ses épreuves commencèrent.

Le conseil avait fait imprimer un livre apologétique de la conduite du roi et de ses ministres dans l'affaire du nouveau mariage. Un matin, un des parents de Morus, William Krustal, reçut la visite d'un agent du secrétaire Cromwell, qui l'accusait d'avoir entre les mains une réponse à ce livre, composée, disait-il, par Morus. Celui-ci, averti par Krustal, écrivit à Cromwell, et donna des explications qui rendaient toute poursuite impossible. Il avait été chef de la justice criminelle et avocat éminent; dans ces deux emplois, il avait acquis une double expérience, celle des accusations sans preuves et celle des défenses habiles. Il savait éviter le piége qu'on lui tendait, sans s'offrir à celui qu'on n'avait pas pensé à lui tendre. Il écrivait de longues lettres sans donner prise à la moindre interprétation, et il défendait l'innocence d'un saint avec la dextérité d'un homme de barreau [1].

L'accusation ayant manqué de ce côté, on rechercha dans sa longue carrière judiciaire s'il n'avait pas reçu quelque présent d'une assez grande valeur pour justifier un procès de corruption. Morus, avec un mot, une anecdote, une preuve fournie à propos, dissipait toutes ces charges, à la honte des plaignants apostés par la cour. Tantôt c'était une dame qui lui avait offert des gants et de l'argent; — oui, mais il n'avait pris que les gants, trouvant que c'eût été de

---

[1] English Works, 1422.

mauvais goût de refuser un cadeau de dame. Tantôt c'était un client qui lui avait envoyé une coupe d'or richement ciselée; — oui, mais il lui avait offert en retour une coupe d'une plus grande valeur, ne voulant pas recevoir de présents, et ne pouvant résister au plaisir de garder les ciselures.

L'accusation la plus grave fut portée par un M. Parnell, soutenu par le marquis de Wiltshire, père d'Anne de Boleyn, l'ennemi mortel de Morus et l'instrument du roi, qui ne craignait pas de laisser voir sa main dans ce honteux échafaudage de justice rétroactive. Ce M. Parnell se plaignait amèrement d'avoir perdu un procès contre un M. Vaughan, dont la femme, prétendait-il, avait donné à Morus un magnifique vase en vermeil. Celui-ci avoua le fait, ajoutant que le vase lui avait été offert longtemps après le procès, au nouvel an, comme cadeau d'étrennes, et qu'en effet il n'avait pas cru séant de résister aux instances de la dame. Sur quoi le marquis de Wiltshire, s'étant tourné vers les juges d'un air de triomphe : « Ne vous l'avais-je pas bien dit, milords, s'écria-t-il, que vous trouveriez cette accusation fondée ? » Les juges, qui attendaient leurs épices de la cour, s'étaient déjà levés pour condamner, quand Morus, prenant la parole : « Milords, dit-il humblement, puisque Vos Révérences ont bien voulu écouter la première partie de cette histoire, je les prie de daigner en entendre la fin. » Ceux-ci s'étant rassis, Morus raconta qu'après avoir reçu le vase, il l'avait fait remplir de vin par son sommelier, et l'avait vidé à la santé de la dame; que la dame, à son tour, ayant bu à la sienne, il l'avait priée de reprendre le vase à titre d'étrennes, ce qu'elle avait consenti à faire, non sans résistance. En même temps il produisit des témoins à l'appui de sa déclaration. Les juges, le plaignant et le marquis furent confondus[1]. Morus n'avait pas résisté au plaisir de leur donner

---

[1]. The Life of sir Th. Morus, by his grandson.

des espérances par son premier aveu pour les mieux confondre par ses explications. Je retrouve là le tour d'esprit à la fois naïf et ironique du sous-shériff donnant une leçon au vieux juge, et du chancelier jugeant contre sa femme dans l'affaire du chien volé.

Toutes ces accusations, dont la honte retombait sur la cour, augmentaient le danger de Morus. En faisant éclater son innocence, en relevant la gloire de sa vie passée, en popularisant son nom, elles aggravaient le tort de n'avoir pas pour soi un homme à qui même des juges gagnés ne trouvaient rien à imputer. Henri VIII et Morus n'allaient plus pouvoir respirer le même air. Le plus fort précipita la perte du plus faible. Si les accusations ne réussissaient pas à le noircir, elles pouvaient, venant coup sur coup et sans relâche, le lasser et le réduire, et peut-être l'amener à une transaction qui eût été ce déshonneur préalable auquel la loi impériale soumettait la vierge romaine pour pouvoir la faire mourir légalement. Il y a des dégoûts dont on a plus peur que de la mort, et, pour certaines âmes, une mort retardée offre plus de tentations et de périls qu'une mort imminente. A force de persécutions de détail, de craintes présentées et retirées, de caresses et de menaces, d'alternatives extrêmes; à force de ballotter cette victime illustre entre la promesse de faveurs inouïes et l'échafaud, entre une place à côté du trône et un cachot dans la Tour, on espérait mettre Morus hors de lui et le rendre indigne de sa mort.

C'est pour cela qu'on l'impliqua, sans le plus léger motif, dans le bill de conviction d'Élisabeth Barton et de ses complices. Cette Élisabeth Barton, appelée la sainte fille de Kent, était une fille sujette aux spasmes, qui débitait, dans un langage mêlé de vers et de prose, des paroles incohérentes dont quelques moines s'imaginèrent de faire des oracles. On lui fit prédire la ruine de l'Angleterre et la mort prochaine de Henri VIII, s'il consommait son mariage avec Anne de Boleyn.

Cette fille avait écrit à Morus, alors chancelier; mais Morus, sans vouloir l'entendre, lui avait conseillé de ne plus prédire et de se guérir. Questionné, dès le commencement, par le roi sur ce qu'était cette pauvre créature, il en avait parlé comme d'une fille simple et sans malice, dont les prédictions ressemblaient à toutes les folies qui peuvent sortir d'une tête malade. Depuis lors, dans le plan de destruction des monastères et des abbayes proposé par Cromwell, comme on voulait trouver de grands coupables dans les personnes pour justifier la guerre contre les choses, on accusa de haute trahison les moines qui avaient exploité la fille de Kent, et on leur prit leur monastère. Pour Morus, il était compris dans l'accusation, parce que ne lui ayant pas fait son procès, il s'était implicitement déclaré son complice.

Quelques jours avant la présentation du bill au parlement, Morus écrivit au secrétaire Cromwell, pour lui demander de vouloir bien en parler au roi, et obtenir que son nom fût rayé du bill. Il niait avec fermeté toute intelligence avec les rêveries de la prétendue prophétesse. Soit que Cromwell, qui ne voulait pas la perte de Morus, mais qui voulait encore moins déplaire au roi, y eût mis de la tiédeur, soit que tout conseil de douceur au sujet de Morus fût désormais offensant pour Henri, le nom de l'ancien chancelier fut maintenu dans le bill. Alors Morus s'adressa directement au roi, et, dans une lettre pleine d'humilité[1], *prosterné à ses gracieux pieds, selon son humble manière*, il le pria de ménager *sa pauvre honnêteté*, et de considérer, *avec sa prudence et sa bonté accoutumées*, une matière qu'il ne croyait pas convenable de discuter avec lui. Il insistait sur cette prière de *bien considérer* la chose, et c'était, sous une forme suppliante, un conseil blessant; car à force de solliciter l'impar-

---

[1] English Works, 1424, F.

tialité du roi, il paraissait la mettre en doute. Henri affecta de voir dans sa lettre l'acte d'un homme qui se refusait à la discussion par défaut de preuves. Il ordonna que le bill eût son plein effet.

Blessé de cette dureté, Morus put avoir l'idée de se venger du roi en donnant le plus grand éclat à sa défense, et il demanda à la présenter lui-même au parlement. Sa demande fut rejetée. On le cita devant un conseil composé de l'archevêque de Cantorbéry, du lord chancelier, du duc de Norfolk et du lord secrétaire Cromwell. Il n'y fut parlé ni de la fille de Kent ni de ses complices. Le lord chancelier vanta longuement à Morus les anciennes bontés du roi, et toutes celles dont Sa Majesté se plairait à le combler de nouveau, pensant l'ébranler à la fois par la reconnaissance et par un reste d'ambition. Morus répondit avec beaucoup de douceur que nul n'était plus attaché que lui au roi, mais qu'il s'étonnait qu'on lui reparlât d'un sujet dont on lui avait promis de ne plus le troubler. Les lords, jusque-là polis et caressants, prirent alors le ton de la menace, et l'accusèrent avec véhémence d'avoir été l'auteur et le provocateur du livre de Sa Majesté sur les sept sacrements et sur le maintien de l'autorité du pape, et d'avoir poussé le roi à mettre dans les mains du saint-siége une épée qui devait être tournée contre lui.

Les menaces agissaient moins sur Morus que les caresses. Il dit que ces terreurs étaient tout au plus bonnes pour effrayer des enfants; puis, venant au fait dont on l'accusait, il fit l'histoire de ce livre fameux, à la confusion du roi, qui, pour charger Morus, consentait à se donner le ridicule d'avoir signé un livre qui n'était pas de lui. Personne ne pouvait dire plus de choses que Henri à la décharge de l'ancien chancelier. Morus n'avait point conseillé le livre, il n'avait fait que le débrouiller et mettre en ordre les principales matières. Quant aux doctrines qu'on y établissait sur l'autorité du pape, il avait vu avec inquiétude la part énorme qu'on faisait au saint-siége, et s'était permis de faire observer au roi que le pape pouvant, comme prince temporel, se liguer contre lui avec les autres princes de la chrétienté, il était imprudent de tant favoriser une puissance avec laquelle on pouvait avoir à rompre. Henri avait insisté pour que la doctrine restât entière, disant qu'il ne saurait trop honorer le saint-siége de Rome, auquel il devait tant. Morus lui avait rappelé les statuts particuliers du royaume, et notamment le statut de *Præmunire*, par lequel des bornes étaient mises à l'autorité spirituelle du pape; mais le roi, tranchant la discussion, avait répondu que, tenant du saint-siége sa couronne royale, il n'était obstacle qui pût l'empêcher de proclamer cette autorité. C'est ainsi que les choses s'étaient passées, « et, dit Morus avec une noble fierté, j'espère que, ces éclaircissements étant rapportés au roi, si Sa Majesté veut bien se souvenir de ce que j'ai fait et dit dans cette affaire, elle n'en parlera plus, et me renverra elle-même de cette accusation. »

Après la séance, Morus et son gendre Roper montèrent en bateau pour retourner à Chelsea. Morus paraissait très-gai; il parlait vivement, et de toutes choses, et sur un ton auquel les siens n'étaient plus accoutumés. Roper, par une discrétion mêlée de crainte et d'espérance, ne lui avait point parlé du bill; mais, le voyant pendant toute la route si gai et si libre d'esprit, il s'était plu à penser qu'il avait été mis hors de cause. Quand ils furent dans le jardin : « Je pense, dit Roper, que tout va bien, puisque vous êtes si joyeux. — Oui, tout va bien, fils, et j'en rends grâces à Dieu ! — Vous êtes donc délivré de ce malheureux bill? — Par ma foi, je ne m'en souvenais plus. — Quoi! vous oubliez une chose qui vous touchait de si près? Qu'il me chagrine de vous entendre parler ainsi, moi qui avais pensé, à votre visage, que c'était fini de ce bill! — Voulez-vous savoir, fils, pourquoi je suis si joyeux? De bonne foi, je me réjouis d'avoir fait faire une chute au diable, car j'ai été si loin avec ces lords, que je ne puis plus reculer sans la dernière honte. » Henri l'avait compris ainsi.

Quand il sut le résultat de la conférence, il entra dans une violente colère, et dit qu'il entendait qu'on donnât suite au bill du parlement. On lui objecta la faveur que la chambre des lords montrait à Morus. Henri parla de s'y rendre en personne pour leur imposer le bill. Les membres du conseil se jetèrent à ses genoux, et lui représentèrent le danger qu'il courait de recevoir des démentis; Morus, disaient-ils, loin d'être coupable dans l'affaire de Kent, n'avait mérité que des éloges. Le roi céda, mais avec un surcroît de haine contre l'homme dont l'innocence était plus forte que sa volonté.

Morus fut renvoyé de l'accusation : il n'y vit qu'une affaire ajournée. Quand on vint le lui annoncer : « Ce qui est différé n'est pas perdu, » dit-il; comme si, à ce moment, il eût lu dans le cœur du roi [1].

Le duc de Norfolk, son collègue dans l'administration précédente, et son ami à la façon du secrétaire Cromwell, c'est-à-dire jusqu'au bon plaisir du roi, le vint voir quelque temps après, et, revenant sur la dernière affaire : « Par la messe! monsieur Morus, lui dit-il, il est périlleux de lutter avec les princes. Je vous conseille donc, en bon ami, d'incliner au bon plaisir du roi : car, corps de Dieu! monsieur Morus, l'indignation d'un prince c'est la mort [2].

— N'est-ce que cela, milord? répondit Morus; alors il n'y a d'autre différence entre vous et moi, sinon que je mourrai

---

[1] *Quod differtur non aufertur...* The Life of sir Th. Morus, by his grandson, p. 215.

[2] *Indignatio principis mors est.* Sir Th. Morus life, by his grandson, p. 217.

aujourd'hui et vous demain. Et si la colère d'un prince ne peut donner qu'une mort temporelle, combien plus devons-nous craindre la mort éternelle où peut nous condamner le roi des cieux, si nous risquons de lui déplaire pour plaire à un roi terrestre! »

Deux ans auparavant, ce même duc de Norfolk, l'ayant trouvé un dimanche dans l'église de Chelsea, chantant la messe à pleine voix, et en surplis, lui avait dit qu'il dégradait, par ces pratiques, son office de chancelier d'Angleterre. C'est pourtant dans ces pratiques mêmes, dans l'humilité de son cœur et dans la force de sa foi que Morus avait trouvé le secret de cette résistance aux colères des princes, que ne comprenait pas le duc, bon courtisan et médiocre chrétien.

X

Le double serment. — Morus refuse de le prêter. — Il est envoyé à la Tour. — Sa lettre, écrite au charbon, à Marguerite Roper.

Ce fut le parlement de 1534 qui vota les bills d'allégeance aux descendants de la reine Anne, et de suprématie spirituelle du roi d'Angleterre. Sur tous les points du royaume ce double serment fut exigé de tous les sujets, et reçu par des commissaires royaux. Pour le clergé de Londres et de Westminster, la prestation se fit à Lambeth, sur les bords de la Tamise, dans le palais du secrétaire Cromwell, entre les mains de Cranmer, archevêque de Cantorbéry, et d'autres personnes de marque. Tous les évêques, abbés, prêtres, et un seul laïque, Thomas Morus, avaient été mandés. Pour tout ce clergé, sauf Fisher, la séance était de pure formalité. Ce grand appareil n'avait pour objet que d'intimider les deux seuls récalcitrants, Fisher et Morus.

Le matin, avant de se rendre à Lambeth, ce dernier entendit la messe et reçut le sacrement de l'eucharistie, comme c'était son usage dans les cas graves. Ses enfants et sa femme le reconduisaient, d'ordinaire, jusqu'au rivage, et ne le quittaient qu'après l'avoir vu monter dans le bateau ; ce jour-là, il voulut qu'ils demeurassent à la maison, et, fermant la porte derrière lui, il partit seul avec son gendre Roper. Quand il eut mis le pied dans le bateau, il dit à Roper, dans une sorte de transport extatique : « Je remercie Notre-Seigneur, fils; le champ est gagné, » désignant par ce champ le ciel qu'il allait conquérir par le martyre. Roper, qui voulait toujours se tromper, interprétant cette parole en bien : « J'en suis charmé, monsieur, » dit-il. Peu après il comprit et s'attrista profondément.

Quand Morus fut arrivé devant les juges, il pria qu'on lui montrât la formule du serment. Après quelques moments de réflexion intérieure, il dit qu'il n'y trouvait rien à reprendre et qu'il ne blâmait ni ceux qui l'avaient rédigée, ni ceux qui seraient disposés à s'y soumettre; mais que, pour lui, il se regarderait comme en danger de mort éternelle s'il prêtait ce serment. On lui montra la liste de tous les grands personnages de la noblesse qui y avaient apposé leurs signatures. Il lut cette liste, mais ne changea rien à ses premières paroles. Alors on lui dit qu'il pouvait se promener dans le jardin, pendant que le tribunal recevrait les serments de toutes les personnes convoquées. On voulait lui donner le temps de se consulter.

On était en septembre et il faisait une extrême chaleur. Morus, dont la santé était fort délicate, aima mieux attendre dans une chambre du palais qui avait vue sur le jardin. Là, au lieu de délibérer avec lui-même, il se mit à regarder les nouveaux assermentés qui se promenaient dans les allées. Il les voyait sortir tout joyeux de la salle des commissaires et marcher d'un pied léger dans le jardin, soit gaieté de gens indifférents, soit soulagement de gens timides, après un grand péril évité. Le plus gai de la troupe était le docteur Latimer, chapelain de l'archevêque de Cantorbéry, qui riait aux éclats avec quelques docteurs de ses amis, se jetant à leur cou et les serrant dans ses bras. Venait ensuite le vicaire de Croydon, joyeux prêtre, suivi d'ecclésiastiques dont on n'avait pris le serment que pour la forme, « et à qui, dit Morus, on n'avait pas fait faire le pied de grue, comme c'est le lot des plaideurs. » Maître de Croydon, fort connu de l'archevêque, alla sans façon à l'office et s'y fit servir un grand verre de bière, qu'il but tout d'un trait [1]. La conscience n'était pas si exigeante chez le bon abbé que la soif. Morus, de sa fenêtre, notait ces petites circonstances, non sans malice, ni sans s'étonner que ces gens prissent si gaiement une chose où, selon sa foi, il y allait de ses deux vies.

Quand tous les serments furent reçus, on le rappela et on lui montra la liste des nouveaux noms. Il persista dans sa première déclaration, ne blâmant personne, mais ne voulant imiter personne. On lui reprocha son opiniâtreté; on lui dit qu'il y avait un double crime à refuser le serment et à n'en pas donner de raisons. Il répondit que c'était assez de son refus pur et simple pour lui attirer l'indignation du roi et qu'il ne voulait pas l'aggraver en le motivant; que, toutefois, si on pouvait l'assurer par de bonnes garanties que le développement de ses raisons n'irriterait pas davantage le roi, il s'empresserait de les donner, s'engageant, si à ces raisons on en pouvait opposer d'autres qui le satisfissent, à prêter le serment. Cranmer, raisonneur habile et qui connaissait Morus, comprit qu'on ne pouvait

---

[1] English Works, 1429. A. B. C. D.

avoir de prise sur cet homme qu'en lui donnant des doutes sur son sens intérieur, et en opposant aux hésitations de la conscience le devoir certain d'obéir au prince. Cet argument, venant avec tant d'autorité d'un personnage si considérable, frappa si vivement Morus, qu'il en fut d'abord interdit [1]. L'objection était embarrassante, sinon par sa propre force, du moins par le danger de la réponse. Après un moment de silence et de réflexion rapide, il répondit d'abord à Cranmer que, « si l'autorité du roi était une raison concluante, il fallait que, sur son commandement, tout doute cessât entre les docteurs, dans quelque question que ce fût; « puis à l'abbé de Westminster, qui avait renchéri sur l'archevêque : que « le témoignage de toute la chrétienté avait plus de force à ses yeux que l'opinion particulière d'un royaume. » Par cette réponse, il sauvait le droit de sa conscience sans augmenter son péril.

On lui demanda s'il voulait prêter serment d'allégeance à la reine Anne. « Volontiers, dit-il, mais à condition que ce soit dans de tels termes que je puisse le prêter sans parjure. » C'était le refuser indirectement.

Les quatre jours qui suivirent, il fut enfermé à Westminster, sous la garde particulière de l'abbé. Pendant ce temps, le roi consulta ses ministres sur le parti à prendre. Le conseil fut d'avis qu'on devait se contenter d'un serment quelconque. C'était l'avis de Cranmer et surtout de Cromwell, qui, à l'issue de la séance de Lambeth, avait dit et affirmé, sur son honneur qu'il aimerait mieux que son fils unique, — jeune homme de grande promesse, — fût mort, que de voir Morus refuser le serment. La nouvelle reine ne voulut pas consentir à cette transaction. On représenta donc derechef le même serment à Morus, qui le refusa encore,

---

[1] English Works, 1430. A.

mais cette fois avec des formes si discrètes et si atténuantes, qu'avec de la politique ou du bon vouloir on eût pu en rester là. Mais la reine, devenue mère, y mettait une double passion : l'amour maternel et le ressentiment d'une femme qui, sans le serment, n'était plus qu'une concubine. Morus fut condamné à la prison perpétuelle et conduit immédiatement à la Tour.

Quand il eut passé la porte d'entrée, le gardien lui demanda son vêtement de dessus. « Le voici, dit Morus, ôtant sa cape ; je suis fâché pour vous qu'elle ne soit pas neuve. » — « Ce n'est pas tout, dit le gardien, il me faut encore votre robe ; c'est l'usage. » Morus s'en dépouilla et la lui remit. On l'enferma dans une des chambres de la Tour et on lui donna, pour le servir, John Wood, l'un de ses gens, auquel on fit jurer de dénoncer tout ce qu'il pourrait écrire ou dire contre le roi.

Quelques jours après il écrivit, avec du charbon, sur un bout de papier, la lettre qui suit, à sa fille chérie Marguerite Roper, qui fut, pendant toute sa captivité, l'intermédiaire de cœur entre le prisonnier et sa famille.

« Ma chère bonne fille, grâce à Notre-Seigneur, je suis en bonne santé, et, j'espère, en pleine tranquillité d'esprit, et, de tous les biens du monde, je ne désire que ce que j'en possède. Je supplie Notre-Seigneur de vous rendre tous joyeux dans l'espoir du ciel. Il y a bien des choses que j'aurais envie de vous dire touchant la vie éternelle : puisse-t-il vous les enseigner lui-même, comme j'espère qu'il le fait, et mieux que moi, par son saint esprit ! Puisse-t-il vous conserver et vous bénir tous !

« Écrit au charbon par votre tendre et affectueux père, qui, dans ses pauvres prières, n'oublie aucun de vous, ni vos *babes* (petits enfants), ni vos nourrices, ni les méchantes etites femmes de vos maris, ni la femme de votre père, ni vos autres amis. Et adieu de tout mon cœur : le papier me manque [1]. »

XI

Entretiens de Morus et de sa fille dans la prison. — Le lord chancelier fait appeler sa belle-fille Alice. — Les deux fables. — Marguerite essaye d'amener son père à prêter le serment. — La *mère Ève*. — Morus écrit des traités spirituels au charbon. — Il reçoit la visite de sa femme. — On attaque sa conscience par tous les moyens. — Le conseil du dernier jour d'avril 1535. — Interrogatoire de Morus. — Rigueurs de sa prison. — Le solliciteur Rich.

Marguerite avait obtenu la permission de le voir à la Tour. La première fois qu'elle y vint, le père et sa fille bien-aimée se mirent à genoux et récitèrent les sept psaumes et les litanies, et, avant tout épanchement, rendirent grâces à Dieu. Morus parla ensuite de sa prison ; il dit qu'il considérait comme une faveur spéciale du ciel d'être enfermé dans cette étroite chambre ; que Dieu l'avait *pris et bercé sur ses genoux* [2], comme il avait fait pour ses meilleurs amis, saint Jean-Baptiste, Pierre et Paul. C'est par des prières et des discours de ce genre que commençaient toujours les longs entretiens du père et de la fille ; puis, l'exaltation passée, la conversation prenait un ton gai. Morus demandait des nouvelles de Chelsea. On parlait des enfants, de leur mère, de la bonne conduite du fils et de ses sœurs [3], qui tous travaillaient de plus en plus à mépriser le monde et à se réfugier en Dieu, des amis de la famille, des voisins, dont aucun n'oubliait le pauvre prisonnier dans ses prières.

English Works, 1430. G. II.
And setteth me upon his lappe, and dandeleth me.
English Works, 1434. C. D.

Morus était attendri par ces souvenirs de tous les biens qu'il n'avait plus. C'est alors que Marguerite hasardait de timides conseils sur ce fatal serment qui le séparait pour jamais des siens. Mais Morus, souriant au piége que lui tendait *madame Ève*, comme il appelait Marguerite, repoussait avec force la tentation, « prêt à partir le lendemain, disait-il, s'il plaisait à Dieu de l'appeler [1]. » Et Marguerite, qui approuvait dans son cœur la conduite de son père, gagnée peu à peu à son enthousiasme, versait d'ardentes larmes et n'avait plus la force de lui disputer la gloire de mourir.

Il lui venait des avis détournés de quelques membres du conseil, et entre autres, du lord chancelier et de Cromwell, qui, n'ayant pas à craindre son ambition, l'honoraient pour sa vertu. Le premier, successeur de Morus, était allé, non sans dessein, chasser le chevreuil dans le parc du mari d'Alice, belle-fille de Morus [2]. Il la fit prier de le venir voir le lendemain. Alice s'y rendit de bonne heure, toute joyeuse, s'attendant à quelque bonne nouvelle pour celui qu'elle appelait son père. Après des protestations d'amitié pour Morus, le chancelier lui dit qu'il s'étonnait beaucoup de l'entêtement de son père, quand tout le monde s'arrangeait du contraire, excepté l'*évêque aveugle* (Fisher). « Et en vérité, ajouta-t-il, je me félicite de n'avoir point d'instruction, si ce n'est pour me rappeler deux ou trois fables d'Ésope, et celle-ci entre autres : Il y avait un pays dont tous les habitants, sauf quelques sages, étaient fous. Ces sages, prévoyant qu'il devait tomber une grande pluie qui rendrait fous tous ceux qui en seraient mouillés, se creusèrent des cavernes sous terre, où ils attendirent que la pluie fût passée. Alors ils reparurent au jour, pensant bien qu'ils allaient faire des fous tout ce qu'ils voudraient.

---

[1] English Works, 1431. A.
[2] *Ibid.*, 1433. C. II.

Mais ceux-ci les repoussèrent et s'obstinèrent à se gouverner eux-mêmes. Alors les sages se repentirent, mais trop tard, de ne pas s'être laissé mouiller comme tous les autres. » Alice ne se trompa point sur le sens de cette fable; et elle demanda au lord chancelier s'il ne se montrerait pas, dans l'occasion, bon ami pour son père. Audley, pour toute réponse, lui conta une autre fable.

Il s'agissait, cette fois, d'un lion, d'un âne et d'un loup qui étaient allés se confesser. « Le lion dit qu'il avait dévoré tous les animaux qui s'étaient trouvés sur son chemin. — Vous êtes tout pardonné, dit le confesseur, car vous êtes roi et votre naturel vous poussait à cela. — L'âne vint ensuite, d'un pas humble, et dit qu'un jour, mourant de faim, il avait mangé un brin de la paille des souliers de son maître, et qu'il craignait que cela n'eût contribué à l'enrhumer. Le confesseur se déclara incompétent pour prononcer sur un si grand crime, et renvoya le coupable devant l'évêque. Ce fut ensuite le tour du loup, qui reçut, pour toute pénitence, l'ordre formel de ne jamais faire de repas qui coûtât plus de six sous. Après quelques jours de ce régime, pressé par la faim, il voit passer une vache et son veau. L'eau lui en vint à la bouche, mais la crainte de son confesseur le retenait. A la fin, il résolut de prendre sa conscience pour juge du cas. L'ayant donc interrogée, il lui fut répondu que la vache ne valait certainement pas plus de quatre sous, et, qu'en estimant le veau à moitié prix, le tout ne dépasserait pas la somme fixée par son confesseur. Et il les mangea tous deux, et il fut fort en paix avec sa conscience. » Alice ne comprit que trop le sens de cette autre fable, et elle en fut si confuse, qu'elle ne sut que répondre. Du reste, le lord chancelier avait du moins le mérite, étant du côté des fous et des loups, de ne pas affecter, comme le roi son maître, la sagesse ni les scrupules.

Alice écrivait ces choses à Marguerite, sa belle-sœur, qui les rapportait à Morus. C'était le sujet de conversations douces, mais tristes, entre le prisonnier et sa fille. La fable de la pluie qui rend fous tous ceux qu'elle mouille était un dicton de Wolsey que lord Audley, peu riche de son fonds, avait trouvé dans les traditions de la chancellerie. Morus, s'appliquant la fable avec bonne grâce, en portait un jugement plein de sens. « Si les sages, remarquait-il, au sortir de leur trou, regrettaient de ne pas être fous, par dépit de voir les fous se refuser à être gouvernés par eux, ces sages avaient dû recevoir quelques gouttes de pluie jusque dans leurs cachettes souterraines. » Et il ajoutait : « J'espère que lord Audley m'aura compté parmi les fous, au nombre desquels je me range moi-même, et où me place mon nom en grec. Il est très-vrai que Dieu et ma conscience savent combien je mérite peu d'être compris parmi ceux qui désirent tant de gouverner les autres. »

Il se faisait sa part dans l'autre fable avec la même bonne grâce. Sans prétendre deviner quels personnages cachaient ce lion qui mangeait toutes les bêtes sur son passage, et ce loup qui n'était que le lion devenu casuiste, ni ce que pouvait être ce confesseur qui se montrait si doux aux grands et si dur aux petits, il se reconnaissait dans ce pauvre âne si scrupuleux, si inquiet, et qui attachait tant d'importance à ce que les habiles eussent regardé comme une peccadille. Mais, disait-il, dût lord Rochester, son ami, sa seconde conscience, l'en blâmer, il n'eût pas changé son rôle d'âne contre celui d'aucun des trois autres personnages de la fable, ni son innocence de captif contre le savoir-vivre de l'homme puissant d'où lui venaient, sous forme d'apologues, ces lâches conseils.

Dans un de ces entretiens si mélancoliques, à cause de la pensée de mort qui était au fond, Marguerite essayait timidement de justifier ceux des amis de Morus qui inclinaient vers le parti d'une transaction. « Ce n'est pas, remarqua-t-elle, pour vous faire rentrer dans la vie publique qu'ils cherchent à ébranler votre conscience; c'est qu'étant hommes de bien et de grandes lumières, comme ils n'ont point cru mettre leur âme en danger en prêtant le serment, ils se demandent pourquoi vous ne faites pas comme eux. »

— Ma petite Marguerite, répondit le prisonnier, vous ne jouez pas mal votre rôle : mais, de grâce, écoutez-moi. » Et il lui montra, avec une grande abondance de preuves et de citations, dans quel cas on pouvait ne pas prêter serment à des lois émanées des hommes. Quant à l'opinion des doctes, que lui opposait Marguerite : « J'en sais beaucoup, dit-il, qui, après avoir blâmé le divorce et le mariage, s'en sont déclarés partisans. Est-ce pour plaire au prince, ou par la crainte de l'irriter, de perdre leurs biens, d'attirer des malheurs sur leurs familles et leurs amis? J'espère que leurs motifs sont plus courageux ; mais je ne veux point les imiter, étant aussi sûr de bien faire en refusant le serment, que je le suis que Dieu existe. »

Marguerite, le voyant si ferme dans son dessein, baissa la tête, le cœur gros de larmes, pensant au danger, non de son âme, mais de son corps.

« Eh bien ! mère Ève, dit Morus, que faites-vous là? Sans doute vous couvez dans votre sein quelque autre serpent, qui va vous persuader encore une fois d'offrir la pomme au père Adam?

— En vérité, reprit Marguerite, je ne sais plus que dire, et me voilà, comme Cressida dans Chaucer, *au bout de mon esprit*. Car, puisque les exemples de tant d'hommes éminents ne vous peuvent pas ébranler, que puis-je ajouter, ô mon père! à moins de vous dire comme votre fou, maître Patenson, lequel demandant à l'un de nos gens où vous étiez, entra dans une grande colère, et dit : « Qui l'empêche donc de prêter serment? moi, je l'ai bien prêté! » Et moi aussi, je ne puis vous dire que cela : J'ai prêté ce serment [1].

— Eh bien ! dit Morus, c'est une ressemblance de plus avec la mère Ève, laquelle n'offrait de si mauvais fruit à Adam qu'elle n'en eût auparavant mangé [2]. »

Ces entrevues avec Marguerite n'étaient pas la seule liberté qu'on lui eût laissée dans sa prison. Outre sa fille, il recevait tous ceux de sa famille; il entendait la messe dans la chapelle; il pouvait descendre et se promener dans le jardin de la Tour [3]. Ses longues journées se passaient à prier, à méditer, à écrire des traités spirituels, tantôt à la plume, tantôt au charbon, selon que les ordres du roi étaient au relâchement ou à la rigueur. C'est au charbon que furent écrits, en grande partie, les trois livres du *Comfort in tribulation*, espèce d'ouvrage allégorique où, sous le nom de deux interlocuteurs hongrois, qui, à l'approche d'une irruption des Turcs dans leur pays, se préparent à le défendre et à périr, Morus peint le danger de l'Angleterre menacée par l'hérésie, et montre comment les bons catholiques doivent se préparer à perdre leur liberté, leurs biens et leur vie pour leur foi. C'est encore au charbon que furent écrits ces vers à la fortune [4], inspirés, dit son petit-fils, par une visite du secrétaire Cromwell, qui lui avait parlé d'un retour possible du roi :

« Allons, caressante fortune, bien que tu ne m'aies jamais paru si belle, ni souri plus doucement, comme si tu voulais réparer tous mes malheurs, désormais tu ne me tromperas plus; car j'ai l'espoir que Dieu me fera bientôt entrer dans le port sûr et immuable de son ciel :

---

[1] Elle l'avait prêté, mais avec restriction.
[2] English Works, 1434.
[3] *Ibid.*, Lettre de Marguerite, 1446 D. E.
[4] *Ibid.*

« O fortune ! après ton calme, j'entrevois toujours une tempête [1]. »

La première fois que sa femme vint le voir, moitié de son propre mouvement, moitié par le conseil indirect de la cour, qui avait compté parmi ses moyens d'influence l'importunité d'une femme dont la tendresse et l'humeur avaient quelque empire sur Morus, elle l'aborda par des reproches : « Qu'était-ce donc qu'un prétendu sage qui se résignait à vivre enfermé dans la compagnie des rats, quand il pouvait recouvrer sa liberté et revoir sa jolie maison de Chelsea, sa bibliothèque, sa galerie, son jardin, son verger, sa femme et ses enfants, pour peu qu'il voulût faire ce que tous les hommes instruits de l'Angleterre avaient fait? » Après un peu de silence : — « Dites-moi, dame Alice, dites-moi une seule chose. — Quoi? dit-elle. — Cette maison-ci n'est-elle pas aussi près du ciel que ma jolie maison de Chelsea ? »

La bonne dame s'emporta.

« Chansons ! chansons ! dit-elle. — Je ne sais, reprit Morus, pourquoi je tiendrais tant à ma maison et à tout ce qui s'y trouve; car si, après avoir été six ans sous terre, je sortais de ma tombe et revenais à Chelsea, je ne manquerais pas d'y trouver des gens qui me mettraient à la porte, et qui me diraient que ma maison n'est pas à moi. Pourquoi donc, encore une fois, aimerais-je tant une maison qui oublierait sitôt son maître? Voyons, dame Alice, continua-t-il, combien me donnez vous d'années à vivre et à jouir encore de Chelsea? — Vingt ans, dit-elle. — En vérité, reprit-il, si c'était mille, il y aurait à y regarder. Et encore serait-ce un mauvais marché que de perdre l'éternité pour

---

[1] Le texte est admirable.
Euer after thy calme loke y for a storme.

mille années. Mais combien pire serait le marché, s'il est vrai que nous ne sommes pas sûrs d'un jour[1]! »

Le plan du roi, qui avait plus besoin de son parjure que de sa vie, avait été, dans le commencement, de le prendre par les affections de famille, et de le mettre aux prises avec les regrets, les reproches, les prières, les larmes, les souvenirs de la liberté perdue, rendus si vifs par la présence de ceux au milieu desquels il avait vécu libre. Mais, toute la famille ayant échoué contre l'homme à qui sa foi commandait de mettre le Christ avant les siens, on lui ôta brusquement toutes ces petites consolations, et la rigueur succéda aux ménagements. On l'attaquait par tous les points. Tantôt on répandait le bruit qu'il avait prêté serment, et on lui ôtait ainsi l'appui de l'opinion publique dont l'homme le plus ferme a besoin[2]; tantôt les agents royaux investissaient sa maison sous prétexte de sommes cachées, et fouillaient sa noble pauvreté comme ils eussent fait des coffres secrets de quelque exacteur du dernier roi. Morus, dans une lettre à ce sujet, témoigne l'espoir que le roi ne prendra pas la ceinture et le collier d'or de sa femme, et ne touchera pas à sa garde-robe[3]. Tantôt on parlait de lui arracher le serment par des tortures[4]. Tantôt c'était quelque affidé qui lui reprochait de n'avoir pas écrit au roi depuis qu'il était en prison, comme s'il eût pu le faire sans se démentir ou sans l'irriter davantage[5]!

Un moyen de terreur plus significatif, ce fut l'exécution du prieur d'un couvent de chartreux, d'un prêtre et de quatre moines, qui furent pendus à Tyburn, puis décrochés vivants

---

[1] The Life of sir Th. Morus, by his grandson, p. 237.
[2] English Works, 1450. E.
[3] Ibid., 1446.
[4] Ibid., 1450. F. G. H.
[5] Ibid.

du gibet, démembrés, et leurs entrailles arrachées du ventre et dispersées[1]. Il fut appelé devant le conseil sous l'impression de ces supplices, pendant que le sang des victimes fumait encore; mais il ne fléchit pas. Sa famille avait pris l'épouvante. Il lui écrivit pour la rassurer. Il ne voulait pas qu'ils eussent plus de craintes, hélas! ni plus d'espérances qu'ils n'en avaient sujet[2].

Ce conseil eut lieu le dernier jour d'avril 1535, un vendredi après midi. Morus alla changer d'habit pour paraître plus convenablement devant les personnes qui le composaient, et se rendit dans la galerie, où il se trouva entouré de gens de connaissance et d'inconnus. Vainement on le pria de s'asseoir; il resta debout, soit humilité, soit pour montrer que désormais aucune conférence ne pouvait plus être longue avec lui. On lui parla des nouveaux statuts du parlement; il déclara ne les avoir lus qu'avec peu d'attention. On lui demanda s'il n'avait pas lu celui qui conférait au roi le titre de chef de l'Église d'Angleterre, et, sur sa réponse qu'il l'avait lu, le secrétaire Cromwell l'invita obligeamment à dire ce qu'il en pensait. « A présent, dit Morus, que j'ai mis mon esprit en repos sur ces matières, je ne suis plus d'humeur à discuter les titres des rois et des papes. Mais je suis et veux être le fidèle sujet du roi, et chaque jour je prie pour lui et pour tout ce qui lui appartient, et pour tous ceux qui composent son honorable conseil, et pour tout le royaume; hors de cela, je ne me mêlerai plus de rien. — Cela ne satisfera pas le roi, répondit Cromwell; il veut une réponse plus précise. C'est d'ailleurs, ajouta-t-il, un prince bon et compatissant, prêt à pardonner des actes d'obstination suivis de repentir, et qui désire en particulier vous voir rentrer dans le monde parmi les autres hommes. — Le monde!

[1] Doct. Lingard, Henri VIII.
[2] English Works, 1451 C. D.

dit vivement Morus, jouant sur le mot, je n'y voudrais pas rentrer, dût-on me le donner tout entier[1]. » Puis, continuant, il déclara qu'il ne voulait plus se mêler de rien, mais qu'il allait passer ses jours à méditer sur la passion du Christ et sur son propre passage dans l'autre monde. On le fit retirer un moment pour concerter ce qu'il restait à lui demander.

Appelé de nouveau devant le conseil, on lui dit que sa condamnation à la prison perpétuelle ne le dispensait pas d'obéir, et que le roi pouvait lui imposer le statut aux mêmes peines qu'à tous ses autres sujets. Morus ne le nia pas. Cromwell lui parla de l'influence qu'allait avoir son exemple. « Que veut-on de moi ? répondit Morus ; je ne fais pas de mal, je ne dis pas de mal, je ne pense pas de mal ; si cela n'est pas assez pour garder un homme en vie, eh bien, je ne désire pas de vivre plus longtemps. D'ailleurs, je suis déjà mourant, et, depuis que je suis entré ici, j'ai dû penser plusieurs fois que je n'avais pas une heure à vivre. Mon pauvre corps est à la disposition du roi. Dieu veuille que ma mort lui fasse du bien ! » Le conseil, que ces belles paroles embarrassaient fort, voulut rentrer dans la question ; Morus s'y refusa, déclarant qu'il ne parlerait plus. Alors Cromwell leva la séance, après lui avoir promis de ne pas prendre avantage de ses dernières paroles. On fit appeler le lieutenant, et on lui remit le prisonnier, qu'il ramena dans sa chambre.

Le roi voulait que Morus se prononçât pour ou contre le statut. Les mêmes personnages revinrent donc à la Tour, quelques jours après, pour l'interroger de nouveau. C'étaient milord de Cantorbéry, le lord chancelier, lord Suffolk, lord Wiltshire, et le secrétaire Cromwell, l'âme de ces interroga-

---

[1] I woulde never medle in the worlde agayn, to have the worlde geven mee... English Works, 1452 A.

toires, et, de tous les membres du conseil, le mieux disposé pour Morus.

On lui déclara la volonté irrévocable du roi. Morus rappela encore une fois la maxime de Henri : « Servez Dieu d'abord, et le roi après Dieu. » C'était la seule vengeance de l'honnête homme.

On lui objecta les hérétiques qui avaient été obligés, sous son administration, de reconnaître le pape pour chef de la chrétienté, et d'exposer avec précision leur croyance sur ce point. Morus protesta contre la confusion qu'on voulait faire entre deux cas si différents. « La loi, dit-il, en vertu de laquelle on a contraint les hérétiques était fondée sur une croyance universelle; la loi au nom de laquelle on exige de moi que je me prononce n'est qu'une loi particulière à un royaume. Or, en matière de croyances, un homme est moins lié, dans sa conscience, envers un règlement local contraire à une loi de tout le corps de la chrétienté qu'envers une loi émanée de tout ce corps, fût-elle contrariée par les statuts particuliers d'un État. » C'était la vraie doctrine catholique.

La discussion se prolongea inutilement. On finit par lui poser ces deux questions :

— Avez-vous lu le statut? — Il répondit : Oui.

— Est-il légal, oui ou non? — Il se tut.

Un membre pensa le prendre en paraissant douter de son mépris de la vie. C'était la plus forte des tentations. Il dit à Morus : « Si vous avez un si grand désir de quitter le monde, que ne vous prononcez-vous nettement contre la légalité du statut? Votre silence ferait croire que vous seriez moins content de mourir que vous le dites. »

Morus fit cette sublime réponse : « Je n'ai pas été un homme d'une vie si sainte que je puisse oser m'offrir de moi-même à la mort. Je craindrais que Dieu ne me punît de ma présomption en m'abandonnant. Aussi, au lieu de me jeter en avant, j'ai cru devoir plutôt me retenir et reculer[1]. »

Cromwell lui dit qu'il était moins content de lui qu'à la dernière conférence, et que, cette fois, il le croyait malintentionné. Trop de grandeur d'âme devient suspect aux âmes ordinaires. Cromwell pouvait être de bonne foi en ne voyant qu'un commencement de mauvaise intention là où commençait en effet l'héroïsme suprême. Ne pouvant sauver Morus, et forcé, pour son propre intérêt, de s'associer à ceux qui voulaient sa perte, il devait saisir avec empressement, et, au besoin, imaginer toutes les apparences qui, en donnant une couleur de justice au meurtre de Morus, allégeraient la part qu'il allait y prendre. Il devait en venir à soupçonner la conscience de Morus pour décharger d'autant la sienne, outre que toute magnanimité offusque et impatiente à la longue un courtisan.

Après ce dernier interrogatoire, le roi envoya à la Tour, sous le prétexte officiel d'aller enlever tous les livres et papiers de Morus, mais avec l'ordre secret de lui tirer des aveux sur le statut, un certain M. Rich, solliciteur général, depuis lord Rich, magistrat de fortune, un de ces ambitieux qui s'accommodent de tous les genres de services. Il était accompagné de sir Richard Southwell et d'un M. Palmer. Rich amena la conversation sur le droit qu'avait le parlement de déférer au roi le titre de chef suprême de l'Église d'Angleterre. Morus, qui ne savait pas se refuser à la discussion, parce qu'il y réussissait, accepta le débat, mais sur le terrain où il l'avait tenu jusque-là, entre un oui qu'il ne voulait pas donner et un non qu'il atténuait par toutes sortes d'humilités ou de réticences. C'en était assez pour les affaires de Rich. Il courut chez le roi se vanter de confidences qu'il n'avait pas reçues, « laissant, dit le naïf biographe de Morus, une si mauvaise odeur sur son passage,

---

[1] English Works, 1453-1454.

que M. le lieutenant de la Tour en fut incommodé, et que sir Thomas la sentit[1]. »

On lui avait tout pris une seconde fois, papier, plumes, encre, livres. Il ne put achever son commentaire sur la passion du Christ, ouvrage latin, en forme de paraphrase, et, chose singulière, sans allusion à sa situation. Il en était resté à ce mot si solennel : « Alors ils s'approchèrent et mirent la main sur Jésus; *tunc accesserunt et injecerunt manus in Jesum...* Ce devait être, quelques jours après, le premier verset de sa passion.

Quand le solliciteur Rich et ses compagnons furent partis, Morus ferma sa fenêtre : « Que faites-vous donc là? lui dit le lieutenant de la Tour. — Quand toutes les marchandises sont parties, reprit Morus, n'est-il pas temps de fermer la boutique? »

XII

Procès d'État. — Condamnation. — Mort. — Conclusion.

Mai, juin, juillet 1535.

Pourvu que l'opposition de Morus cessât, il importait peu à Henri VIII que ce fût par son déshonneur ou par sa mort. On se fût mieux arrangé de son déshonneur; on eût fait ainsi disparaître à la fois l'homme et l'exemple; la mort ne pouvait faire disparaître que l'homme. Mais, quand on vit le prisonnier s'opiniâtrer dans sa résistance, et qu'il fallut désespérer de sauver son corps au prix de son âme, le roi voulut mettre fin à cette lutte de toutes les forces d'un royaume contre la conscience d'un homme. Morus fut cité

---

[1] The Life of sir Th. Morus, by his grandson, ch. IX.

devant la barre du banc du roi, le 7 mai 1535, pour s'y voir accuser du crime de haute trahison. Il y avait un peu plus d'un an qu'il languissait à la Tour.

Il vint de la prison au palais de Westminster, à pied, malgré la longueur du chemin, s'appuyant sur un bâton, tant il avait été affaibli par les rigueurs de sa captivité, le corps voûté par la maladie, mais le visage calme et serein [1]. Les juges étaient : Audley, le lord chancelier; Fitz-James, le lord chef de justice; sir John Baldwin; sir Richard Leister; sir John Port; sir John Pilman; sir Walter Luke; sir Antony Fitz-Herbert. Ces personnages composaient le banc du roi, lequel était chargé de diriger les débats, de recueillir le verdict du jury et d'appliquer la peine.

L'attorney avait bâti un acte immense d'accusation, selon la pratique des officiers royaux de tous les temps, qui est de grouper mille crimes imaginaires autour de celui qu'on ne peut pas préciser. On avait espéré l'embarrasser dans ce chaos de détails, et énerver sa défense en l'éparpillant. Il vit le piége, et, dans l'interminable lecture de l'attorney, il distingua quatre chefs dont la réfutation devait faire tomber tout le procès et sauver son innocence, sinon sa vie. L'attorney, dans ses conclusions, le déclarait traître au roi et au royaume, pour avoir nié la suprématie spirituelle du roi, au principal, et pour mille autres crimes au particulier.

Lecture faite de l'acte, le lord chancelier, comme chef suprême de la justice, et le duc de Norfolk, comme membre du conseil, lui promirent qu'il obtiendrait son pardon du roi, s'il voulait abjurer son opinion. « Je prie Dieu, dit Morus, qu'il m'y affermisse et m'y fasse persévérer jusqu'à la mort. » On l'invita à se défendre. « Quand je pense, dit-il, combien l'acte d'accusation est long, et combien de griefs y

---

[1] Corresp. d'Érasme, 1764. A.

sont mis à ma charge, je crains que mon esprit et ma mémoire, qui sont affaiblis, comme mon corps, par la maladie, ne me fournissent pas assez promptement les preuves que je devrais donner, et que, dans un autre état, j'aurais pu donner. » Les juges lui firent apporter un siége, et il s'assit pour la première fois depuis son départ de la Tour. Alors il commença sa défense.

Le premier chef était son opposition au second mariage du roi. Il ne le nia pas; mais il dit qu'il lui semblait qu'il en avait été assez puni par tant de maux de corps et d'esprit, depuis un an, par la perte de tous ses biens, et par une condamnation à la prison perpétuelle.

Le second était sa désobéissance au statut du parlement touchant la suprématie du roi, et le refus qu'il avait fait de donner son opinion. Il dit qu'il n'existait ni statuts, ni loi dans le monde qui punît un homme de n'avoir rien dit ni en bien, ni en mal; qu'il n'y avait de punissable que les actions et les paroles; que, pour les pensées secrètes, Dieu seul en était juge. « C'est de ce silence même qu'on vous accuse, dit brusquement l'attorney. — Le silence implique consentement, » répliqua Morus. Mais, pour qu'on ne tournât pas contre le chrétien cette parole échappée à l'avocat, il se hâta d'ajouter qu'il y avait des cas où l'on devait obéir à Dieu plutôt qu'aux hommes, et avoir plus de souci de sa conscience que de toute autre chose.

Le troisième chef capital était une prétendue machination contre le statut, prouvée par des lettres écrites de la Tour à l'évêque Fisher, où Morus encourageait son ami à la résistance. Ces lettres avaient été brûlées par Fisher, ce qui permettait à l'attorney d'y lire tout ce qu'il jugerait bon pour le besoin de la cause. Morus avoua naïvement ce qu'elles contenaient. Plusieurs traitaient de choses privées, comme de leur vieille amitié et accointance; dans l'une, Morus répondait à Fisher, qui l'avait prié de lui mander ses réponses dans l'affaire du serment, que sa conscience était en repos sur ce point, et qu'il réglât de son côté la sienne pour son plus grand bien.

Une preuve de complot, plus forte que ces lettres, formait le quatrième chef : c'était une comparaison, commune à Fisher et à Morus, du statut du parlement avec un glaive à deux tranchants, tuant l'âme si l'on s'y soumettait, tuant le corps si l'on y résistait. Morus expliqua cette conformité dans les deux réponses par la conformité d'esprit et de doctrine qui l'avait, depuis tant d'années, attaché à Fisher. « Pour conclure, dit-il en finissant, je déclare que je n'ai jamais dit un mot contre le statut à aucun homme vivant, encore qu'on ait pu affirmer le contraire à Sa Majesté. »

L'attorney ne répondit à cette défense que par un mot qui courut dans toute la cour : *Malice*. Il n'en ajouta pas un second, et il ne prouva pas celui-là. Rich fut interrogé sur son entretien avec Morus. Il assura que le prisonnier avait nié le droit du parlement. Morus lui répondit avec véhémence, l'accabla de sa vie passée, de sa mauvaise réputation, de ses désordres, et dit combien il était invraisemblable qu'il se fût ouvert sur un point aussi grave à un homme si léger et si mal famé, lui qui n'en avait voulu rien dire au roi ni à ceux de ses conseillers qui l'avaient interrogé à la Tour. Rich, pour relever son témoignage, fit appeler sir Richard Southwell et M. Palmer. Le premier dit qu'il n'avait été envoyé à la Tour que pour procéder à l'enlèvement des livres du prisonnier, et qu'il n'avait pas eu l'oreille à la conversation; le second, qu'il était si occupé à jeter les livres dans un sac, qu'il n'avait pas pris garde à ce qui se disait. Réponses de gens timides, mais honnêtes, qui ne voulaient ni mentir contre Morus, ni dire la vérité, au risque de se perdre sans le sauver. Le solliciteur Rich devint lord Rich, et Morus fut condamné à mort.

Les jurés étaient au nombre de douze. Après un quart

d'heure de délibération, ils rendirent le verdict de mort : *Guilty*[1].

Le chancelier se leva pour prononcer la sentence. Morus l'interrompit : « Milord, dit-il, quand j'étais dans les lois, on demandait au prisonnier, avant la sentence, s'il avait quelque chose à dire contre le jugement. » Le chancelier lui dit de parler. Morus se mit alors à discuter librement le statut du parlement; il l'attaqua comme violant à la fois toutes les lois de l'Église, les prérogatives du saint-siége, les lois mêmes de l'Angleterre, qui déclaraient l'Église nationale libre et indépendante ; il rappela les liens de reconnaissance qui attachaient cette île au saint-siége, dont elle tenait le bienfait de la foi catholique, héritage de Grégoire le Grand et de saint Augustin. Il répondit à tout avec une fermeté et une promptitude admirables, en homme qui n'était plus troublé par le soin de sa vie, et qui s'abandonnait au plaisir de décharger sa conscience si longtemps opprimée. Tout était consommé. Ce dernier espoir de salut, ce dernier attachement de l'homme à la vie, qu'on eût trouvé peut-être au fond du cœur des plus héroïques martyrs, ne retenaient plus sa langue, et ne mêlaient plus les précautions et les subtilités de la défense aux libres accents du chrétien rendant témoignage.

Le lord chancelier, soit qu'il ne sût que répondre, soit pour diminuer sa part dans la responsabilité de l'arrêt, demanda hautement au lord chef de justice, sir John Fitz-James, si l'accusation était fondée ou non « Milords, dit celui-ci, par saint Gillian, je dois déclarer que si l'acte du parlement n'est pas illégal, dans ma conscience, l'accusation est suffisamment fondée. » Paroles à double sens, comme

---

[1] Voici leurs noms : sir Thomas Palmer, sir Thomas Peirt, George Lowel, esq., Thomas Barbage, esq., Geoffroy Chambers, Edward Stokmore, Williams Browne, Gaspar Leuke, Thomas Bellington, John Parnell, Richard Bellame, George Stoakes.

toutes celles des hommes publics dans les temps de tyrannie, quand il arrive que chacun, sommé de dire son avis, se replie sur celui des autres, dérobe sa lâcheté derrière la lâcheté générale, et se lave les mains, comme Pilate, dans une eau que tout le monde a salie.

Le chancelier lut la sentence. Elle portait que *le criminel serait ramené à la Tour de Londres, par les soins de William Bingston, shérif, et de là traîné sur une claie à travers la Cité de Londres, jusqu'à Tiburn, pour y être pendu jusqu'à ce qu'il fût à demi mort; qu'en cet état il serait déchiré vif, ses parties nobles arrachées, son ventre ouvert, ses entrailles brûlées; que les quatre quartiers seraient exposés sur les quatre portes de la Cité, et la tête sur le pont de Londres.* Henri commua la peine en celle de la tête tranchée. « Dieu préserve mes amis, dit Morus, de la compassion du roi, et toute ma postérité de ses pardons ! » Ce fut le seul mot dur qu'il laissa échapper sur le roi; encore était-ce dit avec un ton de gaieté qui en cachait l'amertume.

Quand Morus eut entendu sa sentence : « Maintenant, dit-il, que je suis condamné, Dieu sait de quel droit je dirai librement ce que je pense de votre loi. Voilà sept années que j'applique mon esprit et que je tourne toutes mes études à cette matière, et je déclare que je n'ai lu dans aucun des docteurs avoués par l'Église qu'un laïque, ou, comme ils disent, un personnage séculier, ait été ou pu être chef d'une Église.

— Vous prétendez donc, maître Morus, dit le chancelier, être plus sage et de meilleure conscience que tous les évêques, toute la noblesse, tout le peuple de ce royaume?

— Milord chancelier, répondit Morus, pour un évêque que vous avez de votre opinion, j'ai de mon côté plusieurs centaines de saints et orthodoxes personnages; pour votre assemblée unique, j'ai tous les conciles généraux qui se sont tenus depuis mille ans; pour un seul royaume, j'ai toute la chrétienté. » Le duc de Norfolk, son ancien ami, l'accusa de malveillance. Morus repoussa doucement le reproche, sans se plaindre de celui qui le lui faisait. Il voulait se justifier; il ne voulait pas récriminer.

La longueur de la discussion prouvait combien ces hommes faisaient à regret leur métier de juges. Le sang qu'on allait verser ne profitait à aucun d'eux et pouvait quelque jour rendre le leur moins précieux. A la fin de la séance, ils dirent à Morus qu'il les trouverait prêts, chacun en particulier, à recevoir tout ce qu'il leur voudrait communiquer ultérieurement pour sa défense. Morus, touché, leur répondit avec effusion : « Je n'ai plus qu'une chose à ajouter, milords. Nous lisons, dans les Actes des apôtres, que le bienheureux apôtre saint Paul était présent et consentant à la mort du premier martyr Étienne, et qu'il garda les habits de ceux qui le lapidaient. Et cependant Paul et Étienne sont maintenant deux saints dans le ciel, et deux amis pour toujours. De même, j'espère de tout mon cœur, — et je prie Dieu à cet effet, — que, quoique vos seigneuries aient été sur la terre les juges pour ma condamnation, nous pourrons nous retrouver ensemble dans le ciel pour notre salut éternel. Que Dieu vous conserve tous, et, en particulier, mon souverain seigneur le roi, et qu'il lui accorde de sages conseillers[1] ! »

Il fut reconduit à pied de Westminster à la Tour, la hache portée devant lui, le tranchant de son côté. Son fils, John More, qui l'attendait hors de la salle de justice, se mit à genoux devant lui, et lui demanda sa bénédiction ; Morus l'embrassa et le bénit. Arrivé sur le quai de la Tour, sa fille Marguerite, passant à travers les hallebardes et les haches qui l'entouraient, se jeta à son cou et y resta suspendue

---

[1] The Life of sir Th. Morus, by his grandson, ch. xi passim. Corresp. d'Érasme, 1764-1766.

sans pouvoir dire d'autre parole que celle-ci : « O mon père ! ô mon père ! » Morus lui donna sa bénédiction, et lui dit que, bien qu'il dût mourir pour un crime qu'il n'avait pas commis, cela n'arrivait pas sans l'expresse volonté de Dieu, et qu'il fallait s'y soumettre. Après ces mots, Marguerite se retira ; mais, à peine eut-elle fait quelques pas, que, revenant tout à coup, et rompant la foule qui s'était refermée derrière elle, elle se jeta de nouveau au cou de son père, et couvrit son visage de baisers pleins de larmes. Le sang-froid du prisonnier ne tint pas à cette seconde épreuve. Il ne dit rien à sa fille ; il pleura. Ce fut le moment, dans toute la foule, d'une émotion déchirante, qui gagna jusqu'aux soldats de l'escorte. Tout autour de Morus on n'entendit qu'un long sanglot. Les soldats arrachèrent enfin Marguerite des bras de son père. Alors ses autres enfants et petits-enfants vinrent recevoir sa dernière bénédiction. Quant à ceux des siens qui étaient demeurés à la maison, « ils trouvèrent, dit son pieux petit-fils, que ceux qui l'avaient touché à ce moment suprême en avaient rapporté une bonne odeur[1]. »

Morus resta sept jours et sept nuits dans la Tour, après son jugement, s'armant par la prière, la méditation, l'enthousiasme religieux, pour le jour du martyre ; se promenant dans sa chambre en chemise, comme un homme prêt à être enseveli, et se flagellant lui-même, pour faire taire cette chair délicate qui *aurait eu peur d'une chiquenaude.*

Les deux dernières lettres qu'il écrivit sont adressées, l'une à Antonio Bonviso, marchand italien, son intime ami, qu'il remercie de ses services, et qu'il espère revoir « là où il n'y aura plus besoin de lettres, où une muraille ne séparera point les amis, où un gardien ne viendra pas interrompre leurs entretiens[2] ; » l'autre en anglais et au charbon, à

---

[1] The Life of sir Th. Morus, by his grandson, ch. xi.
[2] Elle est écrite en latin. English Works, 1455.

sa fille Marguerite, qu'il charge de ses dernières recommandations et adieux à tous ses enfants, petits-enfants, gendres, brus, et aux amis de sa famille[1]. Elle est datée du 5 juillet 1535; Morus devait être décapité le lendemain. Il rappelle à sa fille leurs derniers adieux. « Je n'ai jamais mieux aimé votre manière envers moi, que lorsque vous m'avez embrassé la dernière fois; j'approuve cette piété filiale et cette tendresse de cœur qui ne s'inquiètent pas du respect humain. » Il prie son bon fils Jean, si la terre paternelle doit lui échoir, de ne rien changer à ses dispositions dernières pour sa sœur. Avec cette lettre, il envoyait pour cette sœur son portrait sur parchemin, pour sa belle-fille Alice une pierre précieuse, pour Marguerite, sa fille chérie, un mouchoir, son cilice et le fouet dont il s'était flagellé. Le combat fini, il envoyait à sa fille ses armes.

Le lendemain matin, de très-bonne heure, sir Thomas Pope vint lui apporter le message du roi et de son conseil, qui lui annonçait qu'il devait mourir le jour même, avant neuf heures, et qu'il eût à s'y préparer.

« Monsieur Pope, dit-il, je vous remercie de tout mon cœur pour vos bons offices. Je dois beaucoup au roi pour les honneurs et bienfaits dont il m'a comblé, mais je lui dois bien plus encore pour m'avoir mis dans cette prison, où j'ai eu le temps et un lieu convenable pour me souvenir de ma fin. Et, je le jure devant Dieu, ce dont je suis le plus obligé envers Sa Majesté, c'est qu'il lui plaise de me faire sortir sitôt des misères de ce pauvre monde.

— La volonté du roi, dit sir Pope, est que vous ne prononciez pas de discours à votre exécution.

— Vous faites bien, monsieur Pope, reprit Morus, de me transmettre la volonté du roi; car je m'étais proposé de dire quelques paroles, dont aucune d'ailleurs n'eût offensé Sa

---

[1] English Works, 1457.

Grâce ou tout autre personne. Quel qu'ait été mon désir à cet égard, je suis prêt à obéir au commandement de Sa Majesté. Je vous prie, bon monsieur Pope, d'obtenir du roi que ma fille Marguerite assiste à mes funérailles.

— Le roi, reprit M. Pope, a déjà permis que votre femme, vos enfants et vos amis fussent libres d'y assister.

— Combien je lui suis reconnaissant, dit Morus, d'avoir eu tant de considération pour mes pauvres funérailles! »

Sir Thomas Pope, prêt à prendre congé de lui, ne put retenir ses larmes. Morus le consola. « Ayez confiance, monsieur Pope, nous nous reverrons quelque jour l'un l'autre, dans un lieu où nous serons sûrs de nous aimer au sein d'un bonheur éternel! »

Quand Morus fut seul, il quitta sa chemise de mortification, et, comme un homme invité à un banquet solennel, il s'habilla du mieux qu'il put et revêtit une robe de soie que lui avait donnée son ami Antonio Bonviso. Le lieutenant de la Tour, le voyant ainsi paré, lui dit que c'était grand dommage qu'il s'habillât ainsi pour le profit du misérable qui devait lui donner le coup de la mort.

« Quoi! monsieur le lieutenant, dit Morus, un homme qui va me rendre un si grand service! Si cette robe était d'or, je ne ferais qu'une chose juste en la lui donnant. Saint Cyprien ne donna-t-il pas trente pièces d'or à son exécuteur, en reconnaissance de l'ineffable bienfait qu'il en allait recevoir? »

Le lieutenant insistant, sans doute par un scrupule de haut fonctionnaire qui ne veut pas qu'on gâte les subalternes, Morus ôta sa robe de soie, et la remplaça par une robe de laine de Frise. Toutefois il donna un angelot d'or au bourreau pour qu'il ne le fît pas souffrir, « mais qu'il se montrât son ami. »

A neuf heures, il fut livré par le lieutenant de la Tour au shérif, et s'achemina vers l'échafaud. Sa barbe était longue, ce qui ne lui était pas accoutumé, son visage pâle et amaigri ; il tenait dans ses mains une croix rouge, et levait souvent les yeux au ciel. Une bonne femme lui offrit un verre de vin ; il le refusa en disant : « Le Christ à sa passion ne but pas de vin, mais du fiel et du vinaigre. » Deux malheureuses, apostées, dit-on, pour détruire l'effet de sa noble mort, l'apostrophèrent sur son passage. L'une lui redemandait certains livres qu'elle lui avait donnés en garde pendant qu'il était lord chancelier. L'autre se plaignait d'une injustice qu'elle avait reçue de lui dans le même temps. A la première, il répondit doucement que le roi l'allait débarrasser de tout souci de ses papiers, livres et autres choses de ce genre ; à la seconde, qu'il se souvenait de son affaire, et que si c'était à recommencer, il rendrait la même sentence.

Le dernier qui l'interrompit, mais pour un tout autre motif, ce fut un homme de Winchester, lequel ayant senti autrefois de violentes tentations de désespoir, s'était fait présenter par un ami à sir Thomas, alors chancelier. Morus lui avait promis de prier pour lui, et, depuis lors, trois ans s'étaient passés sans qu'il se ressentît de son mal. Quand Morus fut mis en prison, cet homme, ne pouvant plus le voir, avait été repris de ses tentations jusqu'à vouloir se tuer. Le jour de l'exécution, il vint à Londres, se mit sur le chemin du cortége funèbre, et quand Morus passa, il le pria de se souvenir de lui dans ses prières, disant qu'il était enfoncé si avant dans le désespoir, qu'il ne pensait plus pouvoir s'en relever.

« Allez, dit Morus, et priez pour moi, je prierai de grand cœur pour vous. »

Ce fut le dernier incident de la route.

Arrivé au pied de l'échafaud, il le trouva si branlant, qu'il dit au lieutenant de la Tour : « Veillez, je vous prie, à ce que je puisse monter sûrement ; pour la descente, je m'en tirerai comme je pourrai. » Comme il commençait à parler au peuple, le shérif l'interrompit. Morus se borna à demander à la foule de prier pour lui, et d'être témoin qu'il mourait dans la foi catholique, et pour elle, fidèle serviteur de Dieu et du roi. Puis, s'agenouillant, il récita avec un grand recueillement le psaume *Miserere*. L'exécuteur lui demanda pardon. Morus l'embrassa et lui dit :

« Tu vas me rendre le plus grand service que je puisse recevoir d'aucun homme. N'aie pas peur de faire ton devoir. Mon cou est court ; prends garde de ne pas frapper à faux et sauve ton honneur. »

L'exécuteur voulut lui bander les yeux.

« Je me les banderai moi-même, » dit-il, et il se couvrit d'un mouchoir qu'il avait apporté dans ce dessein. Alors il posa sa tête sur le bloc, disant à l'exécuteur d'attendre qu'il eût écarté sa barbe, qui n'avait jamais commis de trahison.

Ce fut sa dernière parole. L'exécuteur, d'un seul coup, sépara la tête du tronc.

Cette tête, exposée d'abord sur le pont de Londres, puis rachetée par Marguerite, fut pour cette femme tendre et exaltée, pendant les douze années qu'elle survécut à son père, un double sujet de douleurs filiales et de méditations religieuses. Deux actes du parlement déclarèrent confisqués tous les biens que Morus avait reçus de Henri et une portion de ses biens particuliers. Sa femme fut expulsée de la maison de Chelsea, et reçut du roi une pension de vingt livres. John Morus, son fils, d'abord enfermé à la Tour pour la même cause que son père, fut relâché comme de trop peu de valeur pour rien ajouter à l'exemple paternel.

Henri jouait aux échecs avec Anne, dans son palais de Richemond, quand on vint lui apprendre que Morus avait cessé de vivre. Lançant sur elle un regard irrité : « C'est votre faute, lui dit-il, si cet homme est mort. » Et il se retira brusquement dans sa chambre, où il se tint enfermé tout le jour. Était-ce remords du meurtre de Morus, ou commencement de dégoût pour la nouvelle reine?

Érasme, qui était lui-même près de sa fin, écrivit, sous le nom de Nucérinus, une relation touchante de la mort de son ami et de celle de Fisher, exécuté quelques jours après Morus. Il y fait un portrait éloquent de celui-ci, dans un langage où l'on reconnaît encore un esprit jeune dirigeant une main affaiblie : « J'ai vu beaucoup de gens, dit il, pleurer Morus, qui n'en avaient reçu aucun service, et moi-même, en écrivant ces lignes, je sens mes larmes couler malgré moi. Quelle sera la douleur de notre Érasme, lequel était lié avec Morus d'une de ces amitiés dont Pythagore a dit que c'est la même âme en deux corps! En vérité, je tremble que le bon vieillard ne survive pas à son cher Morus, si toutefois il est encore parmi les vivants. » Je reconnais Érasme à ces paroles où l'estime parle comme l'amitié; mais je le reconnais bien plus encore à ces conseils qu'il aurait donnés, dit-il, aux deux illustres victimes. « Si ceux qui sont morts m'avaient demandé mon sentiment, je leur aurais dit de ne point résister publiquement à l'orage. La colère des rois est violente; si on la brave, elle soulève des tempêtes. On adoucit les chevaux farouches, non avec la force, mais avec des mots caressants. Les pilotes ne vont pas de l'avant contre la tempête, ils l'éludent en louvoyant, ou attendent à l'ancre un vent plus favorable. Le temps remédie à beaucoup de maux que nulle force humaine ne peut empêcher. Ceux qui sont au service des rois doivent dissimuler beaucoup de choses, et, s'ils ne peuvent les amener à l'avis qu'ils jugent bon, tâcher du moins de modérer par quelque moyen leurs passions. Mais, dira-t-on, il faut savoir mourir pour la vérité. Pour toute vérité, non. » Ce n'est plus là le bon vieillard, mais le vieillard aride, et l'homme qui doute même de l'utilité de la vertu.

Voici maintenant où se montre l'homme sage et plein d'expérience, qui flattait les rois, mais non jusqu'à leur engager sa liberté, et qui avait fui les honneurs parce qu'il savait à quel prix on y reste et on en sort : « Si Morus m'avait consulté quand on lui proposa la place de chancelier, le connaissant d'une conscience scrupuleuse, je l'aurais détourné de l'accepter. Il est impossible à ceux qui occupent des fonctions élevées auprès des princes d'être aussi rigoureusement justes dans les grandes que dans les petites choses. Aussi, quand on me félicite d'avoir pour ami un homme placé si haut, j'ai coutume de répondre que je ne le complimenterai de sa prospérité que s'il me l'ordonne[1]. »

Mélanchthon, à qui Henri VIII faisait des avances, et qui en recevait des assurances écrites de protection et d'amitié, l'année même où ce prince fit mourir Morus, écrivit sur son épistolier : « Cette année a été fatale à notre ordre. J'apprends que Morus et d'autres ont été mis à mort[2]. » Et plus loin : « Je suis attristé du malheur de Morus, et ne me mêlerai plus de ces affaires-là[3]. »

Les morts des hommes illustres ne peuvent être jugées, comme leurs vies, avec impartialité, que quand les faits et les idées, les religions et les sociétés où ils ont vécu, ont péri. Tant qu'il en reste quelques parties encore vivantes, cette impartialité n'est pas possible. Nous jugeons sainement la vie et la mort de Socrate; mais qui peut dire que nous ne nous trompons pas encore sur Thomas Morus? La société antique, au milieu de laquelle a vécu Socrate, a disparu tout entière, gouvernement, mœurs, politique, religion; le christianisme, pour lequel Morus a porté sa tête sur le billot, enveloppe à cette heure le monde moderne, ici de ses dogmes encore pleins de vie et assis sur le trône; là, de

---

[1] Correspondance d'Érasme, 1768-1769-1770.
[2] Lettres de Mélanchthon, liv. IV, let. 177.
[3] *Ibid.*, 182. E.

ses schismes mêmes, aussi vivaces que la mère croyance; ailleurs, de ses souvenirs et de son ombre.

Nous sommes tous chrétiens, au dix-neuvième siècle, chrétiens ardents ou tièdes, ceux-ci de cœur, ceux-là d'habitude, la plupart indifférents, quelques-uns révoltés et continuant les haines du dix-huitième siècle; mais tous, en naissant, marqués du sceau de l'Évangile, et nul ne pouvant dire qu'à la mort il repoussera ses consolations et ses espérances. Nos jugements sur les hommes illustres qui ont fait de grandes choses et souffert de grandes morts pour cette croyance ne peuvent guère être que des admirations sans réserve, des répugnances sans justice, ou des impressions légères, sans valeur morale. Le chrétien fidèle se prosternera devant ces grands hommes et les adorera; le chrétien révolté les traitera de fous et de barbares; le chrétien tiède ne les aimera pas jusqu'à feuilleter quelques heures de plus un livre dont une page inconnue les présenterait à la postérité tels qu'ils sont aux yeux de Dieu. Entre cette tiédeur et une prévention trop forte, ai-je trouvé la véritable disposition d'esprit que demandaient mon sujet et mon héros? Morus a-t-il été bien jugé dans les pages qu'on vient de lire? Je ne le sais. Mais j'ai la confiance que ce n'est pas pour un personnage falsifié que mes yeux se sont plus d'une fois mouillés en les écrivant.

Arrivé à la fin, une idée m'attriste. Je regarde autour de moi, peut-être aussi en moi-même, et je ne vois guère que des consciences isolées n'ayant pour lutter contre toutes les tentations et tous les piéges de l'extrême civilisation que ce vague instinct du bien et du mal et ce goût inné d'ordre moral que Dieu a mis en nous. L'homme est placé entre des traditions plus qu'à demi rompues et un avenir inconnu; il est son commencement à lui, son milieu, sa fin : beaucoup d'entre nous, dont les pères vivent encore, sont orphelins par cet isolement que nous appelons indépendance. Qui nous rendra cette force qui faisait dire à Morus aux prises avec la puissance publique de son temps : « J'ai pour moi la chrétienté tout entière, quinze siècles de tradition, et, derrière toutes ces autorités, Dieu leur source et le premier anneau de la chaîne? » Qui nous rendra ce courage dont il châtiait son corps fragile et délicat pour le rompre à la souffrance, inflexible contre lui-même et doux pour les autres, ne doutant pas de sa foi quand il y va de sa vie, en doutant peut-être quand il y va de celle d'autrui? Beaucoup commencent à dire que la même religion d'où lui est venue cette force nous la rendra dans un temps prochain, quoique, plaise à Dieu ! pour des épreuves différentes. Quelques-uns le croient sincèrement ; les gouvernements le désirent pour leur commodité; bon nombre suivent le mouvement, qui se laisseraient emporter à un retour d'impiété, si l'impiété redevenait une mode. Pour moi, je crois voir bien de l'imagination dans tout cela, et, d'un côté, plus de politique du moment que d'intelligence supérieure de l'avenir, de l'autre plus d'esprit d'imitation que de véritable rénovation intérieure ; je doute que les époques où l'on comprend tant de choses soient propices à la croyance ; je doute que la foi puisse refleurir là où l'arbre de la science plie sous le faix de ses fruits, et c'est ce qui me rend triste et me fait trembler pour moi.

MÉLANCHTHON

I

L'école de Pforztheim. — Jean Hungarus. — Première éducation de Mélanchthon. Jean Reuchlin. — Le père de Mélanchthon. — Querelle des moines de Cologne contre Reuchlin. — L'inquisiteur Hoocstrate. — Mélanchthon à Tubingue. — Il est appelé à Wittemberg par l'électeur de Saxe. — Le repas académique donné en son honneur à Leipsick. — Il arrive à Wittemberg ; Il y est chargé de l'enseignement du grec.

En l'an 1508, l'école de Pforztheim [1], alors citée parmi les meilleures de l'Allemagne rhénane, comptait au nombre de ses écoliers deux frères, George et Philippe Schwartzerd, lesquels y vivaient en pension avec Jean leur oncle, presque aussi jeune qu'eux, chez une sœur du célèbre Reuchlin. L'aîné des deux frères, Philippe, à peine âgé de douze ans, montrait une rare aptitude à tous les exercices de l'esprit. Il était déjà très-versé dans la grammaire et les éléments du latin. Son premier maître, Jean Hungarus, les lui avait in-

[1] Petite ville du duché de Bade.

culqués avec un soin particulier, aidant ses bonnes dispositions par un moyen fort innocent alors; il le battait à chaque faute de construction dans l'explication de Virgile. Hungarus, d'ailleurs, de l'aveu de son élève, administrait ces corrections avec une modération convenable. Il n'en aimait pas moins comme un fils le jeune Philippe, qui l'honorait lui-même comme un père, et qui toute sa vie lui fut reconnaissant de lui avoir appris le latin, même à ce prix.

Aux heures de récréation, Philippe, au lieu de jouer, cherchait avec qui s'entretenir des leçons du jour. Venait-il à Pfortzheim des écoliers du dehors, comme c'était alors la coutume, il les examinait, il tâchait de les pénétrer, s'attachant surtout aux plus âgés que lui, et, pour peu qu'il les y trouvât disposés, les provoquant à des disputes où il montrait un esprit vif et heureux, une conception surprenante, et avec un peu d'emportement contre les idées, beaucoup de facilité pour les personnes.

Reuchlin, alors en grand crédit à la cour d'Ulrich, duc de Wittemberg, faisait souvent de petits voyages à Pfortzheim, sa ville natale. Il y employait son loisir à interroger les trois pensionnaires de sa sœur sur ce qu'on leur avait enseigné à l'école. Les réponses de Philippe étaient de beaucoup les meilleures, soit pour la solidité du fonds, soit pour la manière qui en était charmante. Aussi Reuchlin prit-il cet enfant en grande affection. Il lui faisait de petits présents appropriés à ses études, et de grand prix alors, car c'étaient des livres. Les biographes ont noté, entre autres, le lexique grec-latin dont Reuchlin était l'auteur. C'était le premier qui eût paru en Allemagne. Aidé de ce lexique, Philippe fit de rapides progrès dans les deux langues. En peu de temps, non-seulement il put écrire en prose, mais il faisait aussi des vers, où Reuchlin admirait la facilité et la sûreté précoce de celui qu'il appelait son fils.

Ce fut pour le récompenser d'une pièce qu'il avait composée, que cet homme illustre, alors la lumière de l'Allemagne, le prenant sur ses genoux, mit sur la tête de cet enfant de douze ans le bonnet qu'il avait reçu lui-même avec le titre de docteur. Philippe ne voulut pas être en reste avec son maître. Au voyage suivant, quel ne fut pas le plaisir de Reuchlin de voir des acteurs improvisés, entre lesquels Philippe avait distribué les rôles, jouer une petite comédie que Reuchlin avait composée et fait jouer lui-même à la cour de l'électeur palatin [1]?

Tout présageait que le nom de Philippe Schwarzerd serait célèbre. Reuchlin traduisit ce nom, selon la coutume de l'époque, dans la langue savante qui était alors la langue universelle. Schwarzerd signifie en allemand *terre noire*. Reuchlin y substitua un composé de deux mots grecs μέλας χθών, et appela son élève du nom de Mélanchthon, comme lui-même avait échangé le sien, qui veut dire *légère fumée*, contre celui de Capnion, dont le sens est le même en grec [2].

Mélanchthon était né à Bretten, dans le palatinat du Rhin, le 16 février 1497; les biographes ont marqué l'heure et la minute. « Il naquit, dit un annotateur de Camérarius [3], pour le bien de tous, à sept heures six minutes du soir. »

Son père, George Schwarzerd, était un armurier d'Heidelberg, fort habile dans la fabrication des armes de tournoi. Les princes en faisaient cas, parce qu'il leur rendait la victoire moins périlleuse et plus facile. Camérarius en fait naïvement l'aveu. Il parle d'un combat singulier entre l'em-

---

[1] Probablement la pièce sur les *Sophismes du barreau*. Reuchlin s'était réfugié à la cour de l'électeur palatin, après la mort d'Ébérard, duc de Wittemberg, dont le successeur, Ulrich, venait d'être dépossédé de ses États Ayant été parmi les conseillers d'Ébérard et étant partisan d'Ulrich, Reuchlin avait été menacé de la prison par un certain moine augustin, ministre et complice de l'usurpateur.

[2] Camérarius, *Vita Philippi Melanchthonis*, ch. II.

[3] Le principal biographe de Mélanchthon.

pereur Maximilien et un Italien qui s'était fait redouter. Grâce à l'armure que lui avait fabriquée tout exprès George Schwarzerd, « le très-courageux héros, dit-il, eut si promptement l'avantage sur l'Italien, que celui-ci jeta ses armes, et, tombant à genoux, demanda pardon à l'empereur. » Maximilien reconnaissant autorisa George Schwarzerd à porter pour armes de famille un lion assis sur un bouclier noir, la patte droite sur un marteau, la gauche sur une enclume.

Mélanchthon passa deux ans à Pfortzheim. L'enseignement n'y suffisant plus à l'élève, sa mère l'envoya à Heidelberg, dont l'académie avait alors de la réputation. Il s'y fit d'abord assez distinguer pour qu'on le jugeât capable de faire une classe. A peine âgé de quatorze ans, il fut chargé de donner des leçons de style. Il reçut, le 4 juin 1512, le grade de bachelier, sous le rectorat du docteur Léonard Dietrich. Il voulut monter plus haut, et se présenta pour le grade de maître ès arts; mais on le trouva trop jeune, et il fut refusé. Même chose devait arriver dans le siècle suivant à Leibnitz, que l'école de Leipsick trouva aussi trop jeune pour le bonnet de docteur.

Cet échec le dégoûta d'Heidelberg, outre des fièvres fréquentes qu'il attribuait à l'insalubrité de la ville. Il la quitta donc pour Tubingue, dans le Wirtemberg, où il arriva le 17 septembre 1512, Jean Schemern étant recteur de l'académie. Les facultés de théologie, de droit et de médecine y étaient florissantes. Mélanchthon étudia tout ce qu'on y enseignait. Les théologiens, les jurisconsultes, les médecins, eurent en lui un auditeur qui sut distinguer le vrai et le faux de leur science, et un écolier qui parla bientôt de la matière de ses études plus pertinemment que ses maîtres. Dans le même temps qu'il recevait le grade de maître de philosophie, le premier sur onze candidats, il expliquait publiquement Virgile, Cicéron, Tite-Live, Térence, qu'on croyait un auteur en prose, et dont les premiers exemplaires avaient été imprimés sous cette forme[1]. Il en rétablissait la métrique et en interprétait le sens et les beautés avec une sûreté de goût qui n'était ni de son temps ni de son pays. On le voit tout à la fois composer des livres élémentaires, diriger une imprimerie, lire en public des discours et des déclamations à la manière des Latins de la décadence, avec un goût plus sain, et dans un but plus pratique.

Reuchlin avait alors avec les moines de Cologne une querelle qui fit grand bruit, et où le jeune Mélanchthon se trouva mêlé. Voici l'origine de cette querelle. Il y avait à Cologne un juif apostat fort lié avec Hoocstrate, l'inquisiteur, et avec ses amis. Il leur dit qu'il a trouvé un moyen excellent de tirer des juifs une grosse somme, sans difficultés et sous d'honnêtes prétextes. Il s'agit d'obtenir de l'empereur un édit qui oblige les juifs à remettre tous leurs livres entre les mains du sénat de chaque ville, afin que tout ce qui n'est pas la *Bible* soit brûlé par les inquisiteurs. On espérait que les juifs rachèteraient leurs livres, et c'était le prix de ce rachat que le juif et l'inquisiteur comptaient se partager. L'édit est rendu; tous les livres sont apportés à Francfort. Mais les juifs avaient des amis auprès de l'empereur; ils obtiennent que leurs livres soient soumis à l'examen de docteurs hébraïsans. Reuchlin, depuis longtemps le premier dans cette science, reçoit l'ordre de donner son avis. Caché dans son petit jardin de Stuttgard, où il achevait dans l'étude sa vie laborieuse et brillante, il ignorait l'intrigue du juif de Cologne. Il se contente de noter, parmi les livres de religion, ceux qui attaquent le Christ, et sauve tous les autres, particulièrement ceux de grammaire et de médecine. L'empereur adopte son avis, les livres sont restitués aux juifs, et l'inquisiteur et son complice s'en vont, selon l'ex-

[1] *Éloge funèbre de Mélanchthon*, par Heerbrand de Tubingue.

pression d'un écrivain du temps, la bouche béante, comme le corbeau de la fable [1].

Hoocstrate furieux accusa d'hérésie le rapport de Reuchlin et le fit brûler. Reuchlin envoya sa défense à l'empereur et au pape, lequel commit l'évêque de Spire pour examiner l'affaire. L'évêque nomma des juges, qui se prononcèrent en faveur de Reuchlin. Les moines de Cologne, qui faisaient cause commune avec l'inquisiteur, ne se tinrent pas pour battus. Ils en appelèrent au pape; mais Reuchlin avait plus de défenseurs à Rome qu'en Allemagne. Pendant que le saint-siége examine de nouveau l'affaire, Érasme, Ulrich Hutten, écrivent pour Reuchlin. Les moines répondent du haut de la chaire par des excommunications, et font colporter des images injurieuses où figurent Reuchlin, Érasme et Hutten. L'affaire durait encore en 1517; mais la querelle des indulgences fit oublier celle des moines de Cologne.

Au fond, c'était la même; la réforme était au bout de toutes les questions. Le vieux catholicisme monacal, celui dont ne veut pas Bossuet lui-même, barrant alors toutes les voies de l'esprit humain, il fallait bien que toute curiosité, toute résistance, tout savoir, le rencontrât et l'attaquât. Tout était bon pour commencer la guerre, parce que tout menait droit à l'ennemi. Une chicane de bibliographie ou de grammaire aurait, à défaut d'autres, soulevé l'immense question de la réforme; tous les hommes étant mûrs pour la traiter et la résoudre, il eût suffi du projet de cet auto-da-fé simoniaque pour y amener l'Allemagne, si les scandales de la vente des indulgences ne l'eussent posée publiquement et comme affichée à tous les carrefours et à la porte de tous les couvents.

Mélanchthon aida Reuchlin dans sa querelle; il copiait sa défense, mais en copiste auquel on donne le droit d'ajouter

---

[1] *Oratio de Joanne Capnione.* (*Orationes Melanchthonis*, t. III.)

ou de retrancher. Tantôt il allait à Stuttgard, où habitait Reuchlin; tantôt c'était le tour de Reuchlin de venir à Tubingue, où, après avoir parlé de l'affaire principale, il passait de douces heures à s'entretenir avec Mélanchthon de leurs communes études. Quelquefois Mélanchthon lui amenait de ses camarades; on visitait la bibliothèque, après quoi on allait jouer dans le jardin. Reuchlin, qui aimait la compagnie des jeunes gens, les traitait avec son meilleur vin; lui-même, par sobriété, n'en buvait que de très-faible.

Après six années de séjour, Mélanchthon s'ennuya de Tubingue. Il avait hâte de quitter une académie où ses succès lui attiraient l'envie, et que les disputes des réalistes et des nominaux avaient partagée en deux camps ennemis. Lui-même avait été forcé d'y prendre parti; il penchait pour Aristote et les nominaux, mais avec une modération qui ne blessait pas les réalistes, même en les réfutant, et qui maintint entre les deux partis une sorte de concorde extérieure, fort à l'honneur de Mélanchthon, si l'on considère que les querelles allaient ailleurs jusqu'aux coups. D'après les statuts académiques, son titre de maître ès arts lui donnait une certaine part dans le gouvernement intérieur. Il en usa pour y entretenir cette apparence de concorde; c'était la première fois qu'il s'essayait à ce rôle de médiateur, qu'il tâcha de soutenir toute sa vie au prix de tant d'agitations. Pour la première fois aussi, il put en reconnaître l'impuissance. On ne lui sut pas gré d'avoir mis tant de goût et de vrai savoir du côté de la modération, et d'en avoir rendu l'exemple si beau que la violence fût devenue impossible : tout ce que les combattants furent obligés, par pudeur, de retenir de dépit et d'acrimonie, fut tourné contre lui.

La hardiesse et la nouveauté de ses vues sur l'enseignement, son savoir, ennemi des formules scolastiques, et pris tout entier aux sources, ne lui avaient fait guère moins d'ennemis. Aussi ne respirait-il plus à l'aise dans cette ville où tout était dispute et routine. « Je vivais, écrivait-il plus tard, dans une école où c'était un crime capital de s'entendre un peu mieux que les autres aux lettres. » Il suppliait Reuchlin de le tirer de « cette prison. » — « J'aimerais mieux, dit-il, vivre caché dans quelque caverne d'Héraclite, que d'être ici occupé à ne rien faire[1]. » Il se mettait à la disposition de Reuchlin. « Où que tu m'envoies professer, lui dit-il, il y faut aller. C'est mon métier, quoi que rien ne me plaise moins que cette vie publique, et que je sois las d'entendre bourdonner autour de mes muses le murmure populaire. » La perspective d'une carrière si laborieuse l'épouvantait. « Je désirerais, dit-il à Reuchlin, passer ma vie dans les loisirs littéraires et le silence sacré de la philosophie; mais, puisque la fortune ne me le permet pas encore, vivons comme nous pouvons, non comme nous voulons. Suivons l'applaudissement des hommes et ce jeu de hasard qu'on appelle la faveur du public. Un jour peut-être le loisir me sera plus doux après ce labeur[2]. »

Il apprit bientôt par Reuchlin que l'électeur l'appelait à Wittemberg, et lui promettait bienveillance et protection. « Va, lui écrivait son maître en lui citant le texte des promesses faites à Abraham; sors de ton pays, de ta parenté, de la maison de ton père, et viens dans le pays que je te montrerai; je te ferai la source d'une grande nation, et je te bénirai, et je rendrai grand ton nom. Voilà, ajoutait Reuchlin, ce que je présage qu'il t'arrivera, ô Philippe, mon ouvrage et ma consolation! » Il lui recommanda de hâter ses préparatifs, d'envoyer ses bagages par une voiture, et, après avoir été embrasser sa mère et la sœur de Reuchlin, d'accourir à Augsbourg, où était l'électeur, afin de ne pas partir sans lui. « Pour que tu juges, lui dit Reuchlin, à

---

[1] *Corpus reformatorum*, liv. I, n° 15.
[2] *Ibid.*

quel point tu es agréable aux personnes de la cour et aux chambellans du prince, je t'envoie une lettre de Spalatin, qui est accoutumé de partager la voiture ou la litière du prince. » Et plus loin : « Hâte-toi, car les dispositions des princes sont changeantes [1]. »

Mélanchthon quitta Tubingue au commencement d'août 1518, peu regretté des professeurs, que son départ rendit à leurs habitudes. Un seul, Simler, de qui Mélanchthon avait appris le grec, le plus habile de tous, se fit honneur en disant « que ce départ était un malheur pour la ville de Tubingue, et qu'on n'y avait pas compris jusqu'où allait le savoir de celui que leur enlevait Wittemberg [2]. »

Mélanchthon alla saluer, à Augsbourg, l'électeur Frédéric et son conseiller Spalatin, et après quelque séjour à Nuremberg, où il fit en passant de nobles et solides amitiés, il se rendit à Leipsick. « Le 20 août, écrivait-il vingt-huit ans après, je vins pour la première fois à Leipsick, ignorant, jeune homme que j'étais, combien est douce la patrie. » Le collége académique de cette ville lui offrit un repas d'honneur. A chaque plat qui paraissait, un des professeurs se levait et adressait une harangue à Mélanchthon. Celui-ci répondit aux deux premières ; mais, à la troisième, les convives étant nombreux, et les plats menaçant de se succéder longtemps : « Illustres hôtes, dit Mélanchthon, je vous supplie de trouver bon que je fasse une seule réponse à tous les discours que je vais entendre. Pris à l'improviste, je n'ai pu recueillir de quoi parler tant de fois. » Mélanchthon, qui aimait à raconter ce trait, se félicitait d'avoir fait supprimer un usage ridicule. C'est par là surtout que l'anecdote est intéressante ; en même temps qu'elle peint les mœurs des écoles de ce temps, elle fait

---

[1] *Corpus reformatorum*, liv. I, n° 16.
[2] *Éloge funèbre de Mélanchthon*, par Jac. Heerbrand.

voir dans Mélanchthon l'homme ramenant toute chose au naturel, et la manière douce et insinuante dont il introduit les innovations.

Il arriva le mercredi 25 août 1518 à Wittemberg, à une heure de l'après-midi. Quatre jours après il fit un discours d'ouverture sur les réformes à opérer dans l'enseignement de la jeunesse. Voici ce que Luther en écrivit à Spalatin : « Philippe a prononcé, quatre jours après son arrivée, un discours très-savant et très-soigné, qui lui a valu tant de faveur et d'admiration, que vous n'avez plus à songer à quels titres nous le recommander[1]. » L'électeur le chargea de l'enseignement du grec. Après quelques mois à peine, sa chaire était la première de toute l'Allemagne, et ses succès lui avaient valu le surnom de *Grec*. Il n'avait pas encore vingt-deux ans.

II

Fondation de l'académie de Wittemberg.

Mon objet, dans ces études, étant de mêler à l'histoire particulière d'un homme tout ce qui peut s'y rattacher de l'histoire générale de la Renaissance, il n'est pas hors de propos de raconter comment fut fondée cette académie, d'où sortirent les plus grands travaux de la renaissance et de la réforme.

Les académies ne furent instituées en Allemagne que sur la fin du quinzième siècle. Dans une diète tenue à Worms, en 1495, par l'empereur Maximilien, il fut convenu entre les

---

[1] *Lettres de Luther.*

sept électeurs du saint empire que chacun d'eux fonderait une académie. Jusqu'alors la superstition et le règne des moines avaient étouffé toutes les lueurs qui venaient de l'Italie, cette première patrie de la Renaissance. Le peu que l'Allemagne comptait de savants allaient chercher au loin et à grands frais les moyens d'étudier. Cette sorte de pèlerinage avait remplacé le pèlerinage en terre-sainte.

L'électeur de Saxe, Frédéric III, à peine rentré dans ses États, en délibéra avec son principal conseiller, le docteur Martin Mellerstadt, qui l'avait accompagné dans un voyage en Palestine, et l'avait sauvé d'un grand péril. C'était un homme de beaucoup de savoir, et célèbre dans toute l'Allemagne. Après avoir passé en revue toutes les villes des États de l'électeur qui pouvaient recevoir une académie, Mellerstadt nomma Wittemberg. L'électeur sourit. « Wittemberg, dit-il, un village étroit, obscur, un amas de cabanes de boue, où l'on ne peut offrir l'hospitalité à personne! vous n'y pensez pas. Il suffirait de quelques étrangers pour affamer une ville entourée, pour toutes plaines, de sables stériles et profonds. — Pourquoi, dit vivement Mellerstadt, vous défier de Dieu? Vous devez à cette province cette marque de reconnaissance, que, vos ancêtres en ayant tiré leur principal titre, il vous faut l'agrandir et l'élever. L'académie que vous fonderez à Wittemberg effacera toutes celles de l'Allemagne. — J'accepte le présage, dit l'électeur, et je prie Dieu qu'avec d'honnêtes conseils et de pieux efforts l'événement y réponde! Que Wittemberg soit donc le siège de l'académie[1]! »

On se mit aussitôt à l'œuvre. Frédéric fit bâtir une église dédiée à tous les saints; il y recueillit des reliques achetées à grands frais par toute l'Allemagne; son désir était qu'il

---

[1] *Discours sur la fondation de l'académie de Wittemberg.* (*Orationes Melanchthonis.*)

n'y eût pas d'église qui ne cédât en richesses, sinon en grandeur, à celle de Wittemberg. Il rétablit l'évêché, et il voulut que l'évêque fût à la fois le chef des études et de la religion; enfin il appela des professeurs, et leur donna pour premier recteur Mellerstadt. Au bout de six mois, quatre cents jeunes gens étaient déjà inscrits sur les registres. L'électeur donna à l'académie un sceau où il était représenté lui-même avec la pourpre du roi des Romains, et l'épée que l'électeur de Saxe a seul le privilége de porter dans les diètes devant l'empereur. L'exergue portait ces mots : « Sous mes auspices, Wittemberg a commencé d'enseigner. »

Mellerstadt vit entreprendre et achever les nouvelles constructions; mais il ne vit pas cette splendeur qu'il avait prédite, et qui devait obscurcir les autres académies. « Il mourut, dit un écrivain de Wittemberg, en 1514, trois années avant que le docteur Martin Luther, inspiré du Saint-Esprit, eût attaqué et détruit le règne de la superstition [1]. »

C'est un exemple étrange que celui de cet électeur, qualifié par l'histoire du nom de sage, qui bâtit une église dédiée à tous les saints, qui la remplit de leurs reliques, et qui, trois ans après, inaugure, sous le nom de réforme, la révolte contre les images et la destruction de tout culte extérieur !

---

[1] *Discours sur la fondation de l'académie de Wittemberg.*

III

Situation de Luther à l'époque où Mélanchthon s'établissait à Wittemberg. — Son admiration pour Mélanchthon. — Première ardeur de celui-ci pour les lettres. — Détail de ses travaux d'érudit et de professeur. — Son caractère. — Il est gagné par Luther.

Au commencement, ce fut moins Luther qui parut un homme extraordinaire à Mélanchthon que Mélanchthon à Luther. Ce dernier semblait alors embarrassé de la hardiesse de ses propositions contre les indulgences, et il avait consenti à ne pas continuer la guerre, si les défenseurs des indulgences se taisaient. Sa situation était critique. Il savait l'empereur Maximilien d'accord avec le pape, et il avait sujet de craindre que son seul protecteur en Allemagne, l'électeur de Saxe, quoique déjà gagné à ses idées, ne le défendît pas contre les menaces impériales concertées avec les excommunications romaines. Ses inquiétudes étaient si vives, qu'il eut un moment la pensée de s'exiler pour ne pas éprouver jusqu'au bout la protection de l'électeur, ou pour ne pas la lui rendre périlleuse. Mélanchthon ne le vit donc pas tout d'abord dans tout son éclat, et ce saisissement dont parle Bossuet ne fut pas soudain. Luther n'avait encore secoué ni ses vœux, ni le pape, et il n'était pas assuré de sa vie. Celui que Mélanchthon devait appeler notre Achille n'était encore qu'un moine un peu effrayé du bruit qu'il avait fait.

Au contraire, Mélanchthon arrivait à Wittemberg, désigné par Reuchlin, annoncé au monde savant par Érasme, appelé partout où il n'était pas, envié partout où il avait été. Érasme lui-même n'avait pas fait lire à l'Allemagne des pages plus naturelles et plus élégantes que les essais de cet enfant. Mélanchthon avait toute l'ardeur des premières luttes et toute la confiance des premiers succès. Lui aussi avait entrepris une réforme, celle de l'enseignement, sans laquelle la réforme religieuse eût avorté, et il était précédé à Wittemberg par la réputation d'érudit et d'écrivain, beaucoup moins commune alors en Allemagne que celle de théologien.

Le saisissement fut donc du côté de Luther. Les documents ne permettent pas d'en douter. Dans le même temps que Mélanchthon parlait de Luther en termes plus que modérés, et comme « d'un excellent homme et d'un vrai théologien, » Luther, dans ses lettres à Spalatin et à d'autres, ne parle qu'avec étonnement de Mélanchthon. « Nous avons, écrit-il à Langus, pour professeur de grec, le très-savant et très-grécisant Philippe Mélanchthon, un enfant ou à peine un adolescent, si vous regardez son âge, un des nôtres si vous considérez la diversité de ses connaissances, et son savoir dans les deux langues. » Et ailleurs, écrivant à Reuchlin : « Notre Philippe Mélanchthon, dit-il, homme admirable; que dis-je? n'ayant rien qui ne soit au-dessus de l'homme, mon ami le plus particulier et le plus intime. » Luther pressait Spalatin d'augmenter le traitement de Mélanchthon. Il craignait qu'on ne l'attirât ailleurs par l'appât d'un salaire plus honorable. Déjà ceux de Leipsick lui avaient fait des offres. Luther eut le bonheur d'épargner à son ami les demandes et de réussir.

Mélanchthon fut d'abord tout entier aux lettres et à l'enseignement. Deux mois après son entrée en fonctions, il publiait le petit traité de Lucien sur la calomnie, et le dédiait à l'électeur. Il avait un nombreux auditoire, composé principalement de théologiens, qui entendaient parler de grec pour la première fois. Voici un détail des diverses occupations qui partagent son temps : « J'enseigne, dit-il, j'imprime des livres, pour que les jeunes gens en soient pourvus; je professe dans une école fréquentée, pour leur apprendre à s'exercer. Déjà l'Épître à Tite est sous presse. J'ai presque achevé un dictionnaire grec. Viendra ensuite une rhétorique. Après quoi j'entreprendrai la réforme de la philosophie, pour, de là, arriver tout préparé aux choses de la théologie, où, s'il plaît à Dieu, je rendrai quelques services[1]. » N'oublions pas cette dernière phrase. Ce fut là sa méthode d'enseignement et sa règle de conduite. Cette préparation par les lettres anciennes qu'il veut apporter pour son compte à l'étude de la théologie, il la recommanda toute sa vie et dans tous ses écrits.

C'est cette première ardeur pour les lettres qui l'empêcha d'être entraîné dès l'abord par Luther. Ce que dit Bossuet en termes si forts de l'effet que produisirent les écrits de Luther sur ce qu'il appelle les beaux esprits de l'Allemagne ne fut pas vrai d'abord de Mélanchthon, lequel ne s'y laissa prendre que quand il s'y trouva préparé. Mais ce fut avec d'autant plus de force, son admiration lui paraissant une adhésion réfléchie.

En arrivant à Wittemberg, Mélanchthon trouva tout à faire dans l'enseignement. Les moines, empêchés par le prince de faire des entreprises ouvertes contre les lettres, les attaquaient sourdement, et en éloignaient les peuples comme de sources empoisonnées. Wittemberg n'avait ni imprimerie, ni livres grecs. Vitus Winshemius nous a laissé un témoignage curieux de ce dénûment. « Je me souviens, dit-il, qu'après deux ans de séjour à Wittemberg, Mélanchthon expliquant les *Philippiques* de Démosthènes, nous n'étions que quatre auditeurs, avec un seul exemplaire, celui de notre maître, que nous étions forcés de copier sous sa dictée[2]. » Ajoutez que des leçons sur Démosthènes étaient une nouveauté presque plus étrange, en Allemagne, que les dogmes de Luther.

---

[1] *Corpus reformatorum*, t. I. Lettre à Spalatin.
[2] *Oraison funèbre de Mélanchthon.*

Outre les travaux de son enseignement, ses écrits particuliers et les éditions qu'il surveillait, Mélanchthon tenait une classe privée. Sa santé, moins forte que son courage, suffisait à peine à tant de travaux. « Je ne crains qu'une chose, écrit Luther à Spalatin, c'est que sa faible constitution ne supporte pas la manière de vivre de ce pays. » L'électeur Frédéric, lui envoyant du vin de sa cave, lui citait cette parole de saint Paul : *Il faut honorer son corps*. « Si tu crois, ajoutait ce prince, que les autres paroles de cet apôtre sont vraies, crois-le aussi de celle-ci, et qu'il faut y obéir[1]. »

La vie de nos professeurs les plus occupés ne peut pas donner une idée de celle de Mélanchthon. Il faisait deux leçons par jour à l'académie, et probablement autant et de plus longues chez lui. Il prenait l'élève au sortir de l'enfance, le conduisant de degrés en degrés, des éléments de la grammaire jusqu'à l'étude de la théologie, qu'il regardait comme le couronnement de l'éducation littéraire. Il composait des grammaires grecques et latines, écrivait des traités élémentaires de toutes les sciences, distinguant dans chacune ce qui y appartenait naturellement de ce que la barbarie y avait importé d'étranger et d'hétérogène; séparant, par exemple, la théologie de la philosophie, et, pour me servir de sa forte expression, la purgeant de ce grossier mélange des éthiques d'Aristote et de l'Évangile, où l'on n'aurait su dire qui était Dieu d'Aristote ou de Jésus. Au reste, il ne faut pas admirer sans réflexion une telle capacité de travail. Les forces de l'homme, à toutes les époques, sont mesurées à sa tâche. Or, du temps de Mélanchthon, on avait tout à faire et une foi en proportion de l'œuvre. La première moitié du seizième siècle fut la période héroïque des temps modernes. Les travaux de l'esprit y sont les travaux d'Hercule.

Si Mélanchthon eût été libre de choisir, nul doute que, des

---

[1] *Oraison funèbre de Mélanchthon*, par Vitus Winshemius.

deux tâches qu'eurent à remplir les hommes du seizième siècle, il n'eût pris la tâche littéraire. Il n'avait ni le caractère ni le genre d'esprit qui conviennent à un réformateur religieux. Trop de doute, et, pour toute passion, des impatiences passagères contre les idées plutôt que contre les hommes; aucun amour du bruit, le dégoût de la multitude, à laquelle il ne pardonnait pas sa foi brutale et aveugle à la merci de tous les sophismes; un talent pratique, méthodique, sans mélange de déclamation; un esprit modeste, timide, s'agitant plus pour obéir que pour dominer, tels étaient les traits particuliers du caractère de Mélanchthon. Il eût fait comme les grands érudits de l'Italie, comme Bembo, le Pogge, Marcile Ficin; il eût édité les anciens. Avant Luther; le choix était possible; après Luther, il fallait être, ou avec lui, ou contre lui. Mélanchthon n'essaya pas de se soustraire à la destinée commune; mais il laissa plus d'une fois échapper des plaintes, et l'aigreur des disputes théologiques lui fit regretter souvent les pacifiques conférences de cette académie platonicienne de Florence, où ne disputaient que des esprits d'élite, présidés par un prince magnifique.

Ce fut après moins d'un an de séjour à Wittemberg qu'il commença de sentir l'influence de Luther. La mort de l'empereur Maximilien [1] venait de délivrer celui-ci de ses craintes. N'ayant plus affaire qu'au pape, il avait relevé la tête. Il ne songeait plus à s'exiler. Le vicariat de l'empire, confié, pendant l'interrègne, à son protecteur l'électeur de Saxe, faisait de Luther comme le chef religieux de l'Allemagne. La réforme, un moment suspendue par la crainte d'un accord entre le pape et l'empereur Maximilien, reprenait sa marche victorieuse. La chaire de Wittemberg avait recouvré la parole. L'esprit de Luther, soulagé de ce qu'il appelait, dans sa

---

[1] Arrivée le 17 janvier 1519.

langue hardie, les obsessions du diable, c'est-à-dire le doute et les craintes de la chair, avait recouvré toute son audace. Il gagna Mélanchthon par ce mélange si extraordinaire de fougue et de subtilité, par cette domination qu'il exerçait sur tous ses amis, et qui, jusqu'à sa mort, les retint presque tous sous son joug, soumis, quoique frémissants.

IV

La dispute de Leipsick

Le premier écrit où Mélanchthon s'engagea dans les doctrines nouvelles fut une préface sur le prix de la vraie théologie et sur l'étude des saintes lettres. Je ne parle pas d'une ode grecque à la louange de Luther, qui parut dans le même temps. Dans cette préface, il n'entrait pas dans le fond des idées de Luther; il s'en tenait à des considérations générales sur l'importance des matières et sur la préparation qu'il y fallait apporter. Il fit d'abord plusieurs préfaces de ce genre, moins en manière d'adhésion formelle qu'à titre d'hommage d'un lettré à un théologien célèbre. Il n'y laissait voir encore qu'une très-vive curiosité, tant pour les choses que pour l'homme.

Dans ce temps-là, on envoyait à Luther, de tous côtés, en forme de défi, des conclusions : c'était la manière de jeter le gant entre théologiens. Parmi les champions de la scolastique qui s'étaient offerts à croiser leurs doctrines contre les siennes dans un combat singulier, Jean de Eck ou Eccius, théologien d'Ingolstadt, était de beaucoup le plus renommé. On le disait chargé secrètement par le pape d'exciter Luther, et d'en tirer par l'impatience quelques propositions assez manifestement hérétiques pour qu'il y eût moyen d'en finir avec lui comme on avait fait avec Jean Huss. Luther accepta le défi; mais, soit qu'il craignît un piége, soit qu'il trouvât son adversaire insuffisant, il offrit d'abord de le faire réfuter par écrit, et il en chargea le plus ardent de ses disciples, Carlostadt, archidiacre de Wittemberg. Jean de Eck, qui passait pour n'avoir pas la plume facile, et qui, au contraire, avait eu de nombreux succès de parole, ne voulut pas d'une dispute de plume. Il importait que la réforme ne refusât pas le premier combat public avec la scolastique. Luther accepta donc le défi de Jean de Eck. Le lieu fut Leipsick, où était la cour du duc de Saxe; le jour, le 17 juin 1519.

Jean de Eck se rendit à Leipsick, suivi seulement d'un domestique; et encore, dirent ses adversaires, ce domestique lui avait été prêté. Pour Luther, il y fit une entrée triomphante ayant avec lui Carlostadt, qui devait être son second, et tous les professeurs de l'académie de Wittemberg, y compris Mélanchthon. Ils avaient attiré un si grand concours d'abbés, de nobles, de chevaliers, qu'aucune église ne parut assez grande pour contenir toute cette foule; il fallut que le duc de Saxe fit disposer pour les recevoir la grande salle de la citadelle. Après une messe célébrée dans l'église de Saint-Thomas, en grande pompe et avec musique, on se rendit en procession au lieu des séances. Des gardes placés aux portes protégeaient l'entrée des personnes admises à assister au colloque, et repoussaient la multitude qui faisait irruption sur leurs pas. Mosellanus, conseiller du prince, et chargé de la harangue d'ouverture, n'y put pénétrer que par une porte secrète.

On se prépara à la dispute par des chants religieux et par un repas qu'un héraut d'armes fit cesser. Jean de Eck et Carlostadt engagèrent le combat. Ils disputèrent sur le libre arbitre. Carlostadt en nia l'efficace pour l'œuvre du salut :

il dit que Dieu est l'ouvrier, et notre libre arbitre le marteau avec lequel il fabrique notre salut. Jean de Eck soutint que le libre arbitre y est pour une part, et la grâce pour une autre. Il invoquait l'autorité d'Aristote, le seul Père de l'Église dans l'étrange catholicisme des scolastiques.

Voici, du reste, comment ce nom se trouvait mêlé au débat du libre arbitre et de la grâce. La philosophie aristotélique accorde tout à la force de l'homme, à la volonté, au libre arbitre; c'était la doctrine païenne, dont l'excès alla jusqu'à égaler la volonté de l'homme à la toute-puissance des dieux. Or les scolastiques s'autorisaient de cette philosophie pour défendre le libre arbitre. De là la haine de Luther et de ses disciples contre Aristote, auquel ils ne pardonnaient pas l'importance qu'il donne à la volonté dans la conduite morale de l'homme, leur doctrine étant que la grâce seule fait les mérites et la moralité des actions.

A Carlostadt succéda Luther, qui souleva la question de la suprématie de Rome et de son évêque. Il dit que cette suprématie ne résultait que de décrets d'une date récente. Sur quoi Jean de Eck se récria qu'il reconnaissait là un reste de la faction de Jean Huss. Luther sentit le piége, et sut échapper avec beaucoup d'adresse à la comparaison.

Vingt jours se passèrent en disputes de ce genre. Un incident les interrompit. Le marquis de Brandebourg revenant par Leipsick de la diète qui avait élu Charles-Quint empereur, le duc de Saxe eut besoin, pour le recevoir, de la salle de la citadelle; il congédia l'assemblée. Les deux partis s'adjugèrent la victoire.

De tous les champions que les scolastiques opposèrent à Luther, et plus tard à Mélanchthon, Jean de Eck fut le plus célèbre. Il représentait cet amalgame d'une religion toute en pratiques superstitieuses, sans profondeur et sans savoir, et d'une prétendue philosophie aristotélique que depuis longtemps on n'apprenait plus dans Aristote. C'est là seulement ce que les catholiques crurent avoir à défendre dans les premiers colloques, de même que les réformateurs n'avaient cru et prétendu établir que la distinction de la religion et de la philosophie, et l'interprétation plus saine des textes sacrés.

Le rôle des scolastiques, évidemment inférieurs en savoir, et toujours battus dans l'interprétation des textes, se réduisait à citer beaucoup et sans choix, et à prodiguer les mouvements oratoires. C'est à quoi excellait Jean de Eck. Il avait, comme on dit d'un acteur, le physique de son rôle. Mosellanus, dans une lettre à Pflug sur la dispute de Leipsick, en fait un portrait piquant : « Il a, dit-il, une taille élevée, un corps vigoureux et carré, une voix pleine et tout à fait allemande, poussée par de vastes flancs, qui eût convenu non-seulement à un acteur tragique, mais à un crieur. Tant s'en faut qu'il ait cette douceur naturelle du visage tant louée dans Fabius et dans Cicéron. Sa bouche et ses yeux, tous ses traits enfin, sont plutôt d'un boucher ou d'un soldat de Carie que d'un théologien. Quant aux qualités de l'esprit, il a une mémoire puissante, qui eût fait de lui un homme accompli, si elle eût été au service d'une intelligence de même force. Mais il n'a ni la conception vive, ni la finesse du jugement, sans lesquelles les autres qualités sont des dons stériles. Il n'a souci que de multiplier les citations, sans prendre garde à celles qui ne vont pas à son sujet, et qui sont froides ou sophistiques. Ajoutez à cela une incroyable audace, cachée sous une astuce qui ne l'est pas moins. S'il se sent pris à un piége, ou bien il détourne la dispute d'un autre côté, ou bien il s'empare de la pensée de son adversaire, se l'approprie en la revêtant de paroles à lui, et lui renvoie sa propre pensée, avec toutes les absurdités qu'on en peut déduire [1]... »

Ce portrait de Jean de Eck ne ressemble guère à celui que Mosellanus fait de Luther dans le même récit. « Il est, dit-il,

---

[1] Petri Mosellani Epistola ad Pflugium, *de Disput. Leips.*

d'une taille moyenne, d'un corps grêle, tellement épuisé par les études et les soucis, qu'en le regardant de très-près on pourrait compter ses os. Il est dans l'âge mûr. Sa voix est perçante et claire. Admirable par sa doctrine et la connaissance qu'il a de l'Écriture, dont il pourrait compter tous les versets, par une grande richesse de pensée et d'expression, il laisse à regretter un certain manque de jugement et de méthode. Civil et facile dans les relations ; rien du stoïcien, rien de sourcilleux ; toujours homme et à toute heure ; dans les réunions, jovial et aimant les plaisanteries ; vif et plein d'assurance, la joie sur un visage fleuri, malgré les atroces menaces de ses adversaires, il est visible qu'un homme n'entreprend pas de si grandes choses sans la protection des dieux. » Ces deux portraits, faits dans le temps même de la dispute de Leipsick, ne sont-ils pas ceux de deux adversaires dont l'un doit vaincre et l'autre succomber?

Mélanchthon ne joua pas un premier rôle dans ce colloque ; mais il fut loin, quoiqu'il le dise quelque part, d'y être un personnage muet. Ne pouvant combattre de sa personne, il assistait ses amis, soit en leur découvrant les piéges de la logique de Jean de Eck, soit en leur fournissant des citations à opposer aux siennes. Il aida surtout Carlostadt, qu'une voix étouffée et sans accent, une mémoire défaillante, une extrême irritation, rendaient plus vulnérable. Il lui soufflait de vive voix, ou lui passait des arguments par écrit avec si peu de précaution, que Jean de Eck s'en aperçut et lui cria : « Tais-toi, Philippe ; occupe-toi de tes études, et ne me trouble pas. » Une lettre que Mélanchthon écrivit à Œcolampade sur ce colloque lui attira une vive réponse de Jean de Eck. Il répliqua. Ce fut le premier gage qu'il donna aux nouvelles doctrines.

V

Mélanchthon s'engage dans le parti de Luther. — Petits traités élémentaires. — Partage de sa vie entre la renaissance et la réforme. — Sa facilité pour ses amis; son obligeance pour tout le monde. — Il se laisse marier avec Catherine Krapp. — Le distique qui l'annonce à ses élèves. — Ses difficultés à l'académie. — Il refuse une offre de Reuchlin. — On le charge malgré lui de l'enseignement de la théologie. — Son désintéressement. — Ses efforts inutiles pour se tenir en dehors des luttes imminentes. — Érasme l'y invite vainement. — La réforme avait besoin de lui. — Il s'y engage.

Il revint à Wittemberg entièrement conquis par Luther. Non-seulement il s'associa à ses travaux, mais il les fit valoir et les expliqua par des préfaces. Il publia ses sermons, se jeta dans ses querelles, et, comme il arrive aux esprits modérés qui viennent de perdre leur indépendance et se sont donnés à un maître violent, il se montra lui-même injurieux et passionné dans des réponses pseudonymes aux adversaires de Luther, et plus tard, sous son propre nom, en le défendant contre les condamnations de la Sorbonne.

Les expressions les plus exaltées avaient remplacé, dans ses lettres, les qualifications à peine suffisantes d'homme bon et de théologien savant qu'il donnait à Luther. « Je n'ai qu'un souci, écrit-il à Spalatin, c'est pour la santé de notre père. J'ai peur qu'il ne se tue d'anxiété d'esprit, non pour sa cause, mais pour la nôtre. Tu sais avec quelle sollicitude il faut conserver le vase fragile qui renferme un si grand trésor. Que si nous le perdions, je croirais la colère de Dieu implacable. La lampe a été allumée par lui en Israël : si elle vient à s'éteindre, quel autre espoir nous restera? » Et plus loin : « Puissé-je, au prix de ma misérable existence, racheter la vie d'un homme tel que l'univers entier n'a rien de plus divin ! » Et ailleurs, parlant de l'effigie de Luther brûlée à Rome, de ce *Martin de papier*, comme disait Luther lui-même, *brûlé, exécré et dévoué*, il s'écrie : « L'Allemagne n'a-t-elle pas, elle aussi, son phénix? Vrai phénix, et plût à Dieu que la malheureuse Europe le connût[1]! »

Bientôt il s'engagea plus avant. Il fit de petits traités élémentaires sur la nouvelle doctrine, à l'usage des enfants et des personnes simples. Ces petits traités étaient dans toutes les mains. Par là les nouveaux dogmes descendaient dans la foule, qui jusqu'alors n'avait compris de la théologie raffinée de Luther que le fonds de révolte et l'esprit de nouveauté qui s'y cachaient sous des discussions de textes. Mélanchthon s'était livré. En lui allait être personnifiée la méthode, comme en Luther la pensée de la réforme. Il se croyait encore libre, et n'être qu'un auxiliaire qui combat, pour se retirer quand il sera las; mais il ne s'appartenait déjà plus, et il était devenu aussi nécessaire que Luther à la cause commune. Il lui fallait y donner le même temps que Luther, quoiqu'il fût loin de l'aimer, comme celui-ci, sans partage. Pour y suffire, il fit deux parts de sa vie : il donna l'une aux lettres, l'autre à la réforme.

Toutefois son penchant le plus vif était pour les lettres. Dans les affaires de la théologie, il n'était que soldat; dans celles des lettres, il était chef. Outre ses occupations régulières, sa facilité lui en suscitait tous les jours de nouvelles et d'imprévues. Comme il excellait à mettre l'ordre et la lumière dans un discours, tous ses amis, vrais ou d'occasion, lui soumettaient leurs écrits, qui prenaient sous sa plume si sûre une forme mieux appropriée à l'intelligence des lecteurs. Nul n'éprouva de lui un refus. Il appelait tout le monde à profiter de qualités dont il rapportait tout l'honneur à Dieu, et qu'il disait n'avoir reçues que pour l'usage commun. Il fut généreux de son esprit jusqu'à ce qu'il pût

---

[1] *Corpus reformatorum*, t. I. n° 118.

l'être de sa bourse; et son savoir fut, comme plus tard sa maison, au service de tous ceux qui se présentaient à lui avec le titre d'hôtes.

Dans cette bonté admirable, nul doute qu'il n'entrât un peu de faiblesse. Comme ses préfaces augmentaient la valeur vénale des livres, on lui en demandait de toutes parts, et on en obtenait même pour des ouvrages qui démentaient sa recommandation. De même pour les lettres de crédit et les attestations; il les prodiguait un peu au hasard, ne disant de personne rien de médiocre, et ne rendant jamais le service à demi. S'il était sollicité par quelqu'un dont il ne crût pas pouvoir en conscience rendre bon témoignage, il s'en délivrait avec de l'argent [1].

Mélanchthon ne savait pas résister, et ce qu'on a dit de Fénelon, qui lui ressembla par tant de traits, qu'il tenait à plaire à tout le monde, même à ses valets, est vrai de Mélanchthon, lequel fit beaucoup d'ingrats, jamais de mécontents. Excepté dans certaines déterminations capitales, qui ne se prennent qu'au plus profond de la conscience, où ne pénètrent pas les influences extérieures, Mélanchthon se laissa vivre de la vie qu'on lui faisait. Mais telle était l'excellence de sa nature, que tout ce qui lui fut suggéré ou imposé par ses amis tourna aussi bien que s'il fût venu entièrement de lui. Pour les charges surtout et les devoirs, quel qu'en fût le poids, il ne pensa jamais à s'y soustraire, sous prétexte qu'on l'avait surpris.

C'est ainsi qu'il se laissa marier, vers le milieu de l'année 1520, avec Catherine Krapp, fille de Jérôme Krapp, consul de Wittemberg. On attribua ce mariage à Luther, qui ne s'en défendit pas. Il voulait retenir Mélanchthon à Wittemberg par les liens de famille; il voulait, comme il l'avoue à Spalatin, travailler à l'accroissement de l'Évangile, en

---

[1] Camérarius, ch. XVII.

mettant la frêle santé de son jeune disciple à l'abri des incertitudes et des agitations du célibat. Le mariage fut décidé avant qu'on eût l'aveu de Mélanchthon. Il l'apprit par le bruit public. « On dit, écrit-il à Hessus, que j'ai aussi la prétention de me marier, encore que je n'aie jamais été si froid[1]. » Et, plus loin, à Langus : « On me donne pour femme Catherine Krapp ; je ne dis pas combien contre mon attente et à quel froid mari on la donne ; mais tels sont les mœurs et le caractère de cette jeune fille, que je n'en aurais pas osé demander une autre aux dieux immortels. » Du reste, il se prêta de si bonne grâce à son bonheur, que les mêmes amis qui lui avaient trouvé une femme le décidèrent, quoiqu'il eût voulu quelque délai, à hâter son mariage, « pour éviter, écrit Luther à Spalatin, le danger des mauvaises langues[2]. » Le 29 novembre 1520, un agréable distique, affiché à la porte de l'académie de Wittemberg, annonçait aux étudiants que Philippe Mélanchthon prenait ce jour-là de doux loisirs, et qu'il ne ferait pas de leçon sur saint Paul[3].

Cette union, qui dura trente-sept ans, fut heureuse. Catherine Krapp était une femme pieuse et fort attachée à son mari, excellente mère de famille, si bienfaisante pour les pauvres, qu'après avoir épuisé sa bourse, elle allait importuner ses amis de ses demandes d'aumônes ; n'ayant d'ailleurs nul souci de sa personne et nul soin de son extérieur, ce qui ne blessait pas Mélanchthon, lequel était insensible à toute espèce de délices[4]. Deux ans après son mariage, il faisait à un ami cet aveu touchant : « Je pense que je n'ai pas reçu du ciel un médiocre bienfait, puisqu'il m'a fourni

---

[1] *Corpus reformatorum*, t. I, n° 83.
[2] *Lettres de Luther*.
[3]   A studiis hodie facit otia grata Philippus,
      Nec vobis Pauli dogmata sacra leget.
[4] Camérarius. *Vita Phil. Mel.*

matière à bien mériter d'une femme, et qu'il m'a rendu père d'un enfant[1]. »

Sa situation comme professeur, d'abord très-gênée, s'était peu à peu améliorée, grâce aux soins de Luther. Au reste, les embarras d'argent étaient les moindres ; il lui en venait de plus grands, soit des étudiants, soit des magistrats.

Ceux-ci, soit défaut de lumières, soit jalousie du crédit des professeurs, ne se prêtaient pas ou s'opposaient aux mesures de discipline que prenait l'académie. Mélanchthon voulait deux choses : qu'on tînt les élèves renfermés, et que chacun eût un professeur pour répondant. Il demandait qu'aucun élève ne pût être logé en ville que sur la permission écrite du recteur ; mais, cette prétention entreprenant sur les priviléges de la cité, les magistrats s'y refusaient. De là toutes sortes de désordres.

De plus, par un abus que nous n'avons guère à craindre de notre temps, les étudiants d'alors, voulant tout savoir, et croyant que le vrai savoir consiste à entendre beaucoup de choses diverses, suivaient tous les cours à la fois. Mélanchthon insistait pour que chaque professeur en prît sous sa direction personnelle un certain nombre, qui recevraient un enseignement déterminé ; mais là il trouvait encore, outre la résistance des magistrats et celle des familles, celle des professeurs eux-mêmes, que cette responsabilité directe eût incommodés, et dont un ou deux à peine savaient assez le latin ou le grec pour l'enseigner avec fruit. Réduit à ses propres forces, Mélanchthon tâchait de corriger par son zèle les effets de la mauvaise volonté universelle. Par ses exhortations, par l'autorité de son nom, quelques professeurs se chargeaient d'une classe particulière, et bon nombre d'élèves s'attachaient à un professeur et à son enseignement. Lui-même donnait l'exemple. Sa maison était une

---

[1] *Corpus reformatorum*, t. I.

école publique de grec et de latin. Il tâchait de retenir le plus longtemps possible dans les études préliminaires et générales tant de jeunes intelligences qu'attiraient les nouveautés théologiques, et qui s'y précipitaient, pour la plupart, sans provision et sans préparation, exposées à toutes les surprises et à toute la violence des premiers mouvements.

Quoiqu'il ne fût que simple professeur, et le plus jeune de tous, sa supériorité lui donnait le droit d'entretenir Spalatin de tous les besoins de l'académie. Il lui en écrivait fréquemment. Toutes ses vues sont justes et pratiques. Tantôt il demande qu'on ne confie pas l'explication de Pline l'Ancien, auteur fort goûté dans ce temps-là et pendant tout le seizième siècle, à un grammairien, mais à un naturaliste. Une autre fois, il veut qu'on dédouble l'enseignement des mathématiques, et qu'on les divise en deux branches, dont on chargera deux professeurs, « afin, dit-il, de mettre de la clarté dans cette partie des études, si nécessaire, mais si obscure. » Il indique les professeurs pour chaque enseignement; il demande qu'on applique aux besoins de l'académie les revenus des prébendes restées vacantes par la mort des titulaires. Enfin, dans l'entraînement universel vers la théologie, il lutte pour que les lettres profanes ne soient pas abandonnées, et que ceux qui ne sont pas attirés vers l'Église par une vocation irrésistible puissent du moins entrer dans le monde avec un esprit cultivé.

Le succès de l'académie de Wittemberg l'avait fait désirer comme professeur par plusieurs villes. Il se refusa à toutes les offres, par devoir envers l'électeur, et aussi par son penchant pour ses nouveaux amis, et pour leurs idées sur lesquelles le doute ne l'avait pas encore atteint. La plus embarrassante de ces offres fut celle de Reuchlin, qui l'appelait, avec l'autorité de la vieillesse et de ses bons offices, à le remplacer dans sa chaire de professeur de grec à Ingolstadt

La lettre de Reuchlin, qu'on a perdue, devait être, à en juger par la réponse de Mélanchthon, d'un maître qui gourmande son élève. Mélanchthon se défend du reproche de trop donner aux plaisirs de la jeunesse, et d'aimer ses amis par enthousiasme de jeune homme plutôt que par jugement. Reuchlin l'aurait-il blâmé de ses liaisons avec Luther et ceux de son parti? Rien de plus probable. Reuchlin logeait alors chez ce même Jean de Eck, à qui Mélanchthon avait fait de si importunes piqûres dans le colloque de Leipsick. Il était vieux, et il avait dû se rapprocher des scolastiques moitié par scrupule de religion, moitié de dépit que les chefs de la réforme eussent fait oublier l'adversaire des moines de Cologne. Quoi qu'il en soit, Mélanchthon résista, mais à sa manière, sans vouloir ôter tout espoir à Reuchlin, et promettant d'obéir, en cas d'insistances qu'il soupçonnait que Reuchlin ne ferait point. Celui-ci s'en vengea en léguant au collége de Pforzheim sa bibliothèque, qu'il avait promise à son élève à diverses fois, en présence de témoins. Mélanchthon eut tort d'en écrire à Spalatin sur un ton piqué, et de parler des premiers encouragements et des services de cet homme illustre sous l'impression des changements d'humeur d'un vieillard qui n'était peut-être que timoré. Ce sont là les petitesses des amitiés humaines, plus regrettables quand l'exemple en est donné par des esprits supérieurs, parce qu'on leur croit plus de force qu'aux autres hommes pour résister aux mauvais penchants et pour faire durer les bons.

Luther, que touchait assez peu la prospérité des lettres profanes, si ce n'est par le chagrin qu'en avaient les moines et les scolastiques, et parce que la cause en était liée à celle des nouvelles doctrines, importunait Mélanchthon, soit directement, soit par Spalatin, pour qu'il enseignât la théologie. Il demandait qu'on le déchargeât du grec; il insinuait que Mélanchthon réussissait mieux à interpréter saint Paul que Pline. Mélanchthon s'en plaint à Spalatin. « Les lettres humaines, dit-il, ont trop besoin de maîtres nombreux et habiles; car elles ne sont pas moins négligées dans ce siècle qu'elles l'étaient dans l'âge sophistique qui l'a précédé. » Il supplie qu'on le laisse tout entier au soin de ces jeunes gens qu'il a retirés « de je ne sais quelles études vagues et universelles où ils languissaient, et dont quelques-uns ont déjà traduit en latin des vers d'Homère [1]. » Luther n'en poussait pas moins son dessein. Il sentait tout le prix pour la doctrine de cette connaissance des langues, de ce don de bien dire, de cet art d'éclaircir les choses douteuses, de dissiper les ambiguïtés, de cette onction qui rendait la parole de Mélanchthon si populaire. Il finit par déterminer Spalatin, qui y penchait déjà par ses opinions, et Mélanchthon fut chargé du cours de théologie.

On obtint moins son consentement qu'on ne le surprit. S'étant présenté pour le grade de bachelier biblique, il avait eu à faire, selon l'usage, une leçon de théologie. On l'y trouva excellent, et on le chargea de remplacer Luther pendant son voyage à Worms. Cette suppléance dura près de deux ans. Enfin Mélanchthon, fatigué, demanda à Spalatin d'être délivré de cet enseignement et de revenir à la grammaire, aux lettres enfantines, comme il les appelle. Il s'y plaisait trop pour les sacrifier à la théologie, où d'ailleurs il ne s'avançait que jusqu'où son esprit juste et méthodique pouvait y mettre l'ordre et la lumière. Il n'avait pas, il ne devait jamais avoir l'enthousiasme qui l'eût emporté, comme la plupart de ses amis, au delà de cette limite. Dans ce temps-là, il était fort occupé de recherches sur le système monétaire de la Bible, et, quand on compare ce qu'il écrit « du merveilleux plaisir qu'il a eu à examiner une matière si désespérée » avec le témoignage grave et triste qu'il se rend d'avoir traité clairement certains points des croyances nouvelles, on voit que,

---

[1] *Corpus reformatorum*, t. I, n° 216.

dans les choses d'érudition, il a l'ardeur et les illusions d'un homme qui marche en tête des autres, et que, dans la théologie contentieuse, il ne fait que suivre avec hésitation et soumission. « Si l'on jugeait que l'académie en eût besoin, écrit-il à Spalatin, j'y accepterais même les fonctions de bouvier; sinon, qu'on me rende à ma classe. Dans les matières de théologie, je suis l'âne portant les mystères. Il y a d'ailleurs tant de ces professeurs de théologie, que la jeunesse en reçoit plus de fatigue que d'instruction. »

Il semblerait, aux efforts qu'il fit pour échapper à ce fardeau, qu'il pressentît les déchirements d'esprit qui l'attendaient dans les luttes de religion, et qu'il n'y voulût pas prendre de responsabilité publique. Mais Luther ne s'en opiniâtrait que plus à ce qu'il professât la théologie. Les chefs de parti sont les plus rudes de tous les maîtres. Non content d'écrire à Spalatin, il demanda directement à l'électeur de vaincre ce qu'il appelait l'obstination de Mélanchthon. « J'ai fait de vives instances, écrit-il à ce prince, auprès de Philippe, pour qu'au lieu du grec il enseigne l'Écriture sainte. Il est richement doué pour cet enseignement par une grâce spéciale de Dieu, et l'école entière, et nous tous, désirons ardemment qu'il en soit chargé. Cependant Philippe résiste, par la seule raison qu'il est nommé et payé par votre grandeur pour enseigner le grec. Voilà pourquoi ma prière respectueuse est que votre grandeur veuille bien intimer à Philippe l'ordre de s'occuper de l'Écriture avec zèle, et, dût-on augmenter son traitement, il doit le faire, il faut qu'il le fasse [1]. »

Mélanchthon, ne pouvant obtenir un congé régulier, cessa, de son propre mouvement, ses leçons. « On m'a pris mes heures, écrivit-il à Spalatin. J'ai dû, de nécessité, quitter ma chaire. » C'était sa manière de résister.

[1] *So soll und musz er hieran.* (Lettres de Luther.)

Ni du côté de la théologie, ni du côté des lettres, la perspective n'était riante. L'électeur négligeait l'académie de Wittemberg, et Mélanchthon osait s'en plaindre jusqu'à s'attirer des reproches de Spalatin. Il n'abondait dans la réforme que sur un point où les protestants se montrèrent toujours fort pressants, je veux dire l'application aux besoins des académies des revenus ecclésiastiques, restés vacants par suite des extinctions. « Les récompenses de la vertu et des études, écrit-il à Spalatin, sont toutes aux mains des marchands de messes. » « C'était le devoir des princes, dit-il ailleurs, d'éveiller et d'entretenir l'étude des lettres : mais ils continuent à être des Midas. » Il ne pensait guère mieux de son siècle que des cours, et il déplorait cette indifférence qui laissait enfouis dans la poussière tant de monuments de l'antiquité. « Souvent, écrit-il à Spalatin, quand je jette les yeux sur mes écrits, qui ne me sont guère moins chers que mes enfants, je gémis et je pense en moi-même : Les marchands de poisson en envelopperont leur denrée. »

Le traitement qu'il recevait, quoique supérieur à celui de ses collègues, suffisait à peine à tous ses besoins, et le payement n'en était pas assuré; mais, à force d'ordre, il trouvait moyen de se tenir dans ce milieu dont il parlait à ses amis, entre les dettes et l'avarice. Un aveu touchant à Spalatin nous fait voir à quel prix : « Tu peux, lui dit-il, apprécier par un fait quelle a été mon économie; depuis mon mariage, ma femme n'a pas acheté une nouvelle robe [1]. » Je n'en admire que plus l'insouciance dont la loue Camérarius du côté de la toilette; elle avait fait de nécessité vertu.

Toutefois, en père prévoyant, Mélanchthon eût été heureux de laisser à ses enfants quelque peu de patrimoine honnêtement acquis. « Mais je vois, ajoute-t-il, que, dans ces temps si durs, je ne leur laisserai que le misérable et vain

---

[1] *Corpus reformatorum*, t. I, n° 506. — Il était marié depuis trois ans.

bruit de mon nom, et la petite réputation d'érudit qui s'y attachera. » En quittant les lettres pour la théologie, il eût pu s'enrichir. « Je pourrais être tout doré, dit-il dans la même lettre, si je voulais tirer profit de la théologie; mais je ne le ferai à aucun prix. »

C'est ainsi qu'un des plus grands théologiens de la réforme commença par se débattre contre la théologie et par la tenir pour suspecte, quoique tout l'y appelât, et qu'il y eût pu trouver dès le commencement faveur et argent. L'histoire de la résistance de Mélanchthon n'a d'ailleurs rien de particulier; c'est l'histoire de tous les hommes supérieurs qui veulent garder leur indépendance au milieu d'une révolution reconnue par eux comme nécessaire, et qu'ils approuvent. Ils se recommandent et se rendent inévitables par leurs efforts mêmes pour n'y pas concourir. Vainement ils veulent rester à l'écart, sous le noble prétexte qu'ils renoncent à tout profit dans les conquêtes de l'esprit nouveau sur l'esprit ancien, à toute part dans les dépouilles opimes du passé. Dieu ne permet à personne cette adhésion timide et spéculative. Il veut que tout le monde combatte, n'importe dans quels rangs; car, vainqueurs ou vaincus, il aime tous ceux qui ont été sincères et qui ont agi : les indifférents seuls ne trouvent pas grâce à ses yeux. Mais il doit avoir en dilection particulière ceux auxquels il a donné à la fois un cœur qui pousse au sacrifice et des yeux qui en voient toute l'étendue : ceux-là sont les vrais martyrs.

Dans le temps même que Mélanchthon se défendait contre toutes les influences liguées pour l'attirer dans les luttes théologiques, Érasme fortifiait sa répugnance par des lettres pleines de sens et de grâce, lui montrant, sous les traits les plus aimables, l'image même de cette modération où il mettait tant de prix à le retenir. Ce grand homme offrait à Mélanchthon l'exemple tentant d'une vieillesse glorieuse s'achevant au sein des lettres divines et humaines, en partie restaurées par lui, à égale distance de la routine scolastique et des nouveautés violentes. On lui avait insinué de Rome qu'il essayât de tirer son jeune ami de ces querelles. « Je me suis contenté, écrit-il à Mélanchthon, de témoigner l'espoir que tu es demeuré libre. » Et ailleurs : « J'aurais aimé que ton esprit, qui est né pour les belles-lettres, s'y consacrât sans réserve ; il n'eût pas manqué d'acteurs à cette tragédie qui finira on ne sait comment [1]. » Rien de plus délicat ni de mieux mené que cette négociation, qui fut d'ailleurs inutile. Érasme n'y pouvait mettre l'ardeur d'un catholique, puisqu'il pensait de même que Mélanchthon sur la plupart des choses attaquées par Luther. Il ne sut que lui vanter les douceurs des lettres, la part qu'il avait déjà prise à leur renaissance, et lui exprimer combien il était regrettable qu'il ne s'y pût donner tout entier.

Je m'explique très-bien pourquoi Érasme écrivit en faveur du libre arbitre, et pourquoi, aux emportements près, Mélanchthon se rangea à l'avis de Luther, qui le rejetait. Toutes les opinions humaines, même celles des théologiens, ont des motifs secrets dans la conduite et le caractère de ceux qui les professent. Il convenait à Érasme, qui avait su défendre toute sa vie son libre arbitre contre les autres et contre lui-même, de revendiquer ce dogme pour tous les hommes, et de le concilier avec celui de la toute-puissance et de la toute-prescience divines. Un esprit si prudent et si maître de lui, qui, pour rester plus libre, s'était fait une patrie nomade sur les frontières de l'Allemagne, de la France et de l'Espagne, loin des villes où la dispute pouvait être périlleuse, ne devait pas être ingrat envers le principe même de sa conduite et la sauvegarde de son indépendance. Mais quel intérêt pouvaient prendre au libre arbitre, soit Luther, si souvent esclave de sa propre fougue, qu'il confon-

---

[1] *Corpus reformatorum*, t. I, n° 302.

dait avec la grâce, soit Mélanchthon, qui ne s'était presque rien réservé du sien, et qui, dans le temps même de la dispute sur cette matière, s'était successivement laissé marier, sans y avoir de goût, et charger de l'enseignement théologique, où il ne se sentait ni propre ni utile?

Au reste, Érasme pouvait demeurer indépendant et s'abstenir; Mélanchthon ne le pouvait pas. Le premier n'eût été approuvé de personne, s'il eût commis son savoir, son expérience, sa gloire, dans des luttes dont les principaux acteurs étaient des jeunes gens, et dont l'Achille, pour me servir de son expression, était un homme à peine dans l'âge mûr. Aussi bien sa sagesse était-elle méprisée dans le parti. On se rappelle la manière superbe dont Luther l'exhorte à se retirer de démêlés qui ne le concernent pas [1]. Le chef de la réforme suisse, Zwingle, ne le traitait pas avec moins de dédain. Érasme lui avait donné quelques avertissements, du droit qu'il tenait de sa grande renommée. Zwingle lui répond : « Les choses que tu sais nous sont inutiles, les choses que nous savons ne te conviennent pas [2]. » Comment Érasme pouvait-il être tenté de se joindre à un parti « qui n'a, disait-il, que ceci d'évangélique, c'est que beaucoup y manquent du nécessaire? » Le plus beau rôle et le seul qu'il pût prendre, c'était, après avoir fourni à la réforme ses meilleures armes, de combattre ses excès et de lui marquer ses limites.

Mélanchthon était venu, à peine âgé de vingt ans, dans le foyer même de la réforme allemande. Il s'était vu le collègue et l'égal de Luther, et n'avait pas été libre de n'être point de ses amis. Les jeunes gens se mettent toujours du côté du plus fort, mais seulement quand ce qui est le plus fort est une idée. Mélanchthon avait suivi tous ceux de son âge, sauf quelques incertitudes secrètes, et un certain étonnement intérieur qui suspendait quelquefois le mouvement des espé-

[1] Voir l'étude sur *Érasme*.
[2] *Corpus reformatorum*, t. I.

rances, et qui était l'effet de grandes lumières dans l'âge de l'enthousiasme.

Ajoutez que la réforme avait besoin de lui, que sans lui Luther eût plutôt secoué les esprits qu'il n'y eût pénétré et pris racine, et se fût plus élevé que propagé. La réforme, telle qu'elle se montre dans les écrits de Luther, passionnée, puissante, mais excessive, demandait un écrivain souple, habile, élémentaire, qui la fît couler et s'insinuer en quelque manière là où Luther, cet olympien, comme l'appela Mélanchthon dans les jours de doute, la fulminait. Luther voulait garder impunément le mystère et les inégalités d'un oracle, les pensées sans application, les ravissements de Pathmos ; il lui fallait Mélanchthon pour l'interprétation modeste, pour les adoucissements, et, si je puis parler ainsi, pour la réduction à l'échelle populaire de ses formes héroïques. Non-seulement Mélanchthon était nécessaire à Luther pour éclaircir et approprier les nouvelles doctrines ; il ne l'était guère moins aux principaux chefs de la réforme, théologiens ou princes, et en particulier à l'électeur Frédéric de Saxe, pour tempérer la fougue de Luther et en obtenir, soit des concessions, soit, de temps en temps, le désaveu des forces aveugles qui se mettaient à son service. C'est ainsi que l'électeur le chargea personnellement de négocier avec Luther le maintien de la messe canonique à Wittemberg. La réforme avait besoin d'un écrivain et d'un négociateur : Mélanchthon avait toutes les qualités de l'un et de l'autre rôle ; il n'y pouvait pas échapper. A son insu, et quoique résistant toujours, il finit par s'engager, mais en déclarant qu'il prenait pour bannière la modération. Il crut, par une erreur commune à tous les hommes supérieurs qui prennent parti, que cette bannière l'abriterait : il se trompa. C'est la bannière qui attire le plus de coups, et c'est la seule qui ne protége contre personne.

Avant d'entrer sans retour dans cette carrière où l'attendaient, selon la belle expression de Bossuet, « les plus violentes agitations que puisse jamais sentir un homme vivant, » il voulut aller revoir sa ville natale, comme pour y prendre des forces pour les épreuves qui lui étaient réservées. Ce fut dans le mois de mai de l'année 1524. Il arriva le 6 mai à Bretten, où il trouva sa mère remariée, par jalousie, dit-on, de ce que lui-même avait pris femme. Après quelque séjour qui ne fut pas tout donné au repos, puisqu'il écrivit pour le cardinal Campége[1] une Somme de la nouvelle théologie, il se remit en route, dans le mois de juin, pour Wittemberg.

Chemin faisant, et comme il n'était plus qu'à quelque distance de Francfort, il rencontra le fameux landgrave de Hesse, fort jeune alors, qui se rendait avec une suite à Heidelberg, à la fête du jeu de l'arc. Le landgrave avait su le voyage de Mélanchthon. L'allure fort peu équestre du voyageur et de ses compagnons, lesquels, à ce que raconte Camérarius, abrégeaient le chemin en faisant des épigrammes latines, lui fit soupçonner que ce devait être Mélanchthon. Il s'approche de lui et lui demande s'il n'est pas Mélanchthon. « C'est en effet mon nom, dit celui-ci. » Et, par honneur, il se dispose à descendre de cheval. « Venez, dit l'électeur, m'accompagner quelque peu de chemin : j'ai à vous entretenir de certaines choses. Du reste, ayez l'esprit tranquille, et soyez sans crainte. — Que craindrais-je? reprit Mélanchthon ; et que peut-il m'arriver qui importe à qui que ce soit? — Mais si je vous emmenais et vous livrais à Campége, dit le prince en riant; je sais que je ne lui déplairais pas. » Puis il lui fit quelques questions sur les points principaux de la nouvelle doctrine, avec la légèreté d'un jeune prince qui avait de bien autres soucis, et qui n'aurait pu supporter un exposé sérieux. Mélanchthon répondit sommairement et en peu de mots, comme il convenait au lieu et à la personne;

---

[1] Campége était le légat du pape.

après quoi il demanda la permission de reprendre sa route. Le landgrave y consentit à la condition qu'à son retour il écrirait pour lui un traité des questions en litige. Il s'informa ensuite des dépenses du voyage, et le pria de passer par ses terres ; ce qui fit dire plus tard que le landgrave de Hesse était le disciple de Mélanchthon.

De retour à Wittemberg, celui-ci écrivit le traité promis, sous le titre d'*Abrégé de la doctrine ecclésiastique restaurée, pour le très-illustre landgrave de Hesse.*

VI

Premiers doutes. — Premières difficultés intestines. — La sédition éclate à Wittemberg. — Guerre des paysans. — Douleur de Mélanchthon. — Sa superstition. — Luther est soutenu contre le doute par l'orgueil. — Son mariage ; chagrin qu'en éprouve Mélanchthon. — Il est chargé d'inspecter les églises saxonnes. — Sa querelle avec Agricola au sujet de la pénitence. — Luther tranche le débat. — Mélanchthon accompagne l'électeur à la diète de Spire. — Ses conseils à sa mère. — Le colloque de Marpurg.

On sait quelle fut la marche de la réforme. Comme toutes les révolutions, elle s'était annoncée par des principes plus généraux que les changements qu'elle voulait opérer, et elle n'avait pas craint, comme fit l'Europe pour le nouveau monde, de prendre droit de souveraineté même sur l'inconnu. Luther avait dit : Toute vérité vient de l'Écriture. Axiome presque sans limites, car il comprenait non-seulement toutes les réformes particulières que demandait et que précisait Luther, mais encore toutes celles que pouvaient rêver les imaginations les plus ardentes. Luther ne trouvait, dans l'Écriture, ni pape, ni concile, ni confession auriculaire, ni intercession des saints, ni purgatoire, ni célibat des prêtres. Il passait par-dessus quinze siècles pour arriver sans intermédiaire, sans tradition, aux livres primitifs, et fonder, sur une nouvelle interprétation de ces livres, un nouveau christianisme. Le principe *Toute vérité est dans l'Écriture*, portait cette conséquence : chacun peut voir dans l'Écriture la vérité qu'il veut. Aussi, peu de temps après les déclarations de Luther à Worms, Carlostadt, son disciple et son frère d'armes au colloque de Leipsick, déclarait ne pas trouver dans l'Écriture le dogme de la présence réelle que devait rejeter la réforme suisse; et les anabaptistes, plus hardis, y trouvaient la nécessité d'un second baptême, et n'y trouvaient ni évêques, ni ministres, ni hiérarchie d'aucune sorte, ni droits féodaux, ni droits de succession.

Les chefs ne sont souvent si hardis que par subtilité, et à force de pousser leurs idées à l'extrême; les sectaires le sont par l'emportement brutal des passions. Le principe posé par Luther déchaîna tous ceux qui avaient à se plaindre, à désirer, à se venger. Outre que la plupart ne lisaient l'Écriture que par les yeux grossiers de quelques chefs subalternes, chacun y trouva tout ce qu'il aimait, et n'y trouva pas ce qu'il haïssait; chacun y trouva des droits et n'y trouva pas de devoirs.

Wittemberg donna le signal et en vit les premiers effets. Les esprits y avaient été échauffés dès l'année 1521 par Nicolas Storck, le chef des anabaptistes, qui disait avoir eu des entretiens avec l'ange Gabriel, et en avoir reçu la promesse qu'il serait le réformateur de l'Église. Il avait persuadé un certain Marcus (Stübner), camarade d'école de Mélanchthon pendant son séjour à Tubingue, et devenu son hôte à Wittemberg. Mélanchthon l'y avait accueilli, moitié par bon cœur, moitié pour savoir d'une manière plus certaine ce que professait sa secte. Mais ni son commerce avec Mélanchthon, ni leurs nombreux entretiens sur la doctrine, ni la confiance de Mélanchthon, qui l'avait associé à son école privée, n'avaient pu le changer. Il s'y mêlait beaucoup de visions, les têtes n'étant pas médiocrement échauffées, et Luther ayant en quelque sorte autorisé les visions par son exemple. Camérarius raconte que ce Marcus, étant assis à côté de Mélanchthon qui écrivait, s'assoupit peu à peu, et, laissant tomber sa tête sur la table, finit par s'endormir tout à fait. Après quelque temps, il s'éveilla comme en sursaut, et, regardant Mélanchthon : « Que pensez-vous de Jean Chrysostome? lui demanda-t-il. — Beaucoup de bien, dit Mélanchthon, quoique je le trouve verbeux. — Je viens de le voir en ce moment même, dit Marcus, dans un triste état, au fond du purgatoire. » Mélanchthon sourit d'abord, puis il quitta Marcus, déplorant l'aberration de gens qui, éveillés, niaient le purgatoire, et qui le voyaient dans leurs songes[1].

Les sectaires voulaient immédiatement deux réformes : l'abolition du sacrement de l'Eucharistie, et la destruction, par le feu, des statues et images des saints. Carlostadt prêtait à leurs projets l'appui de son nom. C'était un homme farouche, sans génie, sans savoir ni bon sens; au physique, court de taille, le visage sombre, la voix sourde et sans accent; un de ces esprits ardents où tout fermente et où rien ne se forme et ne s'articule, qui, ne pouvant ni obéir ni se faire de partisans parmi les esprits cultivés, en cherchent jusque dans les derniers rangs de la foule. Carlostadt, un moment aussi considérable que Luther, avait pu se croire son égal. Il ne put souffrir de voir s'étendre de jour en jour la distance qui le séparait de Luther, ou peut-être ne la vit-il point par cette illusion propre aux contemporains et aux amis de jeunesse d'un homme qui doit les surpasser. Quoi qu'il en soit, sentant qu'il ne pouvait disputer à Luther le premier rang, ni dans la chaire, où il était confus et injurieux, ni par la plume, où il était tout à fait inhabile, il voulut l'égaler par l'action. L'absence de Luther, alors retenu

---

[1] Camérarius, ch. xiv.

par l'électeur de Saxe au château de Wartbourg, favorisait ses projets violents, et bientôt Wittemberg fut sous la menace d'une sédition à la fois sacramentaire et anabaptiste.

Mélanchthon, effrayé, en écrivit à Luther, qui, sans attendre la permission de l'électeur et sans lui en donner avis, parut à Wittemberg tout à coup, le 9 mars 1522. Ce coup de force étonna les sectaires. Ses prêches multipliés, qui firent dire à un des plus fougueux d'entre eux que c'était moins la voix d'un homme que celle d'un ange, arrêtèrent tout. Les chefs, après quelques débats avec lui, se retirèrent à Chemberg, d'où ils lui écrivirent des lettres injurieuses, pour le moment sans effet.

Deux ans après, tout avait marché, même Luther, qui se trouvait à son insu plus près qu'en 1521 des opinions de Carlostadt. Ne s'étant pas encore borné lui-même, il avait perdu le droit de marquer des limites à son parti. La sédition éclata donc à Wittemberg, et toutes les statues furent brisées. Cela se passait en 1524. Un an après, cent mille paysans, couverts du sang des nobles, des magistrats et des prêtres, étaient noyés dans le leur, en Souabe, en Thuringe, en Franconie.

Les premiers mouvements avaient donné beaucoup de soucis à Mélanchthon : la guerre des paysans lui fit plus de mal, car elle lui donna le doute. Elle le donna aussi à Luther, qui venait de jeter inutilement sa parole entre les paysans et les princes. Mais le doute de Luther, superbe comme ses croyances, n'allait pas jusqu'à son cœur, et n'en faisait pas jaillir ces vives larmes que la fille de Mélanchthon, assise sur les genoux de son père, essuyait, nous raconte-t-il, avec sa robe du matin[1]. Celui-ci commença dès lors cette longue plainte qu'il continua jusqu'à sa mort, et qu'interrompirent à peine les seules joies pures qu'il lui fût permis

---

[1] *Corpus reformatorum*, t, I.

de goûter, celles que donnent les lettres, car ses joies de famille furent mêlées.

Cette guerre augmenta aussi sa disposition aux idées superstitieuses. Dès sa plus tendre jeunesse, par penchant autant que par l'esprit du temps, il avait été frappé de la coïncidence de certains phénomènes naturels et de grands troubles dans l'ordre moral. Il s'effrayait d'un été pluvieux, d'un débordement de l'Elbe. Au reste, le monde étant profondément troublé, il y avait toute chance que des accidents de ce genre fussent suivis de quelque désordre social. Mélanchthon en concluait que les uns étaient une menace du ciel, et les autres l'effet de cette menace.

Ajoutez à cela un peu plus de confiance dans les songes qu'il ne convenait à un homme si sensé, presque de la foi dans l'astrologie divinatoire, et nul éloignement pour la chiromancie, quoiqu'il se défendît de l'accusation d'y croire aveuglément. Le préjugé du temps y était pour beaucoup; mais le plus fort venait d'une extrême curiosité, jointe à beaucoup d'esprit d'observation, et de l'état encore si imparfait de la physique et de l'astronomie. Mélanchthon savait tout ce qu'on en enseignait dans les écoles; il en écrivait fort pertinemment; mais c'était trop peu pour avoir le doute philosophique, également éloigné de la superstition et de la crédulité, et qui doit être le point où se fixent tous les esprits élevés et sages dans ces matières. Car, pour nier obstinément qu'il y ait un rapport quelconque entre les faits naturels et les faits moraux, et que l'homme reçoive quelque influence mystérieuse de la marche de ces grands corps qui roulent dans l'espace, c'est une témérité non moins déraisonnable que de croire cette influence irrésistible, et de s'y soumettre comme le Turc à la fatalité. D'autre part, ne s'en point soucier du tout, vivre au sein de cette harmonie, et en quelque sorte par elle, sans en adorer au moins le secret, est un épicurisme grossier, peut-être trop commun à l'époque où nous vivons. Pour moi, j'admire les esprits éminents du seizième siècle d'en avoir été si vivement préoccupés, et Mélanchthon, en particulier, d'avoir poussé cette préoccupation jusqu'à l'inquiétude, et assez estimé l'homme pour chercher, même au risque d'un peu de superstition, à rattacher sa vie à l'ordre universel.

Dans le temps de la guerre des paysans, il écrivait à Camérarius des lettres pleines de tristesse, où l'on voit, dans toute sa naïveté, cette disposition superstitieuse. Dans une de ces lettres, il parle d'un veau sans sexe, né l'année précédente (1524), qui signifiait très-certainement les interprétations charnelles et pernicieuses de la doctrine de Luther. Un arc-en-ciel qu'il avait vu la nuit, de la maison d'un de ses amis, ne présageait pas moins clairement un mouvement populaire. N'avait-il pas vu pareille chose avant l'émeute de Wittemberg? Et il ajoute : « Quand je réfléchis à ces présages, que je considère les innombrables vices de ceux qui gouvernent la fureur de la multitude, les exemples qu'on en voit dans les histoires, les signes manifestes du jugement de Dieu, je n'ai aucun espoir que les États puissent durer plus longtemps. Tout cela, joint à ma mauvaise santé, me jette dans un trouble d'esprit au-dessus de mes forces[1]. »

Pour Luther, l'orgueil surmontait le doute. Dans le premier moment, il sentit au vif l'accusation d'avoir engendré deux partis, les anabaptistes et les sacramentaires, et, à peine au début de sa réforme, de n'en être déjà plus l'unique chef. Mais peu à peu la dispute s'échauffant, il n'eut pas de peine à se persuader qu'il l'emporterait, et il s'écria : « J'ai le pape en tête, j'ai à dos les anabaptistes et les sacramentaires; mais je marcherai seul contre tous, je les défierai au combat, je les foulerai aux pieds! »

En attendant, pour se distraire des horreurs de la guerre

---

[1] *Corpus reformatorum*, t. I, n° 330.

des paysans, il aimait une religieuse et l'épousait. De là cette lettre de Mélanchthon à Camérarius, toute en grec : c'est un secret qu'il n'osait dire que dans la langue savante. En parlant de l'étonnement où vont être les gens de bien de cette marque d'insensibilité de Luther au milieu de tant de maux, Mélanchthon laisse voir son propre sentiment. Il était blessé plus qu'il n'osait se l'avouer de ce nouvel exemple de l'égoïsme des chefs de parti, lesquels montrent bien, par la facilité avec laquelle ils manquent tout à coup, et pour un caprice, à l'honneur commun, combien peu ils estiment leurs instruments. Mais il ne pouvait pas rester sur une impression si fâcheuse. Il trouve bientôt, soit dans son respect pour Luther, soit dans l'illusion de l'esprit de parti, des motifs d'atténuer et d'expliquer ce mariage : « Après tout, Luther n'est pas un misanthrope ni un homme farouche ; il n'y a rien d'étonnant que sa magnanimité ait été amollie ; c'est la nature qui l'a forcé à devenir époux ; les saintes Écritures honorent le mariage. » Un peu de sa disposition superstitieuse vient à propos aider des explications dont il tâchait de s'exagérer la valeur : « Il y a, sans doute, ajoute-t-il, dans cette affaire, quelque chose de caché et de divin, qu'il ne convient pas que nous recherchions. »

Les dernières réflexions sont plus conformes à la première, et Mélanchthon finit comme il a commencé, par le doute. « Cet événement, dit-il, ne sera pas inutile pour nous humilier ; car il y a grand péril non-seulement pour ceux qui exercent des fonctions saintes, mais pour tous les mortels, à toujours s'élever[1]. »

Malgré ces fautes, il fallait continuer à marcher. Les événements se pressaient. La formation des ligues catholique et protestante, le progrès des sacramentaires, la résurrection

---

[1] *Corpus reformatorum*, t. I, n° 344.

des anabaptistes, tant de difficultés et tant de menaces pour l'avenir ne laissaient guère de temps au découragement. Mélanchthon, tout en résistant, était devenu si nécessaire, qu'il fut peu à peu amené à prendre une part active et personnelle au gouvernement des églises saxonnes. Le nouvel électeur de Saxe, Jean Frédéric, qui connaissait son esprit conciliant et pratique, le chargea à diverses reprises d'inspections religieuses dans les diverses parties de l'électorat. Il fallut qu'il fermât son école privée; ses fréquentes absences ne lui permettaient plus cette sorte d'enseignement.

La tâche d'inspecter les églises était pleine de difficultés, les principaux obstacles venant moins de la résistance des catholiques que du défaut d'intelligence et de lumières dans les organes de la réforme et de l'esprit de licence dans la multitude. Aussi Mélanchthon, comme tous les esprits pratiques, allant au plus pressé, s'inquiétait-il moins de raffiner sur la nouvelle religion que de la discipliner. Il engageait les prédicateurs à ne rien exiger d'excessif, à ne rien précipiter, à tolérer tous ceux des usages catholiques qu'on ne pouvait abolir sans irriter la foule. Il n'approuvait pas les injonctions lancées, du haut de la chaire évangélique, contre les danses, les lieux de réunion et autres choses semblables, dont certains prédicateurs n'attaquaient l'usage en général que pour l'interdire à quelques personnes objets de leurs ressentiments. Il ne voulait pas trop de prêches dans le même jour, et trouvait superflu qu'on en fît trois dans un dimanche. « Cette quantité, disait-il, engendre la satiété; d'ailleurs, plus les prédicateurs ont à parler, moins il leur reste de temps pour s'instruire; obligés de monter en chaire sans préparation, ils n'ont d'autre matière que des déclamations contre les moines. »

Quant aux changements dans les choses, il conseillait qu'ils fussent insensibles et qu'on y conservât le plus qu'on pourrait de l'ancien état; pour la messe en latin, qu'il en fallait laisser subsister la plus grande partie, se contentant d'y mêler des cantiques en allemand ; que là où la messe latine avait été abolie, il fallait néanmoins garder un certain ordre qui ne différât pas trop de l'ancien, et ne pas rejeter les vêtements sacerdotaux. Il poussait même l'esprit de tolérance jusqu'à conseiller qu'on n'empêchât pas le peuple de sonner les cloches pendant les orages, pour peu que l'abolition de cet usage dût causer quelques troubles. Enfin, il travaillait surtout à approprier à l'intelligence de la foule les nouvelles interprétations des livres saints, et il n'évitait pas moins, dans ses instructions, la subtilité qui trouble les esprits simples que les injures qui excitent les passions. Mélanchthon ne voulait pas plus d'une religion qui s'abaissât jusqu'aux imaginations grossières de la foule que d'un dogme trop raffiné qui les enivrât.

Quelque prudence qu'il mît dans ces inspections, il ne pouvait se renfermer si strictement dans les doctrines de Luther, que la nécessité de les accommoder à la pratique ne le forçât quelquefois, soit d'y ajouter, soit d'en retrancher. Quand il voulut mettre par écrit les instructions qu'il avait données, il n'y put tellement se conformer aux opinions du maître que le désir d'être clair et applicable ne l'entraînât, selon les matières, à étendre ou à restreindre la pensée de la nouvelle église. Ces légers changements déplurent aux plus ardents ; ils crièrent à la scission, et forcèrent Luther à en prendre de l'ombrage, ce qu'il n'eût peut-être pas fait de son propre mouvement, n'ayant pas donné à ses amis l'exemple d'une fidélité immuable à ce qu'il avait dit.

A la suite d'une inspection des églises de Thuringe, Mélanchthon en avait exposé les principes dans un petit écrit en manière d'abrégé de la nouvelle doctrine. Ce petit écrit fut vivement attaqué. L'accusateur était un certain Agricola, un de ces disciples de Luther qui, avant d'exagérer les conséquences de ses doctrines, commencèrent par les défendre avec un acharnement inquiet et jaloux, forçant le sens ou supposant des intentions profondes là où le maître avait voulu être facile ou n'avait été qu'indifférent. Mélanchthon avait enseigné, dans son écrit, que la pénitence commence par la crainte de Dieu ; c'était contraire à la doctrine de Luther, qui la faisait naître de l'amour de la justice. Luther admettait une crainte filiale, consistant à craindre Dieu pour lui-même, ce qui semble étrange et vague. Mélanchthon laissait subsister la crainte servile, enseignée par l'Église catholique, et qui consiste à avoir peur des peines que Dieu réserve aux coupables. Par ce premier dissentiment, on peut juger tout d'abord, et pour l'avenir, de l'esprit de la théologie de Mélanchthon. Luther, trop orgueilleux pour songer à persuader, n'évitait pas la métaphysique la plus subtile. Il se souciait plus d'étonner ou d'accabler les intelligences que de les gagner et de s'y établir de leur gré. Cette dernière pratique, au contraire, était celle de Mélanchthon ; aussi, dans la question en litige, avait-il préféré avec raison, à une maxime ardue et inaccessible, à cette pénitence sophistique qui naît de l'amour de la justice, la maxime commune que la pénitence commence à la crainte des châtiments. « J'ai jugé, dit-il à Agricola dans une admirable lettre qui n'arrêta pas la querelle, qu'il faut nourrir les enfans avec du lait ; au reste, je ne t'empêche pas d'offrir aux grandes personnes des mets plus solides [1]. »

En même temps que la réfutation d'Agricola était colportée et vantée par les ardents du parti, on répandait le bruit que Luther chantait la palinodie, pour me servir d'un mot du temps ; l'opinion de Mélanchthon sur la pénitence passait pour avoir été concertée avec lui. Ce bruit arriva jusqu'aux oreilles de Spalatin, qui invita Mélanchthon à le démentir. Celui-ci écrivit que si, malgré son désir d'être en tout de l'o-

---

[1] *Corpus reformatorum*, t. I, n° 478.

pinion de Luther, il s'était glissé dans ce livre quelque dissidence, il la prenait sur lui, et s'empresserait de l'expliquer ; mais qu'il n'en fallait pas faire un tort à Luther. « Et, ajouta-t-il avec tristesse, c'est sans doute le soin que j'ai pris d'exposer toutes choses dans leur nudité, sans sophisterie et sans amertume dans l'expression, qui soulève contre moi tous ceux qui font consister la réforme en déclamations lancées, comme du haut du chariot d'un charlatan, contre tous les dissidents. »

Ce bruit, et d'autres dont on le grossissait, n'avaient été répandus dans le parti que pour engager Luther à désavouer Mélanchthon. Outre des motifs sincères de dissentiment dans cette ferveur d'une révolution nouvelle, les ardents étaient jaloux d'un homme qui, tout en paraissant s'abstenir, avait plus d'éclat que les hommes d'action, et qui, déterminé à rester sur le seuil de la nouvelle théologie, lui rendait toutefois plus de services que ceux qui en avaient fait en quelque sorte leur domicile. On voulait l'affaiblir et arrêter des commencements si beaux, en faisant tomber sur sa tête quelque sévère désaveu du maître. Mais Luther ne s'y laissa pas entraîner. Il se contenta de donner sèchement avis à Mélanchthon de ce qu'on écrivait contre lui, sans entrer dans aucune récrimination, et sans lui demander de s'expliquer. Il ne se croyait pas sérieusement attaqué par Mélanchthon, mais il était sensible au plaisir de se voir défendu comme s'il eût été attaqué.

Cependant Agricola se donnait beaucoup de mouvement pour aggraver les choses ; il y allait de son honneur de n'avoir pas fait une sortie inutile. Ses partisans murmuraient de l'inaction de Luther. Mélanchthon s'étant trouvé avec les principaux d'entre eux aux noces d'un ami commun, Ambroise Reutter, ceux-ci avaient fait mine de ne pas le connaître ; et l'un d'eux, Loguléius, qui le connaissait particulièrement, avait affecté de le saluer comme un inconnu. Enfin l'électeur s'en mêla ; il manda Luther à Torgaw, ville où il tenait sa cour, et le chargea, ainsi que Poméranus, d'entendre Mélanchthon et Agricola, et de prononcer entre eux.

Le débat fut court. Luther, qu'Agricola y avait mis sur le même rang que les saintes Écritures, le trancha par une définition ambiguë, soit qu'il eût voulu ménager à la fois le disciple ardent et l'auxiliaire utile, soit qu'il fût sincère, et qu'il se payât lui-même de ces ambiguïtés. Toutefois, dans le dîner qui suivit, il disputa tout bas avec Mélanchthon sur d'autres passages du livre incriminé, l'embarrassant d'explications qui font dire à celui-ci, dans une lettre à Justus Jonas : « Quel homme subtil ! » Pour Agricola, qui n'était nullement satisfait de la décision, et ne trouvait pas le jugement assez éclatant pour le procès, il refusa de se réconcilier avec Mélanchthon. Vainement celui-ci lui rappela une amitié déjà ancienne, et lui promit d'oublier son offense, du reste n'exigeant de lui aucune rétractation ; « il ne répondit, écrit Mélanchthon, non plus qu'une statue. » Mais au dehors il continua de triompher de Mélanchthon. Luther n'y contredisait pas, et sans doute se réjouissait secrètement d'un débat qui n'avait profité qu'à lui ; il y avait vu tout à la fois éclater le dévouement de ses disciples à sa gloire, et intimider la gloire naissante de Mélanchthon.

La querelle se calma, moins, comme il arrive en des temps si agités, par un adoucissement dans les personnes ou un changement dans les opinions que par les événements qui suscitaient de nouvelles affaires avant que les affaires en instance fussent décidées. Les querelles se terminaient moins qu'elles ne s'ajournaient ; au moindre répit, toutes les haines du passé profitaient pour se réveiller de ces courtes trêves du présent. Ce ne fut pas la seule fois que Mélanchthon eut à défendre sa modération contre les attaques d'Agricola. Il est vrai que, pour prix des difficultés et des périls attachés au beau rôle de modérateur, Mélanchthon en eut toutes les douceurs secrètes. Il dut être touché de voir, par son exemple, combien la modération est nécessaire aux sociétés humaines, puisque les partis les plus violents, soit avant de se ruer l'un sur l'autre, soit après le combat, et pour régler la victoire, ont besoin de sa médiation, et l'invoquent en la calomniant.

Il en eut bientôt une preuve dans l'ordre qu'il reçut d'accompagner, en 1529, l'électeur Jean Frédéric à la diète de Spire. C'est là qu'après bien des disputes entre les catholiques et les réformés, aucun des deux partis n'étant assez fort pour opprimer l'autre, ils s'accordèrent pour frapper les anabaptistes et les sacramentaires qui les embarrassaient également. Ils concoururent aux décrets violents qui furent rendus contre l'ennemi commun, les réformés avec moins d'empressement, et non sans de grands délais, parce qu'ils soupçonnaient les catholiques d'y avoir plus d'intérêt qu'eux. Mais, une fois les anabaptistes et les sacramentaires rejetés, il fallut bien que les catholiques et les luthériens se regardassent en face. Les premiers, qui avaient la majorité des voix, décrétèrent que tous ceux qui avaient jusqu'alors conservé les anciennes traditions fussent tenus d'y rester fidèles; que quant à ceux qui professaient le nouvel évangile, ils fussent libres d'y persister, à la condition de s'unir aux catholiques pour obliger le reste des peuples à ne pas changer de religion. Ce décret absurde, qui demandait à un parti en progrès une action contre nature, en exigeant qu'il se circonscrivît et s'isolât, souleva les luthériens, qui protestèrent auprès de l'empereur : d'où le nom de protestants, bientôt commun à toutes les églises réformées.

Mélanchthon se montra très-circonspect, excepté sur un point, où il fut pressant jusqu'à se rendre suspect aux réformés : c'était la séparation d'avec les sacramentaires et Zwingle, leur chef. Il blâmait toute lenteur à cet égard. Dans le fond il était moins éloigné des catholiques, lesquels représentaient du moins l'ordre établi, l'organisation, que des anabaptistes et des sacramentaires, à cause de l'esprit de bouleversement qui perçait sous leurs dogmes. C'est d'ailleurs par cet esprit que ceux-ci trouvaient faveur auprès de certains princes pour qui la réforme était une question d'intérêt bien plus que de conscience. Ces princes, et en particulier le landgrave de Hesse, se servaient de leurs théologiens, comme Philippe le Bel de ses jurisconsultes, pour brouiller les affaires, et trouver des prétextes sacrés aux projets d'ambition. Mélanchthon, qui les pénétrait, en écrivait à Jonas, à son retour de la diète : « Ces ménagements pour les Zwingliens m'ont jeté dans un grand trouble; j'aimerais mieux mourir que d'avoir à supporter de si grands maux. Toutes les douleurs intérieures m'ont accablé à la fois[1]. »

Dans ce voyage il était allé voir sa mère, à Bretten. Celle-ci lui demanda ce qu'il fallait croire de toutes ces disputes, et si elle devait s'en tenir aux prières qu'elle avait coutume de faire; et, les lui ayant récitées : « Continuez, lui dit son fils, de croire et de prier comme vous avez fait jusqu'à présent, et ne vous troublez point l'esprit de toutes ces controverses. » A peu de temps de là une lettre de son frère lui apprit la mort de sa mère. L'indifférence avec laquelle il l'annonce à Camérarius, son ami intime et le confident ordinaire de ses douleurs privées, semble prouver, ou qu'il avait quelque raison de moins regretter cette mort, ou que ses travaux ne lui laissaient pas le temps de pleurer la perte des siens.

Le colloque de Marpurg suivit de près la diète de Spire. Il avait été ménagé par le même landgrave de Hesse que, cinq ans auparavant, Mélanchthon avait rencontré chevauchant

---

[1] *Corpus reformatorum*, t. 1, n° 617.

sur la route d'Heidelberg. Cinq ans avaient mûri ce jeune homme et en avaient fait un des chefs les plus décidés de la réforme. C'était, comme le remarque Bossuet, le plus capable aussi bien que le plus vaillant des princes protestants. Prévoyant que toutes ces discussions finiraient par la guerre, et nourrissant des pensées d'indépendance et d'agrandissement, il avait senti le besoin d'assurer l'union politique dans le parti par l'union des doctrines. C'est dans ce but qu'il avait réuni à Marpurg les principaux théologiens de la réforme. Luther, Mélanchthon et Osiandre y représentaient l'église saxonne; Œcolampade et Zwingle, les sacramentaires et l'église de Suisse; Bucer, celle de Strasbourg, qui inclinait vers les sacramentaires; outre un certain nombre d'adhérents attachés à ces divers chefs, et qui ne s'étaient pas encore fait de nom dans le nouvel évangile.

Malgré le grand intérêt du landgrave et celui de tout le parti à se mettre d'accord, et quoi qu'on eût coulé sur tous les autres points, moins par facilité que pour ne pas soulever des difficultés prématurées, on demeura plus séparé que jamais sur la question d'où était née la secte des sacramentaires, la présence réelle. Après un débat de trois jours, où figurèrent seuls Luther et Zwingle, en présence des autres qui y jouèrent le rôle de personnages muets, on se quitta en promettant qu'on n'écrirait plus les uns contre les autres. Il faut croire qu'on n'entendit pas par là les récits qui pouvaient être faits par lettres des incidents de la conférence, car il s'en répandit plusieurs où les divers partis ne se ménageaient pas.

VII

Mélanchthon accompagne l'électeur de Saxe à la diète d'Augsbourg. — On y attend Charles-Quint. — Préparatifs pour son arrivée. — Débats préalables entre les sectes. — Consultation sur la conduite que devait tenir l'électeur. — Mélanchthon travaille à la *Confession d'Augsbourg*. — Ses difficultés du côté de Luther et du landgrave de Hesse. — Arrivée de l'empereur à Augsbourg, le 16 juin 1530. — Premiers débats entre les princes et lui au sujet de la liberté des prêches. — Les retouches faites à la *Confession d'Augsbourg*. — Légère brouille entre Mélanchthon et Luther. — Charles-Quint entend la lecture de la *Confession*; il s'y endort. — Menaces des catholiques. — Ménagements de Mélanchthon. — Ses craintes pour la paix. — Luther à Cobourg. — Ses prières à Dieu. — Contraste des angoisses de Mélanchthon et de l'ardeur impérieuse de Luther. — Divers incidents du débat religieux. — Mélanchthon est accusé de trahison par son parti. — Suspect à tous, il est nécessaire à tous. — Beauté de son rôle, et gloire de la modération.

Au mois d'avril 1530, Luther reçut de l'électeur de Saxe une lettre qui lui mandait de se concerter avec ses collègues Jonas et Mélanchthon, pour que les cours fussent continués en leur absence à l'académie de Wittemberg, et qu'ils se tinssent prêts à le joindre à Cobourg, où l'on devait arrêter dans quels termes chaque parti exposerait son opinion à la diète d'Augsbourg.

Les magistrats de cette ville envoyèrent à l'électeur un sauf-conduit dont les termes excluaient Luther, car il y était dit : « Nous en exceptons toute personne qui aurait rompu la paix de sa majesté impériale, notre pouvoir n'allant pas jusqu'à donner protection à ceux que l'empereur a condamnés. »

L'électeur n'emmena avec lui que Jonas et Mélanchthon. Pour Luther, il reçut l'ordre de demeurer. On lui donna de vagues raisons. La vraie était que l'électeur craignait pour sa personne : mais on la lui cacha, de peur qu'il n'y vît une marque de défiance dans la bonté de la cause, et que, par un coup de fougue, il ne vînt à Augsbourg malgré tout le monde. Du reste, il fut convenu que rien ne se ferait sans ses avis.

Au commencement du mois de juin 1530, tous les princes et états qui devaient composer la diète étaient successivement arrivés, et attendaient Charles-Quint. Chacun s'était fait accompagner ou représenter par ses prédicateurs, lesquels abondaient des deux côtés. Georges, duc de Saxe, entre autres, en avait amené une voiture pleine. Dans cette confusion d'opinions, d'hommes et d'intérêts si divers, les bruits les plus étranges et les plus contradictoires avaient tour à tour crédit. L'arrivée de Charles-Quint, ses dispositions, ses projets, ceux de sa cour, en étaient la matière. Les uns annonçaient qu'il venait sans parti pris, avec l'intention d'examiner à fond la querelle, et de corriger ce qu'il trouverait d'excessif dans les deux partis; les autres le disaient prêt à écraser la réforme par les armes, et déjà engagé par serment à cette œuvre d'extermination. On ne faisait pas moins de conjectures, ni de moins contradictoires, sur les théologiens et les négociateurs dont il s'était fait suivre. Toutefois on s'accordait à fonder des espérances sur le crédit et la modération bien connue de son chancelier, Mercurinus Gattinara, lequel avait du penchant pour les réformateurs, à cause des lettres, dont le goût lui était commun avec les principaux d'entre eux. Chacun s'alarmait ou se réjouissait selon les bruits auxquels il ajoutait foi. Les timides travaillaient à la paix; les hommes décidés ne prétendaient pas moins, protestants, qu'intimider Charles-Quint; catholiques, que lui arracher des édits violents et des déclarations de guerre.

Ces espérances ou ces craintes se trahissaient dans les nombreux prêches qui se faisaient à Augsbourg. Il fallait bien occuper tant de prédicateurs, tous impatients de se faire entendre, les uns par ardeur religieuse, les autres par le désir de se distinguer. Tous ces prêches remuaient la ville, transformée tout à coup en un vaste auditoire; les magistrats avaient fort à faire pour maintenir l'ordre dans cette foule qui désertait ses travaux, et se pressait autour des chaires pour s'abreuver de ces nouveautés enivrantes. Les princes y assistaient, entre autres le landgrave de Hesse, lequel écoutait volontiers maître Michel, un des sacramentaires.

La ville avait équipé huit cents hommes, tant fantassins que cavaliers, tous habillés de velours et de soie, et un bon nombre cuirassés. En outre, on avait dressé des barrières et tendu des chaînes dans les rues, en cas d'émeutes du soldat ou du peuple. Charles-Quint, averti de ces précautions, en prit de l'ombrage et exprima des méfiances. Le sénat répondit que l'établissement de chaînes et de barrières avait été résolu depuis dix ans, et que, quant aux soldats, ils n'avaient été équipés que pour fêter l'empereur. Charles-Quint insista. Il voulut faire des épurations dans cette troupe, remplir les vides par des hommes à lui, et faire prêter à tous serment de fidélité à l'empereur. Le sénat aima mieux un licenciement général.

Au reste, l'empereur en usait avec la ville d'Augsbourg comme il eût fait d'une ville de ses Espagnes. Ses fourriers arrachaient des auberges les écussons des princes, et prenaient possession, au nom de l'empereur, de tous les logements qui leur convenaient. On le disait, quant à lui, arrêté dans les États romains par le manque d'argent. Il attendait celui de France, dont le premier terme, selon les derniers traités, devait échoir à la Pentecôte. N'est-il pas plus vraisemblable que ce retard était calculé, et que l'empereur voulait arriver au milieu de partis épuisés par des discussions préliminaires, avec l'espoir que la fatigue générale, en faisant désirer sa médiation, la rendrait plus facile ?

Quoi qu'il en soit, on anticipait sur la diète en agitant,

soit dans les églises, soit dans les conciliabules, toutes les questions qui devaient y être débattues. Pour les prêches en particulier, on délibérait à quel prix il faudrait en revendiquer le libre usage, au cas où il plût à l'empereur de l'interdire. Le plus grand nombre penchait pour la désobéissance, les zwingliens surtout, qui avaient le plus d'intérêt au maintien des prêches, étant l'extrême parti de la réforme, et ayant plus besoin que les autres de l'acclamation populaire. L'église saxonne aurait vu sans déplaisir l'interdiction des prêches zwingliens : mais, en la souffrant, n'invitait-elle pas l'empereur à supprimer les siens? On discutait tous les cas. Ou Charles-Quint interdirait tous les prêches quelconques, publics ou privés, ou il bornerait l'interdiction aux prêches publics, ou enfin, de concert avec tous les états et ordres de l'empire, il abolirait indistinctement tous les prêches. Devrait-on résister? De quelle manière et jusqu'où?

Une consultation présentée à l'électeur par ses théologiens portait que, dans tous les cas, il fallait se soumettre ; qu'à la vérité ce serait l'obéissance de prisonniers qui ne peuvent pas résister, mais qu'il valait mieux s'y résigner, la ville étant à l'empereur, que de montrer qu'on se défiait de la cause; qu'à cet égard, ni prières ni menaces ne devaient déterminer l'électeur à quitter Augsbourg avant d'avoir fait connaître la profession de foi saxonne à l'empereur et à l'empire.

Cette consultation, où l'on reconnaît la marque de Luther dans la recommandation de ne laisser soupçonner à aucun prix qu'on se défie de la cause, avait été rédigée par Mélanchthon. C'est lui qu'on avait chargé de dresser toutes les délibérations des théologiens saxons sur les questions subsidiaires qui s'agitaient, et généralement sur toutes les décisions que pouvaient rendre nécessaires les dispositions présumées de Charles-Quint. Et, comme toutes ces délibérations étaient communiquées à tous les adhérents de l'Église saxonne, lesquels formaient la majorité du parti protestant, de fait Mélanchthon était la plume et le négociateur de ce parti. Il servait à la fois de lien entre les princes et les États confédérés, que distinguaient et que pouvaient séparer des caractères et des intérêts très-divers, et entre leurs théologiens, non moins partagés, qu'il fallait ménager pour ne pas les précipiter vers les partis extrêmes. Seul il pouvait sauver la doctrine des mains de tant d'amis qui l'eussent déchirée et mise en pièces pour en attirer à eux l'interprétation exclusive et le gouvernement. Il y mettait d'ailleurs tant de modestie, qu'on adhérait volontiers à des éclaircissements qu'il ne donnait ni comme son invention, ni comme un secret.

Dans l'intervalle, il préparait cette Confession, dont le fonds avait été arrêté à Cobourg entre Luther et les autres théologiens de l'électeur. Il s'agissait de la faire accepter de toutes les sectes protestantes. La tâche était immense. Il fallait une rédaction nette et sans équivoque, mais qui, soit par des omissions calculées, soit par la généralité des termes, laissât quelque espoir aux dissidents extrêmes, lesquels voulaient bien ajourner leurs prétentions, mais non les voir formellement exclues du corps du nouvel évangile, à titre d'hérésies. Mélanchthon donnait tout le premier l'exemple de ces transactions, que du reste l'opiniâtreté des catholiques rendit faciles; car qui pouvait penser à disputer sur les conséquences ultérieures d'une opinion dont ceux-ci ne voulaient même pas accepter le principe? Je cherche vainement, dans l'article sur la pénitence, la *crainte servile* de Mélanchthon; il en avait fait le sacrifice à l'intérêt commun.

Les plus grandes difficultés lui venaient de Luther et du landgrave de Hesse. C'étaient deux rudes maîtres, surtout pour un homme encore moins propre à servir qu'à résister. Luther, enchaîné à Cobourg, en proie à des douleurs de tête qu'il compare, dans son langage plein de figures, à des tourbillons de vent, supportait mal que les affaires se fissent sans lui; il n'était content ni de commander de si loin, ni qu'on lui obéît avec liberté. Quant au landgrave, comme il voulait la guerre, il favorisait les zwingliens, qui y poussaient et qui la déclaraient à l'empereur dans leurs prêches. D'un côté, Mélanchthon avait à faire souscrire à sa Confession Luther, qui ne voulait pas marcher si doucement ni à si petit bruit, et qui ne se reconnaissait, ni dans la simplicité pratique des interprétations, ni dans le ton modéré dont elles étaient présentées. De l'autre, il avait à obtenir l'adhésion du landgrave, lequel voulait accommoder l'article sur l'eucharistie pour les Églises saxonnes, qui l'entendaient dans le sens littéral, et pour les zwingliens, qui le voulaient au sens figuré.

Mélanchthon n'avait pas de prise sur cet esprit ardent, d'autant plus opiniâtre qu'il défendait, sous des dissentiments théologiques, une politique déjà résolue; il chargea Luther de le faire revenir. La peur qu'eut celui-ci des excès des zwingliens le rapprocha du terme moyen que proposait Mélanchthon. Il y attira bientôt le landgrave, qui souscrivit enfin, avec des réserves sur l'eucharistie, à la Confession. Autant en fit Bucer, le représentant de l'Église de Strasbourg, dont l'esprit subtil et insidieux [1] avait imaginé une quatrième interprétation des paroles de Jésus-Christ, dans la cène, entre le sens littéral diversement expliqué par les catholiques et les luthériens, et le sens figuré défendu par Zwingle et son Église.

Toutes ces négociations étaient pendantes quand Charles-Quint arriva. Il fit son entrée à Augsbourg, le 16 juin 1530, sur le soir, accompagné de tous les princes venus au-devant de lui par honneur. En avant de l'empereur marchait l'électeur de Saxe, portant l'épée, selon le privilége de son

---

[1] On lui donnait dans le parti l'épithète de *Vulpinus*.

rang. Charles avait avec lui Ferdinand, son frère, roi des Romains, et le cardinal Campége, légat apostolique. On reporta sur ce prélat, estimé pour sa modération, les espérances qu'on avait conçues de Mercurinus Gattinara, mort quelques jours auparavant. Campége trompa ces espérances; il était venu avec la mission de conseiller à Charles-Quint l'emploi de la force; il remplit cette mission jusqu'à la fin de la diète.

A peine arrivé, l'empereur fit appeler les trois princes évangéliques, l'électeur de Saxe, le margrave de Brandebourg, et le landgrave de Hesse. Il n'avait auprès de lui que Ferdinand son frère, lequel, parlant habituellement l'allemand, lui servait d'interprète. Il leur demanda de faire cesser tous les prêches à Augsbourg. Ceux-ci répondirent que ce serait paraître nier le nouvel Évangile, si, avant toute discussion, ils supprimaient les prêches. Charles leur donna jusqu'au lendemain matin pour en délibérer.

Ils demandèrent dans la nuit une consultation à leurs théologiens. Mélanchthon conseilla d'obéir. La principale raison qu'il en donnait, d'accord avec Luther, c'est que, la ville appartenant à l'empereur, les princes et les théologiens n'y étaient qu'à titre d'hôtes. Cette raison en cachait une plus sérieuse. Dans le fond, il tenait médiocrement à ce que les prêches fussent libres, cette liberté ne servant guère qu'à obscurcir les questions et à irriter les esprits. Mélanchthon voulait circonscrire le débat au petit cercle des doctes, et ne regrettait pas qu'on fermât l'une des voies par où les hommes impatients et sans lumières se jetaient dans des discussions déjà grosses de la guerre.

Son avis ne fut pas suivi. Le matin, les princes se rendirent auprès de l'empereur, et renouvelèrent leur réponse de la veille; il n'était point juste, disaient-ils, de les priver de la parole de Dieu; cette exigence était contraire aux lettres de convocation qu'ils avaient reçues. A de nouvelles insistances de Charles ils opposèrent de nouveaux refus, et les prêches particuliers continuèrent à Augsbourg.

Charles, trouvant sur ce point la résistance trop forte et n'étant ni disposé ni prêt à agir par les armes dès le début, demanda aux princes de l'accompagner à la procession du Saint-Sacrement qui devait avoir lieu le jour même. C'était leur demander de trancher par une manifestation extérieure et publique une des questions sur lesquelles il s'était amassé le plus de controverses et préparé le plus de résistances. Ils refusèrent, non sans y mettre toutes les formes de la déférence et du respect. Charles laissa échapper des menaces, et on put croire, à la violence de son indignation, que la diète n'irait pas plus loin. Une transaction apaisa tout. Il fut convenu que tous les prêches sans distinction seraient supprimés, que toutefois l'empereur pourrait instituer des prédicateurs étrangers aux deux partis, lesquels enseigneraient l'Évangile sans commentaires. « Nous attendons, écrivait plaisamment Brentius, une chimère ou quelque animal tenant du cerf ou du bouc. »

Il y eut un grand empressement à ce premier prêche, qui ne devait être ni papiste ni évangélique. « Nous étions là, écrit Brentius, l'oreille tendue ; mais nous n'avons entendu qu'une simple lecture du texte de l'Évangile : seulement le prédicateur a commencé cette lecture par des prières communes pour les vivants et les morts, et l'a terminée par une confession générale. Vous avez là un prédicateur qui n'est ni papiste ni évangélique, mais qui s'en tient au texte nu [1]. »

Le 20 juin, une messe du Saint-Esprit fut célébrée dans la cathédrale d'Augsbourg, en grande pompe, avec chant et musique d'orgue. L'empereur et les princes avaient pris place dans le chœur, qui était fermé. Là, le prédicateur de la léga-

---

[1] *Corpus reformatorum*, t. II, n° 729.

tion apostolique, Vincent Pimpinelli, dans un sermon que ne pouvaient entendre les réformés répandus dans l'église, invita Charles-Quint et Ferdinand à s'unir pour détruire l'hérésie, et pour ramener toute l'Allemagne sous le joug de l'ancienne discipline romaine. Ce fut par le margrave de Brandebourg, qui savait assez de latin pour comprendre celui de Vincent Pimpinelli, que les réformés connurent dans quel esprit l'orateur avait parlé.

Pendant ces difficultés subsidiaires, Mélanchthon travaillait sans relâche à l'œuvre principale, la Confession du parti. Il avait à pourvoir à deux choses à la fois : accommoder la rédaction aux opinions de tous ses coreligionnaires, négocier pour que Charles-Quint en permît la lecture. Dans ce dernier but il s'était rapproché de quelques-uns des secrétaires espagnols de l'empereur, et en particulier de Valdésius, qui avait du crédit. Les choses étaient allées assez loin pour qu'il crût pouvoir proposer de substituer à une lecture publique de simples communications à l'empereur, par l'entremise de son secrétaire. L'électeur, son maître, décida que la Confession serait lue comme elle avait été dressée. Mélanchthon, qui voulait la paix, y retouchait sans cesse, tantôt d'accord avec ses coreligionnaires, qui lui reprochaient ensuite ce qu'ils s'étaient laissé arracher, tantôt de son propre mouvement, là où l'âpreté des expressions aurait pu effaroucher les adversaires. « J'y aurais fait bien plus de changements, écrivait-il à Camérarius, si nos amis me l'eussent permis; car, bien loin de penser que l'écrit soit plus doux qu'il ne convient, j'ai grand'peur qu'on ne s'offense de notre liberté [1]. »

Sa tâche était d'autant plus difficile, que Luther, en cessant tout à coup de lui écrire, avait paru désavouer tout ce qui se faisait à Augsbourg. Cette brusque interruption avait

---

[1] *Corpus reformatorum*, t. II, n° 740.

eu de l'éclat. Mélanchthon s'en plaignit avec douceur et humilité ; mais Luther ne voulut pas même recevoir ses lettres. Il fallut qu'il priât Théodorus Vitus, leur ami commun, resté près de Luther, de les lui lire malgré lui ; il les envoyait décachetées, afin que Vitus en prît d'abord connaissance et s'assurât si elles étaient assez humbles pour apaiser l'impérieux docteur. Une fois il lui en fit porter une par un messager à ses frais. « Vous savez, lui écrivait-il, les dangers que nous courons tous, et combien nous avons besoin de vos conseils et de vos consolations. On ne fait rien que par vos directions : quel sera notre péril si vous nous abandonnez ! » La raison de Luther était que Mélanchthon ne lui écrivait pas assez souvent. C'était trop peu pour lui d'une lettre par semaine ; il ne supportait pas qu'on fît un pas en avant sans l'en avertir. Ajoutez-y un peu de jalousie secrète de l'importance croissante de Mélanchthon, qui, quoique sans prétention à être le chef du parti, parut, en certaines occasions, ne manquer d'aucune des qualités d'un chef, et fit murmurer, parmi ses coreligionnaires mêmes, contre sa tyrannie [1].

Enfin Charles-Quint consentit à entendre la confession des Églises saxonnes, non publiquement, mais dans son palais. Tous les princes et ordres de l'empire étaient présents. Charles, selon les uns, s'y montra assez attentif ; selon d'autres, il s'y endormit. L'évêque d'Augsbourg, saisi de la clarté de cette théologie, de la profondeur de ce savoir, de cette défense sans déclamation et sans sophisterie, s'échappa jusqu'à dire : « Ce qui a été lu est vrai, est la pure vérité. » Le cardinal de Saltzbourg n'en pensait guère moins favorablement ; mais la cause lui déplaisait en raison de l'homme qui l'avait soulevée ; il ne voulait pas de la réforme, parce que le réformateur était un moine marié.

---

[1] *Corp. ref.*, t. II. — *Correspondance allemande des députés de Nuremberg.*

Pour les princes évangéliques, c'était peu de chose d'avoir obtenu qu'on entendît l'exposition de leur doctrine; pour Charles-Quint et les catholiques, en avoir souffert la lecture, c'était une concession pleine d'embarras. Fallait-il engager une discussion avec un parti qui avait si évidemment l'avantage du savoir, et qui comptait des amis secrets jusque dans la cour intime de l'empereur? Faber, Jean de Eck, les seuls d'entre les catholiques qui pussent soutenir la discussion publique, s'agitaient pour l'empêcher, soit par intrigue, soit par crainte d'avoir le dessous. Les princes ne la voulaient que plus vivement. Venus sur ce que l'empereur avait promis, ils pouvaient contenter leur passion, tout en n'ayant l'air que de réclamer l'exécution d'une promesse. Charles-Quint ne savait à quoi se résoudre. Le fonds du débat l'intéressait médiocrement, et je suis plus porté à croire, avec Brentius, qu'il dormit à la lecture de la Confession, qu'avec Jonas, qu'il l'écouta assez attentivement. Il n'avait pas l'ardeur religieuse qui fait qu'on se décide, quoique au hasard; et, loin de partager la chaleur catholique de Ferdinand, il s'appliquait à la tempérer. Placé entre deux partis dont il n'était pas prudent de satisfaire l'un, et dont il eût été dangereux de trop mécontenter l'autre, il montra jusqu'où allaient son irrésolution et ses doutes en écrivant à Érasme de venir à Augsbourg. On comprend, du reste, que celui-ci ne manqua pas de raisons très-fortes pour rester à Bâle.

Cependant les catholiques prodiguaient les menaces, probablement de l'aveu de l'empereur, qui n'empêchait pas qu'on n'essayât de ce moyen. On en espérait l'effet, surtout sur Mélanchthon, qu'on croyait craintif parce qu'il était pacifique, et inquiet pour sa personne, quand il ne l'était que pour la cause. Il en donna une preuve, qu'aurait pu lui envier Luther. Après la lecture publique de la Confession, il est appelé tout à coup par le cardinal Campége. On lui dit que l'empereur jettera plutôt tous les États dans la guerre que de supporter cet outrage. En même temps plusieurs personnes d'autorité le pressent avec menace de céder et de faire céder ses amis. « Nous ne pouvons céder, dit-il, ni déserter la vérité; mais nous prions nos adversaires, au nom de Dieu et du Christ, de nous pardonner et de souffrir que nous gardions notre croyance. — Je ne le puis, je ne le puis, interrompit Campége; les clefs sont infaillibles. — Eh bien, reprit Mélanchthon, nous remettrons notre cause entre les mains de Dieu. S'il est pour nous, qui sera contre nous [1] ? »

Mais cet éclat ne lui convenait pas. Homme simple et ennemi du bruit, ne tirant aucune force de son imagination, n'ayant pas, comme Luther, une tête « où tourbillonnaient les vents, » son courage ne se soutenait pas, pour peu surtout qu'il eût l'air d'une prétention au premier rôle. Au sortir de ces scènes violentes, après des entrevues où Campége et d'autres le faisaient appeler, vers le milieu de la nuit, comme pour profiter du trouble de ses sens, il rentrait chez lui accablé et en proie à une mélancolie qui se communiquait à ses coreligionnaires. Dans cette espèce de Passion, pour parler le langage énergique d'un d'entre eux, tout ce qu'il pensait, disait, écrivait ou faisait, ne rendait pas la cause meilleure.

C'est dans un de ces accès de désespoir qu'il écrivit au cardinal Campége une lettre, dissimulée par ses amis, omise ou très-altérée dans les recueils, presque niée par lui, quoiqu'elle soit marquée de ses plus nobles qualités, où il affaiblissait; sans toutefois la désavouer, une autre lettre écrite officiellement le même jour au cardinal par les princes, et qu'il avait très très-probablement rédigée. « Nous n'avons, lui écrit-il, aucun dogme qui diffère de l'*Église romaine*. Nous avons même réprimé plusieurs novateurs, pour avoir

---

[1] *Oraison funèbre de Mélanchthon*, par Vitus Winshemius. — On a fait de cette belle parole : « Si Dieu est pour nous, qui sera contre nous? » la devise de Mélanchthon. Tous ses portraits portent cet exergue.

essayé de répandre des doctrines pernicieuses, et il en existe des témoignages publics. Nous sommes prêts à obéir à l'*Église romaine*, pourvu qu'usant de cette clémence qu'elle a toujours montrée envers les peuples, elle consente, soit à dissimuler, soit à permettre un très-petit nombre de changements que, le voulussions-nous, nous ne pourrions empêcher... Nous n'avons attiré sur nous tant de haines que pour avoir défendu avec constance les doctrines de l'*Église romaine*. Cette foi en Christ et dans l'*Église romaine*, nous y persévérerons, s'il plaît à Dieu, jusqu'au dernier soupir, dussiez-vous ne pas nous recevoir en grâce. »

On regrette d'avoir à remarquer dans la lettre secrète la substitution du terme trop souvent répété d'*Église romaine* à celui d'Église catholique, dont se sert la lettre officielle. On y peut blâmer aussi quelque affectation, soit à protester d'une obéissance dont Mélanchthon savait bien ne pouvoir répondre, soit à réduire et à rapetisser les changements introduits par la réforme. Ce fut une erreur de conduite, dans un moment de découragement, plutôt qu'une lâcheté intéressée. Cette fois encore Mélanchthon s'immolait à la cause commune; mais un sacrifice inutile est une faute.

Pendant cette lutte, dont il suivait tous les incidents, Luther, enfermé à Cobourg, priait avec une ardeur fébrile. « Je prierai et je pleurerai, écrit-il, jusqu'à ce que je sache que mes cris ont été entendus dans le ciel. » Et ailleurs, à Spalatin : « Quant à moi, qui suis un ermite et comme une terre sans eau, il ne peut rien germer en moi qui soit digne de vous être écrit, si ce n'est que, par mes gémissements et mes soupirs, et par toutes les forces du geste et du discours, je monte dans le ciel, et je frappe, quoique indigne, aux portes de celui qui a dit : Il sera ouvert à celui qui frappe [1]. »

---

[1] *Lettres de Luther.*

Dans une lettre à Mélanchthon, Vitus raconte des choses étranges de l'audace et de la confiance de ces prières. « Il ne s'écoule pas un jour, dit-il, dont Luther ne passe en oraison au moins trois des heures les plus favorables à l'étude. Il m'est arrivé une fois de l'entendre prier ainsi. Bon Dieu ! quelle spiritualité, quelle foi dans ses paroles ! Ses demandes sont si respectueuses, qu'on voit bien qu'il parle à Dieu; elles sont si pleines d'espoir et de confiance, qu'il semble parler à un père et à un ami. « Je sais, disait-il, que tu es notre père et notre Dieu; je suis donc assuré que tu perdras les persécuteurs de tes enfants. Que si tu ne le fais, ton péril est lié au nôtre. Tu nous défendras donc. » J'étais debout, à quelque distance, l'entendant prier à peu près en ces termes, et je me sentais moi-même transporté d'un mouvement étrange, pendant qu'il s'entretenait ainsi avec Dieu, d'un ton si amical, si grave, si respectueux, le pressant par tant de promesses tirées des psaumes, et comme assuré que tout ce qu'il demandait allait arriver [1]. »

On proposait, dans le conseil de Charles-Quint, soit de revenir à l'édit de Worms, soit de faire juger la Confession par des personnes impartiales et de laisser la décision à l'empereur, soit enfin d'en faire dresser la réfutation ; après quoi l'empereur prononcerait.

De ces trois avis, aucun ne prévalut pour le moment. On essaya d'une autre politique. On imagina de demander aux réformés s'ils avaient l'intention de soumettre à l'empereur plus d'articles que n'en contenait la Confession. S'ils disaient non, on devait leur répondre : Donc vous retirez ou pensez qu'il faut retirer ce que vous passez sous silence. S'ils avouaient qu'ils réservaient en effet plusieurs articles : Les controverses n'auront donc pas de fin ! leur répondrait-on. En outre, on voulait leur poser une seconde question : Ac-

---

[1] *Corp. ref.*, t. II, n° 755.

cepterez-vous l'empereur pour juge? S'ils ne l'acceptaient pas, tout rentrerait dans l'ancien état jusqu'au prochain concile.

Tous ces piéges étaient grossiers. Les réformés, avertis d'avance par des indiscrétions probablement amies, avaient concerté leur réponse. A la première demande, ils dirent qu'ils n'avaient pas plus l'intention de dissimuler les points omis dans la Confession que de les soulever ; que s'il plaisait aux catholiques de les soulever, leurs explications étaient prêtes. Cette conduite était habile ; elle rejetait sur les catholiques le tort d'avoir suscité des questions inutiles. Quant à la seconde question, savoir s'ils acceptaient l'empereur pour juge, il était convenu qu'ils ne le rejetteraient pas ouvertement, mais qu'ils déclineraient, avec toutes les formes du respect, son autorité dans les matières spirituelles.

Ces réponses étaient concertées avec Luther, qui, du reste, sollicité par des amis communs, avait renoué sa correspondance avec Mélanchthon. A des jugements sur les points controversés, il mêlait des consolations comme il en pouvait donner, parlant plus en maître qui craint que son disciple ne fléchisse, qu'en ami qui comprend les troubles d'une conscience timide et d'un esprit empêché par ses propres lumières. « Pourvois donc enfin, lui écrit-il, à ne te pas tant macérer pour une cause qui n'est pas en ta main, mais en celle de Dieu. » Ailleurs : « C'est ta philosophie qui te donne tous ces tourments, et non la théologie. » Et dans une autre lettre : « J'ai été dans de plus grands embarras que jamais tu ne seras, et pourtant un mot de mon frère, de Poméranus, de toi, me soulageait. Que ne nous écoutes-tu donc à notre tour ?... Je suis le plus faible dans les difficultés privées, et toi le plus fort. Au rebours, tu es en public ce que je suis dans le privé. Je suis spectateur presque sans souci, et je ne fais pas grand état de ces papistes si fiers et si menaçants. Si nous succombons, Christ succombera avec nous, lui qui est le roi du monde. Soit : qu'il succombe ! J'aime mieux tomber avec Christ que demeurer debout avec César. » Et ailleurs : « Je hais ces soins excessifs dont tu te dis consumé. Que s'ils te dominent de cette façon, ce n'est point par la grandeur de la cause, mais par la grandeur de notre incrédulité... Pourquoi t'agiter à en perdre haleine? Si la cause est fausse, retirons-nous; si elle est vraie, pourquoi faire mentir à ses promesses celui qui nous ordonne d'être oisifs et endormis? Dieu a la puissance de ressusciter les morts; il a la puissance de soutenir sa cause chancelante, de la relever si elle tombe, de la faire marcher en avant. Si nous sommes indignes, l'œuvre se fera par d'autres [1]. »

J'admire cette force et cet enthousiasme. Mais Mélanchthon, après l'émotion d'une première lecture, n'en tirait guère de secours. Toute cette confiance ne résolvait aucune difficulté, et pouvait en faire naître de nouvelles. Les embarras de Luther avaient été grands; mais il se les exagérait en ne permettant pas à Mélanchthon d'y comparer les siens. Sa position avait toujours été nette. Dès le premier jour, il avait dit comme le Christ : « Quiconque n'est pas avec moi est contre moi. » Il n'avait affaire qu'à des ennemis irréconciliables, et il ne souffrait que des amis sans volonté et sans avis. Dès lors tout était facile. Avec ses ennemis, la discussion, au lieu de l'embarrasser, le soulageait. La lutte est plus aisée à l'homme qui ne voit pas le danger, ou qui le voit extrême, qu'à celui qui ne veut pas le courir inutilement ou qui le croit évitable. Avec ses amis, il ne conseillait pas, il commandait. En cas d'objection, ou bien il grondait, ou il s'abstenait de répondre. Il interrompit de nouveau sa correspondance avec Mélanchthon, sitôt qu'au lieu d'ordres il eut à lui donner des explications. Luther s'impatientait de tout

---

[1] *Lettres de Luther.*

scrupule. La chair et le sang l'empêchaient de comprendre les incertitudes d'un esprit modéré et pratique jeté dans une conjoncture où rien n'était mûr pour les dénoûments extrêmes, et où, des deux partis, aucun n'était prêt à profiter des imprudences de l'autre.

Les plus grands embarras de Luther avaient été à Worms, puis deux ans plus tard, quand il eut à craindre que l'accord de Maximilien et du pape et le refroidissement de l'électeur ne le perdissent. Il y allait de sa vie, son sauf-conduit à Worms pouvant être violé comme celui de Jean Hus à Constance, et l'électeur pouvant se lasser de le défendre. Mais les périls extrêmes exercent les courages qu'abat un danger douteux ; à Worms, où sa tête était menacée, il se montra plus résolu qu'à Wittemberg devant la crainte de dangers encore éloignés. Je ne veux point diminuer son courage ; mais il était mauvais juge des embarras de Mélanchthon, et n'ayant jamais eu à craindre que pour sa personne, il apprécia mal les craintes que donnait à son disciple le sort de ces quarante mille âmes qu'il ne voulait pas abandonner, selon sa belle parole à Campége, même au péril de mort. Luther fut soutenu dans ses luttes par l'éclat d'un grand rôle, l'ivresse des applaudissements populaires, les joies secrètes de l'orgueil, ce serpent du nouvel Évangile. Pour Mélanchthon, lequel n'avait à défendre ni sa personne qui n'avait pas encore été menacée, ni des opinions propres à lui seul, il n'était soutenu, dans des luttes sans éclat, que par son dévouement à des coreligionnaires qui le suspectaient ou le désavouaient. Jeté au milieu d'un parti qui ne pensait qu'à jouir de sa foi et point au péril, on ne lui savait pas gré de voir ce péril et de se compromettre pour le conjurer. La foule aime mieux l'homme qui la mène au combat, sauf à la quitter en présence de l'ennemi, que celui qui, après l'avoir suivie malgré lui, se fait tuer avec elle.

Il aurait fallu qu'il entrât dans le plan de Bossuet de peindre en moraliste ces angoisses dont il a triomphé en catholique orthodoxe ; mais ce n'était pas la tâche du défenseur de la tradition et de l'unité catholique de raffiner sur les tourments d'une belle intelligence qui avait quitté la grande voie ; il a laissé ces analyses au scepticisme de notre âge, avec la témérité d'essayer un nouveau portrait de Mélanchthon dans la langue où Bossuet a écrit.

Charles-Quint s'était arrêté au parti le plus inefficace, parce qu'il n'était pas en mesure de prendre le seul qui fût décisif. On avait chargé Jean de Eck, Cochléus et Faber de dresser une réfutation de la Confession d'Augsbourg. Il en courut toutes sortes de bruits ridicules, de sorte qu'avant qu'elle parût elle était déjà ruinée, soit par les réponses sérieuses, soit par les railleries des protestants.

Il y eut, dans l'intervalle, une sorte de suspension d'armes, durant laquelle la ville d'Augsbourg courut voir un géant, « auprès de qui, écrit Brentius, qui était de grande taille, je me suis trouvé un pygmée [1]. » Un autre jour, c'était le lendemain de la Saint-Jacques, l'empereur se donna lui-même en spectacle dans une cérémonie où il conféra les insignes de feudataires à quelques princes, vêtu d'un costume qu'on estimait à deux cent mille florins d'or. Le commun des deux partis s'amusait à ces fêtes ; les chefs, surtout du côté des réformés, murmuraient de cet étalage de la majesté impériale, calculé, soit pour prolonger les débats et les trancher plus commodément par la fatigue universelle, soit pour effrayer les âmes timides par cette pompe menaçante.

Enfin, le 3 août, la réfutation des catholiques fut lue, au nom de l'empereur, par Frédéric, comte palatin. Elle était précédée d'une sorte de prologue où Charles-Quint déclarait que telle était sa profession de foi personnelle, et qu'il y demeurerait fidèle jusqu'à la mort. La lecture en fut longue.

---

[1] *Corp. ref.*, t. II, n° 813.

L'empereur y dormit, comme il avait fait à celle de la Confession d'Augsbourg. Il n'en somma pas moins les princes d'y souscrire ; puis il permit qu'on négociât. Telle avait été sa politique invariable depuis l'ouverture de la diète. D'abord il refusait tout, comme pour éprouver la force de résistance des princes; ensuite il consentait, non sans les faire attendre longtemps, à des concessions insignifiantes, pensant que son premier refus y donnerait plus de prix, et que les princes, ayant d'abord désespéré de tout, s'exagéreraient par la surprise le peu qu'il leur céderait.

C'est ainsi qu'après dix jours de refus il consentit à communiquer aux princes la réfutation écrite, à la condition qu'ils jureraient par serment de ne pas la publier. Il crut les satisfaire par cette faveur inattendue, et qu'il en détruirait l'effet principal en empêchant la publicité de la pièce; mais les princes avaient appris l'art d'opposer des refus qui n'entraînaient pas une rupture à des exigences qui n'y étaient pas préparées : ils refusèrent de lire le document sous la condition qu'il y mettait. On convint enfin d'une controverse définitive entre des arbitres pris dans les deux partis. C'était, depuis la lecture de la Confession, le second avantage des réformés. Ils ne demandaient que la publicité, et des débats, si limités qu'ils fussent.

Sur l'entrefaite, le landgrave de Hesse, qu'impatientaient toutes ces lenteurs, s'échappa d'Augsbourg un soir, avant la fermeture des portes, sous un déguisement, avec une suite de quelques cavaliers. Le lendemain Charles-Quint, qui le croyait encore dans la ville, fit défendre au sénat d'Augsbourg de laisser sortir personne. La garde des remparts fut doublée. Ces précautions prises, il fait venir les princes et les menace. S'ils ne souscrivent pas à la réfutation, ils s'exposent aux derniers périls, eux, leurs familles, leurs États. S'ils y souscrivent, ils ont tout à attendre de sa clémence. Quelques heures après, instruit que le landgrave s'est échappé, il rappelle les princes, s'excuse de cette fermeture des portes, de ces gardes doublées, disant qu'il n'a pris ces mesures qu'à cause d'un tumulte de la veille où un soldat espagnol avait péri. Il les sollicite de rester jusqu'à une décision ; que tous concourent à apaiser les troubles de l'Église : il ne fera violence à personne. Sur ces assurances, les princes, dont quelques-uns songeaient à faire comme le landgrave, consentent à demeurer, et le débat par arbitres est engagé.

Ces arbitres, ou plutôt ces champions, étaient au nombre de quatorze, dont sept catholiques et sept réformés. Les premiers avaient pour chef le docteur Eck, qui, depuis la dispute de Leipsick, avait acquis assez de vrai savoir pour n'être pas un adversaire indigne de Mélanchthon, lequel était le chef des seconds. Seuls ils avaient le droit de prendre la parole. Dans une première séance, qui dura depuis midi jusqu'au soir, ils convinrent de dix articles de la Confession. La discussion avait été douce et amicale. S'il arrivait que l'un des champions s'échauffât, les princes intervenaient des deux côtés pour les rappeler à la modération. Tout l'auditoire était de bonne foi, et il semblait qu'on fût d'accord, les catholiques pour prouver que ce n'était point par insuffisance qu'ils s'étaient opposés d'abord à une discussion publique, les réformés pour faire regretter à l'empereur de leur avoir si longtemps refusé un moyen de défense dont ils usaient si modérément.

Dans une première conférence, la dispute est toujours mesurée, chacun voulant mettre de son côté l'avantage si considérable de la modération. Ajoutez que les préliminaires du débat n'intéressaient que les croyances acceptées de tous. Il s'agissait de la vérité de la religion chrétienne, du péché originel, et d'autres articles de foi générale, où un accord, même sincère, entre les deux partis, n'eût rien ôté à l'un ni rien donné à l'autre. Mais sitôt que le débat porta sur la forme même de l'église, sur la messe, le mariage des prêtres, la communion sous les deux espèces et la juridiction cléricale, les conférences furent rompues. On trouva que c'était trop de quatorze commissaires, et on les réduisit à six. Le docteur Eck et Mélanchthon furent conservés.

Ce fut pour ce dernier le moment le plus rude. Tout le monde était las. L'essai d'un accord par la libre discussion n'avait pas réussi, et cette réduction des commissaires de quatorze à six était de la faute des deux partis. D'ailleurs le temps pressait : Charles-Quint avait passé plus de deux mois à Augsbourg ; l'orgueil du vainqueur de Pavie souffrait de n'avoir pu ni accorder ni faire taire une poignée de théologiens. On ne manquait pas, à sa cour, d'aigrir cette disposition et de comparer la rapidité de ses campagnes contre le roi de France avec l'inefficacité de son arbitrage entre quelques beaux esprits. Les princes pressaient leurs mandataires de s'entendre sur les mots, bien qu'ils fussent eux-mêmes pleins d'arrière-pensées sur les choses. Mélanchthon et le docteur Eck multipliaient les ultimatum. Mais plus les concessions étaient précipitées, moins elles étaient sincères, l'impatience relâchant les convictions, ou dérobant dans le moment les conséquences de ce qu'on accordait. Des deux négociateurs sur lesquels roulait toute l'affaire, Mélanchthon, comme le plus pacifique et le plus droit, allait le plus loin dans les concessions, outre qu'à force de débattre sur le papier les articles en litige, soit pour les éclaircir, soit pour les atténuer, il se refroidissait pour tout ce qui n'y était que de pure théologie, et, au contraire, s'échauffait pour les idées de paix, d'ordre, de discipline, qui sont d'un intérêt si pressant pour l'espèce humaine.

Ses concessions, quoique trop grandes, puisqu'elles devaient être sans résultat, l'étaient pourtant moins que ne l'imaginait l'inquiétude ou la jalousie de ses coreligionnaires. Il n'était bruit à Augsbourg et dans toute cette partie de l'Allemagne que de la complaisance et, selon les plus exagérés, de la trahison de Mélanchthon. Ces derniers qualifiaient ses négociations de conseils *achitophéliques;* les plus modérés, de conseils *érasmiques.* S'il eût été acheté par le pape, disait-on, il n'eût pas fait plus pour le maintien de sa domination ; il s'opiniâtrait à céder malgré tout le monde, et savait bien avoir contre ses amis la fermeté de caractère et d'opinion qu'on lui reprochait de n'avoir pas contre l'ennemi commun. On lui écrivait de toutes parts; on demandait à ses collègues, à Spalatin, à Agricola, des explications sur sa conduite. L'inquiétude avait gagné jusqu'à son ami Camérarius, lequel était si ébranlé, qu'avant de s'en ouvrir à lui il s'enquit près d'un ami commun de ce qu'il en devait penser. Les plus ardents, sans attendre ses explications, et avant même de connaître les articles proposés par lui, lui adressaient des protestations « très-inciviles, dit Brentius, et hors des termes de la charité. »

Les députés de Nuremberg, qui avaient loué, au commencement de la diète, son zèle et ses efforts, se plaignaient de lui avec beaucoup d'amertume. « C'est vraiment une grâce particulière de Dieu, écrit Jérôme Baumgarten, un d'entre eux, que la Confession soit rédigée et publiée : autrement, il y a longtemps que nos théologiens (les commissaires protestants) en auraient fait une autre. Philippe est plus enfant qu'un enfant... Les autres théologiens saxons n'osent parler contre lui ; il a levé la tête jusqu'à dire dernièrement au chevalier de Lunebourg que ceux qui le blâmaient mentaient comme des scélérats... Et quand on nous appelle, nous autres, et que nous ne goûtons pas la bouillie qu'on nous a cuite, nos théologiens s'emportent et vont partout disant que nous ne voulons pas la paix, et que nous aimons mieux frapper à tort et à travers avec le landgrave. » Dans une autre lettre, il passe toute mesure : « A cette diète, dit-il, personne n'a fait, jusqu'à ce jour, autant de mal à l'Évangile que Philippe. Il est devenu tellement orgueilleux, que non-seulement il ne supporte pas un avis contraire au sien, mais qu'il cherche à intimider tout le monde par de violents reproches et des menaces inconvenantes. C'est à contre-cœur que je l'accuse ainsi, à cause de la grande estime que tout le monde lui a portée jusqu'alors, et qui m'a fait moi-même lui céder, en bien des occasions, contre ma conscience[1]. »

Quoique ce portrait de Mélanchthon ne puisse prévaloir contre la réputation de douceur qu'il avait de son temps, et à laquelle aucun historien n'a contredit, il est vraisemblable que, sur la fin de la diète, épuisé par tant de vicissitudes, il dut s'irriter et s'endurcir. Comme tous les hommes chez qui la fermeté vient de l'intelligence plutôt que du caractère, et semble moins une habitude qu'un devoir, Mélanchthon put laisser voir de l'impatience, et blesser d'autant plus par son obstination qu'on en attendait moins de lui. Peut-être aussi laissa-t-il voir qu'il n'ignorait pas quel poids lui donnaient ses lumières et sa facilité de travail si nécessaire dans des négociations précipitées. S'il était suspect à tous, tous avaient besoin de lui. Les catholiques le recherchaient directement ou par des intermédiaires. Cochléus, théologien considérable dans ce parti, lui demandait des entrevues, soit à son auberge, soit dans une église, et en revenait radouci, dit Brentius, jusqu'à supporter la vue d'un prêtre marié. Les chefs des sacramentaires de Strasbourg, Bucer et Capiton, offraient de se donner à lui, moitié pour lui, moitié rejetés vers les églises saxonnes par la peur de paraître complices des extravagances de Zwingle. Le landgrave lui-même ne refusait pas sa médiation. Enfin, Luther, tout en s'agitant

---

[1] Lettres des 13 et 15 septembre. — *Corp. ref.* t. II. — *Correspondance*

à Cobourg contre ce qu'il appelait la molle délicatesse de Mélanchthon, n'en cédait pas moins à son ascendant. C'est d'accord avec Luther qu'il avait proposé de rendre aux évêques la juridiction ecclésiastique. Or, de toutes les concessions reprochées à Mélanchthon, celle-là était de beaucoup la plus importante, car elle restituait aux évêques un pouvoir par lequel ils avaient la chance de regagner tout le reste.

Si la nécessité était la justice, et qu'il n'y eût de bien entrepris que ce qui réussit, il faudrait blâmer Mélanchthon de s'être opiniâtré à cette chimère d'une transaction, au risque d'altérer ce caractère de douceur et de modestie qui le rendait si admirable. Il crut la paix possible, parce que la guerre ne l'était pas encore. C'était un politique médiocre, et il avait coutume de dire qu'il n'aimait pas les cours, parce que les princes poursuivent toujours plusieurs desseins à la fois. Il était bien plus propre à démêler les pensées que les volontés, et le temps qu'il employait à éclaircir les principes était perdu pour l'observation des passions et des intrigues. Il eut la douleur d'être désavoué jusque dans les négociations concertées en commun, et de voir ses actes ou démentis par ceux qui y concouraient, ou décrédités par des arrière-pensées dont on pouvait le croire complice. Ajoutez à cela les haines des impatients, les seuls qui, avec lui, fussent de bonne foi dans cette question de la juridiction des évêques; ils ne supportaient pas qu'on fît un si grand sacrifice à la peur d'un danger qu'ils n'apercevaient point. Ils en voulaient moins d'ailleurs à Luther qu'à Mélanchthon. Outre plus de respect pour le chef véritable de la doctrine, ou bien ils le supposaient égaré par les artifices et l'insinuation de Mélanchthon, ou bien ils ne le croyaient pas sincère, et lui tenaient cette fausseté à vertu. Pour Mélanchthon, ce fut peut-être heureux qu'il échouât dans une entreprise impossible; car l'insuccès put faire penser à ses accusateurs, ou que ses concessions étaient moins grandes qu'ils ne l'avaient imaginé, puisqu'elles ne satisfaisaient point les catholiques, ou qu'il n'y avait pas mis plus de sincérité que Luther et les autres politiques.

Avant de le plaindre ou de le blâmer, cherchons s'il y eut un plus beau rôle que le sien à la diète d'Augsbourg : j'entends en mettant à part la gloire du génie, que nul ne pouvait disputer à Luther, et qui a des priviléges qui étonnent la conscience des hommes simples. Lequel valait mieux, ou d'être impraticable comme Zwingle, qui voulait recommencer la guerre des anabaptistes; ou de céder, comme Luther, dans les actes publics, sauf à décrier dans le privé les concessions faites en commun, et de couvrir par l'orgueil et l'audace les plus choquantes contradictions; ou de raffiner, comme Bucer, entre les zwingliens et les luthériens, pour donner à l'église de Strasbourg quelque caractère qui la distinguât et qui en relevât le chef, ou enfin, de travailler, comme Mélanchthon, — au risque de la maladie qui tue le corps et de la calomnie qui tue l'âme, jour et nuit, par la plume, par la parole, en public et dans le privé, — à établir par voie de concessions réciproques une réforme qui ne fît disparaître que les scandales, et qui sauvât la paix, l'ordre et les lettres, d'une nouvelle guerre de paysans?

Pour moi qui n'aime pas moins la modération depuis le temps où j'en ai étudié un si beau modèle dans la vie d'Érasme, puisqu'il fallait que tout le monde faillît, je préférerais la conduite de Mélanchthon avec toutes ses fautes. Aussi bien sa modération fut plus magnanime que celle d'Érasme. Tandis que celui-ci lui écrivait que « loin de se mêler des affaires d'Augsbourg, il songe à s'éloigner de l'Allemagne, » Mélanchthon, selon le mot de Luther, se consumait à maintenir cette paix qu'Érasme se contentait de préférer à tout. La modération d'Érasme, surtout vers la fin de sa vie, put ressembler à une retraite au moment du danger. Celle de Mélanchthon fut active et courageuse ; elle provoqua les inimitiés et y tint tête. En courant les mêmes périls que ceux qui tenaient pour les partis violents, il avait sur eux le mérite de n'être soutenu par aucune des grandes passions qui dérobent le danger, et de risquer pour l'intérêt général autant que chacun d'eux pour sa cause particulière. Or, s'il est vrai que dans ces grands événements, si manifestement marqués du doigt de Dieu, tout concourt et tout sert au résultat, ceux qui précipitent les choses comme ceux qui y font obstacle, ceux qui doutent comme ceux qui affirment, personne d'ailleurs n'ayant la gloire de ne pas faire de fautes, le plus beau rôle est à celui qui a le plus souffert pour rester le plus modéré.

Mélanchthon laissa d'ailleurs la marque de son rare esprit dans la Confession d'Augsbourg, adoptée comme le formulaire de la nouvelle doctrine, et dont la rédaction était son ouvrage. Le monde n'avait pas encore vu les questions de théologie exposées avec tant de méthode et de clarté, ni des interprétations si ardues appropriées si bien à l'intelligence du plus grand nombre. Tout le parti finit par y souscrire. Ceux qui avaient fait des réserves dans la pensée qu'elle serait acceptée de l'empereur, la voyant rejetée à la fin tout entière, et toutes choses renvoyées à un concile, s'adoucirent sur leurs différends, et se rallièrent à une déclaration dont tous les points étaient également contestés. Et ce fut en quelque sorte du consentement de tous que Mélanchthon, après tant de travail pour la faire reconnaître des catholiques, se chargea d'en écrire l'apologie en réponse à la réfutation que l'empereur en avait fait dresser. « Je me tiens enfermé chez moi, écrit-il à Camérarius, à cause des calomnies, et j'écris l'apologie avec soin et véhémence, pour la produire au besoin [1]. »

[1] *Corp. ref.*, t. II, n° 908.

L'empereur, quoique porté à une rupture, par lassitude autant que par l'entraînement de ses conseillers et l'instigation de quelques cours, hésitait encore. On était à la fin de septembre. L'électeur de Saxe ayant fait partir ses bagages et sa bouche, l'empereur lui demanda un délai de trois jours. Ce délai n'amena aucun résultat. L'électeur, après avoir donné ce dernier gage de bonne volonté, retourna dans ses États. Tous les princes et députés des villes en firent autant, et la diète fut close. Tout le monde emportait en se retirant l'espoir ou la crainte d'une guerre prochaine.

VIII

Les ligues d'Augsbourg et de Smalcalde. — Politique de Charles-Quint. — Mélanchthon reprend ses travaux littéraires. — Mauvais vouloir pour les études. — L'Académie de Wittemberg est transférée à Iéna. — Soucis que donne ce déplacement à Mélanchthon. — Ses dégoûts. — Il est tenté de quitter la Saxe. — François 1er le mande à Paris.

L'effet de la diète d'Augsbourg fut de fortifier deux ligues qui, d'ailleurs, existaient déjà, mais plus en projet qu'en action : la ligue d'Augsbourg, formée par les catholiques, et la ligue de Smalcalde, formée par les protestants. La première commença les hostilités en élisant roi des Romains, sans le concours des princes réformés, Ferdinand, frère de Charles-Quint. La ligue de Smalcalde protesta contre cette élection. Dès lors les préparatifs de guerre se firent ouvertement. L'électeur de Saxe consulta ses théologiens sur la légitimité d'une guerre pour la défense de la religion. Luther. quoique préférant la paix, se laissait entraîner aux idées de guerre, et, comme en toutes ses actions principales, là où l'esprit l'avait fait hésiter, la chair le décidait. Pour Mélanchthon, il ne voulut d'abord la guerre à aucun prix ; mais, soit contagion, tout le monde s'y préparant autour de lui, soit qu'il crût que les préparatifs mêmes l'empêcheraient d'éclater, il finit par déclarer qu'il n'en désapprouvait pas la pensée, et qu'il fallait se tenir prêt à se faire respecter.

Je ne m'étonnerais pas que l'esprit de guerre ne l'eût gagné lui-même. Tant de fatigues de corps et d'esprit pour concilier les deux partis à Augsbourg, sa considération inutilement sacrifiée à la paix, la perte ou le refroidissement de ses amitiés, les attaques qui l'attendaient, pour avoir livré des points que les adversaires n'avaient même pas daigné prendre, tant d'efforts perdus et de dangers amassés pour l'avenir, avaient dû le disposer à l'idée d'une lutte ouverte. « Puisque les catholiques, écrit-il à Brentius, n'ont pas voulu de moi pour pacificateur, et qu'ils aiment mieux m'avoir pour ennemi, je ferai ce qu'exige la circonstance, et je défendrai notre cause fidèlement[1]. »

Les théologiens de Charles-Quint ne lui conseillaient pas la guerre. Il suffisait, dans leur opinion, que l'empereur fît exécuter les décrets. « Il ne faut pas faire la guerre, criait Cochléus, il faut sévir par les lois et les jugements. S'ils n'entendent pas les paroles, eh bien ! qu'ils entendent le bruit des chaînes et des fouets, qu'ils goûtent des horreurs de la prison jusqu'à ce qu'ils reviennent à la vérité[2]. » Si Charles-Quint n'écouta pas ses théologiens, c'est que faire exécuter les décrets, c'était déclarer la guerre. Il se décida par la politique, comme il avait fait jusqu'alors. La Suisse était en feu, les Turcs menaçaient d'envahir la Hongrie ; valait-il mieux faire la guerre aux Turcs, avec l'Allemagne protestante et catholique, réunies sous le drapeau commun

---

[1] *Corp. ref.*, t. II.
[2] *Philippiques* de Cochléus, IV, 72.

de l'empire, que la faire en même temps aux Turcs et à l'Allemagne protestante? Charles-Quint se décida pour le premier parti. Il acheta, par la trêve de Nuremberg (1532) et par le retrait des édits de Worms et d'Augsbourg, les secours des protestants, et le seul bruit de l'union de l'Allemagne et de l'empereur dissipa les projets des Turcs. Dans le même temps, la guerre avait cessé en Suisse, par la mort de Zwingle, frappé sur le champ de bataille, et l'Église suisse se dissolvait pour être recueillie plus tard et réorganisée par Calvin.

Cette année-là, mourut l'électeur de Saxe, Jean, prince pacifique, qui avait inspiré ou soutenu la plupart des démarches de Mélanchthon à la diète d'Augsbourg. Cette mort et les incertitudes d'un nouveau règne ne changèrent pas les résolutions de Charles-Quint. Il avait promis, dans le traité de Nuremberg, d'obtenir du pape la convocation d'un concile, et il s'y employait avec activité. Le pape Clément n'accorda qu'à demi ce qu'il ne pouvait pas refuser; des légats furent envoyés en Allemagne, en apparence pour témoigner de sa bonne volonté, en réalité pour tâter les protestants sur les conditions qu'il songeait à mettre au concile. Ces conditions étaient que l'assemblée serait présidée par lui, et que les protestants s'engageraient d'avance à se soumettre au jugement rendu. Tous les théologiens saxons, à l'exception de Mélanchthon, déclarèrent qu'il ne devait être souscrit ni à l'une ni à l'autre des deux conditions. Mélanchthon se réunissait à eux pour repousser la seconde, qui n'était qu'un piège grossier; mais il insistait pour qu'on acceptât la première, et il ne parut pas voir que le pape ne voulait la présidence du tribunal que pour se rendre maître du jugement.

Au reste, le concile n'eut pas lieu, le pape n'en voulant pas sans les conditions proposées, et l'empereur n'étant pas d'humeur ni peut-être en mesure de l'obtenir de force. Cependant la promesse n'en fut pas retirée par le pape, et les démarches ne cessèrent pas du côté de l'empereur. Cet état de choses dura jusqu'à la mort de Clément, arrivée en 1534, au milieu de ruses et d'efforts incroyables pour éluder le concile.

Il y eut quelque intervalle où Mélanchthon reprit ses travaux littéraires, mais avec des interruptions continuelles et toutes sortes de dégoûts. Les affaires religieuses détournaient tout le monde de l'étude des lettres. On montrait si peu d'empressement pour les cours de l'Académie, quelle que fût la nouveauté des matières, presque toutes inconnues, que le professeur le plus populaire de l'Allemagne était souvent réduit, faute d'auditeurs, à changer d'un mois à l'autre le programme de ses leçons.

« J'avais espéré, dit-il dans un avertissement affiché aux portes de l'Académie, que les charmes de la seconde olynthienne inviteraient un grand nombre d'auditeurs à connaître Démosthènes ; car que peut-on imaginer de plus doux et de plus solide que cette harangue ? Mais, je le vois, la jeunesse est sourde à de tels auteurs. J'ai pu à peine retenir dans la salle quelques auditeurs, qui, par égard pour moi, n'ont pas voulu m'abandonner, ce dont je leur rends grâce. Je n'en continuerai pas moins à faire mon devoir, malgré les gens, dira-t-on dans les dîners, et demain j'expliquerai la quatrième philippique de Démosthènes [1]. »

Quoique la quatrième philippique de Démosthènes ne soit guère moins charmante, selon son expression, que la seconde olynthienne, un mois après, la même solitude le força de prétexter la publication prochaine d'une traduction des *Philippiques* pour en suspendre l'explication. Il y substitua des leçons sur Aristote, dont il vanta aussi les charmes dans l'affiche de son cours, probablement avec un peu plus de succès, à cause du nom d'Aristote, si po-

[1] *Corp. ref.*, t. II, n° 1109.

pulaire encore, quoique vaincu enfin avec la scolastique.

Il lui fallait user des mêmes insinuations pour faire venir des auditeurs aux leçons sur les poëtes, dont il entremêlait l'explication des orateurs et des philosophes. Voici comment il tâche de les allécher pour Homère : « J'ai résolu, dit-il, avec la grâce de Dieu, d'expliquer quelques chants d'Homère. J'y consacrerai la sixième heure du soir, les mercredis, et, selon ma coutume, gratuitement. Ce qu'on a dit d'Homère, qu'il a mendié pendant sa vie, n'est pas moins vrai d'Homère mort; il erre çà et là, cet excellent poëte, demandant qui veut l'entendre. Il ne peut pas promettre d'argent; mais il promet la science des grandes et des belles choses. Il ne s'adresse pas à ceux qui étudient les arts lucratifs, et qui font consister la sagesse à mépriser tout savoir honorable. Que si, par accident, Homère, comme il est aveugle, vient à se heurter contre quelqu'un de ces sages, il prie qu'on le renvoie poliment, comme Platon le renvoie de sa république [1].... »

La dispersion de l'académie de Wittemberg, que, sur une fausse appréhension de la peste, l'électeur avait transférée à Iéna, vint ajouter à ses devoirs et à ses sollicitudes. Il avait été chargé de pourvoir à ce que ce déplacement se fît au moindre dommage possible pour les études. Il fallut d'abord prendre des mesures pour que la nouvelle de cette émigration ne causât pas de troubles. Un grand nombre d'étudiants parcouraient armés les rues de Wittemberg : il fallut les calmer et leur ôter leurs armes. A Iéna, les difficultés augmentèrent. La ville avait mis un monastère à la disposition des étudiants; mais ce monastère était sans meubles, et ne pouvait contenir tout le monde. La plupart erraient dans la ville, sans domicile, sans livres, et comme dans un camp. Les plus riches faisaient venir des lits de chez eux; mais, en

---

[1] *Corp. ref.*, t. II, n° 1024.

attendant, ils couchaient par terre, ainsi que les parents venus pour les suivre dans leurs études. Cependant l'ordre ne fut pas troublé, et les cours purent recommencer après quelques jours. Le sénat d'Iéna, qui avait eu peur des étudiants, sur leur réputation un peu suspecte, rassuré et adouci par ces dispositions pacifiques, avait fini par les traiter en hôtes, jusqu'à faire venir pour eux de la bière qui leur était vendue meilleur marché qu'ailleurs.

Mélanchthon, au mois d'août 1535, était dégoûté de la Saxe, et se laissait tenter de divers côtés d'en sortir. Il écrit à Camérarius en grec, comme dans tous les cas graves, qu'il lui faudra quitter un jour ce pays qui lui est peu propice. Le duc de Wurtemberg, Ulrich, l'appelait dans ses États. Dans le même temps, on lui écrivait de Pologne dans les termes les plus pressants. Enfin François Ier l'invitait de sa main à se rendre en France pour s'y employer au rétablissement de la paix religieuse.

Mélanchthon était fort célèbre à Paris. Les théologiens de la Sorbonne le connaissaient par un écrit qu'il avait composé à la prière de Guillaume du Bellay, frère de Jean, évêque de cette ville, sur les principaux articles de la nouvelle doctrine. Dans cet écrit, qui devait servir de texte à des délibérations entre hommes de savoir, il n'avait rien outré. Il n'y demandait ni le changement de la juridiction ecclésiastique, ni l'abolition de la suprématie romaine. Il se montrait coulant sur la question des deux espèces. C'est la réforme dans les limites où l'auraient acceptée, où l'acceptaient dans toute la chrétienté tous les esprits éclairés et de bonne foi. Le rêve de Mélanchthon était celui de tous les hommes pour qui les questions religieuses n'étaient ni un prétexte politique ni un champ clos oratoire.

C'est à la suite des premières persécutions, et sur l'avis de Jean du Bellay, évêque de Paris, et de Guillaume son frère, que François Ier eut l'idée d'appeler Mélanchthon. Il lui en fit faire les premières ouvertures par Barnabé de Voray, un des disciples secrets de Mélanchthon. Celui-ci objecta la difficulté d'obtenir une permission de l'électeur et l'inutilité d'un voyage dans un but d'arrangement. Qu'y gagnerait la France? Qu'y gagnerait la religion? « Si j'obtiens, disait-il, qu'on ne brûle pas ceux qui ont quitté le froc, faudra-t-il laisser mettre à mort ceux qui n'approuvent ni les liturgies ni le culte des saints? Mais alors on ne manquera pas de dire que je suis exigeant sur les petites choses et trop coulant sur les grandes. Si j'accorde trop, par la considération du temps, du pape, des personnes, ce sera un préjugé contre moi dans le concile. Qui sait même si le roi de France ne se croira pas quitte avec les nouvelles doctrines, au moyen de quelques conférences où il m'aura appelé, et s'il ne se refroidira pas sur l'idée même d'un concile? »

De nouvelles instances de Guillaume du Bellay le décidèrent, et, avant même d'en avoir écrit à l'électeur de Saxe, il avait pris l'engagement de partir. François Ier ne fit pas attendre le sauf-conduit qu'il demandait, et lui écrivit de sa main, le priant de se hâter, et lui promettant toute sa protection.

Mélanchthon demanda le consentement de l'électeur. Il avoua au prince qu'il s'était engagé à faire ce voyage, sauf toutefois son agrément. « Si je manquais à ma promesse, écrivait-il, il semblerait que j'eusse peur ou que je voulusse offenser le roi. Je partirai donc si votre grâce m'en donne la permission. Il est bon que les nations étrangères commencent à nous connaître, et nous distinguent des anabaptistes, avec lesquels on affecte de nous confondre. S'il m'est interdit d'aller à Paris, je crains que les partisans de la modération, et le frère de l'évêque de Paris en particulier, ne soient compromis [1]. »

[1] *Voir* aux pièces justificatives de la *Vie de Mélanchthon*, par Camérarius, édition de Théod. Strobelius.

L'électeur lui répondit par un refus, refus très-dur, selon Mélanchthon, plein de ménagements, s'il faut en croire l'électeur, écrivant à son conseiller Bruck. On lui opposait les conférences qui devaient avoir lieu au sujet de la Hongrie et de la Bohême, et où le prince pourrait avoir besoin de Mélanchthon. En outre, François Ier faisant ouvertement des préparatifs de guerre contre l'empereur, le consentement de l'électeur au départ de Mélanchthon n'eût-il point paru une ouverture au roi de France? C'étaient là les prétextes du refus. Les vraies raisons, l'électeur les donne à son conseiller dans un *post-scriptum* de la même lettre. « Il est à craindre, dit ce prince, que Mélanchthon ne fasse des concessions qui le brouillent avec Luther; que les Français, peu soucieux de se convertir, ne cherchent à se jouer de lui; que son influence ne soit nulle, même sur les mécontents du pays, lesquels sont plutôt érasmiens qu'évangéliques; qu'enfin on ne veuille se servir de Mélanchthon pour lui faire approuver le second mariage du roi anglais [1]. » On ne voulait pas qu'il allât en France achever de s'adoucir jusqu'à la connivence. Luther intervint sans succès : il approuvait l'idée de ce voyage, soit qu'il y vît un moyen de faire cesser au moins pour un temps le malaise qui le séparait de Mélanchthon, soit qu'il pensât que le moindre point gagné en France par la réforme vaudrait bien les concessions dont Mélanchthon l'eût acheté.

Barnabé de Voray, revenu sans Mélanchthon, trouva le roi tout entier à ses préparatifs de guerre contre Charles V. François ne s'occupa plus de cette affaire, et la persécution continua.

A la suite de cette négociation, Mélanchthon alla à Tubingue, moitié pour rétablir sa santé, moitié pour échapper à des disputes pour lesquelles il prenait, d'ailleurs, si peu la

---

[1] *Corp. ref.*, t. III. Il s'agit du second mariage d'Henri VIII.

peine de dissimuler son peu de goût, que Camérarius se crut obligé de lui recommander plus de précautions dans sa correspondance. On donna des motifs plus particuliers de ce voyage. On disait qu'il s'éloignait pour ne pas revenir ; on colportait des lettres où il était parlé d'un nouveau dissentiment entre lui et Luther. Ces bruits étaient fondés, mais la crainte des uns et l'espérance des autres les exagéraient.

IX

Mélanchthon chef de l'école modérée ou érasmique. — Le professeur Cruciger. — — Doctrine de la justification par la foi et par les œuvres. — Artifices honnêtes de Mélanchthon pour concilier la foi et les œuvres. — Querelle avec Cordatus. — L'Électeur et ses théologiens à Smalcalde. — Maladie de Luther. — Mélanchthon est chargé de préparer une déclaration de foi sur le pape. — Querelle avec Jacques Schenk.

Parmi les professeurs de l'académie de Wittemberg, qui penchaient le plus ouvertement pour les doctrines de Mélanchthon, était Creutziger, ou Cruciger, selon l'usage universel de latiniser les noms. Quoique fort attaché à Luther, il était de cette école modérée que Luther qualifiait d'érasmique et qui avait pour chef Mélanchthon. Il enseignait alors la théologie. Ayant à faire des leçons sur la justification, une des plus grandes nouveautés de la doctrine de Luther, il avait adopté l'interprétation de Mélanchthon, laquelle consistait à faire aux bonnes œuvres une plus forte part que ne voulait Luther.

Je n'ai ni le talent qu'il faut pour exposer des questions si ardues, ni le goût, presque plus nécessaire que le talent, et qui seul peut ouvrir l'esprit et le soutenir dans l'étude de ces mystères de la théologie chrétienne. Cependant j'ai dû faire des efforts pour comprendre, au moins dans les généralités, un des points de la nouvelle doctrine qui donna le plus de trouble à Mélanchthon, et lui attira le plus de tracasseries.

Après la question de l'autorité, que les catholiques plaçaient à la fois dans les livres saints et dans les traditions des conciles et de l'Église romaine, et les protestants exclusivement dans les livres saints, la question de la justification était la plus considérable que la réforme eût soulevée. Être justifié, c'est-à-dire quitter l'état injuste pour l'état juste; d'impie, de païen, devenir enfant de Dieu; d'exclus de ses divines promesses, y être à jamais participant : quel plus grand intérêt, et où était-il de plus grande conséquence d'assurer les esprits, puisqu'il s'agissait pour eux de la vie ou de la mort éternelle? Or, dans la doctrine catholique, on est justifié par la foi et par les bonnes œuvres tout ensemble. La foi, c'est la croyance naïve à la loi chrétienne, et l'habitude de s'y conformer simplement, sans ardeur particulière comme sans doute. Luther changea tout cela. Saint Paul avait dit : « Nous sommes justifiés par la seule foi. » Luther ajouta : « Par la seule foi, sans les œuvres. » Dans la doctrine catholique, la foi était implicitement dans les œuvres; dans la doctrine luthérienne, elle en était séparée, elle était tout. Il est vrai qu'à cette foi paisible et de tradition que demande la doctrine catholique, la doctrine luthérienne substituait une foi spéciale, absolue, véhémente, marquée du caractère de son auteur, et réclamant de Dieu la justification à titre de promesse. Cela consistait à dire dans la pratique, de toutes les forces de son être : « Je crois que mes péchés me seront remis par les seuls mérites de Jésus-Christ, médiateur et propitiateur. »

C'est ce qu'on appela la justice imputative. Dans le commencement, on fut si épris de cette justice, qu'on ne s'occupa point des œuvres. On les proscrivit dans ce qui n'en avait été que l'abus, à savoir, dans les pratiques extérieures et superstitieuses, au moyen desquelles les catholiques croyaient acheter la justification, telles que les jeûnes et les pèlerinages, comme aussi dans l'excès des vœux de religion, dans ces fuites au fond des monastères ou des solitudes, pour échapper aux mauvaises œuvres par l'inaction.

« Quelles sont les bonnes œuvres qui ne laissent pas du doute? disait Luther. Y en a-t-il d'assez évidentes, d'assez claires, d'assez distinctes de ces actions intéressées que notre amour-propre regarde comme bonnes, pour que nous soyons assurés qu'elles nous justifient? » Et il citait l'exemple du pharisien de l'Évangile, qui se croit juste parce qu'il a satisfait à la loi. A ce doute où nous laissent même nos bonnes actions il opposait la certitude que nous donne la foi en ce dogme que nos péchés nous sont remis par la médiation de Jésus-Christ.

Il fallait tout le premier enivrement de cette foi spéciale pour dérober à Luther et à ses disciples la nécessité du concours de la foi et des œuvres dans la justification; mais cette difficulté qu'ils n'avaient pas vue d'abord ne tarda pas à se montrer dans toute sa force. D'abord, leurs adversaires ne manquèrent pas de la leur opposer, et de comparer ce prétendu doute où nous laissent nos bonnes œuvres, au doute, bien autrement grave, qui vient nous inquiéter au sein même de la foi, et que Luther ignorait moins que personne. Ensuite, bon nombre de partisans de la justice imputée, et Mélanchthon en particulier, par leurs efforts mêmes pour établir ce point, étaient entraînés malgré eux vers la doctrine des bonnes œuvres, d'autant plus nécessaire que la foi est plus languissante. Mélanchthon avait eu à traiter cette question à plusieurs reprises, et pour tous les degrés de lecteurs, depuis les enfants, pour lesquels il avait fait des catéchismes de la nouvelle doctrine, jusqu'aux théologiens les plus raffinés. Il s'était donné des peines incroyables pour retenir les bonnes œuvres dont son esprit pratique sentait toute la nécessité, et toutefois ne pas abandonner la justice imputative, aux charmes de laquelle, pour parler comme Bossuet, il ne put jamais renoncer.

Il y avait un égal péril à trop donner, soit à la foi, soit aux œuvres. Trop donner à la foi, c'était autoriser les anabaptistes qui disaient après Luther : La foi sans les œuvres! et qui, la main dans le sang, se croyaient absous en criant du fond de la poitrine : Je crois que mes péchés me sont remis par Jésus médiateur. Trop donner aux œuvres, c'était rouvrir la porte à ces abus de recherche de perfection chrétienne qui avaient rempli les déserts et plus tard les couvents, et égaré la conscience des peuples sur la nature des bonnes œuvres confondues avec les pratiques superstitieuses. En outre, Mélanchthon avait peur d'encourager certains esprits, à demi païens, qui prétendaient qu'il n'y a d'autre justice que celle des œuvres, et qu'à cet égard les Éthiques d'Aristote en apprennent autant que l'Évangile. Il s'imprimait, en effet, des livres où l'on comparait les paroles du Christ avec celles de Socrate et de Zénon, et qui le disaient venu dans le monde, moins pour nous obtenir la justification par ses propres mérites que pour nous apprendre par quelles actions et par quel accroissement de notre dignité personnelle nous pouvons y arriver.

Il est intéressant de lire de quels artifices honnêtes Mélanchthon s'est servi, dans ses nombreux écrits sur cette matière, pour demeurer dans la justice imputative, loin des excès des anabaptistes, et pour faire la part des œuvres, sans pencher vers les catholiques outrés ni vers les demi-païens. Luther n'avait pas pris tant de peine ; une fois le dogme de la justification par la foi proclamé, il ne s'était pas soucié de le concilier avec les œuvres, et s'était reposé dans la joie de son invention. Pressé par les événements, il avait, selon le besoin de sa politique ou de son orgueil, tantôt abondé dans son premier sens, tantôt fait à la doctrine des œuvres des concessions inattendues, peu calculées, et comme avec la pensée de les retirer dans l'occasion. Pour Mélanchthon, qui, dès le commencement, avait voulu faire des dogmes du maître des règles pour sa propre conduite, ce partage impossible l'avait toujours agité. Il sentait la nécessité de ne pas séparer la foi des œuvres; mais, voulant, à l'exemple de Luther, une part absolue pour la foi, et seulement une part relative pour les œuvres, il n'arrivait pas à concilier deux choses inégalement nécessaires, et il prévoyait que, dans la pratique, la moins nécessaire serait bientôt rejetée comme inutile.

Il serait malaisé de déterminer clairement en quoi il différait de Luther. C'était moins une opinion dogmatique que des scrupules enveloppés de ténèbres qu'il ne pouvait ou n'osait dissiper. Mais telle était, dans le parti, l'autorité de sa conscience, que ces scrupules mêmes formaient, sur ce point de doctrine, comme une école nouvelle, quoiqu'il n'y eût véritablement pas de dogme nouveau.

Cruciger, ainsi que je l'ai dit, enseignait à l'Académie de Wittemberg ces scrupules et ces incertitudes de Mélanchthon. Ses leçons, qui avaient été recueillies et publiées, émurent un certain Cordatus, pasteur de Nimeck, qui, s'ennuyant d'un si petit théâtre, voulut se faire voir sur celui de Wittemberg. Il avait été un des élèves de Mélanchthon. C'était un de ces hommes sans lumières, qui ont une sorte de bonne foi sourde et intraitable, et qui se passionnent jusqu'au fanatisme pour le peu qu'ils entrevoient. Quoique jeune et marié, il avait eu des attaques d'apoplexie. Son jugement, naturellement borné, était encore offusqué par le sang; ses idées, obscures et confuses, semblaient des mouvements de colère mal comprimés. Il écrivit d'abord à Cruciger une lettre en manière de défi, à laquelle celui-ci ne fit point de réponse. Une seconde lettre suivit, qui fut rendue publique. Cordatus attaquait les doctrines de Cruciger sur la justification et demandait un débat public. Il voulait, disait-il, défendre la foi de Luther, le docteur des docteurs, contre les interprétations de disciples infidèles.

Jonas, alors recteur de l'Académie, l'invita, dans une lettre sévère, à se contenter d'explications amicales et secrètes. Cordatus insista pour un débat public ; on le lui refusa. Ne pouvant parler du haut de la chaire, il se soulagea par des écrits violents contre Cruciger et Mélanchthon. Il foula aux pieds un des meilleurs ouvrages de ce dernier, les *Lieux communs de théologie*, dont il venait de paraître une édition nouvelle. Des placards étaient affichés aux murs de l'église de Wittemberg, où Cruciger était dénoncé comme papiste et hérétique. Luther blâma ces excès ; mais il ne toucha pas à celui qui les avait provoqués. Sa conduite à l'égard de Cordatus fut la même qu'à l'égard d'Agricola : il n'approuva ni ne désavoua rien. Son orgueil était flatté que des élèves formés par Mélanchthon remontassent à lui comme à la vraie et unique source de la doctrine, et le titre de docteur des docteurs lui cachait le danger de livrer les professeurs à l'élève, et les chefs mêmes de son Église, à la violence d'un obscur sectaire.

Sur ces entrefaites, l'électeur emmena ses théologiens à Smalcalde, où il avait à délibérer avec les autres princes évangéliques sur la proposition du nouveau pape, Paul III, de convoquer un concile à Mantoue. Il y fut décidé qu'on ne se présenterait au concile qu'avec un appareil de preuves qui rendît la contradiction impossible. En conséquence, les théologiens eurent ordre de recueillir tous les passages des Écritures, des Pères, des conciles, des décrets pontificaux, qui pouvaient se rapporter à la Confession d'Augsbourg, demeurée le corps de doctrine du parti. Il manquait d'ailleurs à cette Confession un point important, on n'y avait pas donné d'avis sur la papauté : de peur d'en dire trop, on avait omis cet article. Les théologiens devaient se mettre d'accord pour en arrêter la rédaction.

Dès le commencement des conférences, Luther était tombé malade. Il n'en continua pas moins de prêcher dans l'intervalle des crises : mais, le mal empirant, il fallut l'emporter de Smalcalde. Mélanchthon fut chargé d'appeler un médecin de Wittemberg. « Il a fallu faire tant de hâte, écrit-il à Sturz, docteur en médecine, qu'on n'en a pu confier qu'à moi la commission. » L'aveu est charmant; on l'employait à tout.

Au premier aspect, il semblait facile de rassembler tous les textes à l'appui de la Confession. Mais un choix ne pouvait être fait sans discussion, et la discussion, en rouvrant la carrière aux dissidences, pouvait rompre la ligue. Les politiques, et le landgrave de Hesse en particulier, firent avorter ces débats dès les premières paroles. Mélanchthon se trompe en accusant cette conduite de timidité. C'était habileté et prudence de la part d'un prince beaucoup plus occupé d'émanciper l'Allemagne de l'empire que de mettre sa conscience en paix sur des articles de foi. Toutefois, pour que les théologiens ne restassent pas inactifs, on leur ordonna de préparer une déclaration de foi sur le pape.

Mélanchthon en fut chargé, comme de tout le reste. Il fit un écrit, « plus âpre qu'il n'est dans ses habitudes, » écrit-il à Jonas, « modéré, » selon sa lettre à Camérarius; contradiction qu'expliquent ses alternatives d'animosité passagère contre les catholiques et de sollicitude pour le maintien de la paix. Dans cet écrit, il attaquait l'infaillibilité du pape, et ne reconnaissait les évêques qu'autant qu'ils s'accommoderaient de la nouvelle doctrine. Il demandait que les biens ecclésiastiques fussent employés à l'entretien des ministres de l'Évangile, à fonder des écoles, à nourrir les pauvres, à faire les frais d'une justice particulière chargée de régler les questions si diverses et si délicates que soulevaient les mariages, et dont la décision avait appartenu jusqu'alors aux évêques. Ce dernier point était une des plus grandes affaires des réformateurs. Ils donnaient sur tous les mariages mal contractés, sur les divorces, sur les cas de bigamie, des jugements généralement équitables, mais pleins de périls, comme toute règle qui ne se forme qu'au fur et à mesure des exceptions.

Mélanchthon supportait avec peine le séjour de Smalcalde. Outre la confusion des affaires, et ces ajournements qui blessaient sa sincérité sans alléger ses travaux, il se plaignait de l'incommodité des auberges, où il n'avait pour toute boisson que « des vins sulfureux de France. » Faisant allusion aux établissements métallurgiques qui abondaient dans ce pays, il ajoutait : « Ces forges de Vulcain sont pleines non-seulement de fumée, mais d'illusion[1]. »

L'assemblée se sépara après s'être contentée, en ce qui regardait la doctrine, d'adhérer de nouveau à la Confession d'Augsbourg, avec l'annexe sur le pape et les évêques. Tous les théologiens y souscrivirent, sauf Luther, apparemment trop malade pour signer en connaissance de cause. Quant aux princes, ils décidèrent que la proposition de Paul III serait rejetée, et l'empereur supplié d'obtenir un concile libre, général, dont le siége fût en Allemagne. Ce n'était pas l'opinion de Mélanchthon. Il voulait qu'on acceptât le concile du pape, qui avait, selon lui, le droit de le convoquer, sinon d'y faire l'office de juge, ce qui devait être réservé à des arbitres pris dans les deux partis. Il n'en eut pas moins à rédiger toutes les pièces relatives à ce refus, à en exposer les causes aux adhérents, et à le notifier à l'empereur au nom des princes. Ce ne fut pas sans débats. « Il n'y a pas place auprès des princes, écrit-il à Théodorus, pour notre philosophie. Je leur ai pourtant obéi, cette fois encore, comme aux vents et à la tempête, parce que je ne pouvais m'arracher de là sans scandale. » Dans le trouble où le jetait cet

---

[1] *Non solum fumi, sed fuci,* etc., n° 1528.

étrange rôle, il regrettait de n'être pas à la place de Luther, retenu chez lui par une fièvre mortelle.

A peine de retour à Wittemberg, où il avait accompagné Luther convalescent, il y trouva, outre les restes de la querelle de Cordatus, une nouvelle querelle soulevée par Jacques Schenk, de Fribourg, qui l'accusait auprès de l'électeur de paroles indiscrètes sur l'eucharistie.

Luther se laissait renvoyer les accusations, comme au juge suprême, et accueillait les plaintes. Il lui échappa, cette fois, les mots de peste violente, de médiateurs érasmiques, à propos de Mélanchthon et de Cruciger; et, s'il ne rompit avec eux, il ne voulut pas les entendre, quoique sa femme, qui aimait Mélanchthon, l'en priât avec instance. Il n'arrêta pas les poursuites de Jacques Schenk, et laissa les choses en venir à ce point, que Mélanchthon reçut jour de l'électeur pour s'expliquer sur la dénonciation dont il était l'objet. Il put se croire sérieusement menacé d'une destitution, et dans sa douleur, noblement supportée, il se comparait à Eschine écrivant à un ami qu'il se réjouit d'être délivré de l'administration de la république, comme d'une chienne enragée.

On ne lui avait pas fait savoir sur quoi porterait l'interrogatoire. On en délibérait avec mystère dans des réunions où n'était admis aucun de ses amis. Pour lui, il avait préparé sa défense pour toutes sortes d'attaques, s'étendant sur le grief principal, sur sa modération, qui rendait tout suspect. Il devait expliquer pourquoi il avait exposé certains dogmes dans la langue de tout le monde, coulé sur certains autres; pourquoi, dans les diètes, ses avis avaient été modérés. Il devait dénoncer cette conspiration d'ignorants qui le haïssaient pour sa philosophie, comme il appelle ses études et ses goûts littéraires. Il se réjouissait d'avoir à plaider une si belle cause, aimant mieux un débat public que des soupçons dans les ténèbres,

Cette attitude fit tomber l'affaire. Je trouve, à l'année suivante, 1538, une lettre de Mélanchthon à ce même Jacques Schenk, où celui-ci est qualifié de prédicateur de la cour. C'était sans doute le prix de ses attaques contre Mélanchthon. Dans cette lettre, Mélanchthon s'excuse de ce qu'un livre de Schenk n'est pas encore imprimé. « L'imprimeur attestera, dit-il, qu'ayant reçu le livre avec ordre de l'imprimer, je l'ai porté à Luther, qui ne l'a pas encore lu, quoique je l'en aie pressé. » Il prie Schenk de ne pas mal penser de lui, puisqu'il a fait son devoir, et il ajoute : « Ne crois pas que je me plaise aux haines. »

X

Mélanchthon recteur de l'Académie de Wittemberg. — Divers avis aux étudiants.

Cette année (1538), il fut élu recteur de l'Académie de Wittemberg. Les monuments qui nous restent de son rectorat se réduisent à quelques avis aux étudiants. Ces avis ne sont pas sans intérêt pour l'histoire des mœurs.

J'en trouve un daté du 2 mai, qui prescrit aux étudiants d'assister à la lecture publique des statuts et des règlements de l'Académie, en présence des maîtres et docteurs. L'avis du recteur laisse percer quelques plaintes contre la conduite relâchée des étudiants. Cette lecture des statuts se faisait dans toutes les circonstances de quelque solennité, soit à la reprise des cours, soit lors de l'installation du nouveau recteur, soit à la collation des grades académiques. Comme les règlements étaient mêlés de conseils, l'Académie tenait la main à ce que tous les étudiants en entendissent la lecture. C'était un premier hommage à la discipline.

Un autre avis, daté du 8 juin, invite les étudiants et les maîtres à venir, selon l'usage, déposer sur l'autel les légers dons qui doivent être offerts aux ministres de l'Évangile. C'était une des ressources du clergé nouveau, l'ancien n'ayant pas été dépossédé, et le produit seul des extinctions étant attribué aux ministres de l'Évangile, quand toutefois les princes ne se l'adjugeaient pas pour les besoins de la guerre.

Au mois de juillet, Jean Schurff, jeune étudiant, laborieux et de bonne conduite, s'était noyé dans l'Elbe en s'y baignant. Le recteur invite ses camarades à assister à ses funérailles, et leur fait défense de se baigner dans l'Elbe, « fleuve perfide, dit-il, où l'on voit des spectres qui menacent les nageurs. » Mélanchthon aurait-il songé à faire peur de ces spectres aux étudiants, s'il n'y eût cru quelque peu tout le premier?

Par d'autres avis du même mois et des mois suivants, il réprimande les étudiants pour des espiègleries de collège. Une fois, il est informé qu'ils ont fait des dégâts dans les bois, coupé des branches, étêté des sapins, querellé les gardes; il leur fait défense de recommencer. Une autre fois, il ont troublé la navigation sur les rives du fleuve, et quelques-uns s'y sont baignés, malgré la défense du recteur et ses spectres. Un avis du second semestre d'été les exhorte à être décents dans leur tenue, leurs gestes, leur costume. Un autre leur défend, sous menace de peines, de troubler les ouvriers qui travaillent aux fortifications. « Les écoliers, dit le bon recteur, doivent du respect à ceux qui réparent les murs à l'abri desquels les arts de la paix jouissent de la sécurité. »

Ailleurs il les prie, soit de se joindre au convoi de la fille d'un haut personnage, soit de se rendre au temple pour mêler leurs voix en chœur. « Cette harmonie, dit-il, plaît à Dieu. »

Il n'eut à user qu'une fois du pouvoir disciplinaire, et il s'y prêta si mal, qu'il fit accuser sa douceur de complicité avec le délinquant. Un certain Simon Lemnius, étudiant de l'Académie, avait fait des épigrammes contre l'électeur et les professeurs. Un premier édit du recteur l'appela à comparaître devant lui, pour rendre compte de sa conduite. Lemnius n'y obéit pas. Un second l'ajourna à la semaine suivante, avec menace, s'il ne se présentait pas, d'être jugé et condamné, quoique absent. Lemnius ne s'émut pas plus du second édit que du premier. Enfin, par un troisième édit, le recteur le déclara expulsé de l'Académie. Ses épigrammes n'en furent que plus lues, et il ne manqua pas de courtisans pour se trouver blessés des piqûres faites à l'électeur, et pour calomnier la lenteur de Mélanchthon à instruire et à juger cette affaire.

On n'allait pas jusqu'à l'accuser d'avoir travaillé aux épigrammes de Lemnius, mais d'avoir molli par considération pour son gendre, Sabinus, soupçonné, non sans motif, d'avoir suggéré à Lemnius les principaux traits. On parlait d'une enquête, et les amis de Mélanchthon lui conseillaient de quitter Wittemberg. Il resta, se défendant à sa manière, en opposant la patience à toutes ces inimitiés, dont le fonds était la religion, et qui prenaient occasion des moindres incidents. Pendant qu'on s'agitait pour le perdre, il donnait une édition de la *Germanie* de Tacite.

XI

Mélanchthon tombe malade. — Les diètes. — Politique du pape, de Charles-Quint et des protestants, au sujet du concile de Trente.

Vers le mois de novembre, Mélanchthon, étant dans sa quarante et unième année, se crut près de sa fin et fit son testament. Ses pressentiments ne l'avaient pas trompé. Comme il se rendait à Haguenau, à une assemblée des princes, il tomba malade à Weimar, et faillit mourir. Luther, qui vint lui donner des soins, le trouva plus malade encore d'esprit que de corps. La bigamie du landgrave de Hesse l'avait jeté dans une sorte de désespoir. Il n'avait pu voir sans une douleur infinie la cause de la réforme déshonorée dans la personne du plus considérable et du plus habile de ses défenseurs. Quant à Luther, il en avait pris son parti. Outre sa propre conduite, qui le rendait très-tolérant sur ce point, il lui importait peu que le landgrave fût bigame, pourvu qu'il demeurât ferme dans la foi. Il essaya de relever Mélanchthon, tâchant de lui faire comprendre cette morale particulière des hommes d'action, qui compense les fautes personnelles par le dévouement à la cause commune.

A peine rétabli, Mélanchthon reçut l'ordre de partir pour Smalcalde, où s'était ajournée l'assemblée de Haguenau. De Smalcalde, où les princes ne s'arrêtèrent qu'un moment, l'assemblée fut transférée à Spire, puis de Spire à Worms, pour être prorogée de nouveau à Ratisbonne. « Nous avons vécu dans les synodes, disait Mélanchthon, et nous y mourrons. »

L'empereur et le pape, jusque-là d'accord pour étouffer les protestants, s'étaient peu à peu séparés, selon les intérêts de leur politique. L'empereur avait demandé de bonne foi un concile, et en avait arraché plutôt qu'obtenu la promesse. Le pape, qui s'y était résigné à regret, ne voulait ni retirer ni tenir sa parole. Il eût mieux aimé se servir de l'empereur pour opprimer les protestants et faire trancher l'hérésie par le bras séculier; mais il n'était pas dans les plans de Charles-Quint de se faire l'instrument du pape, le parti protestant prenant plus de force de jour en jour, et rendant de plus en plus chanceux l'emploi de la violence. Quant aux protestants, ils n'avaient pas eu de peine à s'accorder : on est toujours d'accord, même dans le parti le plus divisé, pour demander des choses que tout le monde est également loin d'obtenir.

Au reste, jusqu'à la diète de Ratisbonne, qui s'ouvrit en mars 1541, les protestants désirèrent sincèrement un concile, quoique dans d'autres conditions que celui que proposait le pape. Le pape voulait le convoquer en Italie, et parlait de le présider. Les protestants l'auraient voulu en Allemagne, et que le pape n'y fût juge ni en personne ni par ses représentants. Mais l'idée même d'un concile, c'est-à-dire d'une assemblée solennelle où il leur fût enfin permis d'exposer librement la nouvelle doctrine, était populaire dans ce parti. Ils y tenaient d'autant plus qu'ils y savaient le pape opposé, malgré ses promesses réitérées de le convoquer, et qu'ils le voyaient médiocrement désiré par l'empereur, pour qui c'était un moyen plutôt qu'un but.

Le pape ne voulait fixer ni l'époque ni la forme du concile. L'empereur l'en pressait, et se donnait aux yeux des protestants le mérite de demander avec instance ce que le pape refusait. Les diètes se succédaient presque sans interruption, et ne duraient guère au delà des discussions préliminaires. L'empereur s'y louait ou s'y faisait louer de ses nouveaux efforts pour obtenir le concile; après quoi venaient les difficultés ordinaires sur la manière de délibérer. L'empereur ne se hâtait point de les résoudre, sa politique étant de multiplier les diètes pour traîner la paix jusqu'à ce qu'il fût plus libre du côté de la France ou de la Turquie, et de les rendre stériles, parce qu'il ne s'y pouvait rien arrêter qui ne fût une conquête pour le parti protestant.

C'est une erreur commune aux plus grands politiques de croire que leurs plans ne servent qu'à eux seuls, et qu'ils restent maîtres de régler l'usage des droits qu'ils ont accordés. Quand Charles pensait se jouer avec ces diètes, il en était dupe à son insu. Chaque diète rapprochait les protestants, et le même moyen qui servait à l'empereur pour prolonger la paix leur servait pour s'affermir et s'étendre.

Toutes les lenteurs ne faisaient que rendre inévitable, soit le concile dont le pape ne voulait pas, et dont l'empereur ne voulait que pour embarrasser le pape et tenir les réformés en suspens, soit une diète solennelle et définitive d'où il pouvait sortir autre chose qu'une paix de religion.

Pendant quelque temps, l'empereur et les protestants parurent s'entendre contre le pape, parce qu'ils avaient alors un intérêt commun à suivre deux desseins fort différents, qui devaient plus tard amener la guerre entre eux. Tandis que Charles-Quint poursuivait son but, qui était de se faire l'arbitre de la religion en Allemagne, et les protestants le leur, qui était de se faire reconnaître définitivement, le pape, qui souffrait également de leurs prétentions, et qui vit qu'on n'allait pas à moins qu'à se passer de lui, parla de nouveau du concile, mais en termes plus explicites. Il ne trouva pas de créance. Les protestants, qui l'avaient désiré de bonne foi, n'en voulaient plus. Ils contestaient au pape le droit de le convoquer, celui de le présider, celui d'y être juge. L'idée d'un concile national, tenu en Allemagne et par les églises d'Allemagne, avait prévalu, et l'empereur avait laissé les esprits s'y attacher, sa place ne pouvant pas être moindre que celle d'un médiateur suprême dans un concile de l'empire. On citait beaucoup d'exemples de conciles nationaux, où le pape n'était pas intervenu. Les catholiques eux-mêmes s'étaient rangés pour la plupart au parti d'un concile national. Quoique n'accordant pas qu'on pût s'y passer du pape, ils le demandaient par désespoir d'obtenir ce concile général, auquel on s'habituait à ne plus croire. Le pape comprit le péril, et, au lieu des instructions ordinaires à ses légats, lesquels avaient ordre de présenter, dans un lointain qu'ils reculaient à volonté, le remède universel d'un concile, il chargea l'évêque de Moron d'en annoncer la convocation dans l'année. Il en fixait le siége à Trente, non sans avoir insinué Bologne et Mantoue, comme plus convenables à sa vieillesse et à sa santé, afin de faire valoir le choix de Trente comme une faveur pour l'Allemagne.

Une bulle proclama bientôt l'ouverture du concile; mais, le jour où il fut de l'intérêt de Paul III, qui s'était rapproché de la France, de convoquer le concile, Charles-Quint cessa de le vouloir. Il chercha des prétextes que lui rendaient faciles les dispositions des protestants, lesquels déclaraient n'accepter ni le concile, ni le lieu indiqué, par la raison que le pape n'avait pas le droit de convocation. Il se plaignait d'avoir été mis, dans la bulle, sur le même rang que le roi de France, et déclara qu'il s'y prendrait autrement pour pacifier l'Allemagne. Le saint-père n'en envoya pas moins des évêques et des ambassadeurs à Trente, ce qui força Charles-Quint à en envoyer de son côté, avec l'ordre d'observer ceux du pape et de ne pas engager la discussion.

N'ayant pu empêcher le concile, il songea à s'en servir auprès des protestants, comme il avait fait de la promesse de l'obtenir. Il avait besoin d'eux contre François Ier, alors ligué avec le pape par un traité scellé du sang protestant. Il leur fit tour à tour la promesse de ne point laisser délibérer le concile, s'ils le contentaient, et la menace de le tenir lui-même, s'ils résistaient, et de le laisser procéder contre eux. Les protestants, qui savaient ses embarras, subordonnaient leur concours politique à l'arrangement des affaires de religion, et l'amenaient à déclarer, à la diète de Spire, qu'ils eussent à se préparer pour un concile national. Ainsi ce grand politique, par la raison qu'il n'écoutait que des pensées d'agrandissement personnel, était, en définitive, moins habile que les protestants dont il faisait les affaires contre le pape, moins habile que le pape, qui battait sa politique personnelle par la politique antique et traditionnelle de l'Église romaine. Quelques mois après cette même diète de Spire, où il avait annoncé à l'Allemagne un concile national, c'est-à-dire sans pape, où elle réglerait elle-même sa religion, il faisait sa paix avec la France, et convenait avec le pape de travailler en commun à la défense du catholicisme. L'empereur se liguait avec le saint-siége contre l'empire.

On comprend quelles durent être, au milieu de complications si nombreuses, les peines d'esprit de Mélanchthon. Où les autres venaient avec plusieurs desseins manifestes ou cachés, il n'apportait qu'une pensée, et toujours la même, le désir d'une discussion solennelle et l'espoir d'un arrangement définitif. Ne sachant que penser de tous ces changements dans les volontés, dont il dit quelque part qu'il y aurait une longue histoire à faire, il renonçait à les pénétrer, et se laissait traîner de diètes en diètes, heureux quand la maladie ou quelque accident l'empêchait d'y prendre part. Il s'était fait une habitude de ne plus espérer, et il cherchait dans les présages, comme un Romain du temps de Camille, l'issue de tant de complications. Durant la diète de Smalcalde, qui se tint en 1540, il avait vu un soir, étant à Gotha, des feux éclater dans l'air : « Que présagent ces feux ? écrit-il. Que Dieu éteigne ces flammes qui doivent dévorer l'Allemagne, ou qu'il dissolve, avec le feu céleste, toute cette machine du monde, et qu'il nous délivre tous ensemble pour l'éternité des misères présentes [1] ! »

XII

Querelle soulevée par le livre de la *Réforme de Cologne*. — Chagrins domestiques de Mélanchthon.

La réforme avait profité des débats entre le pape et Charles-Quint pour avancer ses affaires en Allemagne. Hermann, archevêque-électeur de Cologne, avait demandé Mélanchthon,

[1] *Corp. réf.*, n° 1932.

dès l'année 1543, pour constituer l'Église nouvelle dans ses États. Luther et le landgrave de Hesse étaient d'avis de ce voyage; tous deux jugeaient, sans s'être consultés, que les atténuations mêmes de Mélanchthon étaient d'assez hardies nouveautés pour une ville encore catholique, et que ce serait un grand point de les y établir. Mais il y eut des difficultés du côté de l'électeur, qui, sans rien empêcher, ne répondit pas d'abord à la demande de l'archevêque. Mélanchthon souffrait facilement qu'on le retînt; il prévoyait des querelles à son retour, et il n'aimait pas assez l'éclat de ces sortes de missions, pour aller au-devant de l'envie qu'elles lui attiraient. L'électeur ayant changé d'avis, Mélanchthon se laissa mettre en route pour Cologne au mois d'avril 1543.

Il y trouva les plus fortes préventions contre la réforme, des adversaires en grand nombre, disposés à ne rien ménager, l'archevêque presque seul de sa cause, le peuple de Cologne contre son prince, et tout entier aux images. On fabriquait en ce moment même une robe pour la Vierge, estimée cent florins d'or. Le chapitre était très-menaçant; il avait parlé de déposer et de chasser l'archevêque, ce qui avait motivé une lettre du landgrave de Hesse, déclarant qu'il viendrait avec les confédérés le défendre en cas de violence.

Hermann voulait constituer son Église selon la forme de celle de Nuremberg. Mélanchthon et Bucer se partagèrent la rédaction du formulaire. Mélanchthon traita de la création, du péché originel, de la justification par la foi et les œuvres, de l'Église, de la pénitence, laissant l'eucharistie à Bucer dont il s'était rapproché dans cette question. Ce formulaire souleva les plus vives discussions. Mélanchthon s'y emporta jusqu'à dire que les sycophantes de Cologne ne devaient pas être réfutés avec des livres, mais châtiés à coups de bâton. Il est vrai que le jour où il quitta sa modération on le loua de sa fermeté, et Bucer, dans une lettre à Jonas, vantant les services qu'il rendait à la doctrine par sa résolution et sa science, lui donna le nom de proto-docteur et d'organe salutaire de Dieu, autant par équité que pour affliger Luther, à qui le mot devait être redit.

Enfin la réforme triompha à Cologne, les conversions se faisant vite alors, et la peur du landgrave y aidant. Le formulaire fut adopté par le plus grand nombre. Le collége seul continua de résister. Du reste, la juridiction ecclésiastique avait été conservée aux évêques en échange de la tolérance qu'ils accorderaient à la doctrine. C'était pour Mélanchthon la borne extrême de toute réforme. Quelque temps après son retour à Wittemberg, l'archevêque de Cologne fit hommage à l'électeur de Saxe du formulaire de sa nouvelle Église, sous le titre de *Réforme de Cologne*. L'électeur chargea Amsdorff, évêque de Naumbourg, de l'examiner et d'en donner son avis. Cet Amsdorff, un des disciples les plus passionnés de Luther, avait été récompensé de son zèle par l'évêché de Naumbourg, arraché au titulaire, Jules Pflug, malgré sa nomination régulière par le collége. Mélanchthon avait eu le chagrin d'aller, par ordre, installer le nouvel évêque à la place de Pflug, qui était de ses amis, et en avant des catholiques, comme Mélanchthon était en arrière des réformés. Ils se touchaient par là, comme Sadolet et Mélanchthon. Amsdorff avait su ce chagrin, et ne pardonnait à Mélanchthon ni son amitié pour Pflug, qui était un blâme secret contre l'usurpateur de son siége, ni surtout la cause de cette amitié, ce caractère de modération par où Mélanchthon paraissait aux hommes ardents de connivence avec les catholiques.

Amsdorff critiqua les articles sur le libre arbitre et l'eucharistie, dont l'un était plus particulièrement l'ouvrage de Mélanchthon, et l'autre celui de Bucer. Il les dénonça à Luther, l'adjurant d'en faire une réfutation solennelle du haut de la chaire et par écrit. « Je vois là, écrivit Mélanchthon à

Théodorus Vitus, la trompette d'une nouvelle guerre. Si notre Périclès le prend sur le ton de l'invective, je m'en vais. » En effet, dès le 11 août, Luther monta en chaire, et la guerre fut déclarée.

Le crime de Mélanchthon était cette même doctrine de la justification, qu'il ne pouvait plus approfondir sans incliner de plus en plus vers les œuvres. Il avait dit que ceux qui font des actes contre la conscience perdent la grâce, c'est-à-dire, cessent d'être justifiés, et redeviennent impies et païens : d'où il résultait que si les œuvres ne justifient pas, elles peuvent néanmoins faire perdre le caractère de justifié. Comment donc ne donneraient-elles pas ce qu'elles pouvaient ôter? Cette conséquence ramenait à la doctrine catholique, ce qui faisait horreur aux exagérés, lesquels voulaient que les élus qui pèchent contre la conscience ne cessassent pas d'être justes, et conservassent le Saint-Esprit. Luther n'allait pas jusque-là, pour ne pas tomber dans la doctrine des anabaptistes; mais il s'éloignait de plus en plus des œuvres, à la différence de Mélanchthon, qui retranchait chaque jour quelques-unes des subtilités qui l'empêchaient de s'en rapprocher.

Non content d'une contradiction publique, Luther alla trouver Amsdorff pour se concerter sur le plan de campagne. On disait que Mélanchthon et Cruciger allaient être soumis à un interrogatoire solennel. On parlait d'un livre qui les forcerait de quitter Wittemberg. Ce fut alors que Mélanchthon songea, comme dit Bossuet, à prendre la fuite. « Je suis, écrit-il à Bucer, un oiseau tranquille, et je m'en irai très-volontiers de cette prison. » Tout en se tenant prêt à partir, il attendit le livre dont on l'avait menacé.

Ce livre parut. Il roulait principalement sur la cène, dogme d'une plus grande importance pour Luther que la justification, parce qu'il en était sorti toute une Église régulièrement constituée, celle de Strasbourg. C'était le plus impétueux qu'on eût fait sur la matière. Luther le fit suivre de la menace d'une formule, à laquelle il voulait que tout le monde souscrivît, sous peine de s'exiler lui-même de Wittemberg. Mélanchthon lui offrit des explications, avec le ferme dessein, s'il ne s'en contentait pas, de quitter le pays. « Vous apprendrez bientôt, écrivait-il à Medmann, que j'ai été renvoyé d'ici comme Aristide d'Athènes. » Luther tint quelque temps suspendue sa réponse.

Dans l'intervalle, Mélanchthon reçut l'ordre de se rendre à la diète de Spire. Une intrigue de cour, ou peut-être un changement dans la politique de l'électeur, qui crut n'avoir plus besoin de sa modération, fit contremander son départ. On le remplaça par un certain Naogeorgius, qui l'avait attaqué sur la justification. Mélanchthon n'en ressentit l'injure que pour la paix qui pouvait en souffrir. Pour lui, il se montrait peu jaloux de figurer dans ces stériles conférences. Depuis cette première dispute publique, où il avait échangé quelques discours avec Jean de Eck, il s'était désabusé de sa chimère d'une assemblée de doctes arrangeant à l'amiable les affaires de l'Église. « Voici, dit-il à Myconius, la dixième lettre que j'écris aujourd'hui. Jugez par là de quels travaux je suis accablé. Toutefois j'aime mieux avoir à faire toute cette besogne d'école que d'être spectateur, dans une diète, de rixes sophistiques. Il m'est doux de n'y pas assister, quel qu'ait été le dessein de la cour. »

Cette diète de Spire fut plus politique que religieuse. On vota des discours contre les Turcs, et on déclara François Ier ennemi de l'empire. Pour la religion, Charles-Quint trouva moyen de l'ajourner. Il profita d'un jour où les princes étaient allés au-devant de l'électeur de Saxe, et fit fermer l'église où prêchaient les théologiens du landgrave. Du reste, il adjugea indirectement aux catholiques ce débat étouffé, en donnant des marques solennelles de catholicité, soit à un lavement de pieds qu'il célébra avec son frère Ferdinand, soit à une procession de l'âne, le jour des Rameaux, où il assista six heures durant, accompagné des princes, l'électeur de Saxe excepté. Il y eut aussi des Espagnols qui, pour de l'argent, dit-on, quelques-uns de plein gré, protestèrent contre le dogme de la justification par la foi, en se flagellant, les premiers jusqu'au sang, les derniers jusqu'à en mourir. C'était la doctrine du mérite des œuvres mise en scène avec un appareil dramatique qui n'y aurait pas nui dans l'opinion populaire, si les réformés, auxquels l'empereur n'avait laissé que la liberté de railler, n'en eussent détruit l'effet par les plaisanteries qu'ils en faisaient courir.

Cependant la formule dont Luther avait menacé ses collègues, et en particulier Mélanchthon et Cruciger, se faisait encore attendre. Soit que les explications de Mélanchthon l'eussent satisfait, soit cet admirable instinct de chef de parti qu'il conserva jusqu'à la fin, et qui triomphait des plus grands emportements, Luther laissa tomber un débat qui affaiblissait tout le monde. D'ailleurs, une violente controverse entre lui et les jurisconsultes de Wittemberg l'avait détourné du livre de la *Réforme de Cologne*. Il s'agissait d'un mariage clandestin, que les jurisconsultes maintenaient, et que Luther voulait casser. Luther l'emporta ; mais cette lutte d'une espèce nouvelle acheva de l'aigrir. Les jurisconsultes étaient des gens fort orgueilleux. Avant Luther et depuis plusieurs siècles, ils avaient tenu le premier rang ; la réforme le leur enleva, pour y faire monter les théologiens. De là, la vivacité de toutes leurs querelles avec ces derniers. Dans ce débat particulier avec Luther, celui-ci, outre les préventions réciproques, avait été excité par Catherine, sa femme, laquelle avait pu se croire compétente dans une question de mariage.

L'irritation de Luther allait augmentant. Si on suivait avec quelque attention les grands changements qui surviennent dans le caractère des hommes supérieurs, on verrait que ces changements datent du jour où la mort les a marqués pour un terme prochain. Dans Luther en particulier, cette force des premières luttes devenue de la violence, l'injure remplaçant les mâles raisons, la tyrannie et les caprices succédant au commandement ferme et égal, c'étaient, pour qui aurait su voir, des signes d'une fin prochaine. Les moindres choses lui faisaient injure ou suscitaient en lui des soupçons qu'il cachait et nourrissait en secret. Il parlait sans cesse de quitter l'école et l'académie, et il en jetait la menace à quiconque ne jurait pas sur sa parole. Mélanchthon avait donné le conseil qu'on s'abstînt de le provoquer, car tout ce qui sortait de lui était plein d'amertume et ne faisait qu'augmenter les discordes. Beaucoup, qui ne s'accommodaient pas de cette contrainte, soit par esprit d'indépendance, soit par scrupule de religion sur les points où Luther ne souffrait plus de contradictions, pensaient à s'éloigner de Wittemberg. « S'il n'y avait ici, écrit Cruciger, un homme qui, par sa vertu, sa modération et toutes sortes de bons offices, entretient un certain accord entre tous, et les maintient dans le devoir, la position ne serait plus tenable. » Cet homme, c'était Mélanchthon.

Au milieu de ses efforts de chaque jour pour faire taire tout bruit autour de cet homme qui allait mourir, il eut un vif chagrin de famille. Il lui fallut se séparer de sa fille Anna, la femme de Sabinus. Cette union n'avait pas été heureuse. Après quatre années de vie en commun dans la maison paternelle, avec le mélange ordinaire des bons et des mauvais jours, Sabinus venait d'être appelé en Prusse par le duc Albert. C'était un homme d'un esprit peu commun, mais ambitieux et vain et de mœurs irrégulières et basses, quoiqu'il ne faille peut-être pas l'accuser de tous les malheurs de son mariage avec Anna. Il lui reprochait un caractère morose, probablement cette habitude silencieuse dont la louait Mélanchthon ; il voulait que son père l'en corrigeât.

Mélanchthon répondait : « Elle s'est accommodée de votre caractère, que ne vous accommodez-vous du sien? » C'était avouer qu'il y avait quelque imperfection du côté de sa fille. Camérarius, à qui Mélanchthon confiait ses plaintes, était loin de donner tous les torts à Sabinus.

Celui-ci était allé, sans sa femme, rejoindre le duc Albert; il écrivit à Mélanchthon des lettres violentes, où il demandait qu'on la fît partir, malgré des couches imminentes, avec ses filles. Mélanchthon promit de les lui conduire lui-même, sauf la plus jeune des filles, qu'il suppliait Sabinus de laisser auprès de sa grand'mère, « qui, dit-il, n'a pas voulu s'en séparer. » Sur ce dernier point, Sabinus eut le mérite de céder. Les tristes époux se rejoignirent à Beltzig, et l'entrevue fut assez amicale. Mais, à peine Mélanchthon parti, Sabinus renvoya une servante qui avait élevé sa femme dès le berceau, et l'avait soignée dans toutes ses maladies. Je lis une lettre où Mélanchthon, de retour à Wittemberg, s'occupe de la remplacer, et cherche une Saxonne, dans la pensée qu'elle sera plus attachée à sa fille qu'une servante de la marche de Brandebourg.

S'il faut en croire Camérarius, les amis des deux époux, en abondant dans le sens de celui qu'ils favorisaient, n'avaient pas peu contribué à envenimer ces querelles domestiques. Après la réunion, les rapports redevinrent plus faciles; et, à moins que Camérarius n'ait mis quelque amour-propre à croire que la paix à laquelle il avait travaillé était rétablie, il paraît que Sabinus, plus satisfait du côté des honneurs et de l'argent, se serait adouci, et que les quatre années qui s'écoulèrent jusqu'à la mort d'Anna auraient été sans orages. Cependant je vois une lettre d'Anna à sa mère où elle lui parle de dettes de son mari, et la prie de n'en rien dire à son père. Il était donc resté une cause de difficultés domestiques, et non pas la moins grave, les embarras d'argent.

XIII

Mort de Luther. — Mélanchthon devient malgré lui le chef religieux de la réforme en Allemagne.

La mort de Luther, arrivée le 15 février 1546, fit cesser toutes les disputes intérieures. La gêne entre Mélanchthon et lui était si notoire, qu'il ne manqua pas de calomniateurs qui accusèrent Mélanchthon de s'être réjoui de sa mort. J'aime mieux croire les témoignages plus nombreux qui parlent de la douleur qu'il en ressentit. Ils avaient vécu pendant vingt-huit ans dans une liaison que les différences de caractère avaient rendue difficile et orageuse, mais qu'avait soutenue, contre les dangers des premiers mouvements et les excitations d'autrui, une estime inaltérable, et, du côté de Mélanchthon, beaucoup d'humilité véritable et de dévouement à la cause commune. Si leurs dissentiments ont laissé plus de traces, c'est qu'ils furent la proie des partis, qui les envenimèrent de leurs propres haines en s'y associant. Mais il y avait eu de bons jours, des jours d'intimité, et en grand nombre, et il est touchant de lire, dans un discours d'adieu adressé par le vieux George Major aux élèves et aux maîtres de l'académie, un passage où il remercie Dieu de lui avoir donné de vivre dans la familiarité de ces deux grands hommes et de les avoir souvent entendus converser sur la doctrine et les grandes affaires. C'est dans ces jours-là que Luther, parlant de ce qui arriverait après sa mort, et des effets de cet orgueil particulier à la réforme, dont il ne se souvenait pas assez qu'il était père, disait à Mélanchthon : « Les clameurs des ambitieux, et cet aveugle désir de gloire et de domination dans l'Église, troubleront et détruiront plus de choses en un mois que toi et moi n'en avons élevé en dix ans à force de sueurs. »

Ces entretiens, où Luther et Mélanchthon se traitaient comme une génération meilleure qui allait emporter dans la tombe toute la bonne foi et toutes les vertus de la nouvelle cause, n'avaient point d'éclat au dehors. Ceux qui étaient admis à y prendre part les gardaient dans leur cœur, comme George Major, pour s'en souvenir avec émotion sur la fin de leurs jours et en nourrir leurs dernières pensées. Il est juste que Bossuet ne parle que des dissentiments, et qu'il offre en holocauste à son Église, une et universelle depuis dix-sept cents ans, les pleurs de Mélanchthon ne pouvant ni obéir ni résister à Luther; mais il appartient aux hommes de notre temps, pour lesquels il n'y a plus ni vainqueurs ni vaincus dans deux camps également chrétiens, de compter les jours de concorde où deux grands esprits, connaissant mutuellement leurs faiblesses et le parti qu'on en tirait au dehors, oubliaient leurs différends pour se confondre dans un dévouement commun à une cause qu'ils jugeaient meilleure et qu'ils aimaient mieux qu'eux-mêmes.

Mélanchthon fut le premier, à Wittemberg, qui apprit la mort de Luther. La nouvelle lui en arriva comme il allait monter dans sa chaire. Oppressé par la douleur, il ne put que s'écrier : « Notre père, notre père est mort [1]. » L'oraison funèbre qu'il prononça quelques jours après est pleine de ses véritables sentiments. Une admiration profonde, point de doute sur le caractère divin de la mission de Luther, dont il explique les rudesses mêmes et les inégalités par les prophéties; beaucoup de soumission ; quelques remarques indulgentes, mais justes, sur sa vivacité et sa dureté; une appréciation sûre et élevée de ses qualités de caractère et d'esprit, de sa force, de son savoir, de ses travaux, des points fondamentaux

---

[1] *Unser vater, unser vater is todt.*

de sa réforme ; rien sur lui-même, et pour parler du talent littéraire, une proportion, un goût, une richesse et un naturel de diction, qu'on ne devait attendre ni de son temps ni d'un auteur écrivant dans une langue morte ; telle est cette oraison funèbre où Mélanchthon se plaçait au-dessus de toutes les insinuations et de toutes les calomnies, et gardait la vérité de son caractère avec Luther mort, comme il avait fait avec Luther vivant.

La mort de Luther privait la réforme de son chef, l'Église nouvelle de son gouvernement. Mélanchthon aurait pu s'en réjouir, en effet, comme l'en accusaient ses ennemis, s'il s'était cru de force à remplacer Luther ; mais il aimait mieux être le premier sujet de ce Périclès, comme il l'appelait, que d'être son successeur. Leurs rôles avaient été distincts, quoique chacun d'eux eût occupé le premier dans son rang. Luther marchait en tête, retenant ou poussant toutes choses, avec l'autorité qu'on lui supposait d'en haut. Mélanchthon enfermait les dogmes nouveaux dans les limites de la méthode. L'un fondait et l'autre enseignait. Mais, le premier mort, l'autre était insuffisant pour le remplacer, et ce n'est pas un des moindres mérites de Mélanchthon de l'avoir compris, et de n'avoir pas voulu prendre le commandement qui s'offrait à lui comme au premier après Luther.

Il avait voulu longtemps un grand débat, à la manière des conciles de l'ancienne Église, entre hommes de savoir, d'autorité et de bonne foi. Ce débat terminé, il se fût reposé dans sa religion épurée, et, après avoir mis sa conscience en paix, il aurait continué ses travaux littéraires. Il n'avait aucune passion ni pour le commandement, comme Luther, ni pour la dispute, comme les scolastiques, et il manquait de la grandeur comme des petitesses de l'ambition. S'il ne s'empara pas du gouvernement après Luther, il n'empêcha personne de le prendre, et il ne fit que continuer à défendre les scrupules de sa conscience contre les attaques ouvertes qui succédèrent aux sourds mécontentements et aux demi-désaveux de Luther.

Ces attaques étaient inévitables. Le parti sentait le besoin d'un chef. Il fallait un homme qui eût l'autorité et les lumières de Mélanchthon, et en même temps la passion et cet orgueil bilieux dont parle Bayle, qui fait les chefs actifs et dévoués. C'est ce besoin d'un chef qui fit accueillir successivement par les impatients du parti toutes sortes de brouillons, dont aucun n'avait la taille, quoique tous eussent la prétention d'un premier rôle. Mélanchthon les gênait, à cause de sa grande renommée, de la *Confession* et de l'*Apologie*, si évidemment marquées de son esprit, et parce qu'il avait été le premier et le plus illustre coopérateur de Luther. De là tant de calomnies qui le poursuivirent jusqu'à la mort, et auxquelles il répondait mollement ou s'abstenait de répondre, n'étant point sujet à cette nécessité d'un chef de parti qui lui commande de ne laisser jamais à ses adversaires l'avantage de la violence ni du dernier mot.

L'histoire en serait monotone, et je ne dois pas la raconter dans tous ses détails. Quoiqu'il n'y ait rien de plus beau que le spectacle d'un esprit supérieur qui ne veut que reconnaître et posséder la vérité, sans en rechercher les profits ni en redouter les périls, ce n'est pas là le héros des imaginations populaires, ni le rôle le plus intéressant dans le drame de l'histoire. Nous aimons mieux ceux qui ont éprouvé nos passions, bonnes et mauvaises, et les ont agrandies en mettant à leur service de grandes facultés et de grandes lumières. Nous préférons à celui qui songe toute sa vie à garder sa conscience intacte, comme un gage de salut futur, celui qui la mêle à nos erreurs, et la risque au milieu de nos emportements et de nos incertitudes. Nous voulons des héros faits à notre image, et qui nous donnent quelque avantage sur eux, en retour de l'admiration qu'ils nous inspirent. Nos saints de prédilection sont ceux qui ont eu beaucoup à expier.

XIV

Charles-Quint déclare la guerre au corps germanique. — Mélanchthon se retire dans le duché d'Anhalt. — L'empereur fait rédiger un formulaire sous le titre d'*Intérim*. — Caractère de ce livre. — Mélanchthon en fait la critique. — Il est menacé dans sa liberté. — Mort de sa fille Anna. — La question des cérémonies. — Doctrine de Mélanchthon. — La querelle *des choses indifférentes*. — Illyric. — Osiandre. — Mélanchthon, appelé à Heidelberg pour y constituer l'Académie, apprend la mort de sa femme.

La dernière diète qui précéda la guerre de religion fut celle de Ratisbonne. Mélanchthon avait dû recevoir des instructions pour s'y rendre; mais l'électeur changea d'avis, sollicité, dit-on, par Luther, qui léguait en mourant ses défiances à ce prince. On craignait que les sentiments de Mélanchthon sur la Cène ne donnassent quelque avantage aux catholiques. Au reste, le rôle d'intermédiaire était fini. L'empereur avait résolu la guerre. Depuis que sa politique l'avait rapproché du pape, et qu'il avait acheté les subsides du saint-siège par l'approbation donnée aux décrets du concile de Trente, les protestants ne voulaient plus le reconnaître comme chef du corps germanique. Ils ne l'appelaient que Charles de Gand ou le prétendu empereur. Ceux de leurs princes qui passaient pour lui être le plus contraires, n'avaient pas voulu se rendre à la diète, craignant, disaient-ils, les desseins violents, et que la guerre ne les surprît éloignés de leurs États. Charles-Quint entra en campagne dans l'automne de 1546.

On voulut d'abord l'arrêter par des négociations. L'électeur de Saxe prit l'avis de ses théologiens. L'opinion de Mélanchthon ne pouvait être douteuse; il conseilla la rupture de la ligue protestante, et que les princes s'engageassent à ne troubler aucun évêque dans son gouvernement, et à ne lui imposer aucune charge nouvelle. Il était trop tard. Déjà Charles-Quint était maître sur le Danube et sur le Rhin. Les villes de la Bavière et de la Souabe, Strasbourg, Francfort-sur-le-Mein, Augsbourg, avaient fait leur soumission. L'archevêque de Cologne, Hermann, l'ami de Mélanchthon, abandonnait ses États à un successeur catholique.

Charles-Quint fut un moment arrêté par les troubles de Gênes, par le soulèvement de la Bohême et de la Moravie, et par la nouvelle qu'un traité allait être conclu entre François Ier et les luthériens. Mais, François étant mort au milieu de ses projets, l'empereur se remit en campagne, et, dès le mois d'avril 1547, il était maître sur l'Elbe comme sur le Danube et sur le Rhin. L'électeur de Saxe, Jean Frédéric, fut battu et pris devant Muhlberg. Sibylle de Clèves, sa femme, après avoir défendu en homme Wittemberg, se rendit à l'empereur pour prix d'une commutation de la peine de mort, à laquelle avait été condamné l'électeur, en une prison perpétuelle. Charles-Quint donna les États du prince déchu à Maurice, d'une autre branche de la famille de Saxe, qui s'était fait son allié pour dépouiller Frédéric. Quant au landgrave de Hesse, voyant la Saxe conquise, il se rendit sans combattre. L'empereur le condamna, comme l'électeur, à une détention perpétuelle. Après quelques mois à peine, il ne restait plus rien de la ligue protestante.

Pendant cette guerre, Mélanchthon s'était retiré à Zerbst, petite ville du duché d'Anhalt. Il ressentait dans son cœur tous les maux qui désolaient l'Allemagne. Wittemberg était occupé par une garnison impériale. La guerre avait dispersé cette douce confrérie, comme il appelait l'Académie; la plupart des professeurs s'étaient exilés : ce qui restait de cet enseignement naguère si florissant, avait été transporté à Iéna. Mélanchthon n'y suivit pas les professeurs : il revint à Wittemberg, pleurer en secret son prince légitime et prier Dieu pour sa délivrance.

Cette victoire, à laquelle le pape avait contribué par ses deniers, le brouilla de nouveau avec l'empereur. Celui-ci, quoiqu'il eût en réalité vaincu pour l'empire, avait néanmoins fait la guerre pour la religion ; après avoir tiré de sa victoire tout le profit qu'il en avait espéré en argent et en soumission, il voulait, ou honorer la vraie cause, ou cacher le prétexte de la guerre, en continuant l'œuvre de la pacification religieuse. C'est dans ce but qu'il pressait le pape de continuer le concile de Trente; mais le saint-père temporisait, la pacification ne pouvant avoir lieu sans deux choses qui lui répugnaient également : une controverse avec les protestants, et l'arbitrage impérial. En conséquence, il avait fait décider par ses légats, sur un faux bruit de peste habilement exploité, que le concile serait transféré à Bologne. C'était un moyen, ou de l'avoir sous la main, si tous les membres consentaient à la translation, ou de le dissoudre, s'il y avait dissentiment. Le premier vœu du pape était qu'il n'y eût pas de concile, dût-il même y être le maître; le second était qu'il se tînt le plus loin possible de l'Allemagne et de l'empereur. Il le transférait à Bologne, faute d'oser le dissoudre.

Mais la politique de Charles était que le concile restât assemblé, afin de ne pas s'affaiblir aux yeux des protestants qu'il avait fait consentir, le fer sous la gorge, à le reconnaître, et qu'il continuât de siéger à Trente, pour qu'il fût plus proche de ses armes. Aussi avait-il ordonné aux prélats impériaux de ne pas suivre les légats à Bologne, ce qui mit un schisme dans un concile institué pour établir l'unité. Après de vives récriminations de part et d'autre, le pape ne cédant point, Charles-Quint s'empara de la puissance spirituelle, et fit rédiger un formulaire de pacification. Ce formulaire devait régler l'état des Églises d'Allemagne jusqu'à la reprise du concile, qu'il ajournait à la mort du pape, jugée imminente à cause de son grand âge. En attendant, ses prélats particuliers avaient ordre de rester à Trente, pour qu'il n'y eût pas dissolution, et que les protestants ne se crussent pas dégagés du serment envers un concile qui aurait cessé d'exister.

Le formulaire de l'empereur était l'œuvre commune de Jules Pflug, que la guerre avait rétabli sur son siége épiscopal; de Helding, suffragant de l'archevêque de Mayence, et de ce même Agricola, dont on se rappelle les débats avec Mélanchthon. Les deux premiers, catholiques, appartenaient à ce parti de modérés qui était si près de s'entendre avec les protestants de l'école de Mélanchthon. Leur livre étant destiné à régler les choses jusqu'à la décision suprême du concile, reçut le titre d'*Intérim*, que chacun prit au mot, les uns sincèrement, les autres, en plus grand nombre, pour en faire la matière de plaisanteries. C'était un résumé de tous les articles soulevés par la réforme, et qui avaient été plutôt proposés qu'acceptés. Il ne satisfit personne, ni les protestants qui n'y voyaient plus que des ombres de leurs dogmes, ni les catholiques, quoiqu'on leur y eût laissé de quoi reprendre le tout.

Autour du vieux pape, les catholiques honnêtes s'indignèrent, disant que l'envoi d'un tel écrit insultait le saint-siége, et comparant Charles-Quint à Henri VIII. Mais le saint-père ne s'en alarma point. Il prévit que ce moyen terme ne ferait, comme il arrive, qu'éloigner davantage ceux qu'il voulait rapprocher, et il se garda bien de désavouer avec éclat l'*Intérim*, pour n'y pas réconcilier les protestants. Il répondit vaguement à la prière qui lui avait été faite de l'examiner, et l'examina avec une lenteur calculée, pour lui laisser le temps de faire son effet.

L'empereur demeura quelque temps en Allemagne pour faire recevoir son livre. Il ne rencontra dans presque toutes les villes qu'une obéissance imparfaite et menaçante. L'ancien électeur de Saxe, Jean-Frédéric, quoique prisonnier, et quoique Granvelle, au rapport de Sleidanus[1], lui eût promis la liberté pour prix de son adhésion à l'*Intérim*, déclara que Dieu ni sa conscience ne lui permettaient d'y souscrire. Il y eut une petite ville qui supplia l'empereur de se contenter que les biens et les vies de ses citoyens fussent à lui, mais de leur laisser leur conscience, ajoutant qu'il n'était pas de sa justice de leur faire accepter par force une confession de foi qu'il ne suivait pas lui-même[2]. En effet, les doctrines imposées à l'Allemagne par Charles-Quint auraient été condamnées au feu dans ses États d'Espagne.

Bien que Charles eût défendu, sous les peines les plus sévères, d'écrire, d'enseigner et de prêcher contre l'*Intérim*, à peine eut-il quitté l'Allemagne, que le livre impérial fut assailli d'une multitude de réponses, tant protestantes que catholiques. Vainement Agricola, à qui Mélanchthon avait paru au commencement un réformateur trop tiède, se mit à prêcher que l'*Intérim* ramenait l'âge d'or. On ne le crut pas, et on continua les attaques. Mélanchthon lui-même, quoiqu'il en eût approuvé certains articles, en fit des critiques qui faillirent lui coûter la liberté. L'empereur, du moins, le fit menacer; il y eut un projet d'édit par lequel on devait appréhender Mélanchthon, lui faire son procès et le mettre à mort. Le roi des Romains, Ferdinand, fit engager Maurice à l'éloigner, l'avertissant qu'il pourrait bien arriver que l'empereur lui écrivît de le livrer. Maurice répondit qu'il avait promis à Mélanchthon protection et sûreté, qu'il avait besoin de lui pour conserver l'Église et la discipline dans ses États; toutefois il le tint quelque temps caché dans un monastère sur la Mulde.

Rentré à Wittemberg, Mélanchthon apprit la mort de sa fille Anna, femme de Sabinus. L'habitude de gémir, de prévoir les malheurs, d'en souffrir d'avance, l'ancienneté de

---

[1] *De statu religionis et reipublicæ*, etc., livre XXI.
[2] Fra Paolo, livre III.

ses blessures, avaient affaibli sa sensibilité. Il est touchant néanmoins de le voir consoler Sabinus et lui offrir une amitié sans arrière-pensée. « Vos enfants, lui écrit-il, seront les miens. L'amour que j'ai eu pour ma fille, je le reporterai sur ses enfants. Envoyez-moi, ajoute-t-il, ou toutes vos filles, ou quelques-unes. Elles seront élevées, avec l'aide de Dieu, doucement et fidèlement comme leur sœur, à la connaissance de Dieu et aux devoirs de leur sexe. Dois-je les venir chercher moi-même, ou y envoyer un ami fidèle? Je désire surtout que vous permettiez à Marthe de venir près de sa sœur. Les périls de la guerre ne m'effrayent pas tellement que je ne souhaite de vivre au milieu de tous les miens [1]. »

Les dernières victoires de Charles-Quint, en opprimant tout le parti réformé, avaient empêché ce parti de s'apercevoir qu'il lui manquait un chef spirituel, depuis la mort de Luther. L'éloignement de ce prince, en réveillant avec la liberté les dissentiments qui en sont l'effet, fit sentir le besoin d'un chef ; car les partis ont cet instinct contradictoire qu'en même temps qu'ils demandent l'extrême liberté pour chacun, ils veulent un chef pour commander à tous. Il n'y avait qu'un homme assez considérable pour remplir ce rôle ; c'était Mélanchthon. Mais il n'y était appelé ni par ceux qui pensaient que la réforme était allée assez loin, ni à plus forte raison par ceux qui la voulaient radicale. Disons même qu'à cette époque il n'y avait plus aucun rôle qui lui convînt, et que son temps était fini comme réformateur. Mais ses écrits, son autorité, son école, subsistaient ; il continuait à enseigner, et il n'était guère plus possible de marcher sans lui qu'avec lui. Encore qu'il ne disputât la place à personne, et qu'attaqué de tous côtés il ne voulût ni se défendre ni se laisser défendre, il faisait obstacle malgré lui par sa modération même, par ce désir de dissimuler les divisions de

---

[1] *Lettres*, col. 184.

la nouvelle Église en ne donnant point l'éclat d'un schisme à ses griefs personnels. C'est sur lui que les hommes ardents du parti allaient se venger des humiliations de l'*Intérim*.

Parmi les obligations prescrites par ce livre, l'empereur avait insisté sur le rétablissement des cérémonies. Mélanchthon, qui ne les avait jamais rejetées, s'était soumis à cet article et avait engagé publiquement quelques églises à s'y soumettre. Il voulait qu'on laissât subsister les fêtes, l'ordre des leçons, la confession et l'absolution avant de recevoir le sacrement, l'ordination publique pour le ministère évangélique, les prières pour les noces et les discours pour les enterrements, les chants, enfin le surplis, si détesté par le parti extrême. Il conseillait de ne combattre que sur les choses importantes, d'où l'évidence pût résulter pour tous les hommes de sens, même parmi ses adversaires; mais qu'on ne risquât pas, pour des points indifférents, de rappeler la guerre et de faire déserter les églises. « Point d'audace avant le combat, écrivait-il à ceux de Strasbourg, qui l'accusaient de rendre du cœur aux catholiques par sa faiblesse; point de ce courage pour les choses inutiles, ordinairement suivi d'hésitation ou de rétractation dans le combat. De la facilité sur ces choses; mais du courage, et tout le courage possible, en cas d'appel devant le magistrat pour abjurer la doctrine ou en reconnaître une autre. Sur ce point, il faut savoir préférer sa foi à sa vie et à la paix, moins nécessaire que la connaissance de la vérité. N'imitez pas ce martyr de Bâle, ajoutait-il, qui se fit brûler pour avoir mangé de la viande le vendredi, ni saint Laurent, qui subit le même supplice pour ne pas payer l'impôt à l'empereur Dèce. Le vrai culte de Dieu, c'est la foi, la prière, l'amour, l'espérance, la patience, la chasteté, la justice envers le prochain, et les autres vertus. Sans tout cela, la liberté dans le vêtement et dans l'usage de la viande, et d'autres libertés du même genre, ne sont qu'une nouvelle police plus agréable aux hommes, parce qu'elle les oblige à moins[1]. »

C'est là cette fameuse querelle des choses indifférentes (ἀδιάφορα) qui remua toute l'Allemagne et hâta la mort de Mélanchthon. Le premier qui la souleva fut Illyric, théologien médiocre, qui n'a laissé ni un livre estimé, ni même une erreur éclatante, mais doué d'assez d'audace et de talent pour défendre une cause qui pouvait se passer de haute théologie. Venu à Wittemberg en 1541, il y avait été accueilli par Mélanchthon avec cette bonté célèbre dont presque tous les érudits d'Allemagne et tous les hommes de quelque espérance avaient reçu des marques. Il s'y était appliqué à l'étude de l'hébreu, avait reçu le titre de maître ès arts, et s'était marié. Vers le temps de l'*Intérim*, si propice aux entreprises nouvelles, soit audace, soit instigation du dehors, ce que son caractère enveloppé ne permit pas de découvrir, il s'était mis à écrire, sous de faux noms, des libelles où il attaquait tous les esprits et toutes les opinions pacifiques. Il avait une manière particulière de capter la confiance : affectant un grand zèle, prodiguant les gémissements, il parlait d'un commerce familier avec Dieu, qui se communiquait à lui dans ses extases[2]. Retiré à Magdebourg, la seule ville qui se fût ouvertement révoltée contre l'*Intérim*, il y répandit des écrits et des caricatures contre l'électeur, Mélanchthon, le prince d'Anhalt, Major, et d'autres chefs du pays modéré, qu'il appelait intérimistes et adiaphoristes. Il criait que l'on corrompait la doctrine en rétablissant les cérémonies abolies, qu'il fallait plutôt déserter les églises et menacer les princes de séditions, que de rien rabattre des principes.

C'était la thèse populaire. Aussi Illyric eut-il bientôt groupé autour de lui tous ceux qui avaient sur le cœur la

[1] *Lettres*, liv. I, col. 82.
[2] *Discours prononcés à l'Académie de Wittemberg*, t. VI. Discours de George Major.

défaite de l'Allemagne, et qui voulaient la venger de ces images où on la représentait enchaînée aux pieds de l'Espagne et de l'Italie. Il était poussé à la fois par les passions qu'il avait excitées, par le bruit qu'il avait fait et par une jalousie ardente contre Mélanchthon. Dans ce premier rôle, qu'il avait conquis avec toutes sortes d'alliés, il était inquiet comme un usurpateur qui se sent inférieur à celui qu'il a dépossédé. Outre l'ingratitude pour les services qu'il avait reçus, il faisait à Mélanchthon une guerre déloyale. Il lui prêtait des mots qui pouvaient mettre sa vie en péril, comme celui-ci : « Qu'il fallait ne pas se séparer de l'Église, dussent tous les anciens abus être rétablis. » Il se vantait d'avoir surpris dans ses entretiens des aveux de retour au catholicisme. Il parlait de rêves que Mélanchthon lui aurait racontés, et il s'aveuglait sur son manque de foi en l'étalant. Il n'est pas étonnant qu'un parti qui avait pour chef un tel homme se recrutât de tous ceux que gênait le présent, dans ce qu'il avait de bon comme de mauvais.

A la faction d'Illyric vint s'en ajouter une autre, dont Osiandre était le chef; mais l'ambition d'Osiandre était plus vaste. Illyric ne voulait que les conséquences extrêmes du luthéranisme ; Osiandre aspirait à être chef de doctrine et à innover dans le dogme. Il avait commencé par donner des leçons d'hébreu dans le couvent des Augustins, à Nuremberg. Remarqué dès ce temps-là pour la vivacité de son esprit et l'étendue de son savoir, mais redouté pour sa rudesse et son orgueil, il fit admirer l'éloquence de ses attaques contre les superstitions des moines. Depuis lors, il avait toujours fait partie, à titre de théologien de Nuremberg, de toutes les députations que cette ville avait envoyées aux diètes.

Il avait une grande connaissance des langues, et du savoir sur toutes choses; mais il gâtait ces dons excellents par beaucoup d'opiniâtreté, par un orgueil souffrant et envieux, par des opinions extraordinaires qu'il couvait longtemps en lui, et qu'il ne laissait pénétrer de personne. L'occasion venue, il les divulguait au hasard, sans retenue ni mesure, et son audace étonnait d'autant plus qu'elle avait été plus longtemps contrainte. Mélanchthon l'accusait avec raison d'avoir assisté à toutes les délibérations d'Augsbourg, sans adhérer ni contredire, sans aider en rien ceux qui tenaient la plume, s'enveloppant d'un silence orgueilleux et défiant, et paraissant borner son ambition à ce qu'on s'inquiétât de sa réserve. Il avait été vingt ans sans s'ouvrir. Enfin il éclata, et laissa voir la prétention de réformer Luther lui-même.

A Nuremberg, le régime de l'*Intérim* le gênait, et d'ailleurs le parti modéré l'emportait. Il quitta cette ville et vint dans le Brandebourg, auprès d'Illyric et des autres, apportant une nouvelle interprétation de la justification, qu'il attribuait, non plus aux mérites du Christ, mais à la justice de Dieu. Ce fut la grande nouveauté qu'il introduisit dans la réforme; mais cette nouveauté ne touchait que les théologiens, et il fallait faire la part de la multitude. Mélanchthon et l'Église saxonne lui en fournirent la matière. Il les attaqua par des écrits et des prêches dont la violence émut tout le Brandebourg, d'ailleurs plus porté aux excès d'opinion, la réforme y étant plus récente et sans discipline. « Il souffle sur moi de la Baltique des vents furieux, écrit Mélanchthon à Camérarius. J'entends parler de menaces. Ce harangueur du peuple dit qu'il me coupera une veine d'où le sang jaillira sur toute l'Allemagne[1]. » Ceux de la Confession d'Augsbourg exigeaient de tout aspirant au titre de professeur de théologie le serment, qu'il confessait la doctrine présentée à Charles-Quint à la diète d'Augsbourg; qu'avec l'aide de Dieu il y persévérerait, et qu'en cas de controverses nouvelles sur des points où des jugements clairs n'auraient pas encore été

[1] *Corp. ref.*, t. III.

portés, il en délibérerait avec les vieillards de l'Église de Wittemberg et des villes alliées. Osiandre rejetait ce serment comme une tyrannie. Il parlait de bien d'autres dissentiments encore, et sur un ton menaçant, attaquant doublement la nouvelle Église par ce qu'il disait et par ce qu'il affectait de taire.

Pourquoi un homme si éminent, de tant de savoir et d'éloquence, qui, à la diète de Marpurg (1529), avait émerveillé et charmé Luther et tous les autres théologiens, à qui ne manquait ni la fermeté ni la patience, qualités qui sont parmi les premières d'un chef de parti, n'eut-il que l'éclat d'un brouillon? D'abord, ses premières années s'étaient passées sous Luther. Or il n'y avait guère de chance à disputer à Luther le premier rang, et, en fait d'audace extravagante, Carlostadt et Zwingle n'avaient rien à laisser tenter. Luther mort, il fallait suivre avec la gloire toujours modeste d'un disciple, ou se distinguer par des folies. C'est la seule alternative des hommes de talent quand les révolutions sont consommées : ceux qui ne se contentent pas de la gloire de les assurer, ne trouvant plus rien de solide à faire triompher, et ne pouvant pas obéir, renchérissent sur le schisme et innovent en séditions.

Tel fut le sort d'Osiandre. Du reste, sa justification sans le Christ et sans les œuvres ne lui survécut que peu d'années. Elle causa quelques troubles à Nuremberg en 1555; mais ces troubles étaient peu profonds, et ce fut assez de la douceur de Mélanchthon pour les apaiser.

Dans l'intervalle, la guerre avait éclaté entre Charles-Quint et Maurice, lequel eut cette gloire singulière, qu'après avoir aidé l'empereur à vaincre l'Allemagne protestante, il aida l'Allemagne protestante à vaincre l'empereur. On sait que Charles-Quint, poursuivi jusque dans Inspruck, s'échappa, non sans peine, par des passages inconnus des montagnes du Tyrol. La convention de Passaw rendit la liberté à Jean-Frédéric et au landgrave de Hesse, et mit les protestants sur le même pied que les catholiques.

L'Allemagne étant de nouveau maîtresse, et le parti protestant ayant vaincu par ses exagérés, Illyric et les siens revinrent à la charge contre Mélanchthon. Ils délibérèrent dans leurs conventicules de proscrire quelques-uns de ses livres. Enfin, à la diète de Worms, qui se tint en 1557, ils demandèrent qu'avant d'engager le débat avec les catholiques, il en fût ouvert un entre eux et les églises de la Confession d'Augsbourg, représentées par Mélanchthon. Les deux partis échangèrent en effet quelques discours sur les questions qu'on débattait depuis trente ans. « Ce premier engagement, dit Mélanchthon, fut brillant et agréable[1]. » Il caressait encore ce rêve d'un grand débat solennel et définitif, et il recommençait à croire à l'efficacité de la discussion. C'était l'erreur d'un homme qui y était sincère et qui y réussissait.

Pendant une suspension de cette diète, Mélanchthon fut appelé à Heidelberg pour y constituer l'Académie. C'est là que Camérarius vint lui apprendre la mort de sa femme. Leurs amis communs l'avaient chargé de ce soin. On avait espéré que le coup serait moins rude, si Mélanchthon tenait cette nouvelle d'une bouche si chère. L'arrivée de Camérarius lui causa une joie si vive, que celui-ci n'osa pas d'abord la troubler, et qu'il le laissa s'engager en toute sécurité dans un de ces entretiens qu'il réservait pour ses amis, et qui ne roulaient pas sur les matières théologiques. Le lendemain, Camérarius, craignant qu'il n'apprît d'un autre son malheur, et qu'il lui en voulût de ce silence, se décida à lui en parler. A cette nouvelle, Mélanchthon ne s'échappa point en démonstrations violentes : il dit adieu à sa femme, l'appelant par son nom, et ajoutant qu'il ne serait pas longtemps à la suivre. Puis, s'enfermant avec son ami, il lui tint

---

[1] *Lettres*, liv. I, 85, 86.

sur l'état des affaires et sur l'avenir de l'Allemagne des discours pleins de tristesse, et mêlés de prédictions que l'événement ne démentit pas.

XV

Dernières années de Mélanchthon. — Désordres causés par les partisans d'Illyric. — État de trouble de la ville de Wittemberg. — Relâchement de la discipline académique. — Mœurs des étudiants. — Impatience d'arriver aux professions lucratives. — Esprit des parents. — Découragement croissant de Mélanchthon.

Mélanchthon ne devait pas être séparé longtemps de sa femme. Croyant sa fin prochaine, il commençait à s'affecter moins des malheurs publics et des siens; il sentait que les douleurs longues et immodérées ne conviennent plus à l'homme que la mort va bientôt délivrer. Ses dernières années se passèrent dans ce calme sans indifférence, où il était arrivé après tant de peines d'esprit, soit par la raison, soit par l'épuisement. D'ailleurs, tous ses amis de son âge étaient morts : il avait vu disparaître successivement Luther, Cruciger, Jonas, Menius, Poméranus, l'électeur Jean-Frédéric, qui ne jouit pas longtemps de la liberté, Bucer, qui était allé finir en Angleterre une vie laborieuse et conduite avec habileté. Ces hommes éminents formaient la première génération de la réforme; ils en avaient eu toutes les illusions et toute la bonne foi. Ceux qui venaient ensuite y mêlaient beaucoup d'intérêts divers et confus, outre cet orgueil propre aux héritiers immédiats d'une révolution, lesquels se piquent d'interpréter ce qu'ils n'ont pas fait, et se tournent quelquefois contre la gloire de leurs pères pour relever la leur.

Les adversaires eux-mêmes étaient changés. Dans ces premières luttes du vieux catholicisme et de la réforme, on avait disputé des deux côtés, sinon avec la même bonne foi, du moins avec plus de bonne foi que de politique. On cherchait à mettre hors du débat quelques vérités évidentes pour les intelligences les plus simples. Ce fut toujours le but hautement déclaré de Mélanchthon, et les scolastiques, peut-être moins sincères d'abord, parce qu'ils étaient moins savants et moins habiles, n'avaient pas paru s'en proposer un autre. Mais depuis que la guerre, précédée ou suivie des intrigues, avait exalté, comme il arrive, la lâcheté et l'audace, la politique avait chassé la bonne foi. Les catholiques s'étaient habitués à compter sur l'empereur, et se mettaient moins en peine d'éclaircir des difficultés qui devaient être tranchées par son épée. Le rôle de Mélanchthon était fini. Il n'y avait presque plus de disciples pour apprécier ce langage honnête, sans équivoque, sincère là même où la pensée était encore incertaine ; il n'y avait plus d'adversaires pour rendre les armes, au moins sur quelques points, à cette polémique si loyale qui arracha aux consciences plus d'une concession retirée ensuite par les intérêts.

Les amis d'Illyric lui avaient rendu le séjour de Wittemberg assez difficile pour qu'une fois encore il parlât d'en sortir, et de chercher pour sa mort un exil plus hospitalier. Camérarius parle des désordres de ce parti avec une tristesse que son obscurité, habituellement impénétrable, n'a pu nous dérober entièrement. La religion n'était guère que le prétexte dont se couvraient les jalousies et les haines privées, et les noms d'adiaphoristes, de majoristes[1], désignaient ceux qu'on n'osait appeler du nom trop éhonté d'ennemis. C'est un trait commun à toutes les révolutions, que ces haines personnelles qui, au moyen de noms géné-

---

[1] C'est-à-dire de partisans de la tolérance sur des choses indifférentes, de disciples de Major, qui était lui-même de l'école de Mélanchthon.

raux, parviennent à se donner pour complices toute une ville et quelquefois toute une nation.

Wittemberg souffrait de tous les maux que peuvent causer la plume et la parole, quand elles ont pour prétexte l'intérêt public, et pour motif l'intérêt particulier. La rage de la dispute avait gagné tout le monde : les disciples interpellaient les maîtres ; les écoliers offraient le débat public aux professeurs. Quelques-uns l'acceptèrent, contre le gré de Mélanchthon ; il sentait qu'à se commettre ainsi on abaissait la dignité de l'enseignement. Pour les écrits, deux choses les multipliaient à l'infini : l'amour du bruit qui fait tant d'écrivains; un sujet où la moindre équivoque donnait aisément matière à des volumes. Camérarius n'y voyait qu'un remède, la censure, et il la demande honnêtement. On en avait, dès ce temps-là, tout au moins un commencement. Un décret de l'académie interdisait toute publication non revêtue de l'approbation des quatre doyens des facultés et du recteur. Mélanchthon lui-même paraît avoir été chargé, auprès de l'académie, des fonctions de rapporteur dans les affaires de ce genre. La censure n'était donc pas à trouver. Si elle ne réprimait rien, c'est peut-être que l'inutilité de la censure n'est guère moins ancienne que son existence.

Il n'est pas étonnant que cette confusion eût relâché la discipline académique. La plupart des jeunes gens avaient une religion fort tiède ; ils aimaient mieux disputer qu'assister avec recueillement aux lectures, à la prière, aux rites du nouvel Évangile. La doctrine de la justification dans les œuvres avait produit ses fruits. « Pourquoi nous mettre un frein, disaient les étudiants, puisque vous nous enseignez que le soin que nous prenons de gouverner nos actes extérieurs n'est pas la justice par laquelle nous sommes sauvés[1] ? » En d'autres termes : « A quoi bon nous gêner, puis-

---

[1] *Discours prononcés à l'Académie de Wittemberg*, t. IV.

que cette gêne ne doit pas nous être comptée? » On les combattait par des subtilités. Mélanchthon lui-même, le plus souvent d'une clarté si admirable, ne répondait rien de concluant. Il n'osait faire un pas de plus vers les œuvres, de peur d'affaiblir la doctrine de la justification par la foi, et la morale s'obscurcissait dans des subtilités impuissantes contre les passions.

Au reste, la tiédeur dans les exercices de piété était le moindre de ces relâchements. On reprochait aux élèves surtout la gloutonnerie, reproche très-ancien en Allemagne. Seulement la table était alors plus turbulente qu'aujourd'hui. Les orgies se prolongeaient jusqu'à minuit, énormité pour le temps ; après quoi les jeunes gens se répandaient sur la place et parcouraient les rues de Wittemberg, criant et chantant à tue-tête, éveillant tout le monde, et faisant croire aux magistrats que l'ennemi était dans la ville. Un décret de l'académie leur ordonne d'être rentrés chez eux à huit heures. Si quelqu'un est appelé au dehors par des affaires, qu'il les fasse en silence, et s'éclaire dans les rues avec une lanterne, pour qu'on le reconnaisse. Quiconque sera surpris armé et sans lanterne, sera mis en prison. Un autre décret les menace d'une prison particulière, plus dure que la prison scolastique. Le premier décret n'avait pas réussi. On continuait à sortir armé, et on battait le guet.

Plusieurs étudiants avaient pour domestiques ces Scapins et ces Mascarilles dont la comédie a fait un type, mais qui ont été d'abord des personnages réels, héritiers des Daves de Rome. Il ne paraît pas d'ailleurs que la comédie les ait calomniés. Ils étaient larrons jusqu'à rompre les coffres et crocheter les portes, de complicité avec leurs maîtres, qui prenaient leur part de ces rapines ; ils soufflaient les discordes, excitaient les rixes, poussaient les moins braves à se battre et fournissaient les armes; ils entraînaient dans les orgies les jeunes gens sobres, et troublaient de leurs chants, de leur ivresse, de leurs espiégleries, les noces et toutes les réunions publiques [1].

Dans les faubourgs, des maraudeurs prenaient d'assaut les jardins et les vignes, et ils avaient des chambres où ils se cachaient pour manger leurs vols. Un décret leur défend de coucher hors de la ville. On leur fait un tableau des blessures qui les attendent, de la mort qu'ils risquent peut-être, outre les châtiments que leur réserve l'académie. Un autre décret parle de femmes perdues qui attiraient les jeunes gens dans les bois proches de la ville ou dans les bouges des faubourgs, et qui pénétraient dans l'intérieur de la ville sous des habits d'homme.

Enfin ils se faisaient accuser de modes outrées dans leur costume, et particulièrement dans la forme de leurs chapeaux. Les uns portaient des turbans à la manière turque, ce qu'on leur reproche comme une imitation, qui présage des mœurs et un empire barbares. Les autres se couvraient de chapeaux à larges bords, dont on leur disait vainement, du haut des chaires académiques, qu'ils gênent la vue, qu'ils sont enlevés par les coups de vent, que leur poids alourdit la tête et opprime l'esprit. Ceux-ci imitaient la coiffure militaire des cavaliers, ceux-là le bonnet de voyage, bigarrure qui étonnait beaucoup les étrangers et leur donnait une mauvaise opinion de la force du gouvernement académique.

Mais un mal plus grave, et contre lequel Mélanchthon lutta avec plus de zèle que de succès, c'était l'impatience des jeunes gens d'arriver de plein saut aux professions lucratives sans passer par les études scolastiques. L'académie de Wittemberg suivait, à quelques changements près, la même conduite que notre université, quoique dès ce temps-là il se trouvât, comme aujourd'hui, nombre d'inventeurs et de par-

[1] *Discours prononcés à l'Académie de Wittemberg*, t. VII.

tisans des méthodes expéditives. On n'arrivait aux sciences spéciales et d'application, à la théologie, au droit, à la médecine, qu'après avoir été arrêté longtemps sur ce qu'on appelait la grammaire et la dialectique, c'est-à-dire, les études de langue et la philosophie. A l'issue de ces premières études, on recevait le grade de bachelier. De là il fallait passer par la physique, les mathématiques, les éthiques, et recevoir le grade qui y était attaché, avant d'entrer dans l'enseignement d'application. Or, ces lenteurs, si sagement calculées sur les progrès des facultés de l'enfant, de l'adolescent et du jeune homme, avaient, comme aujourd'hui, de nombreux contradicteurs. On attaquait l'usage de décerner des grades comme une routine et un empêchement. Les parents avaient hâte d'échapper aux dépenses de l'éducation littéraire, et poussaient leurs enfants aux professions lucratives, quoique la rétribution académique fût modique ; les plus riches ne payant que quatre florins d'or et demi par année, les pauvres deux florins, et quelquefois rien. Pour les écoliers, outre le peu d'application de cet âge, qu'aucune méthode ne corrigera, ils étaient impatients d'aller où les attiraient l'influence, le bruit, la vie, c'est-à-dire, à la médecine, au droit, surtout à la théologie, par laquelle on arrivait à la faveur des princes. « Il nous naît, dit Cruciger, des théologiens comme des champignons [1]. » On apportait à ces études un chapeau à larges bords et un souverain mépris pour les lettres. Cruciger juge le mal si grand, qu'il demande l'intervention des magistrats et des princes pour empêcher ces professions sans instruction première, et cette nuée de théologiens, de jurisconsultes et de médecins improvisés.

De toutes ces difficultés, quelques-unes ne sont pas particulières au temps où vivait Mélanchthon ; les plus graves, nées de l'esprit d'émancipation qui fait le fond de la ré-

---

[1] *Discours prononcés à l'Académie de Wittemberg*, t. I.

forme, étaient depuis longtemps au-dessus de ses forces et de ses espérances. Qu'on y ajoute les embarras que donnaient aux chefs de l'académie l'insuffisance ou le défaut de zèle de certains professeurs, la témérité de quelques-uns, lesquels déchiraient dans les querelles la robe académique, les inégalités des princes envers les lettres, tour à tour protégées avec faste ou abandonnées comme une dépense de luxe dans les temps de guerre; l'anarchie des familles que partageaient tant de contradictions et de schismes dans la même doctrine; les embarras matériels et de police; les disettes, alors si fréquentes; la peur des Turcs, et celle plus récente des Russes, qu'enfantait sourdement le Nord; enfin l'idée, familière alors à tous les esprits éminents, d'une prochaine dissolution du monde; et l'on comprendra qu'un homme qui avait donné toute sa jeunesse et tout son âge mûr à la réforme, entrant dans la vieillesse avec des forces épuisées, et plus de considération que de pouvoir, vît venir avec quelque douceur la mort qui devait l'enlever à l'envie, au doute et à l'impuissance. Parmi les biens immédiats des révolutions, lesquels sont en petit nombre, le plus grand peut-être, c'est qu'après avoir payé sa dette, on désire de mourir avant le découragement extrême et l'incrédulité.

XVI

Mort de Mélanchthon.

L'année 1560 trouva Mélanchthon occupé de sa fin, et déjà touché de cette tristesse douce que donne à l'homme le mieux préparé l'approche solennelle de la mort. Depuis quelques mois, il priait Dieu tous les jours, à son lever, de lui adoucir ce passage. Mélanchthon avait alors soixante-trois ans. C'était une année climatérique, où, dans ce temps-là, chacun se recueillait, s'attendant également à recommencer sa vie ou à la voir finir. Mélanchthon en parlait souvent avec une piété mêlée de superstition, disant que, selon la prédiction d'un célèbre mathématicien et médecin, Jean Virgund, les astres lui comptaient les années jusqu'à soixante-trois, mais que, passé ce nombre, ils ne parlaient plus. Il laissait voir par d'autres paroles qu'il ne se croyait pas loin de sa mort. Quand on lui parlait d'intrigues ourdies contre lui par ses ennemis : « Je ne les embarrasserai pas longtemps, disait-il, de mon opposition [1]. »

Il traversa pourtant sans maladie l'année climatérique ; mais c'était une opinion générale que les dangers en étaient souvent différés à la suivante. On l'avait remarqué de Luther, mort trois mois après l'époque fatale, et les amis de Mélanchthon n'étaient point rassurés par son air de santé. Lui-même n'en continua pas moins de prédire sa fin, et de s'y accoutumer. Son corps s'amaigrissait, et, quoiqu'il conservât la même capacité de travail, ses amis remarquaient qu'il perdait de sa facilité. Ce fut à son retour de Leipsick,

---

[1] *Orationes, epitaphia et scripta quæ edita sunt de morte Philippi Melanchthonis*, Wittemberg, 1561.

où l'électeur de Saxe l'avait envoyé présider des examens, que Mélanchthon sentit les premières atteintes du mal qui devait l'enlever. Il éprouva de vives douleurs dans la nuit du 7 avril. Peucer, son gendre et son médecin, effrayé des symptômes, fit écrire à Camérarius, avec lequel Mélanchthon était lié depuis quarante ans d'une étroite amitié, qu'il se hâtât de venir à tout événement.

Le matin, dès le point du jour, Mélanchthon voulut reprendre ses travaux ordinaires, pensant trouver encore ses forces; mais, déjà frappé de cette faiblesse qui est le commencement de la mort, il écrivit d'une main tremblante à un de ses amis qu'apparemment Dieu voulait l'enlever au synode que les partisans d'Illyric allaient provoquer. Puis s'interrompant pour parler avec son gendre de sa maladie : « Si Dieu le veut ainsi, dit-il, je mourrai volontiers : puisse-t-il faire que mon départ soit joyeux! » Il était fort inquiet d'une éclipse qui avait eu lieu dans l'équinoxe, et d'une conjonction de Mars et de Saturne. Il y avait vu d'ailleurs un présage de stérilité, et avait conseillé à l'académie de se pourvoir de blé pour une disette, ce qui fut fait.

Vers huit heures, il parla d'aller faire sa leçon de dialectique à l'académie. Comme on essayait de l'en détourner : « Je ne lirai qu'une petite demi-heure, » dit-il, et il sortit, appuyé sur les bras de deux élèves. Arrivé dans la salle des cours publics, il la trouva vide; on l'avait trompé d'heure, dans l'espoir que, ne trouvant personne, il s'en reviendrait. Il hésita d'abord s'il ne prendrait pas l'heure d'un de ses collègues, alors absent; mais l'auditoire manquant, il se fit reconduire chez lui. Là, se sentant mieux, et neuf heures ayant sonné, il témoigna le désir de retourner à l'académie. On avait pensé d'abord à faire afficher que le cours n'aurait pas lieu; mais, sur la réflexion que cette contrariété pourrait le fatiguer plus que sa leçon, on le laissa monter dans sa chaire. Il parvint à parler environ un quart d'heure sur un texte de Grégoire de Nazianze, dissimulant sa faiblesse, et affectant d'élever la voix. Cet effort parut toutefois le ranimer; il continua tout le jour et une partie du lendemain à dicter une histoire universelle qu'il avait déjà menée jusqu'à Charlemagne; et le sénat de l'académie ayant été convoqué pour délibérer sur quelques rixes entre des jeunes gens, il s'y rendit, et prononça de graves paroles, conseillant des mesures mêlées de sévérité et de douceur.

De retour chez lui, il se remit à ses travaux. Il faisait imprimer alors un discours funèbre sur la mort de Philippe, duc de Stettin et de Poméranie. Ses amis craignaient d'y voir un présage, et lui-même allant au-devant de leurs pensées : « Je ne traite plus, leur dit-il, que des sujets funèbres. L'excellent prince à qui j'ai rendu cet hommage a été un Philippe. Quoi d'étrange que moi, un Philippe de la foule, je le suive? »

Le 12 avril, jour de la Passion, après une nuit sans sommeil, il se leva, dès quatre heures du matin, et deux heures après, il alla faire sa leçon, selon la coutume des professeurs de célébrer dès le matin la mémoire de si grandes choses; effort de zèle qu'il ne faisait pas sans beaucoup de fatigue, même en santé. Ce fut la dernière fois qu'il parla en public. Il rentra chez lui pour n'en plus sortir que mort, luttant contre les progrès du mal, tantôt assis, tantôt debout et se promenant dans sa bibliothèque. Il y eut un moment où, descendant l'escalier qui y conduisait, les forces lui manquèrent, et il s'assit sur une marche, la tête appuyée sur le coude. C'est dans cette posture que Camérarius le trouva.

Le jour de Pâques, quoiqu'il pût à peine se tenir debout, il voulut, dès six heures, aller à l'académie faire sa leçon accoutumée sur la solennité du jour. Déjà, malgré la résistance de Camérarius, il avait revêtu sa robe, disant qu'il se contenterait de faire aux élèves quelques courtes réflexions, lorsque son fils, survenant, lui annonce que l'auditoire est désert. « Est-ce donc toi, dit Mélanchthon avec impatience, qui as donné ordre aux élèves de se retirer? » Ce que celui-ci ayant nié, Mélanchthon se calma : « Pour qui ferais-je ma leçon, dit-il, s'il n'y a personne? » Et quittant sa robe il se mit à écrire des lettres.

Des affaires pressantes forçaient Camérarius de partir. On n'avait pas perdu toute espérance; la tête était encore intacte. Un goûter d'adieu fut préparé, où devaient assister quelques amis. Il voulut les traiter avec du gibier que lui avait envoyé le prince d'Anhalt, et du vin du Rhin, qui lui venait d'un autre don. Avant de se mettre à table, Camérarius et lui étant dans la bibliothèque, lui assis sur un escabeau, et plusieurs personnes debout vers la porte, il dit à son ami, comme dans un dernier adieu : « Mon cher Joachim, nous sommes liés depuis quarante ans d'une amitié vraie et réciproque, dont ni l'un ni l'autre de nous n'a cherché à tirer profit, et nous avons été de bons pédagogues, chacun à notre place. J'ai la confiance que nos travaux ont été utiles à plusieurs. Que si Dieu a voulu mettre fin à mes jours, nous continuerons de nous aimer saintement dans l'autre vie. » Ensuite ils descendirent pour le goûter. Mélanchthon, après quelques discours touchants sur la mort édifiante d'une fille de Camérarius, y fut pris d'une telle faiblesse, que celui-ci, effrayé, remit son départ au lendemain.

Le moment de la séparation arrivé, Mélanchthon lui dit d'une voix triste : « Que Jésus-Christ, Fils de Dieu, qui est assis à la droite de son Père et qui dispense ses dons aux hommes, te conserve, toi, les tiens et nous tous! » Et il ajouta des compliments pour la femme de son ami. Camérarius monta à cheval et partit pour Leipsick.

Le même jour, Mélanchthon parla de la folie de ceux qui nient que Jésus-Christ ait craint la mort. « Il la craignait d'autant plus, ajouta-t-il, qu'il connaissait mieux que nous ce que c'est que mourir. » Il revint sur cette mort de la fille de Camérarius, et sur la maladie qui l'avait enlevée, et qu'il comparait à la sienne, sauf sa faiblesse qu'il trouvait si grande et qu'il attribuait à une cause obscure. Et peu auparavant, étant couché : « Si ce n'est pas la mort, dit-il, c'est du moins un bien grand châtiment. » A la muraille où touchait son lit, était suspendue une carte d'Europe; il la regarda d'un œil fixe, et se retournant vers ceux qui le soignaient, il leur dit avec un sourire : « Virdung a lu dans les astres que je ferais naufrage dans la Baltique. Il a raison, je ne suis pas bien loin de cette mer. » Et, en effet, la partie de la carte où elle était figurée était la plus proche de son lit.

Le lendemain, ne pouvant souffrir aucune position à cause de son extrême faiblesse, il se fit placer sur une litière de voyage. « Ceci s'appelle un lit de voyage, dit-il; n'est-ce pas dans ce lit que je vais partir ? » Vers neuf heures, il appela Peucer : « Que vous semble, dit-il, de mon mal, et quelle espérance avez-vous? Ne me dissimulez rien. — A Dieu appartient votre vie, répondit Peucer, et la longueur de vos jours. Nous les lui recommandons; mais, puisque vous voulez que je vous dise la vérité, si je considère les causes physiques, votre état est loin d'être sans péril, car votre faiblesse est grande et s'accroît de moment en moment. — Je pense comme vous, dit Mélanchthon, et je ne m'abuse pas sur cette faiblesse. » Et il pria qu'on cherchât dans ses papiers un projet de testament qu'il avait préparé, et dont le préambule était une profession de foi sur la religion. Comme on ne trouvait pas cet écrit, probablement dérobé par une de ces infidélités dont se plaignent tous les hommes publics de ce temps-là, il en dicta un autre où il donnait son sentiment sur les dissidences des protestants.

Le 19 avril, qui fut son dernier jour sur cette terre, après avoir tenu plusieurs discours à son gendre sur les malheurs de l'Église, il parut dormir quelques instants d'un sommeil assez doux. Puis, se réveillant en sursaut, il pria Peucer de lui couper les cheveux, service qu'il était accoutumé de recevoir de son gendre, et il se fit changer de linge, comme s'il eût été averti tout à coup du départ et qu'il voulût se tenir prêt. Peu après, il fut visité par des amis et des hôtes d'une ville voisine. Il s'entretint avec eux environ une demi-heure, avec quelque gaieté d'abord; puis, ses pensées devenant sombres, il leur parla tristement des disputes qui déchiraient l'Église; et il ajouta : « Si je meurs, c'est un bienfait singulier de Dieu qui m'enlève à tous les maux dont nous sommes menacés. »

Vers midi, le pasteur et les professeurs de Wittemberg entrèrent dans sa chambre. Ne pouvant déjà plus parler, il demanda qu'on lui lût divers passages des livres sacrés qu'il aimait particulièrement. Cette lecture finie, il dit à haute voix : « J'ai toujours dans l'esprit et en vue ce mot de Jean sur le Fils de Dieu : « Le monde ne l'a pas reçu; mais, à ceux qui l'ont reçu, il a donné le privilége de devenir enfants de Dieu. » Après quoi il remua les lèvres environ un quart d'heure, comme s'il eût continué intérieurement ses pieuses réflexions.

L'heure approchait où la plupart des professeurs allaient faire leur cours. Personne ne se sentant le courage de quitter, à ce moment suprême, l'ami qui allait leur échapper, on rédigea à la hâte, au nom de tous, un avis conçu en ces termes : « Très-chers auditeurs, vous n'ignorez pas dans quelle sollicitude, quel chagrin et quelle crainte nous jette la maladie de notre vénéré précepteur et père, maître Philippe, et sans doute vous vous en affectez avec nous. Vous souffrirez donc que les leçons de cette après-midi n'aient pas lieu. Nous voulons vous prouver par là que telle est la force du mal, que, si Dieu n'aide la nature, notre maître ne pourra résister plus longtemps. Nous vous exhortons à vous unir à nous pour prier Dieu qu'il jette un regard de pitié sur cette misérable Église et sur la jeunesse, et que, pour châtier notre ingratitude, il ne nous enlève pas, dans des temps si difficiles, le fidèle directeur de nos études. Employez à des prières ce temps de loisir, et implorez Dieu pour l'Église et pour la santé de notre précepteur. »

Mais déjà Mélanchthon luttait avec la mort. Il ne parlait plus que pour répondre, ayant les lèvres toujours en mouvement, comme s'il se fût hâté de recueillir dans sa mémoire toutes les promesses de l'autre vie. Son gendre lui demanda s'il voulait quelque chose : « Rien, dit-il, que le ciel. » Et peu d'instants après, s'étant évanoui, comme on eut rappelé ses sens au moyen d'un cordial, il parut se ranimer et dit : « Pourquoi troublez-vous mon repos? laissez-moi en paix jusqu'à la fin de ma vie, qui n'est pas loin. » Cependant tout le monde s'était agenouillé, et le pasteur lisait, parmi les passages des saintes Écritures, ceux qu'il s'était plu toute sa vie à méditer. Après cette lecture, on recommença les prières; et Vitus, un de ses collègues, docteur en médecine et professeur de langue grecque, lui ayant demandé s'il comprenait tout ce qui venait de lui être lu, il répondit en allemand : « Oui. » Quelques minutes après, vers six heures du soir, pendant qu'on récitait le Symbole des apôtres et l'Oraison dominicale, il expira d'une fin si douce que, de tous ces yeux qui étaient attachés sur lui, aucun ne put surprendre l'instant du passage suprême.

Il avait vécu soixante-trois ans et autant de jours, et était mort à la même heure qu'il était venu au monde.

La nouvelle de sa mort amena toute la ville devant sa maison : étudiants, étrangers, habitants de toutes les classes, demandaient à le voir avant qu'il fût mis dans le cercueil. Le corps resta exposé dans la bibliothèque, depuis le 20 avril au matin jusqu'au lendemain dans l'après-midi. Les plumes, et jusqu'aux débris de papier qui étaient répandus sur le plancher, furent enlevés. Sur le passage du convoi, des sanglots éclatèrent, parmi les femmes surtout, de qui Mélanchthon s'était fait aimer, pour cette douceur et cette grâce qui lui étaient particulières. Camérarius, arrivé le matin, n'eut pas la force d'entrer dans cette triste maison, au milieu des derniers préparatifs : il attendit que le cercueil fût fer mé,et il le suivit jusqu'à l'église de la citadelle où le corps fut déposé à côté de celui de Luther. La mort avait réuni le disciple au maître, après une séparation de quatorze ans.

XVII

Mélanchthon réformateur dans les lettres. — Caractère des corrections qu'il fait à ses livres. — Ses contradictions. — Sa méthode. — Il l'emprunte aux anciens. — La *Confession d'Augsbourg* au point de vue littéraire. — Influence de sa méthode en Europe. —Il met la renaissance au service de la réforme. — Est-ce un titre d'honneur ? — La réforme dans de justes limites.— *Le précepteur commun de l'Allemagne*. — Sa méthode dans l'enseignement des lettres — La scolastique, la dialectique, la jurisprudence, la médecine de son temps. Dans quelle mesure il les réforme. — Ses doctrines littéraires.— Caractère de ses avis aux étudiants. — Comment ses collègues se distribuent son héritage. — Opinion générale sur Mélanchthon

Mélanchthon avait bien gagné l'éternel repos : il avait rempli, avec une gloire que lui seul ne connut pas, la double tâche de réformateur dans la religion et de réformateur dans les lettres. Nul ne mit à leur service un esprit pourvu de plus de ressources. Nul ne souffrit plus pour ces deux causes, si étroitement liées au commencement : la réforme pénétrant partout où la renaissance avait ouvert les intelligences, et le même progrès éclairant les esprits et émancipant les consciences.

Mélanchthon n'estima jamais de son immense savoir que ce qui pouvait en être compris du plus grand nombre. Quelquefois, pensant à la gloire des anciens écrits, il laissa échapper l'aveu qu'il eût pu faire des livres plus polis et plus agréables aux lecteurs [1]. Mais il ne se croyait pas le droit de se contenter, et sacrifiait volontiers ceux de ses dons naturels que le travail et la patience eussent perfectionnés, au besoin de faire paraître ses livres à temps et de les approprier à l'intelligence des lecteurs. A une époque où les livres étaient des actions, et les lettrés des chefs de parti, il n'était guère loisible de songer à la gloire des écrits durables Pour Mélanchthon, il ne pensa jamais à jouir de son esprit ; il ne fut et ne voulut être que pédagogue : assez semblable à Fénelon par ce nouveau trait, qu'il n'eut pas l'orgueil du génie, et qu'il ne trouva rien de plus beau que de faire des livres d'éducation.

On a vu Mélanchthon se défendre, non par peur de la responsabilité, mais pour être vrai, d'avoir rien inventé en fait de dogmes. Il y revient souvent dans ses écrits. « Je n'ai bien appliqué, dit-il quelque part, toutes les forces de mon esprit et tous les efforts de ma volonté qu'à expliquer avec clarté et précision de si grandes matières, et à donner à la jeunesse des opinions droites et modérées. Autant que je me connais, j'affirme avec vérité et en toute conscience que je n'ai jamais eu en vue que de servir le public [2]. » Les seules corrections qu'il fit à ses livres, étaient pour y mettre plus de cette netteté qui découvre les choses aux lecteurs les plus inattentifs, et non pour attirer les yeux sur l'écrivain. Sa conscience délicate et simple l'aidait beaucoup dans ce dessein : il ne pouvait enseigner que ce qu'il croyait, et il ne pouvait croire que ce qu'il concevait nettement. Bossuet l'a surpris se contredisant, atténuant ou omettant selon le besoin. Le reproche est vrai ; mais c'est à nous de dire que ce ne fut

---

[1] *Epist. Ph. Mel. de seipso, et de editione prima scriptorum suorum*.
[2] *Epist.*, ix, lib. II.

jamais pour se tirer d'un embarras ou d'un danger personnel. Mélanchthon se dévouait à la concorde, qui fut toujours d'un plus grand prix à ses yeux que certaines conséquences d'un principe absolu. Les contradictions de Luther peuvent choquer, parce que c'est le plus souvent son orgueil qui donne un démenti à sa bonne foi, et qu'on voit un législateur s'excepter des lois qu'il a faites ; mais comment blâmer Mélanchthon, lorsque, dans un intérêt commun et pressant, il ne souffre pas que ce qu'il a pu écrire soit un empêchement pour la paix, et que, à la différence de Luther, l'homme pacifique ne craint pas de démentir l'écrivain ? Comment n'aimer pas cette habitude de ne tenir à ses idées qu'autant qu'elles peuvent servir au bien d'autrui ? Et celui-là n'était-il pas le vrai disciple du Christ, qui s'offrait toujours pour premier otage de la paix qu'il apportait aux partis, et qui ne songeait à les accorder qu'à ses dépens ?

Un esprit si pratique devait emprunter sa méthode aux anciens. Là, en effet, sont les plus beaux modèles de littérature appropriée. Les livres des anciens sont comme leur politique : celle-ci se faisait sur le Forum ou l'Agora, en plein jour, par la communication et la discussion. Les livres se faisaient comme la politique, en vue et avec le contrôle de tous. L'art des anciens n'est que la connaissance des routes les plus sûres et les plus directes pour arriver à l'intelligence d'autrui, et pour accommoder le génie aux esprits les plus ordinaires, sans le faire descendre. C'est aux anciens que Mélanchthon prit ses plans, sa netteté dans l'exposition, l'art de grouper les preuves, de proportionner un sujet ; la clarté, cette lumière qui n'éclaire pas tout le monde au même degré, mais qui ne laisse personne dans l'obscurité ; le naturel de l'expression, qui n'est que le langage le plus général et le plus approprié : c'est à ces qualités qu'il dut cette puissance que tout le monde contesta et que tout le monde subit.

La *Confession d'Augsbourg*, son plus beau livre comme

théologien, est un ouvrage antique par la méthode. Ce livre lui a survécu et demeure encore. Vainement Luther l'affaiblit, d'abord par son refus de concours, tandis que Mélanchthon l'écrivait, ensuite par ses désaveux, quand il parut; vainement les sacramentaires et l'Église de Strasbourg, par l'éclat de leurs réserves; tous les exagérés, par la peur de ne pas demander assez; tous les beaux-esprits, par le désir de se distinguer en se séparant des autres, s'agitèrent pour le discréditer : le livre résista. Il résista par sa méthode même, qui en avait exclu toutes les exagérations particulières de chacun des chefs, et n'y avait fait entrer de leurs sentiments que ce qui pouvait être consenti par tous et compris du public. Plus d'une fois, au début de certaines diètes, on parut s'entendre pour rejeter ce code, qu'on s'étonnait d'autant plus de subir, que l'auteur lui-même ne cherchait pas la domination. Les discussions s'ouvraient, soit sur certains points qui n'y avaient pas été résolus, soit sur d'autres qui y sont compris, mais que l'on prétendait poser dans d'autres termes, comme pour secouer au moins le joug de la rédaction consacrée : bientôt les excès de l'interprétation de chacun ramenaient tous les disputeurs, comme à leur insu, au livre de Mélanchthon; en sorte que celui de tous les réformateurs qui paraissait avoir fait le plus de sacrifices, revenait par le fait de moins loin que tous les autres. A force de se dérober, Mélanchthon avait fini par se faire suivre de tout le monde.

Les plus éclairés de ses contemporains appréciaient très-bien sa position. Ils le regardaient comme envoyé de Dieu, non moins manifestement que Luther, pour éclaircir la doctrine et l'assurer. Dans l'imagination populaire, Luther découvrait des terres nouvelles et les conquérait; Mélanchthon y mettait l'organisation et l'administration. Ces deux hommes étaient si nécessaires l'un à l'autre, que Luther, qui fut toujours le premier à s'en fatiguer et à vouloir rompre, ne gagna rien à se brouiller avec Mélanchthon. Séparé du plus illustre de ses disciples, du seul qui pût l'entendre sans être ébloui, le maître, au lieu de faire des conquêtes, n'eut que des aventures sans cause et sans effet. La parole de Luther toute seule soulevait des tempêtes dans la foule ; en passant par la bouche de Mélanchthon, elle s'insinuait doucement dans les esprits, et y prenait racine.

L'influence que sa méthode lui donna en Allemagne, il l'eut en France, en Angleterre ; il l'eut en Italie, en Espagne, sur tous les esprits éclairés que l'inquisition ou la prépondérance du catholicisme n'empêchèrent pas de s'unir de vœux à l'Allemagne protestante. Cet art de trouver, au milieu de tant d'opinions extrêmes, une sorte d'esprit moyen où pussent se rencontrer toutes les intelligences, les unes comme à leur point d'arrivée, les autres comme à leur point de départ, lui donna une véritable importance diplomatique en Europe. Tant que les princes ne songèrent pas à tirer parti pour leur politique des questions religieuses, ou, plus tard, quand ils s'aperçurent que les embarras surpassaient le profit, ils pensèrent à se servir de Mélanchthon. On s'exagéra même les succès de sa parole, chacun jugeant par soi de l'effet que devaient produire sur les autres cette modération et cette clarté. Mais lui-même ne se laissa pas enivrer, et ne reçut jamais qu'avec hésitation cette médiation universelle, soit qu'il comprît que le débat ne resterait pas longtemps spéculatif, ou qu'il se souvînt trop du prix que lui avaient coûté ses succès à Augsbourg.

Si je ne craignais les opinions trop absolues dans une étude sur l'homme qui se fit une gloire immortelle en les évitant, et les airs de paradoxe en parlant d'un esprit qui les redouta comme des fautes contre la conscience, je dirais que Mélanchthon fut la méthode vivante de la réforme. Et, comme il prit tous ses moyens dans les anciens, j'ajouterais, pour compléter ma pensée, que ce fut la renaissance qui fournit à la réforme sa méthode. Les preuves en sont manifestes, non-seulement pour ceux qui peuvent reconnaître sous la diversité des matières, en l'absence de toute imitation visible, l'identité de méthode, mais encore pour ceux qui ne veulent se rendre qu'à des marques extérieures et matérielles. Tous les bons écrits théologiques du temps, et, parmi les meilleurs, ceux d'Érasme et de Mélanchthon, sont pénétrés de l'esprit ancien. La plus belle qualité de ces écrits est l'emploi même de ses ressources les plus naturelles, de ses moyens les plus simples, appliqués à d'autres matières et à une autre cause : le défaut en est une certaine superstition qui allait jusqu'au plagiat. Ainsi, dans les diètes, figurées à l'instar des assemblées antiques, l'orateur s'interrompt comme Démosthènes, pour faire lire par un secrétaire, imité du greffier athénien, les articles qui font l'objet de la discussion. L'art des orateurs est souvent confondu avec les expédients des rhéteurs, et le grand goût des hommes de génie avec le goût puéril des écoles. Au lieu de s'en tenir à ce qui, dans l'esprit ancien, est conforme à l'esprit humain, on calquait jusqu'à ces circonstances de détail qui varient selon le temps et la forme des sociétés, et, dans un pays chrétien, on voulait avoir à la fois l'éloquence et la tribune antiques. Mais l'effet général n'en était pas moins excellent, et la superstition même de l'imitation aidait la raison humaine à retrouver ses voies par des images de ces temps admirables.

Ce serait pousser trop loin l'éloge que d'attribuer à Mélanchthon tout seul l'honneur d'avoir appelé la renaissance au secours de la réforme. Luther, de son regard supérieur, avait bien vu le service qu'on pouvait tirer des lettres anciennes, et, avant de connaître Mélanchthon, il les avait assez étudiées pour être, même en ce point, plus exercé qu'aucun de ses adversaires. Mais il ne sentait pas le besoin de s'y perfectionner, et s'enfonçait de plus en plus dans la théologie, si favorable à la subtilité de son esprit et à la hardiesse de son imagination. Érasme, et c'est sa gloire, avait toujours mêlé les études littéraires aux études théologiques, éditant de la même main les Pères du christianisme et les auteurs profanes ; mais son goût, moins fin que celui de Mélanchthon, le portait plutôt vers la négligence abondante des Pères que vers la perfection des anciens. Ses écrits théologiques, outre leur indécision, tantôt calculée, tantôt sincère, ne sont piquants que par leurs railleries sur la grossièreté illettrée des moines. Il y manque la proportion, le plan, et cet art merveilleux des anciens, si c'est un art que de se conformer à l'esprit humain, de se rendre accessible à tout le monde, quoique à des degrés divers, et à chacun dans la mesure de son intelligence et de son savoir. Or c'est cet art que retrouva Mélanchthon, et qui, joint à sa sincérité en toutes circonstances, et à sa décision dans les choses essentielles, en fit le premier théologien de la réforme pour la propagation et l'enseignement de la doctrine.

Je crains qu'aux yeux de certaines personnes dont la foi peut être inquiète, ou l'orthodoxie intolérante, ce ne soit pour la renaissance un médiocre honneur d'avoir aidé la réforme. Mais j'avertirai ces personnes de prendre garde d'être plus catholiques que chrétiennes. Dans le temps que la réforme suscitait les anabaptistes de Munster, ou qu'elle partageait la France en deux pays ennemis, cette prévention était juste ; mais depuis que les armes sont rentrées dans le fourreau, qu'aucun pays n'est divisé par la religion, que dans les deux partis les hommes éclairés se sont réconciliés sur le terrain du christianisme, il ne faut pas craindre de faire honneur à l'esprit ancien de nous avoir ramenés des derniers excès de la scolastique, à l'intelligence savante et profonde du christianisme. Il ne faut pas craindre de glorifier Mélanchthon en particulier pour y avoir tant contribué par sa plume comme par toutes les vertus du chrétien pratique.

Je dirai même aux catholiques, pour peu qu'ils consentent à ne l'être pas plus que Bossuet, que c'est la réforme qui a fait le catholicisme gallican, le catholicisme profond, savant et philosophique de ce grand homme. Aimeraient-ils donc mieux le temps où des professeurs de scolastique, à Paris, s'évertuaient à montrer à leurs élèves en quoi *papam vidi* diffère de *vidi papam*; où, aux termes de je ne sais quel article, soutenir qu'*ego currit* est de mauvais latin, sentait l'hérésie; où un professeur de théologie, expliquant un passage des livres sacrés dans lequel il est question d'un roi de Salem qui offre du pain et du vin, croyant que *Salem* voulait dire *sel*, s'étendit sur la nature et la force de ce condiment? C'était le temps où les évêques faisaient la guerre aux lettres comme à des semences d'hérésie. La réforme força ces catholiques qui avaient oublié leurs livres, et étouffé sous un amas de vaine sophisterie les dogmes de l'Évangile, de revenir aux sources mêmes de leur foi, et de l'apprendre pour mieux la défendre. Les premiers écrits de Luther, et plus tard les lumineux écrits de Mélanchthon, firent rougir Jean de Eck et les autres de n'être que diffus, et les forcèrent à être éloquents. L'homme ne peut rien conquérir ni conserver que par le combat. Quand il fallut apprendre l'hébreu pour tenir tête aux élèves de Reuchlin, et réfuter les écrits de Luther et de Mélanchthon par leur propre méthode, il y eut un plus grand nombre de vrais catholiques qu'au temps où la scolastique régnait paisiblement sur tout le continent européen. Les plus illustres catholiques sont contemporains des réformateurs. Pendant que Luther et Mélanchthon remplissaient l'Europe occidentale de leurs écrits, le catholique Thomas Morus disputait comme un Père de l'Église romaine et mourait comme un martyr de l'Église primitive. Plus tard, ne sont-ce pas les protestants de Hollande qui suscitèrent la polémique de Bossuet? Les croyances disputées sont les seules qui soient profondes, outre que les mêmes combats qui renouvellent les esprits, renouvellent les caractères. Aux époques dont je viens de parler, les grandes vertus se trouvaient du même côté que les grands talents.

Au reste, il est temps que je quitte ce terrain, où je me sens mal assuré, ne pouvant rien affirmer avec autorité, ni exprimer de doutes utilement et avec convenance, et j'ai hâte de montrer dans Mélanchthon le réformateur littéraire. Là du moins les contradictions sont moins à craindre, et ont peu de conséquence. Je n'y rencontrerai ni les protestants, pour interpréter sa modération par sa faiblesse de caractère plutôt que par l'excellence de son esprit ; ni les catholiques, pour l'accuser de n'avoir pas été modéré jusqu'à passer de leur côté. Les services qu'il a rendus à ce qui, sous le nom de philosophie, embrassait alors toute la science humaine, ne peuvent être ni contestés ni interprétés à mal, puisque, grâce à Dieu, il n'y a pas un parti de l'ignorance et de la vie sauvage. Quiconque aime les lettres pour elles-mêmes, et en a goûté la douceur dans le commerce des grands écrivains de l'antiquité, honorera sans réserve l'homme que sa patrie a nommé le *précepteur commun de l'Allemagne*.

Le titre de précepteur est le plus modeste des titres, ou bien un des plus grands, selon le théâtre où se donnent les leçons. Quand l'école se compose d'un grand peuple, il n'y en a pas de plus beau ni de plus à envier. Je ne trouve, dans l'histoire de ce temps-là, que Mélanchthon qui en ait été honoré. C'est là en effet sa gloire très-particulière, qu'à côté de ceux qui exhumaient les monuments de l'antiquité et étaient souvent éblouis eux-mêmes par le flambeau qu'ils rallumaient, Mélanchthon faisait arriver jusqu'aux petits enfants quelques lueurs de la sagesse antique.

Il fut pour les lettres ce qu'il avait été pour la réforme ; il n'imagina rien, il appropria ce qui avait été fait. Pourquoi lui donnerais-je une gloire à laquelle il s'est refusé ? La grande pensée de la réforme comme de la renaissance, c'est le retour aux sources mêmes. Or, Luther pour la réforme, pour la renaissance l'Italie tout entière, et en Allemagne, Érasme et Reuchlin, avaient rouvert les livres. Mais pendant que Luther s'enivrait de la nouveauté de ses interprétations, et qu'Érasme écrivait d'agréables livres pour les lettrés de l'Europe, Mélanchthon mettait en catéchisme la théologie nouvelle, et faisait des grammaires pour apprendre aux enfants à lire les anciens.

Dans les lettres comme dans la religion, il ne recherchait que la gloire d'approprier les choses à l'entendement de la jeunesse. Mais tandis qu'il ne croyait et qu'il ne voulait être que pédagogue, se défendant de tout autre titre avec la modestie chrétienne, il réformait toutes les parties de l'enseignement public. Il faisait, pour la philosophie proprement dite, pour l'enseignement des langues, pour la jurisprudence, pour la médecine, pour les sciences physiques, ce que Luther avait fait pour la théologie : il les séparait de cette fausse science qui, dans l'ignorance où l'on était de la véritable, était née du souvenir vague et obscur qui en était demeuré, et avait fini par s'y substituer et en usurper le nom.

Avant lui, la scolastique était partout. J'entends par là ce mélange grossier de toutes les sciences les plus distinctes et ce raffinement inouï qui retenait dans la spéculation stérile celles que, plus tard, la méthode devait mêler à la vie pratique. La philosophie, par exemple, était confondue avec la religion, ou plutôt c'était un amalgame de la tradition corrompue d'Aristote avec la tradition non moins corrompue du christianisme. De là l'indignation de Luther, et, dans le commencement, celle de Mélanchthon contre Aristote, comme s'il eût été complice de cette confusion. Et de là, par contre-coup, l'attachement des scolastiques, dont cette confusion favorisait l'ignorance et la sophisterie, pour ce même

Aristote, qui leur était presque plus Dieu que Jésus-Christ. Le moyen âge avait désappris les livres, mais il avait retenu les grands noms ; et son respect pour Aristote était d'autant plus superstitieux que, ne pouvant le connaître par ses écrits, il l'avait fait à son image. Toutes les vanités et toutes les ignorances étaient intéressées à la perpétuité de son règne.

L'espèce de science qui s'enseignait généralement dans les écoles sous le nom de dialectique, consistait en commentaires des diverses parties de l'*Organum* d'Aristote, défigurées et mutilées dans des traductions latines. Les professeurs de dialectique, ne sachant point les langues originales, et n'étant point exercés à écrire, ajoutaient leur propre obscurité à toutes celles de la matière, et se contentaient d'étonner leurs auditeurs par des artifices où toutes les forces du raisonnement étaient employées à surprendre et à égarer la raison. Le prédécesseur de Mélanchthon à Wittemberg, un certain Tartaretus, passait, dit Vitus Winshemius, pour un dieu [1], tant il avait poussé loin l'art d'embarrasser les questions et de les résoudre par des moyens surprenants. On qualifiait les plus habiles en ce genre d'*irréfragables*, de *très-illuminés*, d'*angéliques*, de *séraphiques* ; les éloges étant, comme il arrive, d'autant plus exagérés que la science était moins solide. Mais l'admiration suscitait des critiques non moins passionnées, et les disputes, sur ce misérable terrain d'équivoques et d'arguties, finirent plus d'une fois par des coups.

En arrivant à Wittemberg, Mélanchthon y trouva cette dialectique florissante. Les réalistes et les nominaux continuaient d'y disputer, quoique Luther les eût fort surpris en apportant une bien autre matière de disputes que celle qui

---

[1] *Discours prononcé à l'Académie de Wittemberg après la mort de Mélanchthon.*

les tenait divisés. Mélanchthon se plaça entre eux comme arbitre, condamna les deux partis, et leur demanda de réunir leurs forces pour rechercher en commun la vérité dans ces livres qu'ils citaient et qu'ils n'avaient pas lus. En même temps il leur mit dans les mains une grammaire latine et une grammaire grecque, et il rétablit la paix entre tous ces docteurs en en faisant des écoliers.

Quant à la dialectique, il alla en chercher la définition dans Cicéron, qui lui fournit le programme même de ses leçons. « La dialectique, dit Cicéron, c'est cette science qui enseigne à distribuer un tout en ses diverses parties, à découvrir par la définition ce qui est caché, à éclaircir par l'interprétation ce qui est obscur, à voir les équivoques et à les résoudre par d'habiles distinctions, à posséder enfin une règle certaine pour juger le vrai ou le faux, et pour savoir si une conséquence est bien ou mal déduite de son principe [1]. » Mélanchthon étudia les formes du raisonnement dans le plus serré et le plus vif des logiciens, Démosthènes. Puis, faisant un choix de tous les préceptes de l'art antique, et renouvelant le raisonnement lui-même, il appliqua cet instrument réparé à des questions qui touchaient à la conduite même de l'homme et aux plus grands intérêts de son temps. Il fit succéder, dans son auditoire, à une curiosité stérile, l'attention et la réflexion ; il intéressa aux vérités essentielles ceux que son prédécesseur Tartaretus amusait par des jeux de paroles. Bientôt le dieu dont parle Vitus fut traité par les nouveaux lettrés comme les saints l'étaient par les réformateurs, et il courut plus d'une épigramme grecque ou latine, où l'on jouait sur la ressemblance de son nom avec le nom du Tartare, dont il avait, disait-on, répandu les ténèbres sur les pensées d'Aristote.

Cet art, dont Cicéron raconte que le grand jurisconsulte

[1] *Brutus*, XLI.

Scévola s'en aida pour débrouiller la jurisprudence, n'est que la méthode même de tout esprit bien fait; et la chose existait avant le nom. C'est l'arme défensive de l'homme vivant en société. Étendez-la aux actions, c'est la morale. Il n'y a de sûreté dans la conduite, il n'y a de solidité dans le jugement que par la dialectique. Le moyen âge n'en ayant pas la réalité, en avait adoré l'ombre. Il languit dans une sorte d'ébahissement devant les merveilleux tours de cet art équivoque, qui n'avait ni son fondement naturel, qui est l'étude des langues, ni sa matière, qui est la vie pratique et contentieuse. Mélanchthon les lui rendit; il rétablit l'empire de la vraie dialectique dans toutes les branches des connaissances humaines, dans les lettres et les sciences morales où elle garda son nom, comme dans les sciences physiques où elle devait prendre le nom d'analyse.

Avant lui, la jurisprudence était une science obscure et captieuse, formée, comme la philosophie aristotélique, de quelques traditions confuses des monuments. On en avait fait l'art de résoudre des questions de ce genre : Quand Lazare fut ressuscité, son testament demeura-t-il valable? Et cette autre : Un âne, voulant boire, s'approche d'un fleuve; mais, trouvant l'eau du bord ou trop bourbeuse ou en trop petite quantité, il monte dans une barque qu'on avait amarrée là, afin de boire plus près du courant. La barque se détache, est emportée sur des écueils où elle se brise et où l'âne se noie. Procès entre le meunier qui accuse la barque d'avoir fait périr son âne, et le pêcheur, qui accuse l'âne du naufrage de sa barque. Qui a raison, qui a tort, du pêcheur ou du meunier [1]? Voilà pour la théorie. Quant à la pratique, les lois et les jugements étaient la proie de quelques agents d'affaires, qui profitaient de l'incertitude des traditions et de l'ignorance des juges, pour embrouiller les causes et semer les procès.

[1] *Oratio Melanchthonis de legibus.*

Mélanchthon n'était pas jurisconsulte; mais il avait étudié les lois romaines, et y avait retrouvé cette sagesse écrite dont on dit qu'elles sont le recueil. Il y renvoya les jurisconsultes; et, après avoir montré les sources et rétabli la théorie, il demanda que les lois et les jugements fussent arrachés des mains des sycophantes et remis aux hommes de savoir et de probité. Les catholiques soutenaient cette jurisprudence à la fois puérile et meurtrière, d'abord comme une des pièces du vieil édifice, ensuite sous le prétexte qu'un État chrétien ne devait pas être régi dans le civil par des lois païennes. Mélanchthon les combattit par des raisons profondes, faisant, dès ce temps-là, entre le citoyen dans ses rapports avec l'État, et l'homme dans ses rapports avec Dieu, cette distinction protectrice qui a valu à notre législation d'être qualifiée d'athée, apparemment parce qu'elle a cessé de se croire dieu.

Cette même méthode, il la conseilla dans l'étude de la médecine, de la physique, de l'astronomie, des mathématiques, de la géographie, matières sur lesquelles il était allé fort au delà du savoir de son temps. Si la diversité de ses travaux, et surtout l'application de chaque jour que lui demanda la théologie, ne lui laissèrent pas le temps d'inventer dans ces diverses sciences, il y mit du moins la méthode, c'est-à-dire la parole qui féconde le chaos. Les hommes exercés en chacune de ces sciences trouveraient sans doute bien des erreurs dans ce qu'il en a écrit; les astronomes, par exemple, pourraient sourire de son penchant pour l'astrologie judiciaire; mais tous lui reconnaîtraient le mérite d'avoir compris la dignité de leur science et de leur avoir montré le vrai chemin.

Quant à ses théories littéraires, les lettres peuvent les accepter sans restriction. C'est la tradition et le grand goût. J'oppose ce grand goût à cette recherche puérile d'une sorte de perfection dans l'art d'écrire, indépendante de l'objet pour lequel on écrit, du caractère et des mœurs de l'écrivain. C'est ce petit goût qui, dans les pensées, s'attache plus à celles qui ne sont qu'ingénieuses, qu'à celles qui sont vraies et qui servent à la conduite de la vie, et, dans les mots, plus à la grammaire qu'au génie des langues. Mélanchthon conçut les lettres comme la religion : les unes doivent gouverner les actions dans la vie civile, comme l'autre doit gouverner la conscience dans les choses de foi. Il ne voulut rien d'académique, rien qui fût donné à l'esprit tout seul. Pour lui, les poëtes, les orateurs, les historiens, étaient d'admirables précepteurs qui nous apprennent par des voies agréables à distinguer le bien du mal, le vrai du faux, à être tolérants, réservés, pacifiques, à nous défendre et, s'il le faut, à nous sacrifier. Dans ses charmants avis aux étudiants, il ne manquait guère d'indiquer les rapports de ses leçons avec la vie pratique. Il y a toujours deux choses dans son cours : la matière du cours et le but. La matière, c'est un auteur ou quelque partie d'un auteur ancien; le but, c'est une application déterminée, soit à la vie pratique en général, soit, en certaines circonstances, à des événements contemporains qui pouvaient exiger des étudiants une conduite particulière. Mélanchthon n'aurait pas imaginé de faire un cours, pour n'y montrer que son esprit, ou pour n'y faire que les affaires de son ambition.

Au sujet de ces avis développés, que le professeur adressait en son nom aux étudiants, en prose et quelquefois en vers, que l'on me permette de les préférer à ces programmes placardés aux murs de la Sorbonne, où il n'y a ni vers ni prose, mais des titres, des noms, et les jours et heures des cours. Ces communications entre le professeur et les élèves étaient toujours utiles, et, dans certains cas, touchantes. Mélanchthon n'eût pas manqué à une leçon sans en faire savoir le motif : parlant de sa santé, de ses fatigues, si l'empêchement venait de là; et, en aucun cas, ne se faisant seul juge du motif ou de l'obstacle qui le forçait à remettre son cours au lendemain.

Je ne regrette guère moins cet autre usage de recommander aux élèves, sous la même forme, les bons livres qui se publiaient. Un de ces avis, signé de Mélanchthon, porte : « L'ouvrage se vend — il s'agit d'un traité de saint Augustin, — chez l'imprimeur Joseph. J'invite les étudiants à l'acheter et à le lire, par amour pour l'antiquité, dont l'étude convient à des gens d'esprit [1]. » D'autres fois je le vois engageant les étudiants à suivre les leçons de tel professeur dont l'enseignement a pu les effrayer par l'aridité des matières. Il leur recommande ce professeur, il leur donne une idée sommaire du cours et du profit qu'ils pourront y trouver. Ainsi, à propos d'un traité d'arithmétique que doit expliquer Jean Fischer : « Il y a, dit-il, beaucoup de mérite et d'utilité à posséder cette science, qui est d'un si grand usage dans la vie, et qui ouvre la voie à la connaissance des mouvements célestes. Celui même qui ne sait que médiocrement l'arithmétique est en possession d'un art qui peut le rendre propre à diverses fonctions et lui être d'un grand secours. Il ne faut donc pas le négliger ; il est de sa nature le premier des arts, la connaissance des nombres étant la première lumière de l'esprit [2]. »

Outre ces avis directs, Mélanchthon s'adressait souvent aux étudiants et au public, dans des préfaces qu'il mettait en tête des auteurs anciens, écrites, soit par lui, soit par ses amis. La vraie critique n'a rien changé aux jugements que Mélanchthon y porte sur les auteurs. Le dix-septième siècle les a adoptés ; le dix-huitième siècle s'y est rangé, malgré la légèreté de ses opinions et de son savoir, en ce qui regarde les anciens ; et, de nos jours, la seule nouveauté

---

[1] *Corp. ref.*, n° 3236.
[2] *Ibid.*, n° 3036.

solide à laquelle on puisse prétendre, c'est d'y revenir.

Ces communications si naïves entre le maître et les élèves, cette vie ouverte à tous et sans murailles, cette intelligence où chacun allait puiser, cette plume universelle, font de Mélanchthon un génie très-original par tout ce qu'il fit pour ne point s'appartenir. Il servit tout le monde jusqu'à la fin, et il fut d'autant plus grand, qu'à l'âge où les hommes supérieurs commencent à s'imposer, il continua toujours à se donner. Il fut puissant à force de refuser le pouvoir. Comme recteur ou comme professeur, il gouverna l'académie qui gouvernait elle-même la ville, et la vue de cette figure douce et souffrante, que lui prêtent les gravures du temps, animée par le courage du devoir, suffit plus d'une fois pour dissiper des séditions.

Qu'on imagine maintenant ce qui put se former d'élèves et de maîtres distingués, pendant un enseignement de quarante années, à la voix si persuasive et par les écrits si naturels et si pratiques de ce grand homme; qu'on songe à ces Académies qu'il fut chargé d'organiser sur le modèle de celle de Wittemberg; à tant de professeurs choisis par lui, sur la demande de toutes les villes de l'Allemagne, lesquels y répandirent sa méthode; qu'on ajoute à ce nombre l'immense multitude d'étudiants qui, à divers degrés, furent touchés par cet esprit supérieur, et on s'expliquera ce titre glorieux de *précepteur commun de l'Allemagne* qui lui fut décerné par son siècle, et que les siècles suivants ne lui ont pas ôté.

Il fut aussi, à certains égards, le précepteur de la France, quoiqu'il n'y ait pas enseigné de sa personne. Calvin, par qui se formaient nos meilleurs esprits de ce temps-là, s'était formé par la méthode de Mélanchthon. Nos étudiants apprenaient le latin dans ses grammaires. J'ai sous les yeux un exemplaire de ses *Institutions de rhétorique*, « bien autrement traitées qu'auparavant, » dit le libraire François Regnault, et qui porte la date de 1529. Dès 1526, cette rhétorique était populaire dans nos écoles [1]. Ses écrits de théologie, très-lus et très-admirés, formaient le goût de ceux mêmes dont ils ne changeaient pas la foi. Je n'y trouve rien d'essentiel qui ne fasse partie du fonds même de l'esprit français, ni aucune qualité de composition et de style qui ne soit obligatoire pour nos écrivains. Si l'influence de Mélanchthon fut si directe, quelle reconnaissance ne devons-nous pas à ce grand homme? Si, ce qui ne le diminuerait point, l'esprit français n'a fait que suivre la même voie que Mélanchthon, non sans le connaître, je le vénérerais encore pour cette confraternité avec nos grands écrivains, et comme me confirmant dans l'excellence de leur art et dans la légitimité de leurs doctrines.

Qui peut apprécier tout ce que cet esprit si admirablement tempéré, vif sans témérité, facile sans relâchement, éloquent sans déclamation, toujours et en toutes matières solide et vrai, dut faire entendre, dans un enseignement de quarante années, de choses sensées, nobles, fructueuses? Qui peut connaître, si ce n'est Dieu, tout ce que produisit, dans les esprits formés sous sa discipline, cette semence choisie, tout ce qui partit de ce foyer pour se répandre autour de lui et dans toute l'Europe? Il reste un curieux témoignage de ce qu'était son enseignement à Wittemberg : c'est le partage qu'en firent ses collègues après sa mort. Il n'en fallut pas moins de quatre pour suffire à cet héritage, « en attendant, dit l'Académie, qu'on trouvât un homme, s'il en existait, qui pût reprendre le fardeau tout entier [2]. » Vitus Ortelius, docteur en médecine, qui enseignait depuis

[1] *Gotschedii or. ad memor. communis Germaniæ præceptoris Philip. Mel.*

[2] Scriptum publice propositum de ordine aliquot lectionum publicarum constituto, post pium et felicem obitum D. Philippi Melanchthonis.

quarante ans l'éloquence et la langue grecque, se chargea des cours de dialectique, et d'expliquer Euripide à la place de Mélanchthon. C'étaient quatre leçons par semaine. Il promit en outre aux élèves qui commençaient l'étude du grec de leur enseigner une fois par semaine la grammaire de Mélanchthon. Paul Eberus, pasteur, quoique chargé du gouvernement de l'Église de Wittemberg, consentit à remplacer Mélanchthon, deux jours par semaine, pour la leçon de théologie, et, le dimanche, dans cette leçon du matin que Mélanchthon avait coutume d'approprier à la solennité du jour. Pierre Vincent eut à expliquer les *Éthiques* d'Aristote, tous les mercredis. Enfin Peucer, le gendre de Mélanchthon, fut chargé de continuer à dicter la chronique, ou histoire universelle, que Mélanchthon avait menée jusqu'à Charlemagne.

« Nous avons distribué de telle sorte, dit ce dernier, dans son discours d'ouverture, les travaux interrompus par sa mort, que le fardeau qu'il a porté sur les épaules et soutenu avec les forces d'Atlas, nous nous le sommes partagé entre plusieurs, réunissant nos efforts et nos conseils, pour prévenir la chute de cette école qui a subsisté et prospéré par lui. » Et il ajoute : « C'est pour empêcher que, dans ce malheur public, vous ne perdiez courage, et ne désespériez du sort des études, que nous avons résolu de poursuivre et de presser les travaux abandonnés par lui, et de donner tous nos soins pour assurer par la diligence, l'assiduité, la fidélité au devoir, ce que nous nous ne pourrions obtenir par le talent, l'expérience, l'abondance et la variété des connaissances. » Dans cet écrit sur les changements qui vont avoir lieu dans les cours, l'académie de Wittemberg est comparée au navire Argo et Mélanchthon au pilote Typhis. Mais la douleur y est si vraie, qu'elle perce à travers ces souvenirs de la mythologie antique, d'ailleurs particuliers à ce temps, où les sentiments les plus profonds ne pouvaient s'exprimer qu'avec des images et des tours empruntés à des langues mortes.

Le même professeur, dont il fallait partager l'héritage entre quatre de ses collègues, écrivit pendant le même espace de temps, outre tant de traités, de pièces diplomatiques, d'ouvrages de théologie, de préfaces, un nombre immense de lettres, quelquefois jusqu'à douze en un jour, dont quelques-unes ont l'étendue d'un traité. Cette modération admirable attirait à lui, de tous les points de l'Europe, tous ceux qui voulaient se recueillir avant de se décider, se connaître avant de disposer d'eux. Tous les yeux qu'éblouissait l'éclat de Luther se tournaient vers cette lumière douce et égale qui pénétrait les consciences sans les troubler. Les hommes passionnés, pour qui les idées nouvelles n'étaient qu'une occasion de se déchaîner avec impunité, attendaient le signal de Luther, et souvent le devançaient. Mélanchthon avait autour de lui tous ceux qui cherchaient la vérité pour elle-même, ou pour régler sur ses enseignements leur vie intérieure ; tous ceux qui voulaient moins un maître qu'un directeur de conscience, et aimaient mieux se donner librement que se laisser conquérir; tous ceux qui avaient besoin de conseils, soit pour la conduite de leur conscience dans les choses de la foi, soit pour celle de leur esprit dans les choses de l'intelligence. Et ce n'est pas une médiocre gloire pour la modération, qu'elle ait donné plus de travail à Mélanchthon, qu'à Luther le gouvernement de tant de passions qui offraient d'être ses auxiliaires, sans lui dire et peut-être sans savoir elles-mêmes jusqu'où elles comptaient le servir.

Tel fut Mélanchthon dans sa double tâche de réformateur de la religion et des lettres. Une vie si laborieuse, un si rude passage sur la terre, tant d'oubli de soi-même et de dévouement à tous, ont réconcilié tout le monde à cette grande mémoire. Les catholiques ne lui sont pas sévères, car Bossuet lui-même l'a aimé, et n'a pas pu voir impunément tant de douceur et de lumières. Les protestants, loin de le haïr, ne le suspectent même plus. Quant à ceux qui cultivent ce qu'il appelait la *philosophie*, comment ne seraient-ils pas justes pour lui? Il a défriché pour eux le champ de la science et de l'art, et nul, parmi les héroïques ouvriers de la renaissance, n'a fait plus d'efforts et dépensé plus de sa vie pour nous rendre faciles et doux les plaisirs les plus relevés de l'esprit.

FIN.

TABLE DES MATIÈRES.

Pages.

Préface de l'auteur. I

ÉRASME.

I. Histoire de la statue d'Érasme. — Dispute entre Rotterdam et Tergow. — Naissance d'Érasme. — Jules Scaliger la lui reproche. 1

II. Comment Érasme fut fait homme d'église. — Son tuteur Guardian. — Érasme entre au couvent. — On veut en faire un moine; sa résistance; il prend l'habit. — Ses deux *Colloques* sur la profession monastique. 7

III. Érasme chez l'évêque de Cambrai. — le collége de Montaigu. — Érasme donne des leçons. — La marquise de Wéere. — Érasme fait naufrage sur la côte de Calais. — Il est attaqué par des voleurs. — Ses flatteries pour être payé de ses pensions. — Il va en Italie, et il y est témoin du triomphe de Jules II à Bologne. — La peste éclate dans cette ville. — Danger que court Érasme. — Ce qu'il dit de l'Angleterre et de la France. 19

IV. État de l'Europe au commencement du seizième siècle. — Caractère d'Érasme. — Sa santé. — Les puces de Fribourg. — Érasme tombe de cheval. — Les auberges d'Allemagne. — Le moine et le soldat. — Explication que donne un certain théologien du mystère de la Trinité. — Contrastes entre Érasme et les moines de son temps. — Le repas entre amis. — Éloge du vin de Bourgogne. 33

V. Causes de la haine des moines contre Érasme. — La Renaissance en Allemagne, en France, en Angleterre. — Érasme et Voltaire. — Guillaume Budé. — Thomas Morus. — Colet. — Louis Vivès. — Alciat. — Sadolet. — Philippe Mélanchthon. — Situation d'Érasme dans l'année 1519. 47

VI. Érasme et Luther. — De la politique qui tendait à les confondre et à les supposer amis et de la même opinion. — Contrastes entre ces deux hommes. — La popularité de l'un et de l'autre. — Les hommes d'action et les spéculatifs. — La réforme dans les vœux et les écrits d'Érasme. — L'Europe chrétienne se partage entre lui et Luther. — Difficultés du rôle d'Érasme. — Première lettre de Luther à Érasme. — Réponse d'Érasme. — Sa lettre à J. Jonas à la même date. 57

VII. Fautes d'Érasme dans les premières luttes de la réforme. — Effet de sa lettre à Luther. — Ses tiraillements entre les deux partis. — Ses efforts pendant cinq années pour n'être pas entraîné. — Impatience des deux partis. — Souffrances morales d'Érasme. — Il publie le traité du *Libre arbitre* en réponse à Luther. — Effets de ce livre. — Seconde lettre de Luther à Érasme. — Le traité du *Serf-arbitre*. — Lettre d'Érasme à Luther. — Quelle a été la vraie croyance d'Érasme. — La *Philosophie chrétienne*. 74

VIII. Autre comparaison entre Érasme et Voltaire. — Puissance morale d'Érasme. — Il est le chef du parti modéré en religion et de tous les lettrés de l'Europe. — Sa prodigieuse correspondance. Sa petite maison à Bâle. — Ses travaux à l'approche de la foire de Francfort. — Sa lettre à des religieuses de Pologne qui lui ont envoyé des dragées. — Sa lettre à l'évêque Jean Turzon dans les intervalles de sa gravelle. — Érasme martyr du travail et de la réputation. 105

IX. Par quelles raisons Érasme se plaisait à Bâle. — Froben lui offre une maison et une pension. — Caractère de Froben. — Sa mort; douleur qu'en éprouve Érasme. — La réforme s'introduit à Bâle. — Œcolampade. — La réforme s'y rend maîtresse; ravage des églises. — Érasme songe à quitter Bâle. — Son entrevue avec Œcolampade. — Projet de départ. — Le grand et le petit port. — Érasme se retire à Fribourg. — Ses deux quatrains. 115

X. La santé d'Érasme est de nouveau en péril. — Il fait bâtir. — Le pape Paul III lui fait offrir le chapeau de cardinal. — Son refus. — Il se fait ramener à Bâle sur un brancard. — Ses derniers projets en mai 1536. — Sa mort deux mois après. — Ses funérailles. — Souvenir que Bâle a conservé d'Érasme. — Impossibilité de faire son portrait en abrégé. 126

XI. Influence littéraire d'Érasme. — Jalousie de l'Italie contre l'Allemagne, la France et l'Angleterre. — Tableau des travaux littéraires d'Érasme. — Le livre des *Adages*. — L'*Éloge de la Folie*. — Les *Colloques*. — La querelle entre Érasme et les cicéroniens. — Habitudes païennes des lettrés chrétiens. — Longueil est reçu au Capitole citoyen romain. — Érasme, l'homme de la liberté et de la tradition. — Conclusion. 137

THOMAS MORUS.

Pages.

I. Mort de Henri VII. — Henri VIII son fils lui succède. — Mariage de Henri VIII avec Catherine d'Aragon. — L'épithalame. . . . 151

II. Naissance de Thomas Morus. — Les présages. — Morus est protégé par le cardinal Morton. — Ses succès à Oxford. — Caractère de ses premières poésies. — Ses austérités. — Les pieux entretiens chez le doyen de Saint-Paul, Colet. — Morus se marie deux fois. — Il est nommé à la Chambre des communes. — Sa fuite en France. — Il revient en Angleterre à l'avénement de Henri VIII. 158

III. Morus présenté à Henri VIII par le cardinal Wolsey. — Il est chargé de diverses missions à l'étranger. — Sa lettre à Érasme à ce sujet. — Ses mœurs domestiques. — Comment il trouve du temps pour écrire. — Première idée de l'*Utopie*. — Admiration que cet ouvrage excite en Europe. 170

IV. L'*Utopie*. 178

V. La querelle de Morus et de Brixius. — Les dix années littéraires de la vie de Morus. — Son portrait par Érasme à quarante ans. — La gravure d'après Holbein. — Mot prophétique d'Érasme. 186

VI. L'amitié du roi Henri VIII. — La maison de Morus à Chelsea. — Refroidissement du roi. — Le parlement et le cardinal Wolsey en 1523. — Morus est nommé *orateur* malgré lui. — Wolsey veut faire exiler Morus dans une ambassade ; Morus obtient du roi de rester en Angleterre. — Son genre de vie à Chelsea. — L'éducation de ses enfants. — Marguerite Roper, sa fille, traduit et commente les Pères grecs et latins. — Sévérité de mœurs et piété croissante dans la maison de Morus. — Il réfute la réponse de Luther à un livre de Henri VIII. — Caractère de ses croyances à cette époque — Henri le nomme lord chancelier d'Angleterre. 194

VII. Disgrâce de Wolsey. — Discours d'installation du nouveau chancelier. — Le père de Thomas Morus préside à quatre-vingt-dix ans la cour du banc du roi. — Henri demande à Thomas Morus un avis favorable au divorce. — Refus de Morus. — Son application à ses devoirs judiciaires. — Caractère de sa justice. — La *requête des pauvres*. — Morus y répond. — Sa polémique contre Tyndall. — Il refuse un présent d'argent des évêques. — Sa démission de la charge de chancelier. — Il licencie sa maison. — Il fait son épitaphe. 210

VIII. La réhabilitation. — Mes premiers doutes sur la vérité du reproche fait à Thomas Morus d'avoir fait couler le sang des pro-

Pages.

testants. — Jugements de Burnet, de Hume, de Voltaire, de Mackintosh. — Témoignage d'Érasme. — Sévérité des opinions catholiques de Morus. — L'opinion générale et la légalité l'autorisent à frapper les protestants. — Il résiste à sa propre logique et à la provocation universelle. — Sa déclaration. — Histoire de Frith. — Polémique avec le *Pacificateur*. — Les combats intérieurs de Morus. — En quoi son inconséquence est plus glorieuse que la logique de certains hommes. 228

IX. La famille de Morus se disperse. — Ses inquiétudes. — Comment il se prépare et prépare les siens à un dernier malheur. — Présent d'argent que lui font des évêques. — Mariage de Henri VIII avec Anne de Boleyn. — Conduite de Morus avant et après le mariage. — On cherche à l'impliquer dans un procès capital. — Accusations de corruption. — On lui impute le livre de Henri VIII contre Luther. — Morus est renvoyé de toutes les accusations. — Ses pressentiments. 250

X. Le double serment. — Morus refuse de le prêter — Il est envoyé à la Tour. — Sa lettre, écrite au charbon, à Marguerite Roper 264

XI. Entretiens de Morus et de sa fille dans la prison. — Le lord chancelier fait appeler sa belle-fille Alice. — Les deux fables. — Marguerite essaye d'amener son père à prêter le serment. — La *mère Ève*. — Morus écrit des traités spirituels au charbon. — Il reçoit la visite de sa femme. — On attaque sa conscience par tous les moyens. — Le conseil du dernier jour d'avril 1535. — Interrogatoire de Morus. — Rigueurs de sa prison. — Le solliciteur Rich. 269

XII. Procès d'État. — Condamnation. — Mort. — Conclusion. . 281

MÉLANCHTHON.

I. L'école de Pforzheim. — Jean Hungarus. — Première éducation de Mélanchthon. — Jean Reuchlin. — Le père de Mélanchthon. — Querelle des moines de Cologne contre Reuchlin. — L'inquisiteur Hoocstrate. — Mélanchthon à Tubingue. — Il est appelé à Wittemberg par l'électeur de Saxe. — Le repas académique donné en son honneur à Leipsick. — Il arrive à Wittemberg; il y est chargé de l'enseignement du grec. 297

II. Fondation de l'académie de Wittemberg. 306

III. Situation de Luther à l'époque où Mélanchthon s'établissait à Wittemberg. — Son admiration pour Mélanchthon. — Première ardeur de celui-ci pour les lettres. — Détail de ses travaux d'érudit et de professeur. — Son caractère. — Il est gagné par Luther 309

TABLE DES MATIÈRES.

Pages.

IV. La dispute de Leipsick. 314

V. Mélanchthon s'engage dans le parti de Luther. — Petits traités élémentaires. — Partage de sa vie entre la renaissance et la réforme. — Sa facilité pour ses amis ; son obligeance pour tout le monde. — Il se laisse marier avec Catherine Krapp. — Le distique qui l'annonce à ses élèves. — Ses difficultés à l'académie. — Il refuse une offre de Reuchlin. — On le charge malgré lui de l'enseignement de la théologie. — Son désintéressement. — Ses efforts inutiles pour se tenir en dehors des luttes imminentes. — Érasme l'y invite vainement. — La réforme avait besoin de lui. — Il s'y engage. 319

VI. Premiers doutes — Premières difficultés intestines. — La sédition éclate à Wittemberg. — Guerre des paysans. — Douleur de Mélanchthon. — Sa superstition. — Luther est soutenu contre le doute par l'orgueil. — Son mariage ; chagrin qu'en éprouve Mélanchthon. — Il est chargé d'inspecter les églises saxonnes. — Sa querelle avec Agricola, au sujet de la pénitence. — Luther tranche le débat. — Mélanchthon accompagne l'électeur à la diète de Spire. — Ses conseils à sa mère. — Le colloque de Marpurg. 334

VII. Mélanchthon accompagne l'électeur de Saxe à la diète d'Augsbourg. — On y attend Charles-Quint. — Préparatifs pour son arrivée. — Débats préalables entre les sectes. — Consultation sur la conduite que devait tenir l'électeur. — Mélanchthon travaille à la *Confession d'Augsbourg*. — Ses difficultés du côté de Luther et du landgrave de Hesse. — Arrivée de l'empereur à Augsbourg, le 16 juin 1530. — Premiers débats entre les princes et lui au sujet de la liberté des prêches. — Les retouches faites à la *Confession d'Augsbourg*. — Légère brouille entre Mélanchthon et Luther. — Charles-Quint entend la lecture de la *Confession*; il s'y endort. — Menaces des catholiques. — Ménagements de Mélanchthon. — Ses craintes pour la paix. — Luther à Cobourg. — Ses prières à Dieu. — Contrastes des angoisses de Mélanchthon et de l'ardeur impérieuse de Luther. — Divers incidents du débat religieux. — Mélanchthon est accusé de trahison par son parti. — Suspect à tous, il est nécessaire à tous. — Beauté de son rôle, et gloire de la modération. 349

VIII. Les ligues d'Augsbourg et de Smalcalde. — Politique de Charles-Quint. — Mélanchthon reprend ses travaux littéraires. — Mauvais vouloir pour les études. — L'Académie de Wittemberg est transférée à Iéna. — Soucis que donne ce déplacement à Mélanchthon. — Ses dégoûts. — Il est tenté de quitter la Saxe. — François Ier le mande à Paris. 375

IX. Mélanchthon chef de l'école modéré ou érasmique. — Le professeur Cruciger. — Doctrine de la justification par la foi et par les œuvres. — Artifices honnêtes de Mélanchthon pour concilier la foi et les œuvres. — Querelle avec Cordatus. — L'Électeur et ses théologiens à Smalcade. — Maladie de Luther. — Mélanchthon est chargé de préparer une déclaration de foi sur le pape. — Querelle avec Jacques Schenk. 383

X. — Mélanchthon recteur de l'Académie de Wittemberg. — Divers avis aux étudiants. 392

XI. Les diètes. — Politique du pape, de Charles-Quint et des protestants, au sujet du concile de Trente. 394

XII. Querelle soulevée par le livre de la réforme de Cologne. — Chagrins domestiques de Mélanchthon. 399

XIII. Mort de Luther. — Mélanchthon devient malgré lui le chef religieux de la réforme en Allemagne. 407

XIV. Charles-Quint déclare la guerre au corps germanique. — Mélanchthon se retire dans le duché d'Anhalt. — L'empereur fait rédiger un formulaire sous le titre d'*Intérim*. — Caractère de ce livre. — Mélanchthon en fait la critique. — Il est menacé dans sa liberté. — Mort de sa fille Anna — La question des cérémonies. — Doctrine de Mélanchthon. — La querelle *des choses indifférentes*. — Illyric. — Osiandre. — Mélanchthon appelé à Heidelberg, pour y constituer l'Académie, apprend la mort de sa femme. 411

XV. Dernières années de Mélanchthon. — Désordres causés par les partisans d'Illyric. — État de trouble de la ville de Wittemberg. — Relâchement de la discipline académique. — Mœurs des étudiants. Impatience d'arriver aux professions lucratives. — Esprit des parents. — Découragement croissant de Mélanchthon. . . 425

XVI. Mort de Mélanchthon. 430

XVII. Mélanchthon réformateur dans les lettres. — Caractère des corrections qu'il fait à ses livres. — Ses contradictions. — Sa méthode. — Il l'emprunte aux anciens. — La *Confession d'Augsbourg* au point de vue littéraire. — Influence de sa méthode en Europe. — Il met la renaissance au service de la réforme. — Est-ce un titre d'honneur? — La réforme dans de justes limites. — Le *précepteur commun de l'Allemagne*. — Sa méthode dans l'enseignement des lettres. — La scolastique, la dialectique, la jurisprudence, la médecine de son temps. — Dans quelle mesure il les réforme. — Ses doctrines littéraires. — Caractères de ses avis aux étudiants. — Comment ses collègues se distribuent son héritage. — Opinion générale sur Mélanchthon. 437

FIN DE LA TABLE.

www.ingramcontent.com/pod-product-compliance
Lightning Source LLC
Chambersburg PA
CBHW070204240426
43671CB00007B/542